新世纪普通高校工商管理类统编教材编委会

编委会主任

    王性玉 河南大学商学院 博士 教授 博导

编委会委员

    王 伟 郑州大学商学院 博士 教授 硕导
    冯海龙 河南大学商学院 博士 副教授 硕导
    唐华仓 河南农业大学经济管理学院 博士 教授 硕导
    任鸣鸣 河南师范大学经济与管理学院 博士 教授 硕导
    褚晓飞 河南科技大学经济学院 博士 副教授 硕导
    王定迅 河南财经政法大学会计学院 教授 硕导
    程云喜 河南工业大学管理学院 教授 硕导
    何 楠 华北水利水电学院管理与经济学院 博士 教授 博导
    田 军 郑州航空工业管理学院经贸学院 博士 教授 博导
    李保红 信阳师范学院经济与管理学院 博士 教授 硕导
    赵志泉 中原工学院经济管理学院 博士 副教授 硕导
    刘玉来 洛阳师范学院商学院 博士 教授 硕导
    史保金 河南科技学院经济与管理学院 教授
    赵国栋 商丘师范学院经济与管理学院 教授
    张振江 平顶山学院经济与管理学院 教授

编委会秘书

    任 乐 河南大学商学院

财务管理

主 编 刘建莉 杜建华
副主编 李治国 宋 晓 李田田 段曼丽

河南大学出版社
HENAN UNIVERSITY PRESS
·郑州·

图书在版编目(CIP)数据

财务管理/刘建莉,杜建华主编. —郑州:河南大学出版社,2020.5
ISBN 978-7-5649-4280-9

Ⅰ.①财… Ⅱ.①刘… ②杜… Ⅲ.①财务管理 Ⅳ.①F275

中国版本图书馆 CIP 数据核字(2020)第 073412 号

责任编辑　付会娟
责任校对　聂会佳
封面设计　郭　灿

出版发行　河南大学出版社
　　　　　地址:郑州市郑东新区商务外环中华大厦 2401 号
　　　　　邮编:450046
　　　　　电话:0371-86059750(高等教育与职业教育分公司)
　　　　　　　　0371-86059701(营销部)
　　　　　网址:hupress.henu.edu.cn
排　　版　河南大学出版社设计排版部
印　　刷　广东虎彩云印刷有限公司
版　　次　2020 年 5 月第 1 版
印　　次　2020 年 5 月第 1 次印刷
开　　本　787 mm×1092 mm　1/16
印　　张　17.75
字　　数　421 千字
定　　价　45.00 元

(本书如有印装质量问题,请与河南大学出版社营销部联系调换。)

总　　序

　　始于 18 世纪英国的工业革命(Industrial Revolution)对管理学产生了极为重要的影响。工业革命带来了生产方式的巨大变革,计划、组织、领导和控制等职能成为管理工厂和企业生产运营的主要手段。以"科学管理"为代表的一系列管理理论,为工商管理(Business Administration)学科的建立奠定了坚实的理论基础。而管理学和商学的标准化教育由美国开始,以 1881 年宾夕法尼亚大学沃顿商学院(The Wharton School of the University of Pennsylvania)的建立为标志,产生了现代意义上的商学院。第二次世界大战结束后,由于企业对管理人才的需求迅速膨胀,管理教育开始蓬勃发展。工商管理教育至 20 世纪 90 年代趋于成熟,并向国际化、综合化和现代化的方向迈进。

　　中国的工商管理随着洋务运动由西方引入。1839 年,洋务运动的倡导者张之洞在武昌创立了湖北自强学堂,其下设的商务门堪称我国最早的商科专业。1912 年中华民国成立后,商科被单列为独立学科,保证了它的自由发展。1949 年中华人民共和国成立后,院系进行调整,由综合性大学与财经院校共同培养财经类人才。国家教委在 1997 年颁布了新的《普通高等学校本科专业目录》,把管理学设置为独立的学科门类,工商管理划归为管理学门类下的一级学科。

　　经初步统计,目前,全国 1 200 多所本科院校中,有 85% 的学校设置了工商管理或相近的专业,它们已成为我国十大热门招生和就业的专业,培养出了一批经济建设人才。与资本主义市场经济相比,中国社会主义市场经济有其独特的性质,中国的工商管理学科的发展不仅要向西方的同类学科理论学习,更要结合中国国情,形成适合中国社会主义经济建设的理论方法和知识体系。

　　从我国普通高校工商管理类教材的情况来看,经过改革开放 40 多年的建设,商科教育知识体系已逐步完善,如国内教材在知识点宽度指标上普遍高于国外教材,但还存在若干需要解决和创新的问题。一是国内教材比较侧重于对理论框架的介绍,即"是什么、为什么",而对具体方法"怎么做"介绍较少。二是国内教材一般在书后不列或列出为数不多的参考文献,且多以同类教材和相关专著为主,对学术期刊、原版书参考较少;主要理论来源于同类教材,导致内容和结构趋同,难以体现出特色。三是国内教材有的缺乏案例,即使有相应案例,其篇幅很短,基本为文字描述,没有详尽的背景资料和数据,编写案例的目的主要是加深对某些知识点的理解,而不是通过案例分析提高操作的实际能力。四是很多国内教材对教材的适用人群进行说明时,定位过于宽泛,不少教材的使用范围不仅涉及相关专业的本科生、研究生、MBA 以及管理培训,还可以作为实际工作者的参考资料。这样定位过于宽泛,必然导致失去特色。

鉴于此,我们根据作者多年的教育经验和教学体会,按照教育部《关于积极推进"高等教育面向21世纪教学内容和课程体系改革计划"》的要求,组织编写了这套"新世纪普通高校工商管理类统编教材"。为解决或部分解决上述国内教材存在的若干问题,达到编写目的,我们认真组织编写力量,单本教材的主编和副主编,均具有博士学位或副教授以上职称,并长期坚持在教学第一线,就该门课程课堂讲授过五遍以上。我们还聘请知名专家担任主审,与主编共同定稿。

本套教材在编写过程中力求体现以下五点特色。

一、内容系统全面

根据工商管理类专业人才培养目标及其对知识体系的要求,本套教材内容系统全面,涵盖了工商管理类各主要专业,如工商管理、会计学、财务管理、市场营销、人力资源管理、供应链管理、电子商务等,较大限度地满足了这些专业课程的教学需要。

二、定位明确,编写理念特色化

工商管理各个层次的教学目的和要求不同,必然要求其教材的侧重点不同。本套教材基于这样的编写理念,主要面向大学本科生的专业教学,为学生搭建一个专业学习平台。本套教材的编写者除大学教师外,还邀请了有丰富实践经验的业界管理人员、咨询专家和研究人员等参与教材的编写,他们为教材注入许多新的理念和观点,突破了传统单本教材"大而全"的结构体系。

三、反映前沿,力求创新

工商管理的理论和实践发展十分迅速,一本教材如不能及时地跟上理论与实践的发展,必然会在几年后被其他同类教材所取代,因此,优秀的工商管理教材应该不断地更新内容,体现与时俱进的思想。本套教材在编写过程中,力求既能够反映已经成熟或公认的理论与学术思想,又能够反映具有代表性的工商管理各专业领域最新理论、技术和方法。

四、采用本土化案例,提高案例质量

案例教学是工商管理的学科特色。在国外,尤其是美国的工商管理教材对案例十分重视。本套教材在案例编写过程中,立足于国情,采用了大量的真实案例,包括经典案例和最新案例,以及实际咨询工作中的经验总结,并对背景资料和各种数据作了比较详尽的介绍。通过对这些来自业界的真实案例进行分析讨论,有助于学生识别问题、分析问题和解决问题能力的提高。

五、理论联系实际,做到学以致用

本套教材在编写过程中,不仅对"是什么、为什么"等概念、原理等进行阐述,而且还注重介绍"怎么做",设计了大量的方法讲解和过程分析,使学生在接触新知识的同时了解相关理论在现实社会中如何运用。

本套教材在编写过程中,得到了河南大学出版社、许多高校和研究机构的专家学者的大力支持,在此一并致谢。由于编者想局部突破并有所创新,各方面对这套教材的期望与要求都很高,这无疑加大了编写的难度,加之水平有限和时间紧促,书中难免存在一些缺点和疏漏,恳请专家和广大读者提出宝贵意见,以期日臻完善。

王性玉

2020年1月

前　言

在经济全球化的背景下，社会的经济环境和经济模式不断发生变化，并且随着金融市场的日益发达和企业管理水平的不断提高，企业财务管理的环境在不断发生变化，这也对企业财务管理提出了新的要求，财务管理的教材也应与时俱进。

本教材以公司的财务管理为主线，系统介绍财务管理的基本理论与方法原理，并结合案例介绍理财实务及特殊的财务问题。主要内容包括财务管理总论、财务报表分析和财务预测、财务管理价值基础、长期筹资方式、资本成本、资本结构、长期投资决策、营运资本管理和股利及其分配。

本教材基于混合学习理念，围绕"教师好用"和"学生好学"的双向目标，适应时代特征，满足多样化、个性化、实用化的教与学的需求；结合近年来企业财务管理理论与实践的发展变化，吸收我国现行经济与财务法规的最新规定，对企业筹资管理、投资管理、营运资金管理、利润分配和财务分析等财务管理的基本理论和基本方法进行系统讲述和介绍。

教材栏目设计有知识导图、学习目标、拓展知识、思考题及案例分析等，并辅之以网络手段，教学内容丰富，极大地提高学生学习的兴趣；在阐述有关财务管理基本理论知识的同时，注重理论与实践紧密结合，引入相关案例，旨在提高学生实践能力；对基本原理的论述采取"少而精"的原则；对基础知识和拓展内容的介绍采取"广而新"的原则，较好地处理了内容与篇幅的矛盾。

本教材是各位编者老师集体努力的结果，在编写过程中，我们参阅了众多经典和兄弟院校同类教材内容，参考和引用了国内外许多作者的观点和资料，在此谨向各位作者深表谢意。因编者水平所限，书中难免有疏漏之处，恳请广大读者，特别是使用本书的师生批评指正，以便我们进一步修改和完善。

编　者

目　录

总序 ……………………………………………………………………………（1）

前言 ……………………………………………………………………………（1）

第一章　财务管理总论 ………………………………………………………（1）
　　第一节　财务管理的基本概念 …………………………………………（2）
　　第二节　财务管理的目标 ………………………………………………（6）
　　第三节　财务管理的原则 ………………………………………………（12）
　　第四节　财务管理的环境 ………………………………………………（19）
第二章　财务报表分析和财务预测 …………………………………………（27）
　　第一节　财务报表分析的目的与方法 …………………………………（28）
　　第二节　财务比率分析 …………………………………………………（30）
　　第三节　财务预测的步骤和方法 ………………………………………（53）
　　第四节　增长率与资本需求的测算 ……………………………………（58）
第三章　财务管理价值基础 …………………………………………………（65）
　　第一节　货币时间价值 …………………………………………………（66）
　　第二节　风险与报酬 ……………………………………………………（80）
　　第三节　证券估值 ………………………………………………………（103）
第四章　长期筹资方式 ………………………………………………………（114）
　　第一节　筹资管理概述 …………………………………………………（115）
　　第二节　权益性筹资 ……………………………………………………（119）
　　第二节　债务性筹资 ……………………………………………………（131）
　　第四节　混合筹资 ………………………………………………………（142）
第五章　资本成本 ……………………………………………………………（151）
　　第一节　资本成本概述 …………………………………………………（152）
　　第二节　债务资本成本率的测算 ………………………………………（154）
　　第三节　权益资本成本率的测算 ………………………………………（157）
　　第四节　加权平均资本成本率的测算 …………………………………（161）
第六章　资本结构 ……………………………………………………………（164）

第一节　资本结构理论…………………………………………(165)
　　第二节　杠杆原理………………………………………………(171)
　　第三节　资本结构决策分析……………………………………(179)
第七章　长期投资决策……………………………………………(188)
　　第一节　企业长期投资决策概述………………………………(189)
　　第二节　投资项目现金流量……………………………………(192)
　　第三节　投资项目评价指标……………………………………(196)
　　第四节　投资项目现金流量估计实例…………………………(203)
　　第五节　投资项目折现率的估计………………………………(210)
第八章　营运资本管理……………………………………………(214)
　　第一节　营运资本管理概述……………………………………(215)
　　第二节　现金管理………………………………………………(217)
　　第三节　应收账款管理…………………………………………(224)
　　第四节　存货管理………………………………………………(231)
　　第五节　流动债务管理…………………………………………(238)
第九章　股利及其分配……………………………………………(246)
　　第一节　股利及其分配概述……………………………………(247)
　　第二节　股利政策及其选择……………………………………(250)
　　第三节　股票分割与股票回购…………………………………(256)
　　第四节　股利理论………………………………………………(259)

附录…………………………………………………………………(266)

参考文献……………………………………………………………(274)

第一章 财务管理总论

【知识导图】

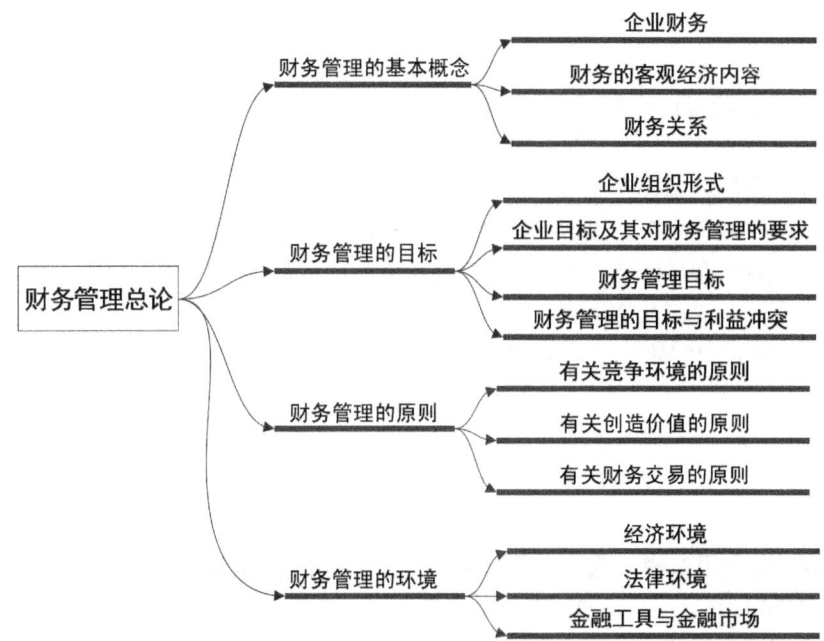

【学习目标】

1. 掌握企业财务的内容；
2. 掌握财务管理的目标；
3. 了解财务管理的环境；
4. 熟悉金融市场及金融工具。

与其他管理相比，财务管理侧重于对企业中资金筹集、资金使用及收益的管理，是一种价值管理。财务管理会体现在人、财、物的每一个方面，贯穿于进、销、存的每一个环节，因此，财务管理也是一种综合管理。

【案例导入】

新的学期开始了，同学们看到课表上的财务管理课程，你一言我一语的讨论起来。"财务不就是会计吗？我们已经学过会计学原理了，怎么还要学习财务管理呢？""这叫进一步学习，虽然财务就是会计，上个学期学的是怎么做账，这个学期就学怎么管账呗！""那财务管理课程,就是要教我们怎么管钱啦吧?""你们没听说过CFO吗?年薪上百万,他们可都是财务精英啊!"财务管理课程到底是干什么的呢?你赞同谁的说法。在你看来,什么是财务管理?财务和会计是一回事吗?

第一节 财务管理的基本概念

一、企业财务

企业财务就是客观存在于企业生产经营活动中的资金运动。企业生产经营过程既是商品使用价值的生产和交换过程,又是商品价值的形成和实现过程,货币成为商品价值的计量工具和交换媒介。因此,企业在组织生产经济活动时要广泛利用价值形式,即货币形式。这主要体现在下面几个方面:

(1) 不仅要利用实物形式而且要利用价值形式确定企业计划年度产品品种、数量及其分配。

(2) 不仅要利用实物形式而且要利用价值形式确定企业为完成生产经营任务所需各种物质资源及其数量。要利用价值形式来监督和考核这些物质资源是否得到合理保管和充分利用。

(3) 不仅要利用实物形式而且要利用价值形式确定生产经营活动中各种耗费,正确计算成本和费用。

在企业生产经营活动中要广泛利用价值形式,而物资价值的货币表现就是资金。因此,任何企业为保证其生产经营活动的正常进行,就要筹集一定数量的资金。拥有一定数量的资金是企业进行生产经营活动的前提。

企业资金从其形成来源来考察包括自有资金和负债,前者有企业的注册资本金、内部积累形成的资本公积金、盈余公积金和未分配利润等,后者包括企业的长期负债和短期负债。

从资金的运用来考察,包括流动资产、固定资产、无形资产、递延资产、其他资产以及对外投资的资产和货币,企业资金的来源和运用是对立统一的,从任一时点考察,资金的来源和运用是相等的,即资产等于权益加负债。

企业的资金不是静止不动的物,而是不断运动着的价值,在运动中呈现出以下一些基本特征。

1. 垫支性

资金价值是垫支性的,具有预付性质,在经过一定时期之后,又要重新回到垫支者手中,而作为单纯的货币,支出去以后,就永远不再流回来,因而就不属于资金,只有企业垫支于再生产过程中的货币才具有预付性质,才叫资金。

2. 补偿性

这一特点是资金的垫支性所决定的,垫支就要求补偿。不补偿就不能使垫支的资金保存自己的价值,企业的简单再生产难以为继。

3. 周转性

企业的资金是周而复始地不断循环的,只有不断循环周转运动,才能使垫支的资金不断得到补偿。如果企业的资金在某阶段停留下来不再向前运动,就必然降低企业生产经营的经济效益。

4. 增值性

企业资金在循环和周转中,使劳动力和生产资料相结合进行生产经营活动,结果不仅保存其价值,而且使自身的价值量增大,带来盈利。不能带来增值的货币就不是资金。

资金在企业再生产过程中伴随着物资运动而不断进行,物资不断运动,物资的价值形态就不断变化,由一种形态转化为另一种形态。因此,企业的生产经营活动一方面表现为物资运动,另一方面表现为资金运动。资金运动综合地反映了生产经营过程,构成为企业生产经营活动的独立组成内容,成为企业的财务活动。

二、财务的客观经济内容

财务的客观经济内容是由资金运动过程所决定的。企业的资金依次经过筹集、占用、耗费、收回和分配五个阶段,不断循环和周转运动,这五个阶段就构成财务的五个客观经济内容。

1. 资金的筹集

资金运动的起点是筹集资金。就是从各种渠道,运用不同方式来筹集资金。企业筹集的资金,最初一般处于货币资金形态。

2. 资金的占用

企业筹集的资金,通过购买或建造,形成各种生产资料,实质就是进行投资活动,投资结果就形成企业的资产。

3. 资金的耗费

在生产过程中,劳动者运用劳动资料对劳动对象进行加工,要耗费各种原材料,机器设备也要发生损耗,要支付工资和其他费用,各种耗费的货币表现就是产品成本,是资金耗费的总和。

在资金耗费的过程中,劳动者创造的新价值,包括为自己劳动创造的价值和为社会劳动创造的价值,后者形成为企业的纯收入,待商品销售,实现了商品价值时,就形成为现实的纯收入,所以资金的耗费过程又是资金的积累过程。

4. 资金的收回

在商品销售过程中,企业按商品价格取得营业收入或销售收入。收回资金是资金运动的关键环节,实现商品价值不仅可以补偿生产经营过程中的各种耗费,而且可实现企业纯收入,使企业资金增值。

5. 资金的分配

企业取得的营业收入或销售收入要正确进行分配。通过分配满足各方面的需要,促进生产的进一步发展。分配营业收入或销售收入,首先要按成本费用补偿生产经营活动中的各种耗费。补偿生产耗费后的余额就是企业纯收入。通过分配,有一部分形成企业的积累,投入企业生产经营中去,上交国家和用于企业职工生活福利的部分就退出了企业资金运动。

资金的筹集和占用是以价值形式反映企业对生产资料的取得和占用;资金的耗费是以价值形式反映企业物化劳动和活劳动的耗费;资金的收回和分配,则是以价值形式反映企业生产经营成果的实现和分配。可见,企业资金运动是企业生产经营活动的价值方面,资金运动过程的五大阶段就构成企业财务活动的客观经济内容。

三、财务关系

企业财务关系是指企业在资金运动过程中与各有关方面发生的经济关系。企业进行筹资、投资、营运及收益分配,会因交易双方在经济活动中所处的地位不同,各自拥有的权利、承担的义务和追求的经济利益不同而形成不同性质和特色的财务关系,如表 1-1 所示。

1. 企业与投资者之间的财务关系

企业与投资者之间的财务关系是指企业的投资者,包括国家、法人、个人和外商向企业投入资金,企业向其支付投资报酬所形成的经济关系。一方面,企业投资者要按照投资合同或协议、章程的约定履行出资义务,以便及时形成企业的资本金;另一方面,企业利用投资者投入的资金进行经营,并按照出资比例或合同章程的规定,向投资者支付投资报酬。这种关系体现了经营权和所有权分离的特点。

2. 企业与债权人之间的财务关系

企业与债权人之间的财务关系,主要是指企业向债权人借入资金,并按借款合同的规定按时还本付息所形成的经济关系。企业除利用投资者投入的资本进行经营活动外,还要借入一定数量的债务资本,以扩大企业经营规模,并相应降低企业的资本成本,企业的债权人主要有本公司债券持有人、金融信贷机构、商业信用提供者及其他出借资金给企业的单位或个人。企业利用债权人的资金,要按约定的利率,及时向债权人支付利息。债务到期时,要合理调度资金,按时向债权人偿还本金。

3. 企业与受资者之间的财务关系

企业可以将生产经营中闲置下来、游离于生产过程以外的资金投放于其他企业,形成对外的股权性投资。企业向外单位投资应当按照合同、协议的规定,按时、足额地履行出资义务,以取得相应的股份从而参与被投资企业的经营管理和利润分配。被投资企业受资后必须将实现的税后利润按照规定的分配方案在不同的投资者之间进行分配。企业与受资者之间的财务关系表现为所有权性质上的投资与受资关系。

4. 企业与债务人之间的财务关系

企业与债务人之间的财务关系主要是指企业将资金通过购买债券、提供借款或商业信用等形式出借给其他单位所形成的经济关系。企业将资金出借后,有权要求债务人按照事先约定的条件支付利息和偿还本金。企业与债务人之间的财务关系体现为债权与债务的关系。

5. 企业与政府之间的财务关系

企业从事生产经营活动所取得的各项收入应按照《中华人民共和国税法》(以下简称《税法》)的规定依法纳税,从而形成企业与国家税务机关之间的财务关系。在市场经济条件下,任何企业都有依法纳税的义务,以保证国家财政收入的实现,满足社会公共需要。因此,企业与国家税务机关之间的财务关系体现为企业在妥善安排税收战略筹划基础上依法纳税和依法征税的权利、义务关系,是一种强制和无偿的分配关系。

6. 企业与内部各单位之间的财务关系

企业内部各单位之间的财务关系是指企业内部各单位之间在生产经营各环节中相互提供产品或劳务所形成的经济关系。企业在生产经营活动中,由于分工协作会产生内部各单位相互提供产品或劳务的情况,在实行内部独立核算以及履行经营责任制的要求下提供产品、劳务,按照独立企业的原则计价结算,从而形成内部的资金结算关系。

7. 企业与职工之间的财务关系

企业与职工之间的财务关系是在企业向职工支付劳务报酬的过程中形成的经济关系。主要表现为:企业接受职工提供的劳务,并从营业所得中按照一定的标准向职工支付工资、奖金、津贴、社会保险和住房公积金等。此外,企业还可根据自身发展的需要,为职工提供学习、培训的机会等。这种企业与职工之间的财务关系属于劳动成果上的分配关系。

表1-1 财务关系

财务关系	形成	性质
企业与投资者	企业的投资者向企业投入资金,企业向其投资者支付投资报酬所形成的经济关系	经营权和所有权的关系
企业与债权人	企业向债权人借入资金,并按借款合同的规定按时还本付息所形成的经济关系	债务与债权关系
企业与受资者	企业以购买股票或直接投资的形式向其他企业投资所形成的经济关系	所有权性质上的投资与受资关系
企业与债务人	企业将资金通过购买债券、提供借款或商业信用等形式出借给其他单位所形成的经济关系	债权与债务关系
企业与政府	政府作为社会管理者通过收缴各种税款的方式与企业发生经济关系	强制和无偿的分配关系
企业与内部各单位	企业内部各单位之间在生产经营各环节中相互提供产品或劳务所形成的经济关系	企业内部各单位之间的结算关系
企业与职工	企业向职工支付劳务报酬过程中所形成的经济关系	体现在职工个人和集体在劳动成果的分配关系

综上所述,企业财务是指客观存在于企业再生产过程中的资金运动及其所体现的经

济关系。前者称为财务活动,表明了企业财务的内容和形式特征;后者称为财务关系,揭示了企业财务的实质。可见,企业财务管理是组织企业财务活动、处理财务关系的一项经济管理工作。

第二节　财务管理的目标

一、企业组织形式

典型的企业组织形式有三类:个人独资企业、合伙企业和公司制企业。

(一) 个人独资企业

个人独资企业是由一个自然人投资,财产为投资人个人所有,投资人以其个人财产对企业债务承担无限责任的经营实体。

个人独资企业的优点:(1)创立容易。例如,不需要与他人协商并取得一致,只需要很少的注册资本等。(2)维持个人独资企业的固定成本较低。例如,政府对其监管较少,对其规模也没有什么限制,企业内部协调比较容易。(3)不需要交纳企业所得税。

个人独资企业的缺点:(1)业主对企业债务承担无限责任,有时企业的损失会超过业主最初对企业的投资,需要用个人其他财产偿债;(2)企业的存续年限受制于业主的寿命;(3)难以从外部获得大量资本用于经营。

多数个人独资企业的规模较小,抵御经济衰退和承担经营失误损失的能力不强,其平均存续年限较短。有一部分个人独资企业能够发展壮大,规模扩大后会发现其固有缺点日益被放大,于是转变为合伙企业或公司制企业。

(二) 合伙企业

合伙企业是由各合伙人订立合伙协议,共同出资,合伙经营,共享收益,共担风险并对合伙债务承担无限连带责任的营利性组织。通常,合伙人是两个或两个以上的自然人,有时也包括法人或其他组织。

合伙企业的优点和缺点与个人独资企业类似,只是程度有些区别。

《中华人民共和国合伙企业法》规定每个合伙人对企业债务须承担无限连带责任。每个合伙人都可能因偿还企业债务而失去其原始投资以外的个人财产。如果一个合伙人没有能力偿还其应分担的债务,其他合伙人须承担连带责任,即有责任替其偿还债务。法律还规定合伙人转让其所有权时需要取得其他合伙人的同意,有时甚至还需要修改合伙协议。因此,其所有权的转让比较困难。

此外,还有特殊普通合伙企业,它是指以专门知识和技能为客户提供有偿服务的专业机构。譬如,律师事务所、会计师事务所、设计师事务所等。特殊普通合伙企业必须在其企业名称中标明"特殊普通合伙"字样,以区别于普通合伙企业。在特殊普通合伙企业中,一个合伙人或数个合伙人在执业过程中因故意或者重大过失造成合伙企业债务的,应当承担无限责任或者无限连带责任,其他合伙人则仅以其在合伙企业中的财产份额为限承担责任。

(三) 公司制企业

任何依据《中华人民共和国公司法》(以下简称《公司法》)登记的机构都被称为公司。各国的公司法差异较大。因此,公司的具体形式并不完全相同。它们的共同特点是均为经政府注册的营利性法人组织,并且独立于所有者和经营者。

正是由于公司是独立法人,它具有以下优点:(1) 无限存续。一个公司在最初的所有者和经营者退出后仍然可以继续存在。(2) 股权便于转让。公司的所有者权益被划分为若干股权份额,每个份额可以单独转让,无需经过其他股东同意。(3) 有限责任公司债务是法人的债务,不是所有者的债务,所有者对公司债务的责任以其出资额为限。

正是由于公司具有以上三个优点,因此,使其更容易在资本市场上筹集到资本。有限债务责任和公司无限存续,降低了投资者的风险;股权便于转让,提高了投资人资产的流动性。这些优点吸引投资人把资本投入公司制企业。

公司制企业的缺点:(1) 双重课税。公司作为独立的法人,其利润需交纳企业所得税,企业利润分配给股东后,股东还需交纳个人所得税。(2) 组建成本高。《公司法》对于公司建立的要求比独资或合伙企业的建立要求高,并且需要提交一系列法律文件,通常花费的时间较长。公司成立后,政府对其监管比较严格,需要定期提交各种报告。(3) 存在代理问题。经营者和所有者分开以后,经营者成为代理人,所有者成为委托人,代理人可能为了自身利益而伤害委托人利益。

上述三类企业组织形式中,虽然个人独资企业、合伙企业的总数较多,但公司制企业的注册资本和经营规模较大。因此,财务管理通常把公司财务管理作为讨论的重点。除非特别指明,本教材所讨论的财务管理均指公司财务管理。

二、企业目标及其对财务管理的要求

企业成立就会面临竞争,并始终处于生存和倒闭、发展和萎缩的矛盾之中。企业只有生存下去,才能获利;只有不断发展,才能求得生存。只有获利,才能确保资本的保值增值。因此,企业经营的目标可以细分为生存、发展和获利。

(一) 生存

企业生存下去要依靠各种市场,包括商品市场、金融市场、人力资源市场和技术市场。一个企业在市场中生存下去的基本条件有两个,一是以收抵支,二是偿还到期债务。

企业作为市场的主体,一方面付出货币,从市场上获得所需资源;另一方面提供市场需要的商品或服务,从市场上换回货币。企业从市场获得的货币至少要等于其付出的货币以便持续经营,这是企业长期存续的基本条件,因此,企业要生存,就必须不断创新,以独特的产品和服务在市场上取得收入,并且不断降低成本,减少货币的流出,如果企业不能做到以收抵支,经营规模就会萎缩,直到无法维持最低的运营条件而终止。如果长期亏损,扭亏无望,企业也就失去了存在的意义。

企业生存的另一个基本条件是到期偿债。企业为扩大经营规模或满足资金周转的临时需要,可以向其他个人或法人借债。为了维护市场经济秩序,国家法律规定了债务人必须偿还到期债务,必要时破产还债。企业如果不能偿还到期债务,就可能被债权人接管或被法院判定破产。

所以,企业生存的主要威胁来自两个方面:一是长期亏损,它是企业终止的内在原因;二是不能到期偿债,这是企业终止的直接原因。因此,力求保持以收抵支和偿还到期债务的能力,减少破产的风险,使公司能够长期、稳定地生存下去,是对财务管理的第一个要求。

(二) 发展

公司是在发展中求生存。"优胜劣汰"是市场经济的必然法则。一个公司如果不能发展,不能提高产品和服务的质量,不能扩大自己的市场份额,就会在激烈的竞争中被淘汰。

一个公司要发展,主要是要扩大收入。扩大收入的根本途径是提高产品的质量和扩大销售的数量,这就要求不断更新设备、技术和工艺;不断提高各种人员的素质,也就是要投入更多更好的物质资源、人力资源,改进技术和管理。在市场经济中,各种资源的取得都要付出货币,企业的发展离不开资金。因此,筹集企业发展所需的资金,是对财务管理的第二个要求。

(三) 获利

企业是以盈利为目的而建立起来的企业法人,必须获利,才有存在的价值。从财务的角度来看,盈利就是使资产获得超过其投资的回报,在市场经济中,并不存在可以免费使用的资金,每项来源都有其成本,每项资产都是投资,都应获得相应的回报,财务人员务必使企业资金得到最有效的利用。因此,通过合理、有效地使用资金使企业获利,是对财务管理的第三个要求。

总之,企业的目标是生存、发展和获利,这个目标要求财务管理人员须完成筹集资金并有效地投放和使用资金的任务。

三、财务管理目标

目标是导向和标准。没有明确目标,就没有方向,也就无法判断一项决策的优劣。

财务管理目标决定财务管理所采用的原则、程序和方法。因此,财务管理的目标是建立财务管理体系的逻辑起点。

公司财务管理的基本目标取决于公司的目标。投资者创立公司的目的是盈利。已经创立起来的公司,虽然有改善职工待遇、改善劳动条件、扩大市场份额、提高产品质量、减少环境污染等多种目标,但是盈利是其最基本、最一般、最重要的目标。盈利体现了公司的出发点和归宿,还可以概括其他目标的实现程度,并有助于其他目标的实现。公司最具综合性的计量是财务计量,公司的目标因而综合体现为公司的财务管理目标。在本教材的后续论述中,把公司财务管理目标、公司财务目标和公司目标作为同义语使用。

关于公司财务管理基本目标的表达,主要有以下三种观点。

(一) 利润最大化

利润最大化的观点认为,利润代表了公司新创造的财富,利润越多则说明公司的财富增加得越多,越接近公司的目标。

利润最大化的观点有其局限性,主要表现在:(1)没有考虑利润的取得时间。例如,今年获利 200 万元和明年获利 200 万元,哪一个更符合公司的目标?若不考虑货币的时间价值,就难以做出正确判断。(2)没有考虑所获利润和所投入资本额的关系。例如,同样获得 200 万元利润,一家公司投入资本 500 万元,另一家公司投入 600 万元,哪一个更符合公司的目标?若不与投入的资本数额联系起来,就难以做出正确判断。(3)没有考虑获取利润和所承担风险的关系。例如,同样投入 500 万元,本年获利 200 万元,一家公司的获利已全部转化为现金,另一家公司获利则全为应收账款,并可能发生坏账损失,哪一个更符合公司的目标?若不考虑风险大小,就难以做出正确判断。

如果投入资本相同、利润取得的时间相同、相关的风险也相同,利润最大化是可以接受的观念。事实上,许多财务经理人都把提高利润作为公司的短期目标。

(二) 每股收益最大化

每股收益最大化的观点认为,应当把公司的利润和股东投入的资本联系起来考察,用每股收益(或权益净利率)来概括公司的财务管理目标,以克服"利润最大化"目标的局限性。

每股收益最大化观点亦存在局限性:(1)仍然没有考虑每股收益取得的时间;(2)仍然没有考虑每股收益的风险。

如果每股收益的时间、风险相同,则每股收益最大化也是一个可以接受的观念。事实上,许多投资人都把每股收益作为评价公司业绩的关键指标。

(三) 股东财富最大化

股东财富最大化的观点认为,增加股东财富是财务管理的基本目标。这也是本教材采纳的观点。

股东创办公司的目的是增加财富。如果公司不能为股东创造价值,股东就不会为公司提供资本。没有了权益资本,公司也就不复存在了。因此,公司要为股东创造价值。

股东财富可以用股东权益的市场价值来衡量。股东财富的增加可以用股东权益的市场价值与股东投资资本的差额来衡量,它被称为"股东权益的市场增加值"。股东权益的市场增加值是公司为股东创造的价值。

有时财务管理目标被表述为股价最大化。在股东投资资本不变的情况下,股价上升可以反映股东财富的增加,股价下跌可以反映股东财富的减损。股价的升降,代表了投资者对公司股权价值的客观评价。以每股价格最大化为目标,反映了资本和获利之间的关系;该目标受预期每股收益的影响,反映了每股收益的大小和取得时间;该目标受企业风险的影响,反映了每股收益的风险。因此,假设股东投资资本不变,股价最大化与增加股东财富具有同等意义。值得注意的是,企业与股东之间的交易也会影响股价,但不影响股东财富。例如分派股利时股价下跌,回购股票时股价上升等。

有时财务管理目标还被表述为公司价值最大化。公司价值的增加,是由于股东权益价值增加和债务价值增加引起的。假设债务价值不变,则增加公司价值与增加股东权益价值具有相同意义。假设股东投资资本和债务价值不变,公司价值最大化与增加股东财富具有相同的意义。

因此,本教材在不同议题的讨论中,分别使用股东财富最大化、股价最大化和企业价值最大化,其含义均指增加股东财富。

股东财富最大化目标的优点:(1)考虑了现金流量的时间因素和风险因素,因为现金流量获得时间的早晚和风险的高低会对股票价格产生重要影响。(2)在一定程度上能够克服企业在追求利润上的短期行为,因为不仅目前的利润会影响股票价格,预期未来的利润对企业股票的价格也会产生重要影响。(3)股东财富最大化反映了资本与收益之间的关系。(4)追求股东财富最大化,必须考虑利益相关者的利益。① 股东权益为剩余权益(排在其他利益相关者之后);② 其他利益相关者的利益要求是有限度的。

股东财富最大化目标的缺点:(1)只适合于上市公司,对非上市公司则很难适用。(2)股票价格受多种因素影响,并非都是公司所能控制的,把不可控因素引入理财目标是不合理的。

四、财务管理目标与利益冲突

(一) 经营者的利益要求与协调

1. 经营者的利益要求

公司股东的目标是使自己的财富最大化,因此,千方百计要求公司经营者以最大的努力去实现这个目标。公司经营者也是利益最大化的追求者,其具体目标与股东不尽一致。公司经营者的主要要求有:

(1)增加报酬。包括物质和非物质的报酬,如工资、奖金、荣誉和社会地位等。

(2)增加闲暇时间。包括较少的工作时间、工作时间里较多的空闲和有效工作时间中较小的劳动强度等。

(3)避免风险。经营者努力工作可能得不到应有的报酬,他们的行为和结果之间有不确定性,经营者总是力图避免这种风险,要求付出一份劳动便得到一份报酬。

2. 经营者利益与股东利益的协调

公司经营者利益和股东利益(或目标)并不完全一致,经营者有可能为了自身利益而背离股东利益。这种背离表现在两个方面:

(1)道德风险。经营者为了自己的目标,不是尽最大努力去实现企业的目标。他们没有必要为提高股价而冒险,股价上涨的好处将归于股东,如若失败他们的"身价"将下跌。他们不做什么错事,只是不十分卖力,以增加自己的闲暇时间。这样做只是道德问题,不构成法律和行政责任问题,股东很难追究他们的责任。

(2)逆向选择。经营者为了自己的目标而背离股东的目标。例如,装修豪华的办公楼、购置高档汽车等;借口工作需要乱花公司的钱;或者蓄意压低股票价格买入股票导致股东财富受损。

股东为了防止经营者背离其目标,通常采用下列两种制度性措施。

(1) 监督。经营者背离股东目标的条件是双方信息不对称,经营者了解的公司信息比股东多。避免"道德风险"和"逆向选择"的办法是完善公司治理结构,股东获取更多的信息,对经营者进行制度性的监督,在经营者背离股东目标时,减少其各种形式的报酬,甚至解雇他们。

股东往往是分散的或者远离经营的,得不到充分的信息;经营者比股东有更大的信息优势,比股东更清楚什么是对公司更有利的行动方案;全面监督经营者管理行为的代价是高昂的,很可能超过它所带来的收益。因此,股东支付审计费聘请注册会计师,往往限于审计财务报表,而不是全面审查所有管理行为。股东对情况的了解和对经营者的监督是必要的,但受到监督成本的限制,不可能事事都监督。监督可以减少经营者违背股东意思的行为,但不能解决全部问题。

(2) 激励。防止经营者背离股东利益的另一种制度性措施是采用激励方式,使经营者分享企业增加的财富,鼓励他们采取符合股东利益最大化的行动。例如,企业盈利率或股票价格提高后,给经营者以现金、股票期权奖励。支付报酬的方式和数量大小,有多种选择。报酬过低,不足以激励经营者,股东不能获得最大利益;报酬过高,股东付出的激励成本过大,也不能实现自己的最大利益。因此,激励可以减少经营者违背股东意愿的行为,但也不能解决全部问题。

通常,股东同时采取监督和激励两种制度性措施来协调自己与经营者的目标。尽管如此,仍不可能使经营者完全按股东的意愿行动,经营者仍然可能采取一些对自己有利而不符合股东利益最大化的决策,并由此给股东带来一定的损失。监督成本、激励成本和偏离股东目标的损失之间,此消彼长、相互制约。股东要权衡轻重,力求找出使三项之和最小的解决办法(即最佳的解决办法)。

(二) 债权人的利益要求与协调

当公司向债权人借入资金后,两者也形成一种委托-代理关系。债权人把资金借给公司,要求到期时收回本金,并获得约定的利息收入;公司借款的目的是用于经营,两者的利益并不完全一致。

债权人借出资金是有风险的,并把这种风险的相应报酬纳入利率。考虑的因素有公司现有资产的风险、预计公司新增资产的风险、公司现有的负债比率和公司未来的资本结构等。

但是,借款合同一旦成为事实,债权人把资金提供给公司,就失去了控制权。股东为了自身利益可以通过经营者伤害债权人的利益,可能采取的方式有以下两种。

第一,股东不经债权人的同意,投资于比债权人预期风险更高的新项目。如果高风险的计划侥幸成功,超额收益归股东独享;如果计划不幸失败,公司无力偿债,债权人与股东将共同承担由此造成的损失。尽管按法律规定,债权人先于股东分配破产财产,但多数情况下,破产财产不足以偿债。所以,对债权人来说,超额收益肯定得不到,发生损失却有可能要分担。

第二,股东为了提高公司的利润,不征得债权人的同意而发行新债,致使旧债券的价值下降,使旧债权人蒙受损失。旧债券价值下降的原因是发行新债后公司负债比率加大,公司破产的可能性增加。如果公司破产,旧债权人和新债权人要共同分配破产后的财产,使旧债券的风险增加,价值下降。尤其是对于不能转让的债券或其他借款,债权人没有出售债权以摆脱困境的出路,处境更加不利。

债权人为了防止其利益被损害,除了寻求立法保护,如破产时先行接管、先于股东分配剩余财产等,通常会采取以下制度性措施。

第一,在借款合同中加入限制性条款,如规定贷款的用途、规定不得发行新债或限制发行新债的额度等。

第二,发现公司有损害其债权利益意图时,拒绝进一步合作,不再提供新的贷款或提前收回贷款。

(三)其他利益相关者的利益要求与协调

狭义的利益相关者是指除股东、债权人和经营者之外的、对公司现金流量有潜在索偿权的人。广义的利益相关者包括一切与公司决策有利益关系的人,包括资本市场利益相关者(股东和债权人)、产品市场利益相关者(客户、供应商、所在社区和工会组织)和公司内部利益相关者(经营者和其他员工)。

公司的利益相关者可以分为两类:一类是合同利益相关者,包括客户、供应商和员工,他们和企业之间存在法律关系,受到合同的约束;另一类是非合同利益相关者,包括社区居民以及其他与公司有间接利益关系的群体。

股东和合同利益相关者之间既有共同利益,也有利益冲突。股东可能损害合同利益相关者利益,合同利益相关者也可能损害股东利益。因此,要通过立法调节他们之间的关系,保障双方的合法权益。一般来说,公司只要遵守合同就可以基本满足合同利益相关者的要求,在此基础上股东追求自身利益最大化也会有利于合同利益相关者。当然,仅有法律是不够的,还需要道德规范的约束,以缓和双方的矛盾。

对于非合同利益相关者,法律关注较少,享受的法律保护低于合同利益相关者。公司的社会责任政策对非合同利益相关者影响很大。

第三节 财务管理的原则

财务管理的基本原则,也称理财原则,是指人们对财务活动的共同认识。它具有以下特征。

第一,理财原则必须符合大量观察和事实,被多数人所接受。财务理论有不同的流派和争论,甚至存在完全相反的理论,而原则不同,它们被现实反复证明并被多数人接受具有共同认识的特征。

第二,理财原则是财务交易和财务决策的基础。财务管理实务是应用性的,"应用"是指理财原则的应用。各种财务管理程序和方法,是根据理财原则建立的。

第三,理财原则为解决新的问题提供指引。已经开发出来的、被广泛应用的程序和方法,只能解决常规问题,当问题不符合任何既定程序和方法时,原则为解决新问题提供预先的感性认识,指导人们寻找解决问题的方法。

第四,理财原则不一定在任何情况下都绝对正确。原则的正确性与应用环境有关,在一般情况下它是正确的,而在特殊情况下不一定正确,对于如何概括理财原则,人们的认识不完全相同。

一、有关竞争环境的原则

有关竞争环境的原则是对资本市场中人的行为规律的基本认识。

(一) 自利行为原则

自利行为原则是指人们在进行决策时按照自己的财务利益行事,在其他条件相同的情况下人们会选择使自己经济利益最大的行动。

自利行为原则的依据是理性经济人假设。该假设认为,人们对每一项交易都会衡量其代价和利益,并且会选择对自己最有利的方案来行动。自利行为原则假设企业决策人对企业目标具有合理的认识程度,并且对如何达到目标具有合理的理解。在这种假设情况下,企业会采取对自己最有利的行动。自利行为原则并不认为钱是人们生活中最重要的东西,或者说钱可以代表一切。问题在于商业交易的目的是获利,在从事商业交易时人们总是为了自身的利益做出选择和决定,否则他们就不必从事商业交易。自利行为原则也并不认为钱以外的东西都是不重要的,而是说在"其他条件都相同时",所有财务交易参与者都会选择使自己经济利益最大的行动。

自利行为原则的一个重要应用是委托-代理理论。该理论把企业看成是各种自利的人的集合。如果企业只有业主一个人,他的行为将十分明确和统一。如果企业是一个大型的公司,情况就变得非常复杂,因为这些关系人之间存在利益冲突。一个公司涉及的利益相关者包括普通股东、优先股东、债券持有者、银行、短期债权人、政府、社会公众、经理人员、员工、客户、供应商、社区等。这些人或集团,都是按自利行为原则行事的。企业和各种利益相关者之间的关系,大部分属于委托-代理关系。这种相互依赖又相互冲突的利益关系,需要通过"契约"来协调。因此,委托-代理理论是以自利行为原则为基础的。有人主张,把"委托-代理关系"单独作为一条理财原则,可见其重要性。

自利行为原则的另一个应用是机会成本的概念。当一个人采取某个行动时,就等于取消了其他可能的行动。因此,他必然要用这个行动与其他可能行动相比,看该行动是否对自己最有利。采用一个方案而放弃另一个方案时,被放弃方案的收益是被采用方案的机会成本,也称择机代价。尽管人们对机会成本或择机代价的概念有分歧,它们的计算也经常会遇到困难,但是人们都不否认机会成本是在决策时不能不考虑的重要问题之一。

(二) 双方交易原则

双方交易原则是指每一项交易都至少存在两方,在一方根据自己的经济利益决策时,另一方也会按照自己的经济利益决策行动,并且对方和你一样聪明、勤奋和富有创造力。

因此，你在决策时要正确预见对方的反应。

双方交易原则的建立依据是商业交易至少有两方，是"零和博弈"，各方都是自利的。每一项交易都有一个买方和一个卖方，这是不争的事实。无论是买方市场还是卖方市场，在已经成为事实的交易中，买进的资产和卖出的资产总是一样多。例如，在证券市场上你卖出一股，对应的是他人买入一股。既然买入的总量与卖出的总量永远一样多，那么个人的获利只能以另一个人的付出为基础。一个高的价格使买方受损而卖方受益；一个低的价格使买方受益而卖方受损，一方得到的与另一方失去的一样多，从总体上看双方收益之和等于零，故称为"零和博弈"。在"零和博弈"中，双方都按自利行为原则行事谁都想获利而不是吃亏。那么，为什么还会成交呢？事实上这与人们的信息不对称有关。

买卖双方由于信息不对称，因而对金融证券产生不同的预期。不同的预期导致了证券买卖，高估股票价值的人买进，低估股票价值的人卖出，直到市场价格达到他们一致的预期时交易停止。如果对方不认为对自己有利，他就不会和你成交。因此，在决策时不仅要考虑自利行为原则，还要使对方有利，否则交易就无法实现。除非对方不自利或者很愚蠢，不知道自己的利益是什么，然而，这样估计商业对手本身就不明智。

双方交易原则要求在理解财务交易时不能简单地"以我为中心"，在谋求自身利益的同时要注意对方的存在，以及对方也在遵循自利行为原则行事。这条原则要求我们不要总是"自以为是"，错误地认为自己优于对手。例如，收购公司的经理经常声称他们可以更好地管理目标公司，从而提高它的价值。因此，出高价购进目标公司。实际上，他们不仅低估了目标公司管理当局的能力，更重要的是他们低估了市场的评价能力。这些人以为自己比市场高明，发现了被市场低估的公司。但实际经验表明，一家公司决定收购另一家公司的时候，多数情况下收购公司的股价不是提高而是降低了，这说明收购公司的出价过高，降低了本公司的价值。

双方交易原则还要求在理解财务交易时要注意税收的影响。由于税收的存在，主要是利息的税前扣除，使得一些交易表现为"非零和博弈"。政府是不请自来的第三方，从交易中收取税金。减少政府的税收，交易双方都可以受益。避税就是寻求减少政府税收的合法交易形式。避税的结果使交易双方受益但其他纳税人会承担更大的税收份额，从更大范围来看并没有改变"零和博弈"的性质。因此有人主张，把"税收影响决策"单独作为一条理财原则，因为税收会影响所有的交易。

（三）信号传递原则

信号传递原则，是指行动可以传递信息，并且比公司的声明更有说服力。

信号传递原则是自利行为原则的延伸。由于人们或公司是遵循自利行为原则的，所以，一项资产的买进能暗示出该资产"物有所值"，买进的行为提供了有关决策者对未来的预期或计划的信息。例如，一个公司决定进入一个新领域，反映出管理者对自己公司的实力以及新领域的未来前景充满信心。

信号传递原则要求根据公司的行为判断它未来的收益状况。例如，一个经常用配股的办法找股东要钱的公司，很可能自身产生现金能力较差；一个大量购买国库券的公司，很可能缺少净现值为正数的投资机会；内部持股人出售股份，常常是公司盈利能力恶化的重要信号。例如，安然公司在破产前公告的利润一直不断上升，但是其内部人士在1年前就开始陆续抛售股票,并且没有任何内部人士购进安然股票的记录。这一行动表明,安然公司的管理层已经知道公司遇到了麻烦。特别是在公司的公告(包括它的财务报表)与其行动不一致时,行动通常比语言更具说服力。这就是通常所说的:"不但要听其言,更要观其行。"

信号传递原则还要求公司在决策时不仅要考虑行动方案本身,还要考虑该项行动可能给人们传达的信息。在资本市场上,每个人都在利用他人交易的信息,自己交易的信息也会被别人所利用。因此,应考虑交易的信息效应。例如,当把一件商品的价格降至难以置信的程度时,人们就会认为它的质量不好,它本来就不值钱。又例如,一家会计师事务所从简陋的办公室迁入豪华的写字楼,会向客户传达收费高、服务质量高、值得信赖的信息。在决定降价或迁址时,不仅要考虑决策本身的收益和成本,还要考虑信息传递效应可能影响的收益和成本。

(四) 引导原则

引导原则是指当所有办法都失败时,寻找一个可以信赖的榜样作为自己的引导。所谓"当所有办法都失败",是指我们的理解力存在局限性,不知道如何做对自己有利;或者寻找最准确答案的成本过高,以至于不值得把问题完全搞清楚。在这种情况下,不要继续坚持采用正式的决策分析程序,包括收集信息、建立备选方案、采用模型评价方案等,而是直接模仿成功榜样或者大多数人的做法。例如,在陌生的城市寻找就餐的饭馆,不值得或者没时间调查每个饭馆的有关信息,应当找一个顾客较多的饭馆去就餐。不要去顾客很少的地方,那里不是价格很贵就是服务很差。

引导原则是行动传递信号原则的一种运用。很多人去某家饭馆就餐的事实,意味着很多人对它的评价不错。承认行动传递信号,就必然承认引导原则。

不要把引导原则混同于"盲目模仿"。它只在两种情况下适用:一是理解存在局限性,认识能力有限,找不到最优的解决办法;二是寻找最优方案的成本过高。在这种情况下,跟随值得信任的人或者大多数人才是有利的。引导原则不会帮你找到最好的方案,却常常可以使你避免采取最差的行动。它是一个次优化准则,其最好结果是得出近似最优的结论,最差的结果是模仿了别人的错误。这一原则虽然有潜在的问题,但是我们经常会遇到理解力、成本或信息受到限制的情况,无法找到最优方案,这时需要采用引导原则解决问题。

引导原则的一个重要应用是行业标准概念。例如,资本结构的选择问题,理论不能提供公司最优资本结构的实用化模型。观察本行业成功企业的资本结构或者多数企业的资本结构,不要与它们的水平偏离太远,就成了资本结构决策的一种简便、有效的方法。再如,对一项房地产的估价,如果系统的估价方法成本过高,不如观察一下近期类似房地产的成交价格。

引导原则的另一个重要应用就是"免费跟庄(搭便车)"概念。一个"领头人"花费资源得出一个最佳的行动方案,其他"追随者"通过模仿节约了信息处理成本。有时领头人甚至成了"革命烈士",而追随者却成了"成功人士"。《中华人民共和国专利法》和《中华人民共和国著作权法》是在知识产权领域中保护领头人的法律,强制追随者向领头人付费,以避免"免费跟庄"问题的影响。在财务领域中并不存在这种限制。许多小股民经常跟随

"庄家"或机构投资者,以节约信息处理成本。当然,"庄家"也会利用"免费跟庄"现象,进行恶意炒作,损害小股民的利益。因此,各国的证券监管机构都禁止操纵股价的恶意炒作,以维护证券市场的公平性。

二、有关创造价值的原则

有关创造价值的原则,是人们对增加企业财富基本规律的认识。

(一) 有价值的创意原则

有价值的创意原则,是指创意能获得额外报酬。

竞争理论认为,企业的竞争优势主要来源于产品(或服务)差异化和成本领先两方面。产品差异化,是指产品本身、销售交货、营销渠道等客户广泛重视的方面在产业内独树一帜。任何独树一帜都来源于新的创意。创造和保持产品差异化的企业,如果其产品溢价超过了为产品的独特性而附加的成本,它就能获得高于平均水平的利润。正是许多新产品的发明,使得发明人和生产企业变得非常富有。

有价值的创意原则主要应用于直接投资项目。一个项目依靠什么取得正的净现值?它必须是一个有创意的投资项目。重复过去的投资项目或者别人的已有做法,最多只能取得平均的报酬率,维持而不是增加股东财富。新的创意迟早要被别人效仿,失去原有的优势,因此创新的优势都是暂时的。企业长期的竞争优势,只有通过一系列的短期优势才能维持。只有不断创新,才能维持产品的差异化,不断增加股东财富。

该项原则还应用于经营和销售活动。例如,连锁经营方式的创意使得麦当劳的投资人变得非常富有。

(二) 比较优势原则

比较优势原则是指专长能创造价值。在市场上要想赚钱,必须发挥你的专长。大家都想赚钱,你凭什么能赚到钱?你必须在某一方面比别人强,并依靠你的强项来赚钱。麦克尔·乔丹的专长是打篮球,他改行去打棒球就违背了比较优势原则。没有遵守比较优势原则的人很难取得超出平均水平的收入;没有遵守比较优势原则的企业,很难增加股东财富。

比较优势原则的依据是分工理论。让每一个人去做最适合他做的工作,让每一个企业生产最适合它生产的产品,社会的经济效率才会提高。

比较优势原则的一个应用是"人尽其才、物尽其用"。在有效的市场中,你不必要求自己什么都能做得最好,但要知道谁能做得最好。对于某一件事情,如果有人比你自己做得更好就支付报酬让他代你去做。同时,你去做你比别人做得更好的事情,让别人给你支付报酬。如果每个人都去做自己能够做得最好的事情,每项工作就找到了最称职的人,就会产生经济效率。每个企业要做自己能做得最好的事情,一个国家的效率就提高了。国际贸易的基础,就是每个国家生产它最能有效生产的产品,这样可以使每个国家都受益。

比较优势原则的另一个应用是优势互补。合资、合并、收购等,都是出于优势互补原则。一方有某种优势,如独特的生产技术;另一方有其他优势,如杰出的销售网络,两者结合可以使各自的优势快速融合，并形成新的优势。

比较优势原则要求企业把主要精力放在自己的比较优势上，而不是日常的运行上。建立和维持自己的比较优势，是企业长期获利的根本。

(三) 期权原则

期权是指不附带义务的权利，它是有经济价值的。期权原则是指在估值时要考虑期权的价值。

期权概念最初产生于金融期权交易，它是指持有人（期权购买者）能够要求出票人（期权出售者）履行期权合同上载明的交易，而出票人不能要求持有人去做任何事情。在财务上，一个明确的期权合约经常是指按照预先约定的价格买卖一项资产的权利。

广义的期权不限于金融合约，任何不附带义务的权利都属于期权。许多资产都存在隐含的期权。例如，一个企业可以决定某个资产出售或者不出售，如果价格不令人满意就什么事也不做，如果价格令人满意就出售。这种选择权是广泛存在的。一个投资项目，本来预期有正的净现值，被采纳并实施了，上马以后发现它并没有原来设想的那么好。此时决策人不会让事情按原计划一直发展下去，而会决定方案下马或者修改方案，使损失减少到最低。这种后续选择权是有价值的，它增加了项目的净现值。在评价项目时就应考虑到后续选择权是否存在以及它的价值有多大。有时一项资产附带的期权比该资产本身更有价值。

(四) 净增效益原则

净增效益原则是指财务决策建立在净增效益的基础上，一项决策的价值取决于它和替代方案相比所增加的净收益。

一项决策的优劣是与其他可替代方案（包括维持现状而不采取行动）相比较而言的。如果一个方案的净收益大于替代方案，那么它是一个比替代方案好的决策，其价值是增加的净收益。在财务决策中，净收益通常用现金流量计量，一个方案的净收益是指该方案现金流入减去现金流出的差额，也称为现金流量净额。一个方案的现金流入是指该方案引起的现金流入量的增加额；一个方案的现金流出是指该方案引起的现金流出量的增加额。"方案引起的增加额"，是指这些现金流量依存于特定方案，如果不采纳该方案就不会发生这些现金流入和流出。

净增效益原则的应用领域之一是差额分析法，也就是在分析投资方案时只分析它们有区别的部分，而省略其相同的部分。净增效益原则初看似乎很容易理解，但实际贯彻起来，需要非常清醒的头脑，需要周密地考察方案对企业现金流量总额的直接和间接影响。例如，一项新产品投产的决策引起的现金流量，不仅包括新设备投资，还包括动用企业现有非货币资源对现金流量的影响；不仅包括固定资产投资，还包括需要追加的营运资本；不仅包括新产品的销售收入，还包括对现有产品销售积极或消极的影响；不仅包括产品直接引起的现金流入和流出，还包括对公司税务负担的影响等。

净增效益原则的另一个应用是沉没成本概念。沉没成本是指已经发生、不会被以后的决策改变的成本。沉没成本与将要采纳的决策无关。因此，在分析决策方案时应将其排除。

三、有关财务交易的原则

有关财务交易的原则,是人们对于财务交易基本规律的认识。

(一) 风险-报酬权衡原则

风险-报酬权衡原则是指风险和报酬之间存在一个权衡关系,投资人必须对报酬和风险做出权衡,为追求较高报酬而承担较大风险,或者为减少风险而接受较低的报酬。所谓"权衡关系",是指高收益的投资机会必然伴随巨大风险,风险小的投资机会必然只有较低的收益。

在财务交易中,当其他一切条件相同时,人们倾向于高报酬和低风险。如果两个投资机会除报酬不同以外,其他条件(包括风险)都相同,人们会选择报酬较高的投资机会,这是自利行为原则所决定的。如果两个投资机会除风险不同以外,其他条件(包括报酬)都相同,人们会选择风险小的投资机会,这是风险反感决定的。所谓"风险反感"是指人们普遍认为风险是不利的事情。确定的1元钱,其经济价值要大于不确定的1元钱。如果人们都倾向于高报酬和低风险,而且都在按照他们自己的经济利益行事,那么竞争结果就产生了风险和报酬之间的权衡。你不可能在低风险的同时获取高报酬,因为这是每个人都想得到的。即使你最先发现了这样的机会并率先行动,别人也会迅速跟进,竞争会使报酬率降至与风险相当的水平。因此,现实的市场中只有高风险同时高报酬和低风险同时低报酬的投资机会。

如果你想有一个获得巨大收益的机会,你就必须冒可能遭受巨大损失的风险,每一个市场参与者都在他的风险和报酬之间做权衡。有的偏好高风险、高报酬,有的偏好低风险、低报酬,但都要求风险与报酬对等,不会去冒没有价值的风险。

(二) 投资分散化原则

投资分散化原则,是指不要把全部财富投资于一个项目,而要分散投资。

投资分散化原则的理论依据是投资组合理论。马科维茨的投资组合理论认为,若干种股票组成的投资组合,其收益是这些股票收益的加权平均数,但其风险要小于这些股票的加权平均风险,所以投资组合能降低风险。

如果一个人把他的全部财富投资于一个公司,这个公司破产了,他就失去了全部财富。如果他投资于10个公司,只有10个公司全部破产,他才会失去全部财富。10个公司全部破产的概率,比一个公司破产的概率要小得多,所以投资分散化可以降低风险。

投资分散化原则具有普遍意义,不仅仅适用于证券投资,公司各项决策都应注意分散化原则。不应当把公司的全部投资集中于个别项目或个别产品;不应当把销售集中于少数客户;不应当使资源供应集中于个别供应商。凡是有风险的事项,都要贯彻分散化原则,以降低风险。

(三) 资本市场有效原则

资本市场是指证券买卖的市场。资本市场有效原则,是指在资本市场上频繁交易的金融资产的市场价格反映了所有可获得的信息,而且面对新信息完全能迅速做出调整。

资本市场有效原则要求理财时重视市场对企业的估价。资本市场是企业的一面镜子又是企业行为的校正器。股价可以综合反映公司的业绩,弄虚作假、人为改变会计方法对于企业价值的提高毫无用处。一些公司把不少精力和智慧放在报告信息的粉饰上,通过"寻机会计处理"来提高报告利润,企图用财务报表给使用人制造幻觉,这在有效市场是无济于事的。用资产置换、关联交易操纵利润,只能得逞于一时,最终会付出代价,甚至导致公司破产。市场对公司的评价降低时,应分析公司的行为是否出现了偏差,并设法改进,而不应设法欺骗市场。妄图欺骗市场的人,终将被市场所抛弃。

市场有效性原则要求理财时慎重使用金融工具。如果资本市场是完全有效的,购买或出售金融工具的交易的净现值就为零。作为从资本市场上取得资本的一方,公司很难通过筹资获取正的净现值(增加股东财富)。公司的生产经营性投资带来的竞争,是在少数公司之间展开的,竞争不充分。一个公司,因为它有专利权、专有技术、良好的商誉、较大的市场份额等比较优势,可以在某些直接投资中取得正的净现值。资本市场与商品市场不同,其竞争程度高、交易规模大、交易费用低、资产具有同质性,使得其有效性比商品市场要高得多。所有需要资本的公司都在寻找资本成本低的资本来源,大家都平起平坐。机会均等的竞争,使财务交易基本上是公平交易。在有效资本市场上,只可获得与投资风险相称的报酬,也就是与资本成本相同的报酬,很难增加股东财富。

(四)货币时间价值原则

货币时间价值原则,是指在进行财务计量时要考虑货币时间价值因素。"货币的时间价值"是指货币在经过一定时间的投资和再投资后所增加的价值。

货币具有时间价值的依据是货币投入市场后其数额会随着时间的延续而不断增加。这是一种普遍的客观经济现象。要想让投资人把钱拿出来,市场必须给他们一定的报酬。

货币时间价值原则的首要应用是现值概念。由于现在的1元货币比将来的1元货币经济价值大,不同时间的货币价值不能直接加减运算,需要进行折算。通常,要把不同时间的货币价值折算到"现在"这个时点或"零"时点,然后对现值进行运算或比较。财务估值中,广泛使用现值进行价值评估。

货币时间价值的另一个重要应用是"早收晚付"观念。对于不附带利息的货币收支,与其晚收不如早收,与其早付不如晚付。货币在自己手上,可以立即用于消费而不必等待将来消费,可以投资获利而无损于原来的价值,可以有效应对未预料到的支付,因此早收、晚付在经济上是有利的。

第四节 财务管理的环境

企业的财务管理环境,是指影响企业财务活动和制约企业财务行为的各种外部条件。财务管理环境是企业财务决策难以改变的外部约束条件,企业更多的是适应它们的要求和变化。企业必须不断增强对环境的适应能力和应变能力,根据环境的变化,采取相应的财务政策,才能保证财务活动的顺利进行。财务管理环境涉及的范围很广,其中最重要的是经济环境、法律环境和金融环境。

一、经济环境

财务管理的经济环境是指对财务管理有重要影响的一系列经济因素,一般包括经济周期、经济政策、通货膨胀和市场竞争等。

(一) 经济周期

经济发展总是呈现出周期性更替的变化态势,经济发展的周期性变化对企业理财活动有着重大影响。当经济发展进入不同阶段时,首先对企业的营业额产生直接影响,当企业的营业额发生变化时,将会使企业的经营发生变化,经济发展的周期性变化一般要经过四个阶段:经济复苏期、经济繁荣期、经济衰退期和经济萧条期。

(二) 经济政策

经济政策是国家进行宏观经济调控的重要手段。国家的产业政策、金融政策、财税政策对企业的筹资活动、投资活动和分配活动都会产生重要影响。如金融政策中的货币发行量、信贷规模会影响企业的资本结构和投资项目的选择;价格政策会影响资本的投向、投资回收期及预期收益等。因此,财务管理人员应当深刻领会国家的经济政策,研究经济政策的调整对财务管理活动可能造成的影响。

(三) 通货膨胀

经济发展中的通货膨胀也会给企业财务管理带来较大的不利影响,主要表现在:资金占用额迅速增加;利率上升,企业筹资成本加大,筹资难度增加;利润虚增、资金流失、通货膨胀不仅对消费者不利,也给企业理财带来很大困难。企业对通货膨胀本身无能为力,只有政府才能控制通货膨胀的速度。

为了减轻通货膨胀对企业造成的不利影响,财务人员应当采取措施予以防范。在通货膨胀初期,货币面临着贬值的风险,这时企业进行投资可以避免风险,实现资本保值增值;与客户签订长期购货合同,以减少物价上涨造成的损失;取得长期负债,保持资本成本的稳定。在通货膨胀持续期,企业可以采用比较严格的信用条件,减少企业债权;调整财务政策,防止和减少企业的资本流失等。

(四) 市场竞争

竞争广泛存在于市场经济之中,除完全垄断性行业与企业外,其他行业与企业都无法回避。企业之间的竞争名义上是产品与市场的竞争,实际上是企业的综合实力,包括设备、技术、人才、营销、管理乃至文化等各个方面的比拼。竞争对企业来说,既是机会也是挑战,它能促使企业采用先进的技术,生产更好的产品,以获取稳定的收入和高额的利润,同时竞争会导致产品价格的下降,从而减少企业的利润空间。过分的竞争会导致企业亏损,甚至全行业亏损。一个企业所在行业的竞争状况往往是变化的,有时十分残酷有时又相对缓和,企业应该洞悉行业竞争状况变化的规律,抓住时机,将企业的财务资源投入到下一轮竞争的关键点,获取并保持竞争优势。

二、法律环境

财务管理的法律环境是企业组织财务活动、处理与各方经济关系所必须遵循的法律规范的总和。广义的法律规范包括各种法律法规和制度。财务管理作为一种社会活动,其行为要受到法律的约束,企业合法的财务活动也相应受到法律的保护。影响企业财务管理的主要法律法规包括以下几种。

(一) 企业组织法规

企业必须依法成立,组建不同组织形式的企业必须遵循相关的法律规范,如《中华人民共和国公司法》(以下简称《公司法》)《中华人民共和国合伙企业法》等。这些法律既是企业的组织法,也是企业的行为法。

在企业组织法律法规中,规定了企业组织的主要特征、设立条件、设立程序、组织机构、组织变更和终止的条件和程序等,涉及企业的资本组织形式、企业筹集资本金的渠道、筹资方式、筹资期限、筹资条件、利润分配等诸多内容的规范,也涉及不同的企业组织形式的理财特征。其中,《公司法》是公司财务管理最重要的强制性规范,公司的财务管理活动不能违反该法律,公司的自主权不能超出该法律的限制。

(二) 税收法律制度

企业的财务管理会受到税收的直接影响和间接影响。税收是国家为实现其职能,强制地、无偿地取得财政收入的一种手段。任何企业都具有纳税的法定义务。税收对财务管理的投资、筹资、股利分配决策都具有重要的影响。在投资决策中,税收是一个投资项目的现金流出量,计算投资项目各年的现金净流量必须要扣减这种现金流出量,才能正确反映投资所产生的现金净流量,进而对投资项目进行估价;在筹资中,债务的利息具有抵减所得税的作用,确定企业资本结构也必须考虑税收的影响;股利分配比例和股利分配方式影响股东个人交纳的所得税的数额,进而可能对企业价值产生重要的影响。此外,税负是企业向外支付的一种费用,会增加企业的现金流出,企业无不希望减少税务负担,企业进行合法的税收筹划,是财务管理工作的重要内容。

(三) 财务会计法律规范

财务会计法律法规主要包括《中华人民共和国会计法》(以下简称《会计法》)《企业会计准则》《企业财务通则》以及《企业会计制度》等,主要内容如表 1-2 所示。

表 1-2 财务会计法律规范

法律规范类别	法律规范的功能
《会计法》	会计工作的根本大法,是我国进行会计工作的基本依据
《企业会计准则》	会计核算的基本规范,对会计核算原则和业务处理方法做出规定
《企业财务通则》	结合不同财务管理要素,对财务管理方法和政策要求做出规范
《企业会计制度》	直接对企业的会计核算工作发挥规范作用
企业内部财务制度	企业内部的基础性财务制度

(四) 证券法律制度

证券法律制度是确认和调整在证券管理、发行与交易过程中各主体的地位及权利义务关系的法律规范。2020年3月1日,新修订的《中华人民共和国证券法》(以下简称《证券法》)正式生效。《证券法》的内容包括总则、证券发行、证券交易、上市公司的收购、信息披露、投资者保护、证券交易场所、证券公司、证券登记结算机构、证券服务机构、证券业协会、证券监督管理机构、法律责任和附则。证券法律制度对企业以证券形式进行的筹资与投资、对上市公司信息的披露具有重要的影响。

三、金融工具与金融市场

金融市场和普通商品市场类似,也是一种交换商品的场所。金融市场交易的对象是银行存款单、债券、期货等证券。例如,卖方发行债券换取货币,买方用货币换取债券。与普通商品交易的不同之处在于,金融交易大多只是货币资本使用权的转移,而普通商品交易是所有权和使用权的同时转移。这些交易对象,对于买方(即投资人)来说是一种投资工具,是可以产生现金流的资产;对于卖方(即筹资人)来说是筹资工具,是将来需要支付现金的义务。因此,可以通称为金融工具。

(一) 金融工具的类型

金融工具是使一个公司形成金融资产,同时使另一个公司形成金融负债或权益工具(equity instrument)的任何合约。金融工具包括股票、债券、黄金、外汇、保单等。公司可以借助金融工具进行筹资和投资。

金融工具按其收益性特征可分为以下三类。

1. 固定收益证券

固定收益证券是指能够提供固定或根据固定公式计算出来现金流的证券。例如,公司债券的发行人承诺每年向债券持有人支付固定的利息。有些债券的利率是浮动的,但也规定有明确的计算方法。例如,某公司债券规定按国库券利率上浮两个百分点计算并支付利息。固定收益证券是公司筹资的重要形式。固定收益证券的收益与发行人的财务状况相关程度低,除非发行人破产或违约,证券持有人将按规定数额取得收益。

2. 权益证券

权益证券代表特定公司所有权的份额。发行人事先不对持有者做出支付承诺,收益的多少不确定,要看公司经营的业绩和公司净资产的价值,因此其风险高于固定收益证券。权益证券是公司筹资的最基本形式,任何公司都必须有股权资本。权益证券的收益与发行人的财务状况相关程度高,其持有人非常关心公司的经营状况。

3. 衍生证券

衍生证券的种类繁多,并不断创新,包括各种形式的金融期权、期货和利率互换合约。由于衍生品的价值依赖于其他证券,因此它既可以用来套期保值,也可以用来投机。衍生证券是公司进行套期保值或者转移风险的工具。根据公司理财的原则,企业不应依靠投机获利。衍生品投机失败导致公司巨大损失甚至破产的案件时有发生。

(二) 金融市场的参与者

主要是资本的提供者和需求者,包括居民、公司和政府等。

1. 居民

居民,包括自然人和家庭,他们是金融市场最主要的资本提供者。资金提供者也称为资本所有者或投资人。居民出于节俭、预防意外的支付或者延迟消费等目的,其支出小于消费,成为社会的储蓄者。他们有时也会成为住宅和汽车等消费贷款的借款人,但在总体上看,居民总是净储蓄者,是金融市场上最主要的资本提供者。

2. 公司

公司是金融市场上最大的资本需求者。资本需求者也称筹资人、金融工具发行人。公司通过发行股票、债券等形式筹集资本,并且在货币市场中筹集短期资本。有时公司在经营中会出现暂时的闲置资本,会以资本提供者身份出现,将这部分资本投入货币市场。

3. 政府

政府经常是资金需求者。政府发行财政部债券或地方政府债券来筹资,用于基础设施建设、弥补财政赤字,或者进行宏观经济调控。政府有时也会成为资金提供者,在税收集中入库而支付滞后时,会投资于金融市场。

上述资本提供者和需求者,是不以金融交易为主业的主体,参与交易的目的是调节自身的资本余缺。他们之间的金融交易称为直接金融交易,也就是企业或政府在金融市场上直接融通货币资本,其主要方式是发行股票或债券。

此外,还有一类是专门从事金融活动的主体,包括银行、证券公司等金融机构,他们充当金融交易的媒介。资本提供者和需求者,通过金融中介机构实现资金转移的交易称为间接金融交易。

(三) 金融中介机构

金融中介机构分为银行和非银行金融机构两类。银行是指存款性金融机构,包括商业银行、邮政储蓄银行、农村合作银行等。非银行金融机构是指非存款性金融机构,包括保险公司、投资基金、证券市场机构等。

1. 商业银行

商业银行是指依照《中华人民共和国商业银行法》和《公司法》设立的公司法人。它是以吸收存款方式取得资金,以发放贷款或投资证券等方式获得收益的金融机构。

银行业务包括:吸收公众存款;发放短期、中期和长期贷款;办理国内外结算;办理票据承兑与贴现;发行金融债券;代理发行、代理兑付、承销政府债券;买卖政府债券、金融债券;从事同业拆借;买卖、代理买卖外汇等。

2. 保险公司

保险公司是指依《中华人民共和国保险法》和《公司法》设立的公司法人。保险公司收取保费,将保费所得资金投资于债券、股票、贷款等资产,运用这些资产所得收入支付保单所确定的权益。

保险公司的业务范围分为两类:(1)人身保险业务,包括人寿保险、健康保险、意外伤害保险等保险业务。(2)财产保险业务,包括财产损失保险、责任保险、信用保险、保证保险等保险业务。我国的保险公司不得兼营人身保险业务和财产保险业务。

3. 投资基金

投资基金,也称为共同基金,是通过公开发售基金份额募集资金,然后投资于证券的机构。投资基金由基金管理人管理,基金托管人托管,为基金份额持有人的利益服务,以资产组合方式进行证券投资活动。

基金运作方式可以采用封闭式或开放式。封闭运作方式的基金,是指经核准的基金份额总额在基金合同期限内固定不变,基金份额可以在依法设立的证券交易场所交易,但基金份额持有人不得申请赎回的基金。开放运作方式的基金,是指基金份额总额不固定,基金份额可以在基金合同约定的时间和场所申购或者赎回的基金。

投资基金把许多人的资金集中起来,形成规模,有助于降低交易成本和建立投资组合。每份基金的价格变动,与基金持有的证券组合的构成有关。如果债券所占的比例大,则风险较小;如果股票所占的比例大,则风险较大。

(四) 证券市场机构

1. 证券交易所

证券交易所是为证券集中交易提供场所和设施,组织和监督证券交易,实行自律管理的法人。实行会员制的证券交易所的权益由会员共同享有,在其存续期间不得将其财产积累分配给会员。

进入证券交易所参与集中交易的,必须是证券交易所的会员。投资者应当与证券公司签订证券交易委托协议,并在证券公司开立证券交易账户,以书面、电话或网络等方式委托该证券公司代其买卖证券。

证券公司根据投资者的委托,按照证券交易规则提出交易申报,参与证券交易所场内的集中交易,并根据成交结果承担相应的清算交收责任;证券登记结算机构根据成交结果,按照清算交收规则,与证券公司进行证券和货币的清算交收,并为证券公司客户办理证券的登记过户手续。

2. 证券公司

证券公司是指依照《公司法》和《证券法》规定设立的经营证券业务的有限公司。设立证券公司,必须经国务院证券监督管理机构审查批准。

证券公司的主要业务有:二级市场的证券经纪业务,一级市场的证券承销与保荐业务(投资银行业务),证券自营业务等。

此外,证券市场机构还有证券服务机构,包括投资咨询机构、财务顾问机构、资信评级机构、资产评估机构、会计师事务所等。

(五) 金融市场的功能

1. 金融市场的基本功能

(1) 资本融通功能。

金融市场的功能之一是融通资本。它提供一个场所,将资金提供者手中的富裕资本转移到那些资金需求者手中。这种转移,使资金从那些没有生产性投资机会的人们手中,转移到那些拥有这些机会的人手中,从而提高了经济社会的效率,增进了社会的经济福利。与此同时,这种转移使消费者在最需要消费的时候得以购买商品,也使直接消费者受益。

(2) 风险分配功能。

在资本融通的过程中,同时将实际资产预期现金流的风险重新分配给资本提供者和资本需求者。这是金融市场的另一项功能。

例如,有人需要投资 100 万元创办企业,但是他自己只有 20 万元,还需要筹资 80 万元。所需的 80 万元可以进行债务筹资和权益筹资,两者的比例决定了他自己和其他出资人的风险分摊比例。例如,向其他人筹集权益资本 40 万元,债务筹资 40 万元。如果经营成功,债权人只收取固定利息,净利润他自己分享 1/3,其他权益投资人分享 2/3。如果亏损,债权人不承担损失,仍然收取固定利息,他自己承担 1/3 的损失,其他权益投资人承担 2/3 的损失。如果改变了筹资结构,风险分摊的比例就会改变。因此,筹资的过程同时实现了企业风险的重新分配。

集聚了大量资本的金融机构可以通过多元化分散风险,因此有能力向高风险的公司提供资金。金融机构创造出风险不同的金融工具,可以满足风险偏好不同的资金提供者。因此,金融市场在实现风险分配功能时,金融中介机构是必不可少的。

2. 金融市场的附带功能

(1) 价格发现功能。

金融市场上的买方和卖方的相互作用决定了证券的价格,也就是金融资产要求的报酬率。公司的筹资能力取决于它是否能够达到金融资产要求的报酬率。如果企业盈利能力达不到要求的报酬率,就筹集不到资金。这个竞争形成的价格,引导着资金流向效率高的部门和企业,使其得到发展,而效率差的部门和企业得不到资金,会逐步萎缩甚至退出。竞争的结果,促进了社会稀缺资源的合理配置和有效利用。

金融市场被称为经济的"晴雨表"和"气象台"。金融市场的活跃程度可以反映经济的繁荣和衰退。每一种证券的价格可以反映发行公司的经营状况和发展前景。金融市场上的交易规模、价格及其变化的信息可以反映政府货币政策和财政政策的效应。金融市场生成并传播大量的经济和金融信息,可以反映一个经济体甚至全球经济的发展和变化。

(2) 调节经济功能。

金融市场为政府实施宏观经济的间接调控提供了条件。政府可以通过实施货币政策对各经济主体的行为加以引导和调节。政府的货币政策工具主要有三个:公开市场操作、调整贴现率和改变存款准备金率。例如,经济过热时中央银行可以在公开市场出售证券,缩小基础货币,减少货币供应;还可以提高商业银行从央行贷款的贴现率,减少贴现贷款数量,减少货币供应;也可以提高商业银行缴存央行的存款准备金率,商业银行为补足应交准备金就需减少放款,导致货币供应收缩。减少货币供应,利率会提高,投资需求下降,就可以达到抑制经济过热的目的。

当然,事情不会这样简单。央行的货币政策的基本目的不只一项,通常包括提高就业、经济增长、物价稳定、利率稳定、金融市场稳定和外汇市场稳定等。有时这些目的相互冲突,操作时就会进退维谷。例如,经济上升、失业率下降时,往往伴随通货膨胀和利率上升。如果为了防止利率上升,央行购入债券会增加货币供应促使利率下跌,而增大货币供应又会使通货膨胀进一步提升。如果为了防止通货膨胀,放慢货币供应增长,在短期内利率和失业率就可能上升。因此,这种操控是十分复杂的,需要综合考虑其后果,并逐步试探和修正。

(3) 节约信息成本。

如果没有金融市场,每一个资本提供者寻找适宜的资本需要者,每一个资本需求者寻找适宜的资本提供者,其信息成本都是非常高的。完善的金融市场提供了充分的信息,可以节约寻找资本投资对象的成本和评估金融资产投资价值的成本。

为实现上述功能,金融市场需要不断完善结构和机制。理想的金融市场应具备两个条件,一是完整、准确和及时的信息;二是市场价格完全由供求关系决定而不受其他力量干预。在现实中,扭曲的价格和错误的信息,不仅妨害其功能的发挥,甚至引发金融市场的危机。

【自我检测】

一、名词解释

财务管理 财务关系 财务管理目标 股东财富最大化 企业价值最大化
财务管理环境

二、问答题

1. 简述企业经营的目标是什么?
2. 简述利润最大化作为企业财务管理目标的优缺点是什么?
3. 简述股东财富最大化作为企业财务管理目标的优缺点是什么?
4. 简述财务管理的外部和内部环境包括哪些?

第二章　财务报表分析和财务预测

【知识导图】

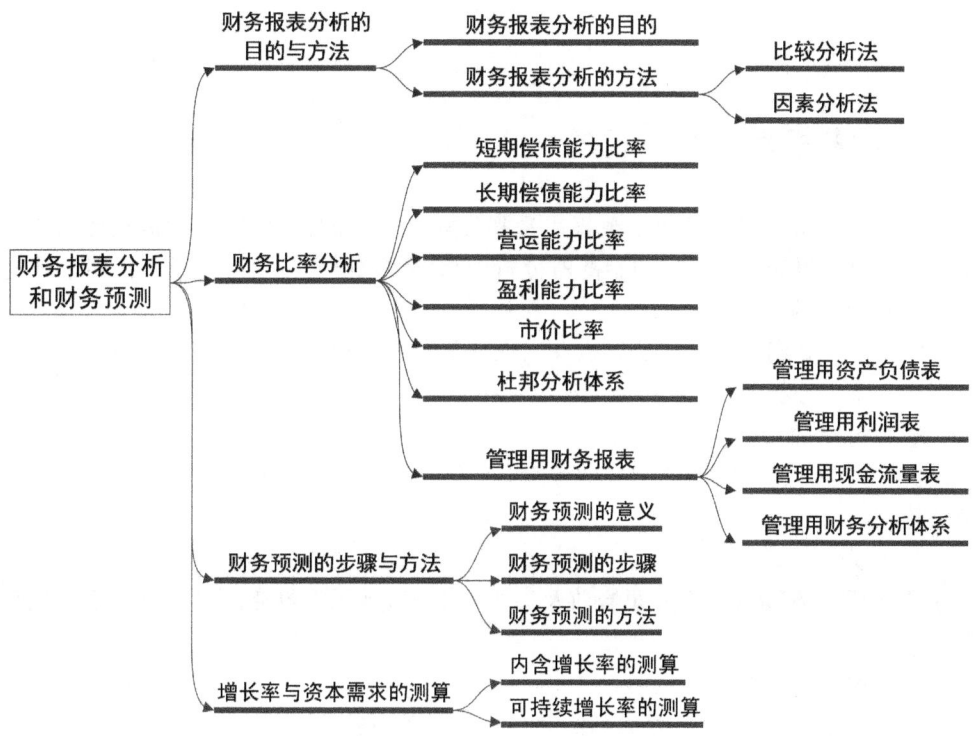

【学习目标】

1. 了解财务报表分析的目的；
2. 掌握财务报表分析的基本方法；
3. 掌握主要的财务分析比率及其应用；
4. 了解杜邦分析法的原理及作用；
5. 掌握财务预测的步骤和方法；
6. 掌握增长率的测算。

财务分析是以会计核算和报表资料及其他相关资料为依据，采用一系列专门的分析技术和方法，对企业等经济组织过去和现在有关筹资活动、投资活动、经营活动、分配活动的盈利能力、营运能力、偿债能力和增长能力状况等进行分析和评价的经济管理活动。

【案例导入】

假设有两家公司,这两家公司在某一个会计年度所实现的利润额刚好相同,那么是否意味着两家公司的盈利能力是相同的呢?

第一节 财务报表分析的目的与方法

一、财务报表分析的目的

财务报表分析的目的是将财务报表数据转换成有用的信息,以帮助信息使用者改善决策。现代财务报表分析一般包括战略分析、会计分析、财务分析和前景分析四个维度。

1. 战略分析的目的

确定主要的利润动因及经营风险并定性评估公司盈利能力,包括宏观分析、行业分析和公司竞争策略分析等。

2. 会计分析的目的

评价公司会计反映其经济业务的程度,包括评估公司会计的灵活性和恰当性、修正会计数据等。

3. 财务分析的目的

主要运用财务数据评价公司当前及过去的业绩并评估,包括比率分析和现金流量分析等。

4. 前景分析的目的

预测企业未来,包括财务报表预测和公司估值等内容。

本章主要讨论财务分析的相关内容。与其他分析相比,财务分析更强调分析的系统性和有效性。

二、财务报表分析的方法

财务报表分析的方法有很多种类,可归为比较分析法和因素分析法两类。不同财务分析者,由于分析目的有别,而采用各自所需的分析方法。

(一) 比较分析法

比较是认识事物的最基本方法,没有比较,分析就无法开始。财务报表分析的比较法,是对两个或几个有关的可比数据进行对比,从而揭示存在的差异或矛盾。

比较分析,按比较对象(和谁比)分为:

(1) 与本企业历史比,即不同时期(2—10年)指标相比,也称"趋势分析"。

(2) 与同类企业比,即与行业平均数或竞争对手比较,也称"横向比较"。

(3) 与计划预算比,即实际执行结果与计划指标比较,也称"预算差异分析"。

比较分析,按比较内容(比什么)分为:

(1) 比较会计要素的总量。总量是指报表项目的总金额,例如总资产、净资产、净利润等。总量比较主要用于时间序列分析,如研究利润的逐年变化趋势,看其增长潜力。有时也用于同业对比,看企业相对规模和竞争地位的变化。

(2) 比较结构百分比。把资产负债表、利润表、现金流量表转换成结构百分比报表。例如,以收入为100%,看利润表各项目的比重。结构百分比报表用于发现有显著问题的项目,揭示进一步分析的方向。

(3) 比较财务比率。财务比率是各会计要素之间的数量关系,反映它们的内在联系,财务比率是相对数,排除了规模的影响,具有较好的可比性,是最重要的分析比较内容,财务比率的计算相对简单,而对它加以说明和解释却比较复杂和困难。

(二) 因素分析法

因素分析法,是依据财务指标与其驱动因素之间的关系,从数量上确定各因素对指标影响程度的一种方法。该方法将分析指标分解为各个可以计量的因素,并根据各个因素之间的依存关系,顺次用各因素的比较值(通常为实际值)替代基准值(通常为标准值或计划值),据以测定各因素对分析指标的影响。由于分析时,要逐次进行各因素的有序替代,因此又称为连环替代法。

因素分析法一般分为四个步骤:(1) 确定分析对象,即确定需要分析的财务指标,比较其实际数额和标准数额(如上年实际数额),并计算两者的差额;(2) 确定该财务指标的驱动因素,即根据该财务指标的形成过程,建立财务指标与各驱动因素之间的函数关系模型;(3) 确定驱动因素的替代顺序;(4) 按顺序计算各驱动因素脱离标准的差异对财务指标的影响。

设某一分析指标 R 是由相互联系的 A,B,C 三个因素相乘得到,报告期(实际)指标和基期(计划)指标为:

报告期(实际)指标 $R_1 = A_1 \times B_1 \times C_1$

基期(计划)指标 $R_0 = A_0 \times B_0 \times C_0$

在测定各因素变动对指标 R 的影响程度时可按顺序进行:

基期(计划)指标 $R_0 = A_0 \times B_0 \times C_0$　　　　(1)

第一次替代　　$A_1 \times B_0 \times C_0$　　　　(2)

第二次替代　　$A_1 \times B_1 \times C_0$　　　　(3)

第三次替代　　$R_1 = A_1 \times B_1 \times C_1$　　　　(4)

(2)-(1),A 变动对 R 的影响;

(3)-(2),B 变动对 R 的影响;

(4)-(3),C 变动对 R 的影响。

把各因素变动综合起来,总影响为: $\triangle R = R_1 - R_0$。

【例 2-1】

某企业 20×1 年 3 月生产产品所耗某种材料费用的实际数是 6 720 元,而其计划数是 5 400 元。实际比计划增加 1 320 元。由于材料费用由产品产量、单位产品材料耗用量(材料单耗)和材料单价三个因素的乘积构成。因此,可以把材料费用这一总指标分解为三个因素,然后逐个分析它们对材料费用总额的影响程度。现假设这三个因素的数值如表 2-1 所示。

表 2-1 某企业材料费用

项目	单位	计划数	实际数	差异
产品产量	件	120	140	20
材料单耗	千克/件	9	8	−1
材料单价	元/千克	5	6	1
材料费用	元	5 400	6 720	1 320

根据表中资料,材料费用总额实际数较计划数增加 1 320 元,这是分析对象。运用连环替代法,可以计算各因素变动对材料费用总额的影响程度,具体如下:

计划指标:120×9×5=5 400(元)　　　　　　　①
第一次替代:140×9×5=6 300(元)　　　　　　　②
第二次替代:140×8×5=5 600(元)　　　　　　　③
第三次替代:140×8×6=6 720(元)(实际数)　　④

各因素变动的影响程度分析:

②−①=6 300−5 400=900(元),产量增加的影响;
③−②=5 600−6 300=−700(元),材料节约的影响;
④−③=6 720−5 600=1 120(元),价格提高的影响。
900−700+1 120=1 320(元)为全部因素的影响。

企业是一个有机整体,每个财务指标的高低都受其他因素的驱动。从数量上测定各因素的影响程度,可以帮助人们抓住主要矛盾,或更有说服力地评价经营状况。财务分析的核心问题是不断追溯产生差异的原因。因素分析法提供了定量解释差异成因的工具。

第二节　财务比率分析

财务报表中有大量数据,可以计算公司有关的财务比率。为便于说明财务比率的计算和分析方法,本章将以 ABC 股份有限公司(以下简称"ABC 公司")的财务报表数据为例。该公司 20×1 年资产负债表、利润表、现金流量表和股东权益变动表,如表 2-2、表 2-3、表 2-4 所示。

表 2-2 ABC 股份有限公司资产负债表

编制单位：ABC 公司　　　　20×1 年 12 月 31 日　　　　　　　　　　　　　　单位：万元

资产	年末余额	年初余额	负债和股东权益	年末余额	年初余额
流动资产：			流动负债：		
货币资金	44	25	短期借款	60	45
交易性金融资产	0	0	交易性金融负债	0	0
应收票据及应收账款	418	222	应付票据及应付账款	133	123
预付款项	22	4	预收款项	10	4
其他应收款	12	22	应付职工薪酬	2	1
存货	119	326	应交税费	5	4
一年内到期的非流动资产	77	11	其他应付款	37	38
其他流动资产	8	0	一年内到期的非流动负债	0	0
流动资产合计	700	610	其他流动负债	53	5
非流动资产：			流动负债合计	300	220
债权投资	0	0	非流动负债：		
其他债权投资	0	0	长期借款	450	245
长期应收款	0	0	应付债券	240	260
长期股权投资	30	0	长期应付款	50	60
其他股权工具投资	0	0	预计负债	0	0
投资性房地产	0	0	递延所得税负债	0	0
固定资产	1 238	1 000	其他非流动负债	0	15
在建工程	18	35	非流动负债合计	740	580
固定资产清理	0	12	负债合计	1 040	800
无形资产	6	8	股东权益：		
开发支出	0	0	股本	100	100
商誉	0	0	资本公积	10	10
长期待摊费用	5	15	其他综合收益	0	0
递延所得税资产	0	0	盈余公积	60	40
其他非流动资产	3	0	未分配利润	790	730
非固定资产合计	1 300	1 070	股东权益合计	960	880
资产合计	2 000	1 680	负债和股东权益合计	2 000	1 680

表 2-3　ABC 股份有限公司利润表

编制单位：ABC 公司　　　　　20×1 年　　　　　　　　单位：万元

项目	本年金额	上年金额
一、营业收入	300	2 850
减：营业成本	2 644	2 503
税金及附加	28	28
销售费用	22	20
管理费用	46	40
财务费用	110	96
资产减值损失	0	0
加：其他收益	0	0
投资收益	6	0
公允价值变动收益	0	0
资产处置收益	0	0
二、营业利润	156	163
加：营业外收入	45	72
减：营业外支出	1	0
三、利润总额	200	235
减：所得税费用	64	75
四、净利润	136	160
（一）持续经营净利润	120	140
（二）终止经营净利润	16	20
五、其他综合收益的税后净额	0	0
（一）不能重分类进损益的其他综合收益	0	0
（二）将重分类进损益的其他综合收益	0	0
六、综合收益总额	136	160
七、每股收益：		
（一）基本每股收益（元/股）	略	略
（二）稀释每股收益（元/股）	略	略

表 2-4　ABC 股份有限公司现金流量表

编制单位：ABC 公司　　　　　20×1 年　　　　　　　　单位：万元

项目	本年金额	上年金额（略）
一、经营活动产生的现金流量		

续表

项目	本年金额	上年金额(略)
销售商品、提供劳务收到的现金	2 810	
收到的税费返还	0	
收到其他与经营活动有关的现金	10	
经营活动现金流入小计	2 820	
购买商品、接受劳务支付的现金	2 445	
支付给职工以及为职工支付的现金	24	
支付的各项税费	91	
支付其他与经营活动有关的现金	14	
经营活动现金流出小计	2 574	
经营活动产生的现金流量净额	246	
二、投资活动产生的现金流量		
收回投资收到的现金	0	
取得投资收益收到的现金	6	
处置固定资产、无形资产和其他长期资产收回的现金净额	82	
处置子公司及其他营业单位收到的现金净额	0	
收到其他与投资活动有关的现金	0	
投资活动现金流入小计	88	
购建固定资产、无形资产和其他长期资产支付的现金	300	
支付投资的现金	30	
取得子公司及其他营业单位支付的现金净额	0	
支付其他与投资活动有关的现金	0	
投资活动现金流出小计	330	
投资活动产生的现金流量净额	−242	
三、筹资活动产生的现金流量		
吸收投资收到的现金	0	
取得借款收到的现金	220	
收到其他与筹资活动有关的现金	0	
筹资活动现金流入小计	220	
偿还债务支付的现金	20	
分配股利、利润或偿还利息支付的现金	170	
支付其他与筹资活动有关的现金	15	

续表

项目	本年金额	上年金额(略)
筹资活动现金流出小计	205	
筹资活动产生的现金流量净额	15	
四、汇率变动对现金及现金等价物的影响	0	
五、现金及现金等价物净增加额	19	
加：期初现金及现金等价物余额	25	
六、期末现金及现金等价物余额	44	

一、短期偿债能力比率

债务一般按到期时间分为短期债务和长期债务，偿债能力分析也由此分为短期偿债能力分析和长期偿债能力分析两部分。

偿债能力的衡量方法有两种：一种是比较可供偿债资产与债务的存量，资产存量超过债务存量较多，则认为偿债能力较强；另一种是比较经营活动现金流量和偿债所需现金，如果产生的现金超过需要的现金较多，则认为偿债能力较强。

(一) 存量比率

可偿债资产的存量，是指资产负债表中列示的流动资产年末余额。短期债务的存量，是指资产负债表中列示的流动负债年末余额。流动资产将在1年或1个营业周期内消耗或转变为现金，流动负债将在1年或1个营业周期内偿还，因此两者的比较可以反映短期偿债能力。

1. 流动比率

流动比率是流动资产与流动负债的比值，其计算公式如下：

$$流动比率 = 流动资产 \div 流动负债$$

根据ABC公司的财务报表数据可以计算出该公司：

本年流动比率＝700÷300＝2.33
上年流动比率＝610÷220＝2.77

流动比率假设全部流动资产都可用于偿还流动负债，表明每1元流动负债有多少流动资产作为偿债保障。ABC公司的流动比率降低了0.44(2.77－2.33)，即为每1元流动负债提供的流动资产保障减少了0.44元。

流动比率是相对数，排除了企业规模的影响，更适合同业比较以及本企业不同历史时期的比较。此外，由于流动比率计算简单，因而被广泛应用。

但是，需要提醒注意的是，不存在统一、标准的流动比率数值。不同行业的流动比率，通常有明显差别。营业周期越短的行业，合理的流动比率越低。在过去很长一段时期里，人们认为生产型企业合理的最低流动比率是2。这是因为流动资产中变现能力最差的存货金额约占流动资产总额的一半，剩下的流动性较好的流动资产至少要等于流动负债，才能保证企业最低的短期偿债能力。这种认识一直未能从理论上证明。最近几十年,企业的经营方式和金融环境发生了很大变化,流动比率有下降的趋势,许多成功企业的流动比率都低于2。

如果流动比率相对上年发生较大变动,或与行业平均值出现重大偏离,就应对构成流动比率的流动资产和流动负债的各项目逐一分析,寻找形成差异的原因。为了考察流动资产的变现能力,有时还需要分析其周转率。

流动比率有其局限,在使用时应注意:流动比率假设全部流动资产都可以变现并用于偿债,全部流动负债都需要还清。实际上,有些流动资产的账面金额与变现金额有较大差异,如产成品等;经营性流动资产是企业持续经营所必需的,不能全部用于偿债;经营性应付项目可以滚动存续,无需动用现金全部结清。因此,流动比率是对短期偿债能力的粗略估计。

2. 速动比率

构成流动资产的各项目,流动性差别很大。其中,货币资金、交易性金融资产和各种应收款项等,可以在较短时间内变现,称为速动资产;另外的流动资产,包括存货、预付款项、一年内到期的非流动资产及其他流动资产等,称为非速动资产。

非速动资产的变现金额和时间具有较大的不确定性:一是存货的变现速度比应收款项要慢得多;部分存货可能已毁损报废、尚未处理;存货估价有多种方法,可能与变现金额相距甚远。二是一年内到期的非流动资产和其他流动资产的金额有偶然性,不代表正常的变现能力。因此,将可偿债资产定义为速动资产,计算与短期债务的存量比率更可信。

速动资产与流动负债的比值,称为速动比率,又称为酸性测试比率,其计算公式:

$$速动比率 = 速动资产 \div 流动负债$$

根据 ABC 公司的财务报表数据可以计算出该公司:

$$本年速动比率 = (44 + 20 + 398 + 12) \div 300 = 1.58$$
$$上年速动比率 = (25 + 23 + 199 + 22) \div 220 = 1.22$$

速动比率假设速动资产是可偿债资产,表明每1元流动负债有多少速动资产作为偿债保障。ABC 公司的速动比率比上年提高了 0.36,说明为每 1 元流动负债提供的速动资产保障增加了 0.36 元。

与流动比率一样,不同行业的速动比率差别很大。例如,大量现销的商店几乎没有应收款项,速动比率低于1亦属正常。相反,一些应收款项较多的企业,速动比率可能要大于1。

影响速动比率可信性的重要因素是应收款项的变现能力。账面上的应收款项未必都能收回变现,实际坏账可能比计提的准备多;季节性的变化,可能使报表上的应收款项金额不能反映平均水平。这些情况,外部分析人员不易了解,而内部人员则可能做出合理的估计。

3. 现金比率

速动资产中,流动性最强、可直接用于偿债的资产是现金。与其他速动资产不同,现金本身可以直接偿债,而其他速动资产需要等待不确定的时间,才转换为不确定金额的现金。

现金资产与流动负债的比值称为现金比率,其计算公式如下:

$$现金比率=(货币资金+交易性金融资产)÷流动负债$$

根据 ABC 公司的财务报表数据可以计算出该公司:

$$本年现金比率=44÷300=0.147$$
$$上年现金比率=25÷220=0.114$$

现金比率表明1元流动负债有多少现金资产作为偿债保障。ABC 公司的现金比率比上年提高 0.03,说明企业为每1元流动负债提供的现金资产保障增加了 0.033 元。

(二) 现金流量比率

经营活动现金流量净额与流动负债的比值,称为现金流量比率。其计算公式如下:

$$现金流量比率=经营活动现金流量净额÷流动负债$$

根据 ABC 公司的财务报表数据:

$$现金流量比率=246÷300=0.82$$

上列公式中的"经营活动现金流量净额",通常使用现金流量表中的"经营活动产生的现金流量净额"。它代表企业创造现金的能力,且已经扣除了经营活动自身所需的现金流出,是可以用来偿债的现金流量。

一般而言,该比率中的流动负债采用期末数而非平均数,因为实际需要偿还的是期末金额,而非平均金额。

现金流量比率表明每1元流动负债的经营活动现金流量保障程度。该比率越高,偿债能力越强。

用经营活动现金流量净额代替可偿债资产存量,与流动负债进行比较以反映偿债能力,更具说服力。因为一方面它克服了可偿债资产未考虑未来变化及变现能力等问题;另一方面,实际用以支付债务的通常是现金,而不是其他可偿债资产。

二、长期偿债能力比率

衡量长期偿债能力的财务比率,也分为存量比率和流量比率两类。

(一) 总债务存量比率

长期来看,所有债务都要偿还。因此,反映长期偿债能力的存量比率是总资产、总债务和股东权益之间的比例关系。常用比率包括:资产负债率、产权比率和权益乘数。

1. 资产负债率

资产负债率是总负债与总资产的百分比,其计算公式如下:

$$资产负债率=(总负债÷总资产)×100\%$$

根据 ABC 公司的财务报表数据:

$$本年资产负债率=(1\ 040÷2\ 000)×100\%=52\%$$
$$上年资产负债率=(800÷1\ 680)×100\%=48\%$$

资产负债率反映总资产中有多大比例是通过负债取得的。它可用于衡量企业清算时对债权人利益的保障程度。资产负债率越低,企业偿债越有保证,负债越安全。资产负债率还代表企业的举债能力。一个企业的资产负债率越低,举债越容易。如果资产负债率高到一定程度,财务风险很高,就无人愿意提供贷款了,这表明企业的举债能力已经用尽。

通常,资产在破产拍卖时的售价不到账面价值的50%,因此如果资产负债率高于50%,则债权人的利益就缺乏保障。各类资产变现能力有显著区别,房地产的变现价值损失小,专用设备则难以变现。由此可见,不同企业的资产负债率不同,这与其持有的资产类别相关。

2. 产权比率和权益乘数

产权比率和权益乘数是资产负债率的另外两种表现形式,它和资产负债率的性质一样,计算公式分别如下:

$$产权比率 = 总负债 \div 股东权益 \quad 权益乘数 = 总资产 \div 股东权益$$

产权比率表明每1元股东权益配套的总负债的金额。权益乘数表明每1元股东权益启动的总资产的金额。它们是两种常用的财务杠杆比率。财务杠杆比率表示负债的比例,与偿债能力相关。财务杠杆影响总资产净利率和权益净利率之间的关系,还表明权益净利率的风险高低,与盈利能力相关。

(二) 总债务流量比率

1. 利息保障倍数

利息保障倍数是指息税前利润对利息费用的倍数。其计算公式如下:

$$利息保障倍数 = 息税前利润 \div 利息费用$$
$$= (净利润 + 利息费用 + 所得税费用) \div 利息费用$$

分子的"利息费用"是指计入本期利润表中财务费用的利息费用;分母的"利息费用"是指本期的全部应付利息,不仅包括计入利润表中财务费用的利息费用,还包括计入资产负债表固定资产等成本的资本化利息。

根据ABC公司的财务报表数据:

$$本年利息保障倍数 = (136 + 110 + 64) \div 110 = 2.82$$
$$上年利息保障倍数 = (160 + 96 + 75) \div 96 = 3.45$$

长期债务通常不需要每年还本,但往往需要每年付息。利息保障倍数表明每1元利息费用有多少倍的息税前利润作为偿付保障,它可以反映债务风险的大小。如果公司一直保持按时付息的信誉,则长期负债可以延续,举借新债也比较容易。利息保障倍数越大,利息支付越有保障。如果利息支付尚且缺乏保障,归还本金就更难指望。因此,利息保障倍数可以反映长期偿债能力。

如果利息保障倍数小于1,表明自身产生的经营收益不能支持现有规模的债务。利息保障倍数等于1也很危险,因为息税前利润受经营风险的影响,很不稳定,但支付利息却是固定的。利息保障倍数越大,公司拥有的偿还利息的缓冲效果越好。

2. 现金流量利息保障倍数

现金流量利息保障倍数,是指经营活动现金流量净额对利息费用的倍数。其计算公式如下:

$$现金流量利息保障倍数 = 经营现金活动流量净额 \div 利息费用$$

分母的"利息费用",同利息保障倍数的分母。

根据 ABC 公司的财务报表数据：
$$本年现金流量利息保障倍数 = 246 \div 110 = 2.24$$

现金流量利息保障倍数是现金基础的利息保障倍数，表明每 1 元利息费用有多少倍的经营活动现金流量净额作为支付保障。它比利润基础的利息保障倍数更为可靠，因为实际用以支付利息的是现金，而不是利润。

3. 现金流量与负债比率

现金流量与负债比率，是指经营活动现金流量净额与负债总额的比率。其计算公式如下：
$$现金流量与负债比率 = (经营活动现金流量净额 \div 负债总额) \times 100\%$$

根据 ABC 公司的财务报表数据：
$$本年现金流量与负债比率 = (246 \div 1\,040) \times 100\% = 24\%$$

一般来讲，该比率中的负债总额采用期末数而非平均数，因为实际需要偿还的是期末金额，而非平均金额。

该比率表明企业用经营活动现金流量净额偿付全部债务的能力。比率越高，偿还负债总额的能力越强。

三、营运能力比率

营运能力比率是衡量公司资产管理效率的财务比率。这方面常用的财务比率有：应收账款周转率、存货周转率、流动资产周转率、固定资产周转率和总资产周转率等。

1. 应收账款周转率

应收账款周转率是营业收入与应收账款的比率。它有应收账款周转次数、应收账款周转天数和应收账款与收入比三种表示形式，计算公式分别如下：
$$应收账款周转次数 = 营业收入 \div 应收账款$$
$$应收账款周转天数 = 365 \div (营业收入 \div 应收账款)$$
$$应收账款与收入比 = 应收账款 \div 营业收入$$

根据 ABC 公司的财务报表数据：
$$本年应收账款周转次数 = 3\,000 \div (398 + 8) = 7.4(次/年)$$
$$本年应收账款周转天数 = 365 \div [3\,000 \div (398 + 8)] = 49.4(天/次)$$
$$本年应收账款与收入比 = (398 + 8) \div 3\,000 = 13.5\%$$

应收账款周转次数，表明 1 年中应收账款周转的次数，或者说每 1 元应收账款投资支持的营业收入。应收账款周转天数，也称为应收账款的收现期，表明从销售开始到收回现金所需要的平均天数。应收账款与收入比，则表明每 1 元营业收入所需要的应收账款投资。

在计算和使用应收账款周转率时应注意以下问题。

(1) 营业收入的赊销比例问题。从理论上讲，应收账款是赊销引起的，其对应的是营业收入中的赊销部分，而非全部。因此，计算时应使用赊销额而非营业收入。但是外部分析人员无法在财务报表内取得公司的赊销数据，只好直接使用营业收入作为替代进行计算。实际上相当于假设现销是收现时间等于零的应收账款。只要现销与赊销的比例保持稳定,不妨碍与上期数据的可比性,只是一贯高估了周转次数。但问题是与其他公司比较时,如不了解可比公司的赊销比例,将无从判断应收账款周转率是否具有良好的可比性。

(2) 应收账款年末余额的可靠性问题。应收账款是特定时点的存量,容易受季节和人为因素影响。在用应收账款周转率进行业绩评价时,可以使用年初和年末的平均数,或者使用多个时点的平均数,以减少这些因素的影响。

(3) 应收账款的坏账准备问题。财务报表上列示的应收账款是已经计提坏账准备后的净额,而营业收入并未相应减少。其结果是,计提的坏账准备越多,计算的应收账款周转次数越多、天数越少。这种周转次数增加、天数减少不是业绩改善的结果,反而说明应收账款管理欠佳。如果坏账准备的金额较大,就应进行调整,或者使用未计提坏账准备的应收账款进行计算。报表附注中披露的应收账款坏账准备信息,可作为调整的依据。

(4) 应收票据是否计入应收账款周转率。大部分应收票据是赊销形成的,是应收账款的另一种形式,应将其纳入应收账款周转率的计算。

(5) 应收账款周转天数是否越少越好。应收账款是赊销引起的,如果赊销有可能比现销更有利,周转天数就不是越少越好。此外,收现时间的长短与公司的信用政策有关。例如,甲公司的应收账款周转天数是 18 天,信用期是 20 天;乙公司的应收账款周转天数是 15 天,信用期是 10 天。前者的收款业绩优于后者,尽管其周转天数较多。改变信用政策,通常会引起公司应收账款周转天数的变化。信用政策的评价涉及多种因素,不能仅仅考虑周转天数的缩短。

(6) 应收账款分析应与赊销分析、现金分析相联系。应收账款的起点是赊销,终点是现金。正常情况是赊销增加引起应收账款增加,现金存量和经营活动现金流量净额也会随之增加。如果公司应收账款日益增加,而销售和现金日益减少,则可能是赊销产生了比较严重的问题。譬如,放宽信用政策,甚至随意发货,未能收回现金。

总之,应当深入应收账款内部进行分析,并且要注意应收账款与其他指标的联系,才能正确使用应收账款周转率,用于有关评价。

2. 存货周转率

存货周转率是营业收入与存货的比率。它有三种计算方法,计算公式分别如下:

$$存货周转次数 = 营业收入 \div 存货$$

$$存货周转天数 = 365 \div (营业收入 \div 存货)$$

$$存货与收入比 = 存货 \div 营业收入$$

根据 ABC 公司的财务报表数据:

$$本年存货周转次数 = 3\,000 \div 119 = 25.2(次/年)$$

$$本年存货周转天数 = 365 \div (3\,000 \div 119) = 14.5(天/次)$$

$$本年存货与收入比 = 119 \div 3\,000 = 4\%$$

存货周转次数,表明 1 年中存货周转的次数,或者说明每 1 元存货投资支持的营业收入。存货周转天数,表明存货周转一次需要的时间,也就是存货转换成现金平均需要的时间。存货与收入比,表明每 1 元营业收入需要的存货投资。

在计算和使用存货周转率时应注意以下问题。

(1) 计算存货周转率时，使用"营业收入"还是"营业成本"作为周转额，要看分析的目的。在短期偿债能力分析中，为了评估资产的变现能力需要计量存货转换为现金的金额和时间，应采用"营业收入"。在分解总资产周转率时，为系统分析各项资产的周转情况并识别主要的影响因素，应统一使用"营业收入"计算周转率。如果是为了评估存货管理的业绩，应当使用"营业成本"计算存货周转率，使其分子和分母保持口径一致。实际上，两种周转率的差额是毛利引起的，用哪一个计算方法都能达到分析目的。

根据 ABC 公司的数据，两种计算方法可以进行如下转换：

本年存货(成本)周转次数＝营业成本÷存货＝2 644÷119＝22.2(次)

本年存货(收入)周转次数×成本率
＝(营业收入÷存货)×(营业成本÷营业收入)
＝(3 000÷119)×(2 644÷3 000)＝22.2(次)

(2) 存货周转天数不是越少越好。存货过多会浪费资金，存货过少不能满足流转需要，在特定的生产经营条件下存在一个最佳的存货水平，所以存货不是越少越好。

(3) 应注意应付账款、存货和应收账款(或营业收入)之间的关系。一般来说，销售增加会拉动应收账款、存货、应付账款增加，不会引起周转率的明显变化。但是，当企业接受一个大订单时，通常要先增加存货，然后推动应付账款增加，最后才引起应收账款(营业收入)增加。因此，在该订单没有实现销售以前，先表现为存货等周转天数增加。这种周转天数增加，没有什么不好。与此相反，预见到销售会萎缩时，通常会先减少存货，进而引起存货周转天数等下降。这种周转天数下降，不是什么好事，并非资产管理改善。因此，任何财务分析都以认识经营活动本质为目的，不可根据数据高低得简单结论。

(4) 应关注构成存货的原材料、在产品、半成品、产成品和低值易耗品之间的比例关系。各类存货的明细资料以及存货重大变动的解释，应在报表附注中披露。正常情况下，它们之间存在某种比例关系。如果产成品大量增加，其他项目减少，很可能是销售不畅，放慢了生产节奏。此时，总的存货金额可能并没有显著变动，甚至尚未引起存货周转率的显著变化。因此，在财务分析时既要重点关注变化大的项目，也不能完全忽视变化不大的项目，其内部可能隐藏着重要问题。

3. 流动资产周转率

流动资产周转率是营业收入与流动资产的比率。它有三种计算方法，计算公式分别如下：

流动资产周转次数＝营业收入÷流动资产

流动资产周转天数＝365÷(营业收入÷流动资产)

流动资产与收入比＝流动资产÷营业收入

根据 ABC 公司的财务报表数据：

本年流动资产周转次数＝3 000÷700＝4.3(次/年)

本年流动资产周转天数＝365÷(3 000÷700)＝85.2(天/次)

本年流动资产与收入比＝700÷3 000＝23.3%

流动资产周转次数，表明1年中流动资产周转的次数，或者说明每1元流动资产投资支持的营业收入。流动资产周转天数，表明流动资产周转一次需要的时间，也就是流动资产转换成现金平均需要的时间。流动资产与营业收入比,表明每1元销售收入需要的流动资产投资。

4. 固定资产周转率

固定资产周转率是营业收入与固定资产的比率。它有三种计算方法,计算公式分别如下:

$$固定资产周转次数=营业收入÷固定资产$$

$$固定资产周转天数=365÷(营业收入÷固定资产)$$

$$固定资产与收入比=固定资产÷营业收入$$

根据 ABC 公司的财务报表数据:

$$本年固定资产周转次数=3\,000÷1\,238=2.42(次/年)$$

$$本年固定资产周转天数=365÷2.42=150.83(天/次)$$

$$本年固定资产与收入比=1\,238÷3\,000=41.27\%$$

固定资产周转次数,表明1年中固定资产周转的次数,或者说明每1元固定资产投资支持的营业收入。固定资产周转天数,表明固定资产周转一次需要的时间,也就是固定资产转换成现金平均需要的时间。固定资产与营业收入比,表明每1元营业收入需要的固定资产投资。

5. 总资产周转率

总资产周转率是营业收入与总资产的比率。它有三种计算方法,计算公式分别如下:

$$总资产周转次数=营业收入÷总资产$$

$$总资产周转天数=365÷(营业收入÷总资产)$$

$$总资产与收入比=总资产÷营业收入$$

根据 ABC 公司的财务报表数据:

$$本年总资产周转次数=3\,000÷2\,000=1.5(次/年)$$

$$本年总资产周转天数=365÷(3\,000÷2\,000)=243.3(天/次)$$

$$本年总资产与收入比=2\,000÷3\,000=66.7\%$$

总资产周转次数,表明1年中总资产周转的次数,或者说明每1元总资产投资支持的营业收入。总资产周转天数,表明总资产周转一次需要的时间,也就是总资产转换成现金平均需要的时间。总资产与营业收入比,表明每1元营业收入需要的总资产投资动。

总资产由各项资产组成,在营业收入既定的情况下,总资产周转率的驱动因素是各项资产。通过驱动因素分析,可以了解总资产周转率变动是由哪些资产项目引起的,以及哪些是影响较大的因素,为进一步分析指出方向。

总资产周转率的驱动因素分析,通常使用"资产周转天数"或"资产与收入比"指标,不使用"资产周转次数"。因为各项资产周转次数之和不等于总资产周转次数,不便于分析各项目变动对总资产周转率的影响。

四、盈利能力比率

1. 营业净利率

营业净利率是指净利润与营业收入的比率,通常用百分数表示。其计算公式如下:

$$营业净利率=(净利润\div营业收入)\times100\%$$

根据 ABC 公司的财务报表数据:

$$本年营业净利率=(136\div3\,000)\times100\%=4.53\%$$
$$上年营业净利率=(160\div2\,850)\times100\%=5.6\%$$

"净利润""营业收入"两者相除可以概括公司的全部经营成果。该比率越大,公司的盈利能力越强。

2. 总资产净利率

总资产净利率是指净利润与总资产的比率,它表明每 1 元总资产创造的净利润。其计算公式如下:

$$总资产净利率=(净利润\div总资产)\times100\%$$

根据 ABC 公司的财务报表数据:

$$本年总资产净利率=(136\div2\,000)\times100\%=6.8\%$$
$$上年总资产净利率=(160\div1\,680)\times100\%=9.52\%$$
$$变动=6.8\%-9.52\%=-2.72\%$$

总资产净利率是公司盈利能力的关键。虽然股东报酬由总资产净利率和财务杠杆共同决定,但提高财务杠杆会增加公司风险,往往并不增加公司价值。此外,财务杠杆的提高有诸多限制,公司经常处于财务杠杆不可能再提高的临界状态。因此,提高权益净利率的基本动力是总资产净利率。

经解析,总资产净利率的驱动因素是营业净利率和总资产周转次数。

$$总资产净利率=\frac{净利润}{总资产}=\frac{净利润}{营业收入}\times\frac{营业收入}{总资产}$$
$$=营业净利润\times总资产周转次数$$

总资产周转次数是每 1 元总资产投资支持的营业收入,营业净利率是每 1 元营业收入创造的净利润,两者共同决定了总资产净利率,即每 1 元总资产创造的净利润。

3. 权益净利率

权益净利率,也称净资产收益率,是净利润与股东权益的比率,它反映每 1 元股东权益赚取的净利润,可以衡量企业的总体盈利能力。

$$权益净利率=(净利润\div股东权益)\times100\%$$

根据 ABC 公司的财务报表数据:

$$本年权益净利率=(136\div960)\times100\%=14.17\%$$
$$上年权益净利率=(160\div880)\times100\%=18.18\%$$

权益净利率的分母是股东的投入,分子是股东的所得。权益净利率具有很强的综合性,概括了公司的全部经营业绩和财务业绩。ABC 公司本年股东的报酬率比上年降低了。

五、市价比率

1. 市盈率

市盈率是指普通股每股市价与每股收益的比率，它反映普通股股东愿意为每1元净利润支付的价格。其中，每股收益是指可分配给普通股股东的净利润与流通在外普通股加权平均股数的比率，它反映每只普通股当年创造的净利润水平。其计算公式如下：

市盈率＝每股市价÷每股收益

每股收益＝普通股股东净利润÷流通在外普通股加权平均股数

ABC公司无优先股，20×1年12月31日普通股每股市价36元，20×1年流通在外普通股加权平均股数100万股。根据ABC公司的财务报表数据：

本年市盈率＝36÷1.36＝26.47

本年每股收益＝136÷100＝1.36（元/股）

在计算和使用市盈率和每股收益时，应注意以下问题：

（1）每股市价实际上反映了投资者对未来收益的预期。然而，市盈率是基于过去年度的收益。因此，如果投资者预期收益将从当前水平大幅增长，市盈率将会相当高，也许是20倍、30倍或更多。但是，如果投资者预期收益将由当前水平大幅下降，市盈率将会相当低，如10倍或更少。成熟市场上的成熟公司有非常稳定的收益，通常其每股市价为每股收益的10－12倍。因此，市盈率反映了投资者对公司未来前景的预期，相当于每股收益的资本化。

（2）对仅有普通股的公司而言，每股收益的计算相对简单。如果公司还有优先股，则计算公式如下：

每股收益＝（净利润－优先股股息）÷流通在外普通股加权平均股数

每股收益仅适用于普通股，即普通股的每股收益。优先股股东除规定的优先股股息外，对剩余的净利润不再具有索取权。在有优先股股息的情况下，计算每股收益的分子应该是可分配给普通股股东的净利润，即从净利润中扣除当年宣告或累积的优先股股息。

2. 市净率

市净率也称为市账率，是指普通股每股市价与每股净资产的比率。它反映普通股股东愿意为每1元净资产支付的价格，说明市场对公司净资产质量的评价。其中，每股净资产也称为每股账面价值，是指普通股股东权益与流通在外普通股股数的比率。它表示每股普通股享有的净资产，是理论上的每股最低价值。其计算公式如下：

市净率＝每股市价÷每股净资产

每股净资产＝普通股股东权益÷流通在外普通股股数

对于既有优先股又有普通股的公司，通常只为普通股计算每股净资产。在这种情况下，普通股每股净资产的计算需要分两步完成。首先，从股东权益总额中减去优先股权益，包括优先股的清算价值及全部拖欠的股息，得出普通股权益。其次，用普通股权益除以流通在外普通股股数，确定普通股每股净资产。

假设 ABC 公司有优先股 10 万股,清算价值为每股 15 元,累积拖欠股息为每股 5 元;20×1 年 12 月 31 日普通股每股市价 36 元,流通在外普通股股数 100 万股。根据 ABC 公司的财务报表数据:

$$本年市净率 = 36 \div 7.6 = 4.74$$

$$本年每股净资产 = [960 - (15 + 5) \times 10] \div 100 = 7.6(元/股)$$

在计算市净率和每股净资产时,应注意所使用的流通在外普通股股数是资产负债表日流通在外普通股股数,而不是当期流通在外普通股加权平均股数。这是因为每股净资产的分子为时点数,分母也应选取同一时点数。

3. 市销率

市销率是指普通股每股市价与每股营业收入的比率。它表示普通股股东愿意为每 1 元营业收入支付的价格。其中,每股营业收入是指营业收入与流通在外普通股加权平均股数的比率,它表示每只普通股创造的营业收入。计算公式分别如下:

$$市销率 = 每股市价 \div 每股营业收入$$

$$每股营业收入 = 营业收入 \div 流通在外普通股加权平均股数$$

假设 20×1 年 12 月 31 日普通股每股市价 36 元,20×1 年流通在外普通股加权平均股数 100 万股。根据 ABC 公司的财务报表数据:

$$本年市销率 = 36 \div 30 = 1.2$$

$$本年每股营业收入 = 3\,000 \div 100 = 30(元/股)$$

六、杜邦分析体系

杜邦分析体系,又称杜邦财务分析体系,简称杜邦体系,是利用各主要财务比率之间的内在联系,对公司财务状况和经营成果进行综合评价的系统方法。该体系是以权益净利率为核心,以总资产净利率和权益乘数为分解因素,重点揭示公司获利能力及杠杆水平对权益净利率的影响,以及各相关指标间的相互关系。杜邦体系最初因美国杜邦公司成功应用而得名。

(一) 杜邦分析体系的核心比率

权益净利率是分析体系的核心比率,具有很好的可比性,可用于不同公司之间的比较。由于资本具有逐利性,总是流向投资报酬率高的行业和公司,因此各公司的权益净利率会比较接近。如果一个企业的权益净利率经常高于其他公司,就会引来竞争者,迫使该公司的权益净利率回到平均水平。如果一个公司的权益净利率经常低于其他公司,就难以增获资本,会被市场驱逐,从而使幸存公司的权益净利率平均水平回归正常。

权益净利率不仅有很强的可比性,而且有很强的综合性。公司为了提高权益净利率可从如下三个分解指标入手。

$$权益净利率 = \frac{净利润}{营业收入} \times \frac{营业收入}{总资产} \times \frac{总资产}{股东权益}$$

$$= 营业净利率 \times 总资产周转次数 \times 权益乘数$$

其中,"营业净利率"是利润表的一种概括表示,"净利润"和"营业收入"两者相除可以概括企业经营成果;"权益乘数"是资产负债表的一种概括表示,表明资产、负债和股东权益的比例关系,可以反映企业最基本的财务状况;"总资产周转次数"把利润表和资产负债表联系起来,使权益净利率可以综合分析评价整个企业经营成果和财务状况。

(二) 杜邦分析体系的基本框架

杜邦分析体系的基本框架可用图2-1表示。

由图可见,该体系是一个多层次的财务比率分解体系。各项财务比率,可在每个层次上与本公司历史或同业财务比率比较,然后向下一级继续分解。逐级向下分解,逐步覆盖公司经营活动的每个环节,以实现系统、全面评价公司经营成果和财务状况的目的。

第一层次的分解,是把权益净利率分解为营业净利率、总资产周转次数和权益乘数这三个比率在各企业之间可能存在显著差异。通过对差异的比较,可以观察本公司与其他公司的经营战略和财务政策有什么不同。

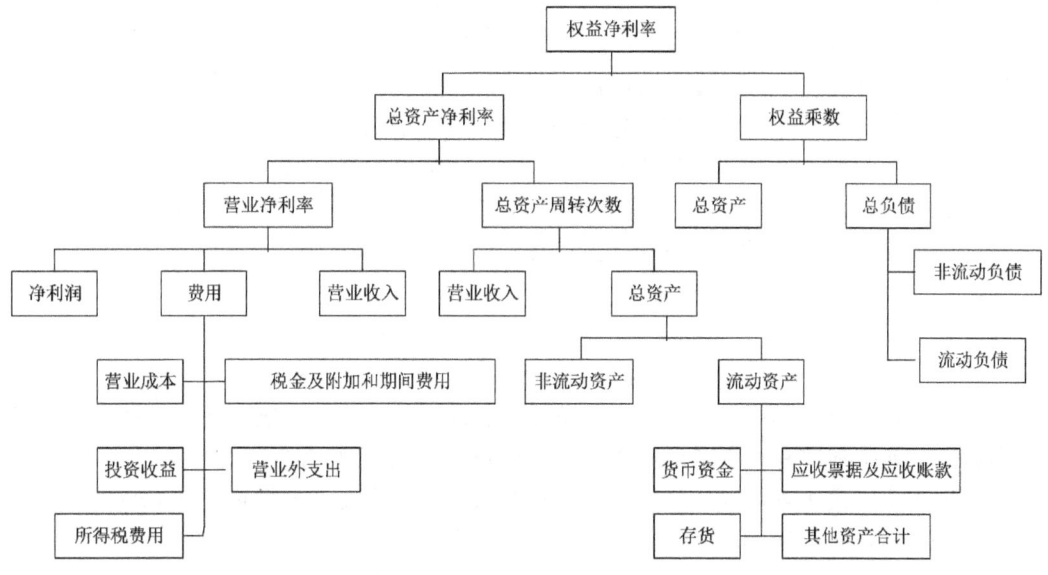

图2-1 杜邦分析体系的基本框架

分解出来的营业净利率和总资产周转次数,可以反映公司的经营战略。一些公司营业净利率较高,而总资产周转次数较低;另一些公司与之相反,总资产周转次数较高,而营业净利率较低。两者经常呈反方向变化。这种现象并不偶然。为了提高营业净利率,就要增加产品附加值,往往需要增加投资,引起周转次数的下降。与此相反,为了加快周转,就要降低价格,引起营业净利率下降。通常,营业净利率较高的制造业,其总资产周转次数都较低;总资产周转次数很高的零售业,营业净利率很低。采取"高盈利、低周转"还是"低盈利、高周转"的方针,是企业根据外部环境和自身资源做出的战略选择。正因如此,仅从营业净利率的高低并不能看出业绩好坏,应把它与总资产周转次数联系起来考察企业经营战略。真正重要的是两者共同作用得到的总资产净利率。总资产净利率可以反映管理者运用企业资产赚取盈利的业绩,是最重要的盈利能力。

分解出来的财务杠杆(以权益乘数表示)可以反映企业的财务政策。在总资产净利率不变的情况下,提高财务杠杆可以提高权益净利率,但同时也会增加财务风险。如何配置财务杠杆是公司最重要的财务政策。一般而言,总资产净利率较高的公司财务杠杆较低,反之亦然。这种现象也不是偶然的。可以设想,为了提高权益净利率,公司倾向于尽可能提高财务杠杆。但是,债权人不一定会同意这种做法。债权人不分享超过利息的收益,更倾向于为预期未来经营活动现金流量净额比较稳定的企业提供贷款。为了稳定现金流量,公司的一种选择是降低价格以减少竞争;另一种选择是增加营运资本以防止现金流中断,这都会导致总资产净利率下降。也就是说,为了提高流动性,只能降低盈利性。因此,经营风险低的公司可以得到较多的贷款,其财务杠杆较高;经营风险高的企业,只能得到较少的贷款,其财务杠杆较低。总资产净利率与财务杠杆负相关,共同决定了公司的权益净利率。因此,公司必须使其经营战略和财务政策相匹配。

(三)权益净利率的驱动因素分解

该分析体系要求,在每一个层次上进行财务比率分解和比较。通过与上年比较可以识别变动的趋势,通过与同业比较可以识别存在的差距。分解的目的是识别引起变动(或产生差距)的原因,并衡量其重要性,为后续分析指明方向。

下面以 ABC 公司权益净利率的分解和比较为例,说明其一般方法。

$$权益净利率=营业净利率\times 总资产周转次数\times 权益乘数$$

权益净利率的比较对象,可以是其他公司的同期数据,也可以是本公司的历史数据,这里仅以 ABC 公司的本年与上年的比较为例。

$$本年权益净利率 14.17\% = 4.533\% \times 1.5 \times 2.083\ 3$$
$$上年权益净利率 18.18\% = 5.614\% \times 1.696\ 4 \times 1.909\ 1$$
$$本年与上年权益净利率变动 = -4.01\%$$

与上年相比,权益净利率下降了,公司整体业绩不如上年。影响权益净利率变动的不利因素是营业净利率和总资产周转次数的下降;有利因素是财务杠杆的提高。

利用连环替代法可以定量分析相关因素对权益净利率变动的影响程度,如下所示:

(1)营业净利率变动的影响:

$$按本年营业净利率计算的上年权益净利率$$
$$=4.533\% \times 1.696\ 4 \times 1.90$$
$$=14.68\%$$

营业净利率变动的影响 $=14.68\%-18.18\%=-3.5\%$

(2)总资产周转次数变动的影响:

$$按本年营业净利率、总资产周转次数计算的上年权益净利率$$
$$=4.533\% \times 1.5 \times 1.909\ 1$$
$$=12.98\%$$

总资产周转次数变动的影响 $=12.98\%-14.68\%=-1.7\%$

(3)财务杠杆变动的影响:

$$财务杠杆变动的影响=14.17\%-12.98\%=1.19\%$$

通过分析可知,最重要的不利因素是营业净利率降低,使权益净利率减少 3.5%;其次是总资产周转次数降低,使权益净利率减少 1.7%。有利的因素是权益乘数提高,使权益净利率增加1.19%。不利因素超过有利因素,所以权益净利率减少4.01%。由此应重点关注营业净利率降低的原因。

在分解之后进入下一层次的分析,分别考察营业净利率、总资产周转次数和财务杠杆的变动原因。前面已经对此作过说明,此处不再赘述。

(四) 杜邦分析体系的局限性

前述杜邦分析体系虽然被广泛使用,但也存在某些局限性。

(1) 计算总资产净利率的"总资产"与"净利润"不匹配。总资产为全部资产提供者享有,而净利润则专属于股东,两者不匹配。由于总资产净利率的"投入与产出"不匹配,该指标不能反映实际的报酬率。为了改善该比率,要重新调整分子和分母。

公司资金的提供者包括无息负债的债权人、有息负债的债权人和股东,无息负债的债权人不要求分享收益,要求分享收益的是股东和有息负债的债权人。因此,需要计量股东和有息负债债权人投入的资本,并且计量这些资本产生的收益,两者相除才是合乎逻辑的报酬率,才能准确反映企业的基本盈利能力。

(2) 没有区分经营活动损益和金融活动损益。传统的杜邦分析体系不区分经营活动和金融活动。对于大多数公司来说,金融活动是净筹资,它们在金融市场上主要是筹资,而不是投资。筹资活动不产生净利润,而是支出净费用。这种筹资费用是否属于经营活动费用,在会计准则制定过程中始终存在很大争议,各国的会计准则对此的处理不尽相同。从财务管理角度看,公司的金融资产是尚未投入实际经营活动的资产,应将其与经营资产相区别。与此相应,金融损益也应与经营损益相区别,才能使经营资产和经营损益匹配。因此,正确计量基本盈利能力的前提是区分经营资产和金融资产,区分经营损益和金融损益。

(3) 没有区分金融负债与经营负债。既然要把金融活动分离出来单独考察,就需要单独计量筹资活动成本。负债的成本(利息支出)仅仅是金融负债的成本,经营负债是无息负债。因此,必须区分金融负债与经营负债,利息与金融负债相除,才是真正的平均利息率。此外,区分金融负债与经营负债后,金融负债与股东权益相除,可以得到更符合实际的财务杠杆。经营负债没有固定成本,本来就没有杠杆作用,将其计入财务杠杆,会歪曲杠杆的实际效应。

七、管理用财务报表[①]

针对上述问题,人们对传统财务报表进行了反思,并尝试和探索了新的管理用财务报表体系。该体系的基本思想是将公司活动分为经营活动和金融活动两种:经营活动是指销售商品或提供劳务等营业活动以及与此有关的生产性资产投资活动;金融活动是指筹资活动以及多余资本的利用。

(一) 管理用资产负债表

经营资产是指销售商品或提供劳务所涉及的资产;金融资产是利用经营活动多余资

---

① 编制管理用财务报表时,需具体问题具体分析。

金进行投资所涉及的资产。与此相应,经营负债是指销售商品或提供劳务所涉及的负债;金融负债是债务筹资活动所涉及的负债。由此形成下列关系表达式:

资产＝经营资产＋金融资产
　　＝(经营性流动资产＋经营性长期资产)＋(短期金融资产＋长期金融资产)

负债＝经营负债＋金融负债
　　＝(经营性流动负债＋经营性长期负债)＋(短期金融负债＋长期金融负债)

净经营资产＝经营资产－经营负债
　　＝(经营性流动资产＋经营性长期资产)－(经营性流动负债＋
　　　经营性长期负债)
　　＝(经营性流动资产－经营性流动负债)＋(经营性长期资产－
　　　经营性长期负债)
　　＝经营营运资本＋净经营性长期资产

净金融负债＝金融负债－金融资产＝净负债

净经营资产＝净负债＋股东权益＝净投资资本

以 ABC 公司财务报表为例,调整后的管理用资产负债表如表 2-5 所示。

表 2-5　管理用资产负债表

编制单位:ABC 公司　　20×1 年 12 月 31 日　　　　　　　　　　单位:万元

净经营资产	年末余额	年初余额	净负债及股东权益	年末余额	年初余额
经营性流动资产:			金融负债:		
货币资金(经营)	44	25	短期借款	60	45
应收票据(经营)	20	23	以公允价值计量且其变动计入当期损益的金融负债	0	0
应收账款	398	199	应付利息	12	16
预付账款	22	4	应付股利	0	0
应收股利(经营)	0	0	一年内到期的非流动负债	0	0
其他应收款	12	22	长期借款	450	245
存货	119	326	应付债券	240	260
一年内到期的非流动资产	77	11	金融负债合计	762	566
其他流动资产	8	0	金融资产:		
经营性流动资产合计	700	610	以公允价值计量且其变动计入当期损益的金融资产	0	0
经营性流动负债:			应收利息	0	0
应付票据(经营)	33	14	可供出售金融资产	0	0
应付账款	100	109	持有至到期投资	0	0

续表

净经营资产	年末余额	年初余额	净负债及股东权益	年末余额	年初余额
预收账款	10	4	金融资产合计	0	0
应付职工薪酬	2	1	净负债	762	566
应交税费	5	4			
其他应付款	25	22			
其他流动负债	53	5			
经营性流动负债合计	228	159			
经营营运资本	472	451			
经营性长期资产：					
长期应收款	0	0			
长期股权投资	30	0			
固定资产	1 238	1 000			
在建工程	18	35			
固定资产清理	0	12			
无形资产	6	8			
开发支出	0	0			
商誉	0	0			
长期待摊费用	5	15			
递延所得税资产	0	0			
其他非流动资产	3	0			
经营性长期资产合计	1 300	1 070			
经营性长期负债：					
长期应付款（经营）	50	60	股东权益：		
专项应付款	0	0	股本	100	100
预计负债	0	0	资本公积	10	10
递延所得税负债	0	0	减：库存股	0	0
其他非流动负债	0	15	盈余公积	60	40
经营性长期负债合计	50	75	未分配利润	790	730
净经营性长期资产	1 250	995	股东权益合计	960	880
净经营资产总计	1 722	1 446	净负债及股东权益总计	1 722	1 446

(二) 管理用利润表

金融损益是指金融负债利息与金融资产收益的差额,即扣除利息收入、金融资产公允价值变动收益等以后的利息费用。由于存在所得税,应计算该利息费用的税后结果,即税后利息费用(也称为净金融损益)。经营损益是指除金融损益以外的当期损益。由此形成的关系表达式如下:

净利润＝经营损益＋金融损益＝税后经营净利润－税后利息费用
＝税前经营净利润×(1－所得税税率)－利息费用×(1－所得税税率)

以 ABC 公司财务报表为例,调整后的管理用利润表如表2-6所示。

表 2-6 管理用利润表

编制单位:ABC 公司　　20×1 年　　单位:万元

项 目	本年金额	上年金额
经营损益:		
一、营业收入	3 000	2 850
减:营业成本	2 644	2 503
二、毛利	356	347
减:营业税金及附加	28	28
销售费用	22	20
管理费用	46	40
资产减值损失	0	0
其他收益	0	0
三、税前营业利润	260	259
加:营业外收入	45	72
减:营业外支出	1	0
四、税前经营利润	304	331
减:经营利润所得税	97.28	105.62
五、税后经营净利润	206.72	225.38
金融损益:		
六、利息费用	104	96
减:利息费用抵税	33.28	30.63
七、税后利息费用	70.72	65.37
八、净利润	136	160
附注:平均所得税税率	32.00%	31.91%

(三) 管理用现金流量表

经营现金流量是指企业因销售商品或提供劳务等营业活动以及与此有关的生产性资

产投资活动产生的现金流量;金融现金流量是指企业因筹资活动和金融市场投资活动而产生的现金流量。

经营现金流量,代表了企业经营活动的全部成果,是"企业生产的现金",因此又称为实体经营现金流量,简称实体现金流量。企业的价值决定于未来预期的实体现金流量。管理者要使企业更有价值,就应当增加企业的实体现金流量。实体现金流量的关系表达式如下:

营业现金毛流量＝税后经营净利润＋折旧与摊销

营业现金毛流量,也经常简称为"营业现金流量"。

营业现金净流量＝营业现金毛流量－经营营运资本增加

实体现金流量＝营业现金净流量－资本支出

其中:资本支出＝净经营长期资产增加＋折旧与摊销。

企业实体现金流量的用途(或去向)可以分为两部分:(1)债务现金流量,是与债权人之间的交易形成的现金流,包括支付利息、偿还或借入债务以及购入和出售金融资产(金融资产是超过实际生产经营需要的投资,可以抵消金融负债,被看成"负的金融负债")。(2)股权现金流量,是与股东之间的交易形成的现金流,包括股利分配、股份发行和回购等。

综上,从实体现金流量的来源分析,它是营业现金毛流量超出经营营运资本增加和资本支出的部分,即来自经营活动;从实体现金流量的去向分析,它被用于债务融资活动和权益融资活动,即被用于金融活动。因此,管理用现金流量表的基本等式可归纳如下:

营业现金毛流量－经营营运资本增加－资本支出

＝债务现金流量＋股权现金流量

经营现金流量＝实体现金流量＝融资现金流量＝金融现金流量

以 ABC 公司财务报表为例,调整后的管理用现金流量表如表 2-7 所示。

表 2-7 管理用现金流量表

项目	本年金额	上年金额(略)
经营现金流量		
税后经营净利润	206.72	
加:折旧与摊销	45	
＝营业现金毛流量	251.72	
减:经营营运资本增加	21	
＝营业现金净流量	230.72	
减:资本支出	300	
＝实体现金流量	－69.28	
金融现金流量		
税后利息费用	70.72	
减:净负债增加	196.00	

续表

项目	本年金额	上年金额(略)
＝债务现金流量	－125.28	
股利分配	56.00	
减:股权资本净增加	0	
＝股权现金流量	56	
融资现金流量	－69.28	

(四) 管理用财务分析体系

鉴于传统杜邦分析体系存在"总资产"与"净利润"不匹配、未区分经营损益和金融损益、未区分有息负债和无息负债等诸多局限,故应基于改进的管理用财务报表重新设计财务分析体系。

1. 改进的财务分析体系的核心公式

$$权益净利率 = \frac{税后经营净利润}{股东权益} - \frac{税后利息费用}{股东权益}$$

$$= \frac{税后经营净利润}{净经营资产} \times \frac{净经营资产}{股东权益} - \frac{税后利息费用}{净负债} \times \frac{净负债}{股东权益}$$

$$= \frac{税后经营净利润}{净经营资产} \times \left(1 + \frac{净负债}{股东权益}\right) - \frac{税后利息费用}{净负债} \times \frac{净负债}{股东权益}$$

$$= 净经营资产净利率 + (净经营资产净利率 - 税后利息率) \times 净财务杠杆$$

根据该公式,权益净利率的高低取决于三个驱动因素:净经营资产净利率(可进一步分解为销售税后经营净利率和净经营资产周转次数)、税后利息率和净财务杠杆。

以 ABC 公司财务报表为例,改进的财务分析体系主要财务比率及其变动如表 2-8 所示。

表 2-8 主要财务比率及其变动

主要财务比率			变动
1. 税后经营净利率(税后经营净利润/营业收入)			
2. 净经营资产周转次数(营业收入/净经营资产)	1.742 2	1.971 0	－0.228%
3. ＝(1×2)净经营资产净利率(税后经营净利润×净经营资产)			
4. 税后利息率(税后利息费用/净负债)	9.281%	11.549%	－2.268%
5. ＝(3－4)经营差异率(净经营资产净利率－税后利息率)	2.724%	4.037%	
6. 净财务杠杆(净负债/股东权益)			
7. ＝(5×6)杠杆贡献率(经营差异率×净财务杠杆)			
8. ＝(3＋7)权益净利率(净经营资产净利率＋杠杆贡献率)	14.167%	18.182%	－4.015%

2. 杠杆贡献率的分析

影响杠杆贡献率的因素是净利息率、净经营资产净利率和净财务杠杆。

$$杠杆贡献率＝(净经营资产净利率－净利息率)\times 净财务杠杆$$

(1) 净利息率的分析。

净利息率变动原因是市场贷款利率变动。

(2) 经营差异率的分析。

经营差异率是净经营资产净利率和净利息率的差额，它表示每借入 1 元债务资本投资于经营资产产生的收益，偿还利息后剩余的部分。该剩余归股东享有。利息越低，经营利润越高，剩余的部分越多。

经营差异率是衡量借款是否合理的重要依据之一。如果经营差异率为正值，借款可以增加股东收益；如果它为负值，借款会减少股东收益。

从增加股东收益来看，净经营资产净利率是企业可以承担的借款利息率上限。

由于净利息率高低主要由资本市场决定，提高经营差异率的根本途径是提高净经营资产净利率。

(3) 杠杆贡献率的分析。

杠杆贡献率是经营差异率和净财务杠杆的乘积。如果经营差异率不能提高，是否可以进一步提高财务杠杆呢？

以"净负债/股东权益"衡量的财务杠杆，表示每 1 元权益资本配置的净债务。净财务杠杆高，会增加财务风险，推动利息率上升，使经营差异率进一步缩小。因此，进一步加大财务杠杆可能不是明智之举。

依靠财务杠杆提高杠杆贡献率是有限度的。

第三节 财务预测的步骤和方法

一、财务预测的意义

狭义的财务预测仅指估计公司未来的融资需求，广义的财务预测包括编制全部的预计财务报表。

财务预测是融资计划的前提。公司要对外提供产品和服务，必须要有一定的资产。销售增加时，要相应增加流动资产，甚至还需增加固定资产。为取得扩大销售所需增加的资产，公司需要筹措资金，一部分来自留存收益，另一部分来自外部融资。通常，销售增长率较高时留存收益不能满足公司的资本需求，即使获利良好的公司也需外部融资。对外融资，需要寻找资金提供者，向其做出还本付息的承诺或提供盈利前景，使之相信其投资安全并且可以获利，这个过程往往需要较长时间。因此，公司需要预先知道自己的财务需求，提前安排融资计划，否则就可能产生资金周转问题。

财务预测有助于改善投资决策。根据销售前景估计出的融资需求不一定总能满足，因此,就需要根据可能筹措到的资金来安排销售增长以及有关投资项目,使投资决策建立在可行的基础上。

预测有助于应变。财务预测与其他预测一样都不可能很准确。从表面上看,不准确的预测只能导致不准确的计划,从而使预测和计划失去意义。事实并非如此,预测给人们展现了未来的各种可能的前景,促使人们制定出相应的应急计划。预测和计划是超前思考的过程,其结果并非仅仅是一个融资需求额,还包括对未来各种可能前景的认识和思考。预测可以提高公司对不确定事件的反应能力,从而减少不利事件带来的损失,增加有利机会带来的收益。

二、财务预测的步骤

(一) 销售预测

财务预测的起点是销售预测。一般情况下,财务预测把销售数据视为已知数,作为财务预测的起点。销售预测本身不是财务管理的职能,但它是财务预测的基础,销售预测完成后才能开始财务预测。

销售预测对财务预测的质量有重大影响。如果销售的实际状况超出预测很多,公司没有准备足够的资金添置设备或储备存货,则无法满足顾客需要,不仅会失去盈利机会,并且会丧失原有的市场份额。相反,销售预测过高,筹集大量资金购买设备并储备存货则会造成设备闲置和存货积压,使资产周转速度下降,导致权益净利率降低,股价下跌。

(二) 预计经营资产和经营负债

通常,经营资产是营业收入的函数,根据历史数据可以分析出该函数关系。根据预计营业收入以及经营资产与营业收入的函数,可以预测所需经营资产的金额。大部分经营负债也是营业收入的函数,应据此预测经营负债随营业收入的自发增长,这种增长可以减少企业外部融资额。

(三) 估计各项费用和留存收益

假设各项费用也是营业收入的函数,可以据此估计费用和损失,并在此基础上确定净利润。净利润和利润留存率共同决定所能提供的利润留存额。

(四) 预计所需外部融资需求

根据预计经营资产总量,减去已有的经营资产、自发增长的经营负债、可动用的金融资产和内部提供的利润留存便可得出外部融资需求。

三、财务预测的方法

(一) 销售百分比法

销售百分比法是根据资产负债表和利润表中有关项目与营业收入之间的依存关系预测资金需求量的一种方法。即假设相关资产、负债与营业收入存在稳定的百分比关系,然后根据预计营业收入和相应的百分比预计相关资产、负债,最后确定融资需求。

运用销售百分比法预测的步骤如下。

1. 确定经营资产和经营负债项目的销售百分比

经营资产和经营负债项目的销售百分比,可以根据传统财务报表数据预计,也可以使用经过调整的管理用财务报表数据预计,后者更方便,也更合理。经营资产和经营负债项目占营业收入的百分比,可以根据基期的数据确定,也可以根据以前若干年度的均数确定。

【例 2-2】

假设 ABC 公司 20×1 年实际营业收入为 3 000 万元,20×1 年的各项销售百分比在 20×2 年可以持续,20×2 年预计营业收入为 4 000 万元。以 20×1 年为基期,采用销售百分比法预测外部融资需求。

各项目销售百分比＝基期经营资产(或负债)÷基期营业收入

根据 20×1 年营业收入(3 000 万元)计算的各项经营资产和经营负债的百分比,如表 2-9 所示。

表 2-9 净经营资产的预计

单位:万元

项目	20×1 年实际	销售百分比	20×2 年预测
营业收入	3 000		4 000
货币资金(经营)	44	1.47%	59
应收票据(经营)	20	0.67%	27
应收账款	398	13.27%	531
预付账款	22	0.73%	29
其他应收款	12	0.40%	16
存货	119	3.97%	159
一年内到期的非流动资产	77	2.57%	103
其他流动资产	8	0.27%	11
长期股权投资	30	1.00%	40
固定资产	1 238	41.27%	1 651
在建工程	18	0.60%	24
无形资产	6	0.20%	8
长期待摊费用	5	0.17%	7
其他非流动资产	3	0.10%	4
经营资产合计	2 000	66.67%	2 667
应付票据	33	1.1%	44
应付账款	100	3.33%	133

续表

项目	20×1年实际	销售百分比	20×2年预测
预收账款	10	0.33%	13
应付职工薪酬	2	0.07%	3
应交税费	5	0.17%	7
其他应付款	25	0.83%	33
其他流动负债	53	1.77%	71
长期应付款	50	1.67%	67
经营负债合计	278	9.27%	371
净经营资产总计	1 722	57.4%	2 296

2. 预计各项经营资产和经营负债

各项经营资产(或负债)＝预计营业收入×各项目销售百分比

根据 20×2 年预计营业收入(4 000 万元)和各项目销售百分比计算的各项经营资产和经营负债,如表 2-9 所示的"20×2 年预测"栏,

融资总需求＝(预计经营资产合计－基期经营资产合计)－(预计经营负债合计－
　　　　　　基期经营负债合计)
　　　　　＝预计净经营资产总计－基期净经营资产总计
　　　　　＝574(万元)

该公司 20×2 年需要融资 574 万元,如何筹集该资金取决于它的融资政策。通常,融资的优先顺序如下:(1)动用现存的金融资产;(2)增加留存收益;(3)增加金融负债;(4)增发股票。

3. 预计可动用的金融资产

如有可动用的金融资产,应扣减该金融资产,形成新的融资需求额。由于本例中无动用的金融资产,故融资需求额仍为 574 万元。

4. 预计增加的留存收益

留存收益是企业内部的融资来源。只要企业有盈利并且不全部支付股利,留存收益就会使股东权益增长,从而全部或部分满足企业的融资需求。这部分资金的多少,取决于净利润的多少和股利支付率的高低。

留存收益增加＝预计营业收入×预计营业净利率×(1－预计股利支付率)

假设 ABC 公司 20×2 年预计营业净利率为 4.5%。由于需要的融资额较大,20×2 年 ABC 公司不支付股利,

增加留存收益＝4 000×4.5%＝180(万元)　外部融资额＝574－180＝394(万元)

这里需要注意一个问题:该留存收益增加额的计算隐含了一个假设,即预计营业净利率可以涵盖增加的利息。提出该假设的目的是摆脱融资预测的数据循环。在融资预测时,需要先确定留存收益的增加额,然后确定需要增加的借款,但是借款的改变反过来又会影响留存收益。其数据关系如下:股利支付率确定后,留存收益受净利润的影响;净利

润受利息费用的影响;利息费用受借款数额的影响;借款增加额要视留存收益增加额而定。为了解决该数据循环问题,一种办法是使用多次迭代法,逐步逼近可以使数据平衡的留存收益和借款增加额;另一个简单的办法是假设预计营业净利率不变,即其他利润表项目可以吸收或涵盖新增借款增加的利息,故先确定留存收益,然后确定借款增加额。此处使用的是后一种处理方法。

5. 预计增加的借款

需要的外部融资额,可以通过增加借款或增发股票筹集,涉及资本结构管理问题。通常,在目标资本结构允许的情况下,企业会优先使用借款。如果不宜再增加借款,则需要增发股票。

设 ABC 公司可以通过借款筹集资金 394 万元,则:

$$融资总需求=动用金融资产+增加留存收益+增加借款$$
$$=0+180+394$$
$$=574(万元)$$

销售百分比法是一种比较简单、粗略的预测方法。首先,该方法假设各项经营资产和经营负债与营业收入保持稳定的百分比,可能与事实不符。其次,该方法假设预计营业净利率可以涵盖借款利息的增加,也未必合理。

销售百分比法的另一种形式(增加额法)。假设可动用金融资产为 0,

$$外部融资额=预计净经营资产-基期净经营资产-留存收益增加$$
$$=(预计经营资产-预计经营负债)-(基期经营资产-基期经营负债)-留存收益增加$$
$$=预计经营资产增加-预计经营负债增加-留存收益增加$$
$$=销售额增加\times经营资产销售百分比-销售额增加\times经营负债销售百分比-预计营业收入\times预计营业净利率\times(1-预计股利支付率)$$

即:

$$外部融资额=(经营资产销售百分比-经营负债销售百分比)\times销售收入增加-预计销售收入\times预计销售净利率\times(1-股利支付率)$$

(二) 回归分析法

财务预测的回归分析法,是利用一系列历史资料求得各资产负债表项目和销售收入的函数关系,然后基于预计营业收入预测资产、负债数量,最后预测融资需求。

通常假设营业收入与资产、负债等存在线性关系。例如,假设存货与营业收入之间存在线性关系,其直线方程为"存货=$a+b\times$营业收入",根据历史资料和回归分析的最小二乘法可以求出直线方程的系数 a 和 b,然后根据预计营业收入和直线方程预计存货的金额。

完成资产、负债项目的预计后,其他计算步骤与销售百分比法相同。

(三) 运用电子系统预测

对于大型企业来说,无论是销售百分比法还是回归分析法都显得过于简化。实际上影响融资需求的变量很多,如产品组合、信用政策、价格政策等。把这些变量纳入预测模型后,计算量大增,手工处理已很难胜任,需要使用计算机方可完成。

最简单的计算机财务预测是使用"电子表软件",如 Excel。使用电子表软件时,计算过程和手工预测几乎没有差别。相比之下,其主要好处是:预测期间如果是几年或者要分月预测时,计算机要比手工快得多;如果改变一个输入参数,软件能自动重新计算所有预测数据。

较复杂的预测是使用交互式财务规划模型,它比电子表软件功能更强,其主要好处是能通过"人机对话"进行"反向操作"。例如,不但可以根据既定的销售水平预测融资需求,还可根据既定资金限额来预测可达到的销售收入。

最复杂的预测是使用综合数据库财务计划系统。该系统建有企业的历史资料库和模型库,用以选择适用的模型并预测各项财务数据;它通常是一个联机实时系统,随时更新数据;可以使用概率技术,分析预测的可靠性;它还是一个综合的规划系统不仅用于资金的预测和规划,而且包括需求、价格、成本及各项资源的预测和规划;该系统通常也是规划和预测结合的系统,能快速生成预计的财务报表,从而支持财务预测。

第四节 增长率与资本需求的测算

公司要以发展求生存,销售增长是任何公司都要追求的目标,而公司销售的增长往往需要资本的增加。在销售增长时公司往往需要补充资本,这主要是因为销售增加通常会引起存货和应收账款等资产的增加。销售增长得越多,需要的资本越多。

从资本来源看,公司实现增长有三种方式:

(1) 完全依靠内部资本增长。有些小公司无法取得借款,有些大公司不愿意借款,它们主要是靠内部积累实现增长。内部有限的财务资源往往会限制公司的发展,使其无法充分利用扩大公司财富的机会。

(2) 主要依靠外部资本增长。从外部筹资,包括增加债务和股东投资,也可以实现增长。但主要依靠外部资本实现增长是不能持久的。增加负债会使公司的财务风险增加,筹资能力下降,最终会使借款能力完全丧失;通过增发股票等方式增加股东投资,不仅会分散控制权,而且会稀释每股收益,除非追加投资有更高的报酬率,否则不能增加股东财富。

(3) 平衡增长。平衡增长,即保持目前的财务结构和与此有关的财务风险,按照股东权益的增长比例增加借款,以此支持销售增长。这种增长,一般不会消耗公司的财务资源,是一种可持续的增长。

一、内含增长率的测算

销售增长引起的资本需求增长可有三种途径满足:一是动用金融资产;二是增加留存收益;三是外部融资(包括借款和股权融资,但不包括经营负债的自然增长)。其中,只靠内部积累(即增加留存收益)实现的销售增长,其销售增长率被称为"内含增长率"。

既然销售增长会带来资本需求的增加,那么销售增长和融资需求之间就存在某种函数关系,根据这种关系,就可以直接计算特定销售增长下的融资需求。假设它们之间成正比例关系,换言之,两者之间有稳定的百分比(代表每增加1元营业收入需要追加外部融资额)。该百分比也称为"外部融资额占销售增长的百分比",简称"外部融资销售增长比"。

假设可动用的金融资产为0,经营资产销售百分比、经营负债销售百分比保持不变,则计算公式如下:

外部融资额=经营资产销售百分比×营业收入增加-经营负债销售百分比×营业收入增加-预计营业收入×预计营业净利率×(1-预计股利支付率)

两边同时除以"营业收入增加",则有:

外部融资额=经营资产销售百分比-经营负债销售百分比-$\left(\frac{1+增长率}{增长率}\right)$×预计营业净利率×(1-预计股利支付率)

设外部融资额为0:

0=经营资产销售百分比-经营负债销售百分比-$\left(\frac{1+增长率}{增长率}\right)$×预计营业净利率×(1-预计股利支付率)

则

$$内含增长率=\frac{\frac{预计净利润}{预计净经营资产}\times预计利润留存率}{1-\frac{预计净利润}{预计净经营资产}\times预计利润留存率}$$

【例2-3】

某公司上年营业收入为3 000万元,经营资产为2 000万元,经营资产销售百分比为66.67%,经营负债为185万元,经营负债销售百分比为6.17%,净利润为135万元。假设经营资产销售百分比和经营负债销售百分比保持不变,可动用的金融资产为0,营业净利率保持4.5%不变,预计股利支付率为30%。

$$0=0.666\ 7-0.061\ 7-\left(\frac{1+增长率}{增长率}\right)\times4.5\%\times(1-30\%)$$
$$增长率=5.49\%$$

或

$$内含增长率=\frac{\frac{135}{2\ 000-185}\times70\%}{1-\frac{135}{2\ 000-185}\times70\%}=5.49\%$$

二、可持续增长率的测算

(一) 可持续增长率的概念

可持续增长率是指不增发新股或回购股票,不改变经营效率(不改变营业净利率和资

产周转率)和财务政策(不改变权益乘数和利润留存率)时,其销售所能达到的增长率。可持续增长的假设条件如下:

(1)公司营业净利率将维持当前水平,并且可以涵盖新增债务增加的利息;
(2)公司总资产周转率将维持当前水平;
(3)公司目前的资本结构是目标资本结构,并且打算继续维持下去;
(4)公司目前的利润留存率是目标利润留存率,并且打算继续维持下去;
(5)不愿意或者不打算增发新股(包括股份回购,下同)。

上述假设条件成立情况下的销售增长率是可持续增长率。企业的这种增长状态,称为可持续增长或平衡增长。在这种状态下,其资产、负债和股东权益同比例增长。

可持续增长率=股东权益增长率=股东权益本期增加÷期初股东权益

(二)可持续增长率的计算

1. 根据期初股东权益计算可持续增长率

$$可持续增长率=\frac{本期净利润\times 本期利润留存}{期初股东权益}$$

$$=期初权益本期净利率\times 本期利润留存率$$

$$=营业净利率\times 期末总资产周转次数\times$$

$$期末总资产期初权益乘数\times 利润留存率$$

应注意,此处的"权益乘数"是用"期初股东权益"而非"期末股东权益"计算;其余比率均采用本期发生额或期末数计算。

【例 2-4】

H 公司在 20×1—20×5 年未增发新股或回购股票,其主要财务数据如表 2-10 所示。

表 2-10

年度	20×0	20×1	20×2	20×3	20×4	20×5
收入	909.09	1 000	1 100	1 650	1 375	1 512.5
净利润		50	55	82.5	68.75	75.63
股利		20	22	33	27.5	30.25
利润留存		30	33	49.5	41.25	45.38
股东权益	300	330	363	412.5	453.75	499.13
负债		60	66	231	82.5	90.75
总资产		390	429	643.5	536.25	589.88

可持续增长率的计算:

年度	20×0	20×1	20×2	20×3	20×4	20×5
营业净利率		5%	5%	5%	5%	5%
期末总资产周转次数		2.564 1	2.564 1	2.564 1	2.564 1	2.564 1
期末总资产/期初股东权益		1.3	1.3	1.772 7	1.3	1.3

续表

年度	20×0	20×1	20×2	20×3	20×4	20×5
利润留存率		0.6	0.6	0.6	0.6	0.6
可持续增长率		10%	10%	13.64%	10%	10%
实际增长率		10%	10%	50%	−16.67%	10%

根据可持续增长率公式(期初股东权益)计算如下：

可持续增长率(20×1年)＝营业净利率×期末总资产周转次数×期末总资产期初权益乘数×利润留存率

$= 5\% \times 2.5641 \times 1.3 \times 0.6$

$\approx 10.0\%$

实际增长率(20×1年)$= \dfrac{\text{本年营业收入} - \text{上年营业收入}}{\text{上年营业收入}}$

$= \dfrac{1\,000 - 909.09}{909.09}$

$\approx 10.0\%$

其他年份的计算方法与此相同。

2. 根据期末股东权益计算的可持续增长率

可持续增长率也可以全部用期末数和本期发生额计算，而不使用期初数。在不增发新股或回购股票的情况下，其推导过程如下：

$$\text{可持续增长率} = \dfrac{\text{本期净利润} \times \text{本期利润留存率}}{\text{期初股东权益}}$$

$$= \dfrac{\text{本期净利润} \times \text{本期利润留存率}}{\text{期末股东权益} - \text{本期净利润} \times \text{本期利润留存率}}$$

$$= \dfrac{\dfrac{\text{本期净利润}}{\text{期末股东权益}} \times \text{本期利润留存率}}{1 - \dfrac{\text{本期净利润}}{\text{期末股东权益}} \times \text{本期利润留存率}}$$

$$= \dfrac{\text{期末权益净利率} \times \text{本期利润留存率}}{1 - \text{期末权益净利率} \times \text{本期利润留存率}}$$

$$= \dfrac{\text{营业净利率} \times \text{期末总资产周转次数} \times \text{期末总资产权益乘数} \times \text{本期利润留存率}}{1 - \text{营业净利率} \times \text{期末总资产周转次数} \times \text{期末总资产权益乘数} \times \text{本期利润留存率}}$$

使用【例 2-4】数据，根据上述公式计算的可持续增长率如表 2-11 所示。

表 2-11

年度	20×0	20×1	20×2	20×3	20×4	20×5
营业净利率		5%	5%	5%	5%	5%
期末总资产周转次数		2.5641	2.5641	2.5641	2.5641	2.5641
期末总资产/期初股东权益		1.1818	1.1818	1.56	1.1818	1.1818

续表

年度	20×0	20×1	20×2	20×3	20×4	20×5
利润留存率		0.6	0.6	0.6	0.6	0.6
可持续增长率		10%	10%	13.64%	10%	10%
实际增长率		10%	10%	50%	−16.67%	10%

根据可持续增长率(期末股东权益)公式计算如下：

$$可持续增长率(20×1年) = \frac{5\% \times 2.564\,1 \times 1.181\,8 \times 0.6}{1 - 5\% \times 2.564\,1 \times 1.181\,8 \times 0.6} = 10\%$$

其他年份的计算方法与此相同。

（三）可持续增长率与实际增长率

实际增长率和可持续增长率经常不一致。通过分析两者差异，可以了解企业经营效率和财务政策有何变化。

基于【例2-4】，说明该公司经营效率和财务政策的变化如下。

（1）20×2年的经营效率和财务政策保持了年初的状态(即20×1年的状态)。20×2年的实际增长率和可持续增长率均为10%，公司处于均衡增长状态。20×2年初的股东权益为30万元(与20×1年末相同)，当年创造了税后净利润55万元，公司留存了33万元，以22万元发放股利。因此股东权益增加到363万元，增加了10%。由于资本结构不变，负债也增加10%。由于负债和股东权益均增加10%，使得总资产增加10%。在资产周转率不变的情况下，资产增加10%可以支持销售额增加10%。

（2）20×3年权益乘数提高，另外三个财务比率保持不变。可持续增长率上升为13.64%，实际增长率上升为50%。提高财务杠杆，提供了高速增长所需的资金。

（3）20×4年权益乘数降为高速增长前的水平，另外三个财务比率保持不变。本年的可持续增长率恢复为10%，实际增长率下降为−16.67%。归还借款，使财务杠杆恢复到历史正常水平，同时使总资产减少。在资产周转率不变的情况下，资产减少使销售额下降。

（4）20×5年的经营效率和财务政策，保持了年初状态(20×4年状态)。销售增长率与可持续增长率均为10%。

通过上述分析可知，可持续增长率是企业当前经营效率和财务政策决定的未来增长能力，它和本年实际增长率之间有如下关系：

（1）如果某一年的经营效率和财务政策与上年相同，在不增发新股或回购股票的情况下，则本年实际增长率、上年可持续增长率以及本年可持续增长率三者相等。这种增长状态，在资金上可以永远持续发展下去，可称之为平衡增长。当然，外部条件是企业不断增加的产品能为市场接受。

（2）如果某一年公式中的四个财务比率有一个或多个比率提高，在不增发新股或回购股票的情况下，则本年实际增长率就会超过上年可持续增长率，本年可持续增长率也超过上年可持续增长率。由此可见，超常增长是"改变"财务比率的结果，而不是持续当前状态的结果。企业不可能每年提高这四个财务比率，也就不可能使超常增长继续下去。

(3) 如果某一年公式中的四个财务比率有一个或多个比率下降,在不增发新股或回购股票的情况下,则本年实际增长率就会低于上年可持续增长率,本年可持续增长率也低于上年可持续增长率。这是超常增长之后的必然结果,企业对此要事先有所准备。如果不愿意接受这种现实,继续勉强冲刺,现金周转的危机很快就会来临。

(4) 如果公式中的四个财务比率已经达到企业的极限,只有通过增发新股增加资金才能提高销售增长率。

【自我检测】

一、名词解释

财务报表分析　短期偿债能力　流动比率　速动资产　非速动资产
经营活动现金流量净额　资产负债率　权益乘数　利息保障倍数
营运能力比率　应收账款周转率　存货周转率　流动资产周转率
固定资产周转率　总资产周转率　权益净利率　市盈率　市净率　市销率
财务预测　内含增长率　可持续增长率

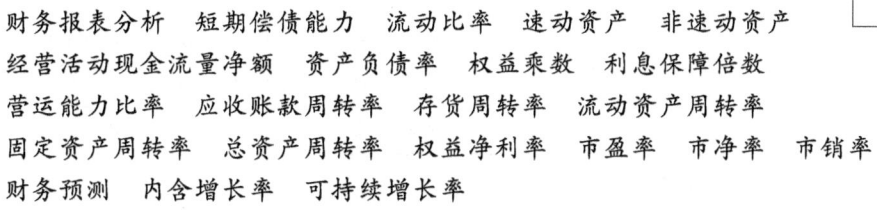

二、问答题

1. 简述资产的含义及其特征。
2. 简述负债的含义及其特征。
3. 短期偿债能力的评价方法。
4. 对净资产收益率分析评价的方法。
5. 杜邦分析法的作用。

三、计算题

1. 甲公司 2018 年 12 月 31 日总资产为 600 000 元,其中流动资产 450 000 元,非流动资产为 150 000 元,股本权益为 400 000 元。甲公司的年度运营分析报告显示,2018 年的存货周转次数为 8 次,销售成本为 500 000 元,净资产收益率为 20%,非经营净收益为 －20 000 元。期末的流动比率为 2.5。

要求:

(1) 计算 2018 年存货平均余额。

(2) 计算 2018 年末流动负债。

(3) 计算 2018 年净利润。

(4) 计算 2018 年经营净收益。

2. 已知某公司资产总额 450 万元,流动资产占 30%,年末流动比率 1.5,产权比率 0.6。
要求:计算下列指标:长期负债、流动负债、流动资产的数额。

3. ABC 公司 2009 年财务报表有关数据如下:

(1) 利润表和现金流量表有关数据:

营业收入净额 90 000 元;现销收入 30 000 元;利息费用 4 500 元;营业成本 41 130 元;利润总额 18 800 元;净利润 6 204 元;经营活动现金流量净额 7 550 元。

(2) 资产负债表数据:

资产	年初数	年末数	负债和所有者权益	年初数	年末数
流动资产：			流动负债		
货币资金	12 500	3 750	短期借款	9 162.5	15 725
应收款项净额	21 250	18 750	应付账款	5 000	10 525
存货	1 612.5	18 750	流动负债合计	14 162.5	26 250
流动资产合计	35 362.5	41 250	非流动负债	15 000	18 750
非流动资产：			所有者权益		
固定资产净值	31 000	41 250	股本	11 250	11 250
非流动资产合计	31 000	41 250	资本公积	13 500	13 625
			盈余公积	6 450	6 475
			未分配利润	6 000	6 150
			所有者权益合计	37 200	37 500
资产总计	66 362.5	82 500	负债与所有者权益	66 362.5	82 500

要求：根据上述资料，计算 ABC 公司 2000 年下列指标：

流动比率；速动比率；现金比率；应收账款周转次数；存货周转天数；资产负债率；利息保障倍数；产权比率；权益乘数；营业净利率；总资产净利率。

4. 甲公司上年度财务报表主要数据如下：

单位：万元

销售收入	2 000
税后利润	200
股利	40
利润留存	160
年末负债	1200
年末股东权益	800
年末总资产	2 000

要求：

(1) 计算上年的销售净利率、资产周转率、利润留存率、权益乘数和可持续增长率；

(2) 假设本年符合可持续增长的全部条件，计算本年的销售增长率以及销售收入；

(3) 假设本年销售净利率提高到 12%，利润留存率降低到 0.4，不增发新股或回购股票，保持其他财务比率不变，计算本年的销售收入、销售增长率、可持续增长率和股东权益增长率；

(4) 假设本年销售增长率计划达到 30%，不增发新股或回购股票，其他财务比率指标不变，计算资产周转率应该提高到多少。

(5) 假设本年销售增长率计划达到 30%，不增发新股或回购股票，其他财务比率指标不变，计算销售净利率应该提高到多少。

(6) 假设本年销售增长率计划达到 30%，不增发新股或回购股票，其他财务比率指标不变，计算年末权益乘数应该提高到多少。

第三章 财务管理价值基础

【知识导图】

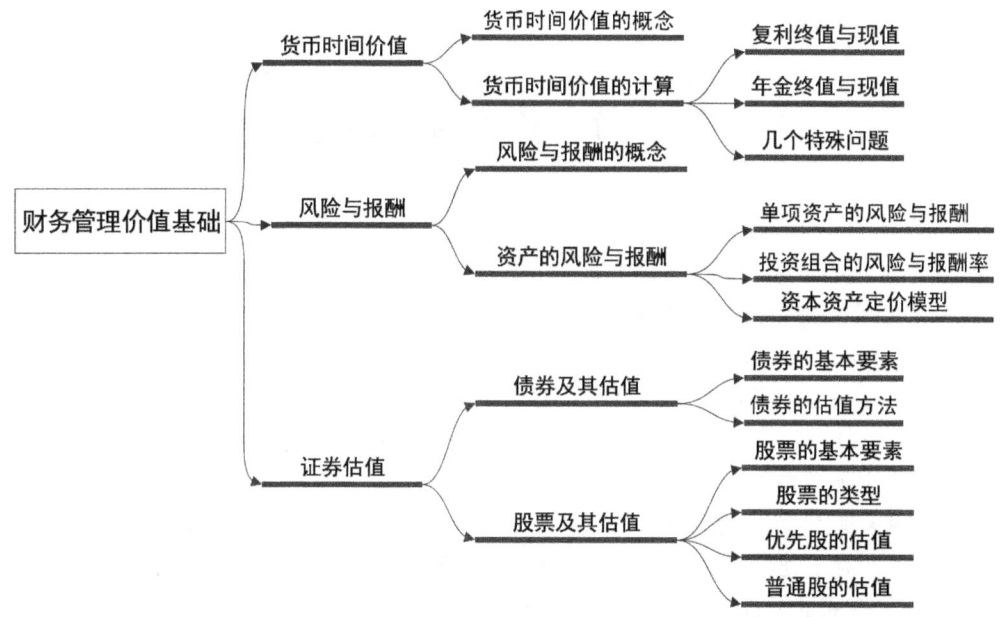

【学习目标】

1. 掌握货币时间价值的概念及其计算；
2. 掌握复利现值、终值及各种不同形式年金现值、终值的计算；
3. 掌握风险、报酬率的概念及计算；
4. 掌握资本资产定价模型；
5. 了解债券、股票的基本要素和分类；
6. 掌握债券、股票的估值及收益率的计算；

任何投资项目的建设活动和经营活动都是在具体的时点上进行的，其投入和产出都分布在项目周期内的不同时点上。在进行经济效益指标的评价时，必须考虑不同时点上资金的可比性问题。风险发生所导致的结果可能带来某种形式的损失和收益，不要认为存在风险，就只理解为损失的可能，风险也可能带来潜在的收益。

【案例导入】

有一个寓言故事，一个爱下象棋的国王棋艺高超，在他的国家从未有过敌手。于是，他下了一道诏书:"无论是谁,只要打败国王,就可以满足他任何一个要求。"一天,一个年轻人来到了皇宫,要求与国王下棋。经过紧张激战,年轻人赢了国王,国王问这个年轻人要什么样的奖赏,年轻人说他只要一点点小小的奖赏,就是在他们下棋的棋盘上的第一个格子中放上一颗麦子,在第二个格子中放进前一个格子的两倍,每一个格子中都是前一个格子中麦子数量的两倍,一直将棋盘每一个格子摆满。国王觉得很容易就可以满足他的要求,于是就同意了。但很快国王就发现,即使将国库所有的粮食都给他,也不够百分之一。因为即使一粒麦子只有一克重,也需要数十万亿吨的麦子才够。尽管从表面上看,他的起点十分低,从一粒麦子开始,但是经过很多次的乘积,就迅速变成庞大的数字。

第一节 货币时间价值

一、货币时间价值的概念

企业的财务活动是在一定的时空中进行的,资金的流出和收回往往发生在不同的时点。离开货币时间价值,就无从评价真正的盈亏。货币时间价值原理揭示了在不同时点上资金之间的换算关系,是财务决策的基础。

本杰明·弗兰克说:钱生钱,并且所生之钱会生出更多的钱,这一说法正是描述了货币时间价值。对于资金时间价值概念有多种不同理解,国外传统的定义是:即使在没有风险、没有通货膨胀的条件下,今天1元钱的价值也大于1年后1元钱的价值。投资者投资1元钱,就失去了当时使用或消费这1元钱的机会或权利,按时间计算的这种付出的代价或投资报酬,就叫作货币时间价值(Time value of money)。

但这一定义只说明了现象,并没有说明货币时间价值的本质。如果只是将货币埋入地下或者放入保险柜,显然是无法取得时间价值的。因此,并不是货币天然就有时间价值,只有把货币作为资本投入经营过程才能产生时间价值。具体来说,资金投入经营后,形成企业的资产,劳动者生产出新的产品,创造出新的价值,产品销售以后得到的收入大于原来投入的资金额,形成资金的增值,即时间价值是在生产经营中产生的。每完成一次资金从投入到收回的循环,就能获得一次增值。因此,在特定时间内,资金周转需要的时间越短,周转的次数越多,资金的增值就越大。随着时间的延续,货币总量在循环中按几何级数增长,形成了货币时间价值。如果资金是资金使用者从资金所有者那里借入的,则资金所有者要分享一部分资金增值额,这就是资金所有者因让渡其资金的所有权,而根据其时间长短所获得的报酬。

总结而言,货币时间价值是指货币经历一定时间的投资和再投资所增加的价值,也称为资金时间价值。货币时间价值有两种表现形式:相对数形式和绝对数形式。相对数形式,即时间价值率,是指没有风险和没有通货膨胀条件下的社会平均资金利润率;绝对数形式,即时间价值额,是资金在生产经营过程中带来的真实增值额,即一定数额的资金与时间价值率的乘积。实务中,通常以利率、报酬率等替代货币时间价值率。

需要注意的是,将货币作为资本投入生产过程所获得的价值增加并不全是货币时间价值。这是因为所有的经营都不可避免地具有风险,而投资者承担风险也要获得相应的报酬。另外,通货膨胀也会影响货币的实际购买力。资金的提供者在通货膨胀的情况下,必然要求索取更高的报酬以补偿其购买力损失,这部分补偿称为通货膨胀贴水。所以,货币在实际经营过程中产生的报酬,不仅包括时间价值,还包括资金提供者要求的风险报酬和通货膨胀贴水。银行存贷款利率、债券利息率、股票的股利率都可以看作投资报酬率,它们与时间价值是有区别的。

为了更好地认识货币时间价值的计算,循序渐进地分析问题,在分析货币时间价值时采用简化的方法,假定没有风险,没有通货膨胀,以利率代表货币时间价值率,本章第一节以此假设为基础。

二、现金流量时间线

计算货币时间价值,首先要明确资金运动发生的时间和方向,即每笔资金在哪个时点上发生,资金流量是流入还是流出。现金流量时间线提供了一个重要的计算货币时间价值的工具,可以直观、便捷地反映资金运动发生的时间和方向。

如图3-1所示,把现金流量绘入一个时间坐标图中,表示出各现金流入、流出与时间的对应关系。运用现金流量时间线,就可全面、形象、直观地表达资金运动状态。

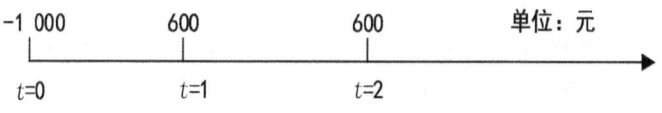

图 3-1 现金流量时间线

以上图为例说明现金流量时间线绘制的方法和规则:

(1)以横轴为时间轴,向右延伸表示时间的延续,轴线等分成若干间隔,每一间隔代表一个时间单位,通常是年(也可以是月、季或半年等间隔时段)。时间轴上的点称为时点,通常表示的是该年年末的时点,同时也是下一年的年初。如图中的 $t=1$ 既表示第1年的年末,也表示第2年年初。$t=0$ 时点表示现在,也即第1年开始之时点。

(2)每一时点上标出的金额为不同时点的现金流量情况,一般用负数表示现金流出,正数表示现金流入。上图中显示 $t=0$ 时刻有1 000元的现金流出,在 $t=1$ 时刻及 $t=2$ 时刻各有600元的现金流入。

总之,要准确绘制现金流量时间线,必须把握好现金流量的三要素,即:现金流量的大小(现金数额)、方向(现金流入或流出)和时点(现金流量发生的时间)。这一简单有效的工具将在本书后面的章节中多次使用,帮助解决许多复杂的问题。

三、复利终值和现值

利息的计算方法有两种:单利和复利。复利,俗称"利滚利",即每经过一个计息期,要将所生利息加入本金再计利息,逐期滚算。此处所说计息期,是指相邻两次计息的时间间隔,如年、月、日等。本书中除非特别说明,计息期均为 1 年。

(一) 单利终值和现值

单利是指一笔资金无论投资期多长,只对本金计算利息,对以往计息期产生的利息不再累加到本金中去计算利息的一种计息方法,即利息不再生息。由于其对利息不再生息这一特点,现实经济生活中使用单利的情况已经比较少见,只有期限较短的商业票据或信用卡计息业务等采用单利的计息方法。

单利终值的计算公式为:

$$F = P + P \times i \times n = P \times (1 + i \times n)$$

【例 3-1】

某企业有一张带息商业票据,面额为 1 000 元,票面利率 6%,出票日期 3 月 15 日, 5 月 14 日到期(共 60 天),则到期时利息为:

$$I = 1\ 000 \times 6\% \times \frac{60}{360} = 10(元)$$

如票据到期,持票人应收的本利和,即终值为:

$$F = 1\ 000 \times (1 + 6\% \times \frac{60}{360}) = 1\ 010(元)$$

有时我们需要根据终值来确定其现在的价值即现值。单利现值的计算为其终值计算的逆运算,公式为:$P = F/(1 + i \times n)$。

例如,在使用未到期的票据向银行申请贴现时,银行按一定利率从票据的到期值中扣除自贴现日至票据到期日的应计利息,将余额先支付给持票人,该票据则转归银行所有,到期后银行从付款人处收取票面金额。贴现时使用的利率称贴现率,计算出来的利息称贴现息,扣除贴现息后的余额即为现值。

在上例中,若企业急需一笔短期资金,将所持票据于 3 月 30 日到银行办理贴现,设银行规定的贴现率 8%。因该期票 5 月 14 日到期,贴现期为 45 天。银行付给企业的金额为:

$$P = \frac{1\ 010}{1 + 8\% \times \frac{45}{360}} = \frac{1\ 010}{1.01} = 1\ 000(元)$$

(二) 复利终值

复利终值(Future Value)是指现在一定量的资金按复利计算的将来某一时点的价值,或者说现在一定量的本金在将来一定时间按复利计算的本金与利息之和,也可称作本利和。复利终值的计算公式为:

$$F = P(1 + i)^n \tag{3-1}$$

式中，F 表示终值（本书后续其他部分均沿用 F 表示终值）；P 表示现值，即当前资金价值（本书后续其他部分均沿用 P 表示现值）；i 表示利息率；n 表示计息期数。

上述公式中的 $(1+i)^n$ 称为复利终值系数（Future Value Interest Factor），表示本金 1 元，期数为 n 的终值，可以写成 $(F/P, i, n)$ 或 $FVIF_{i,n}$。复利终值计算也可表示为：

$$F = P(1+i)^n = P \cdot (F/P, i, n) = P \cdot FVIF_{i,n} \quad (3\text{-}2)$$

利用复利终值系数表（见附录）可以简化复利终值的计算。

【例 3-2】

将 100 万元存入银行，年利息率为 6%，按复利计算，5 年后的终值应为：

$$F = P \times (F/P, 6\%, 5) = 100 \times (1+6\%)^5 = 133.8（万元）$$

或查复利终值系数表计算如下：

$$F = P \times (F/P, 6\%, 5) = 100 \times 1.338 = 133.8（万元）$$

（三）复利现值

复利现值（Present Value）是复利终值的对称概念，是指未来一定时间的特定资金按复利计算的现在价值，或说是为取得将来一定本利和现在所需要的本金。复利现值是复利终值的逆运算，其计算公式为：

$$P = \frac{F}{(1+i)^n} = F \cdot (1+i)^{-n} \quad (3\text{-}3)$$

式 3-3 中的 $(1+i)^{-n}$ 称为复利现值系数（Present Value Interest Factor），表示金额为 1 元，利率为 i，期数为 n 的复利现值，可以写成 $(P/F, i, n)$ 或 $PVIF_{i,n}$。复利现值计算也可表示为：

$$P = F(1+i)^{-n} = F \cdot PVIF_{i,n} = F \cdot (P/F, i, n) \quad (3\text{-}4)$$

利用复利现值系数表（见附录）可以简化复利现值的计算。习惯上将由终值求现值的过程叫作贴现，在贴现过程中所用的利率称作贴现率。

【例 3-3】

某人存入银行一笔钱，想要 5 年后得到 100 万，若银行存款利率为 5%，则现在应存入多少？

计算如下：

$$P = F \frac{1}{(1+i)^n} = 100 \times \frac{1}{(1+5\%)^5} = 78.35（万元）$$

或查复利现值系数表计算如下：

$$P = F \cdot (P/F, 5\%, 5) = 100 \times 0.7835 = 78.35（万元）$$

四、年金终值和现值

年金（Annuity）是指一定时期内等额、定期的系列收支。年金的形式多种多样，如折旧、租金等的计提与支付都采用年金的形式，按年度等额缴纳的学费、养老保险、零存整取或整存零取储蓄存款，每年等额回收的投资等都属于年金。年金按其每次收付发生的时点不同，可分为普通年金（后付年金）、即付年金（先付年金）、延期年金（递延年金）和永续年金。需要注意的一点是年金中收付的间隔时间不一定是1年,可以是半年、1个月等。

(一) 普通年金终值和现值

1. 普通年金终值

普通年金是指在各期期末有等额收付的年金,这种年金最为常见,也称为后付年金。普通年金终值是在一定时期内每期期末等额收付款项的复利终值之和,即最后一次收付时的本利和,如零存整取的本利和。

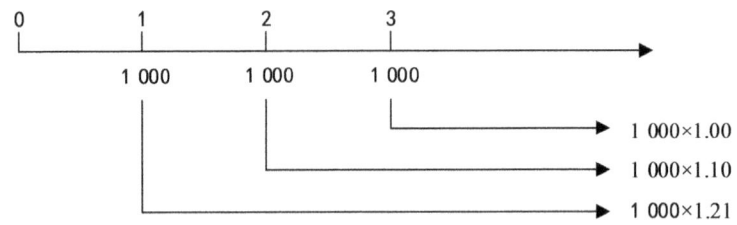

图 3-2 普通年金(后付年金)终值计算示意图

图3-2显示了一个3期的普通年金终值计算过程,第3期期末是最后一次收付的时点,也即终值时点。设利息率为10%,第1期期末的1 000元,应赚到两期的利息,到第3期期末的价值为1 210元;第2期期末的1 000元,应赚到一期的利息,到第3期期末的价值为1 100元;第3期期末的1 000元,没有利息,其价值是1 000元。整个年金的终值为3 310元。

如果年金的期数很多,由于每期收付额相等,且都是计算复利终值,可将上述计算过程简化。

以 A 表示年金数额,i 表示利息率,n 表示期数,F 代表年金终值,可用图3-3来说明普通年金终值的计算过程。

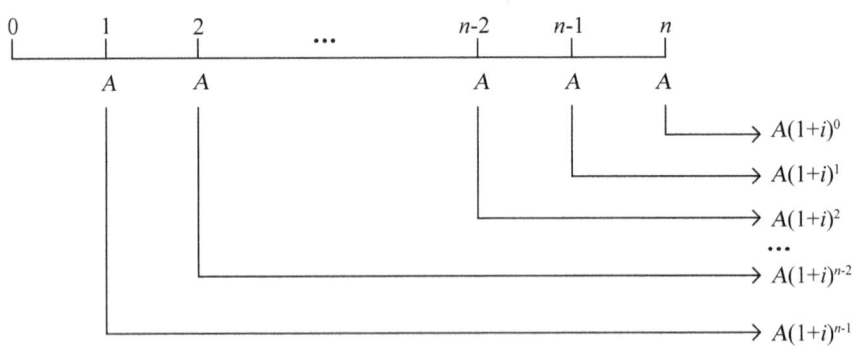

图 3-3 普通年金(后付年金)终值计算示意图

由图可知,普通年金(后付年金)终值的计算公式为:

$$
\begin{aligned}
F &= A(1+i)^0 + A(1+i)^1 + \cdots + A(1+i)^{n-2} + A(1+i)^{n-1} \\
&= A[(1+i)^0 + (1+i)^1 + \cdots + (1+i)^{n-2} + (1+i)^{n-1}] \\
&= A\sum_{t=1}^{n}(1+i)^{t-1}
\end{aligned}
\tag{3-5}
$$

式中的 $\sum_{t=1}^{n}(1+i)^{t-1}$ 称为年金终值系数,记作 $(F/A,i,n)$ 或 $FVIFA_{i,n}$。后付年金终值的计算可表示为:

$$F=A \cdot (F/A,i,n)=A \cdot FVIFA_{i,n} \tag{3-6}$$

式 3-5 可化简为 $F=A\dfrac{(1+i)^n-1}{i}$,化简过程如下:

将式 3-5 左右两边同乘 $(1+i)$:

$$(1+i)F=A(1+i)^1+A(1+i)^2+\cdots+A(1+i)^n$$

上述两式相减:

$$(1+i)F-F=A(1+i)^n-A$$

$$F=\frac{A(1+i)^n-A}{(1+i)-1}=A\frac{(1+i)^n-1}{i}$$

式中的 $\dfrac{(1+i)^n-1}{i}$ 是普通年金为 1 元、利率为 i、经过 n 期的年金终值,可直接查阅"年金终值系数表"。

【例 3-4】

某人在 3 年内于每年年末存入银行 2 000 元,银行的年复利利率为 6%,计算 3 年后的年金终值为:

$$F=A\times(F/A,6\%,3)=2\,000\times 3.184=6\,368(元)$$

2. 普通年金现值

一定时期内每期期末等额的系列收付款项的现值之和,或者为了在每期末收付相等金额的款项,现在需要投入的金额,如整存零取的储蓄方案。设年金的现值为 P,则计算过程如图 3-4 所示:

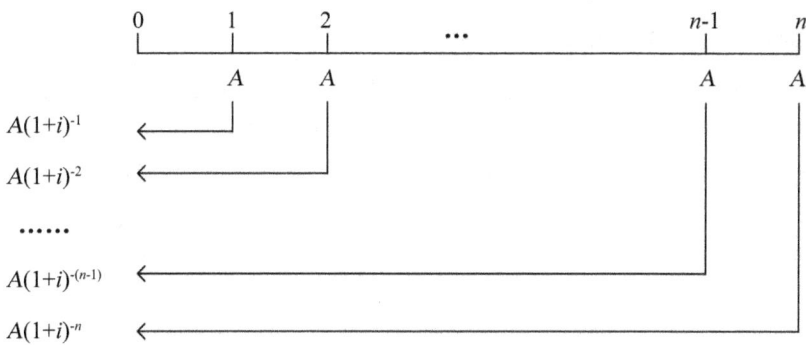

图 3-4 普通年金(后付年金)现值计算示意图

由图可知,普通年金(后付年金)终值的计算公式为:

$$P=A\frac{1}{(1+i)^1}+A\frac{1}{(1+i)^2}+\cdots+A\frac{1}{(1+i)^{n-1}}+A\frac{1}{(1+i)^n}$$
$$=A\sum_{t=1}^{n}\frac{1}{(1+i)^t} \tag{3-7}$$

式中的 $\sum_{t=1}^{n}\frac{1}{(1+i)^t}$ 称为年金现值系数,记作 $(P/A,i,n)$ 或 $PVIFA_{i,n}$。普通年金现值的计算可表示为：

$$P = A \times (P/A, i, n) = A \times PVIFA_{i,n} \quad (3-8)$$

式 3-7 可化简为 $P = A \dfrac{1-(1+i)^{-n}}{i}$,化简过程如下：

$$(P/A, i, n) = \frac{1}{(1+i)^1} + \frac{1}{(1+i)^2} + \frac{1}{(1+i)^3} + \cdots + \frac{1}{(1+i)^{n-1}} + \frac{1}{(1+i)^n}$$

将上式左右两边同乘 $(1+i)$：

$$(P/A, i, n) \cdot (1+i) = 1 + \frac{1}{(1+i)^1} + \frac{1}{(1+i)^2} + \cdots + \frac{1}{(1+i)^{n-2}} + \frac{1}{(1+i)^{n-1}}$$

上述两式相减：

$$(P/A, i, n) \cdot (1+i) - (P/A, i, n) = 1 - \frac{1}{(1+i)^n}$$

$$(P/A, i, n) = \frac{1 - \dfrac{1}{(1+i)^n}}{i} = \frac{1-(1+i)^{-n}}{i}$$

式中 $\dfrac{1-(1+i)^{-n}}{i}$ 是普通年金为 1 元、利率为 i、经过 n 期的年金现值,可直接查阅"年金现值系数表"。

【例 3-5】

某人出国 3 年,请你代付房租,每年租金 1 000 元,设银行存款利率 10%,他应当现在给你在银行存入多少钱？

$$P = A \times (P/A, 10\%, 3) = 1\,000 \times 2.487 = 2\,487(元)$$

(二) 即付年金的终值和现值

即付年金是指在一定时期内,每期期初有等额收付款项的年金,又称先付年金、预付年金。即付年金和普通年金的区别仅是收、付款的时间不同,可参考普通年金的计算。将即付年金首先换算为普通年金,以普通年金的形式计算其终值和现值。

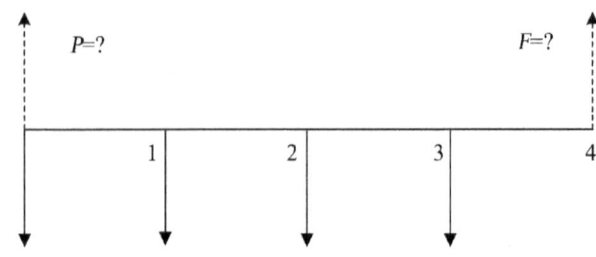

图 3-5 即付年金现值和终值计算示意图

1. 即付年金终值

n 期即付年金终值和 n 期普通年金终值的关系可用图 3-6 说明。

n 期即付年金终值:

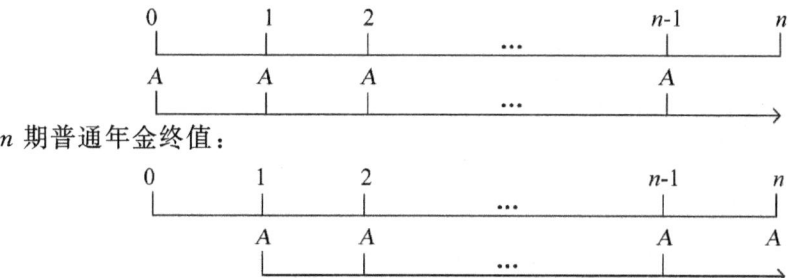

图 3-6 n 期即付年金终值和 n 期普通年金终值的关系图

从图 3-5 可以看出,n 期即付年金和 n 期普通年金的付款次数相同,但由于付款时间不同,在计算终值时,n 期即付年金比 n 期普通年金多计算一期利息,因此,可先求出 n 期普通年金的终值,再乘以 $(1+i)$,便可求出 n 期即付年金的终值,分析过程为:

n 期即付年金终值:

$$XF = A(1+i)^1 + A(1+i)^2 + \cdots + A(1+i)^n$$
$$= A(1+i) \times [1+(1+i)^1+(1+i)^2+\cdots+(1+i)^{n-1}] \quad (3\text{-}9)$$
$$= A \times (1+i) \times (F/A, i, n)$$
$$= A \times (F/A, i, n) \times (1+i)$$

此外,可以看出,即付年金终值计算公式中各项为等比数列,首项为 $A(1+i)$,公比为 $(1+i)$,根据等比数列的求和公式可知:

$$XF = \frac{A(1+i)[1-(1+i)^n]}{1-(1+i)} = A\frac{(1+i)-(1+i)^{n+1}}{-i} = A\left[\frac{(1+i)^{n+1}-1}{i}-1\right]$$

式中的 $\left[\frac{(1+i)^{n+1}-1}{i}-1\right]$ 是即付年金终值系数,它和普通年金终值系数相比,期数加 1,系数减 1,可记作 $[(F/A, i, n+1)-1]$。

因此,即付年金终值的计算也可表示为:

$$XF = A \cdot [(F/A, i, n+1) - 1] \quad (3\text{-}10)$$

【例 3-6】

某人连续 5 年于每年年初存入 10 万元作为住房基金,银行存款利率为 10%。问第 5 年末的此人能一次取出的本利和应为多少?

$$XF = A \cdot (F/A, 10\%, 5)(1+10\%)$$
$$= 10 \times 6.105 \times (1+10\%) \approx 67.2(万元)$$

或

$$XF = A \cdot [(F/A, i, n+1)-1] = 10 \times [(F/A, 10\%, 6)-1]$$
$$= 10 \times (7.715\ 6-1) \approx 67.2(万元)$$

2. 即付年金现值

n 期即付年金现值和 n 期普通年金现值的关系可用图 3-7 说明。

n 期即付年金现值：

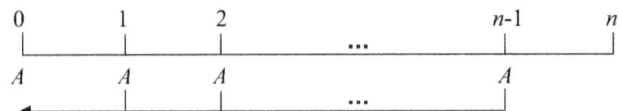

n 期普通年金现值：

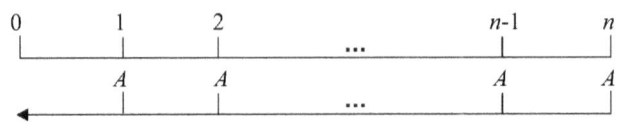

图 3-7　n 期即付年金现值和 n 期普通年金现值的关系图

从图中可看出，n 期即付年金现值与 n 期普通年金现值的付款次数相同，只是付款时间不同。n 期普通年金比即付年金多折现一期，因此，可先求出 n 期普通年金的现值，然后再乘以 $(1+i)$ 即可。

分析过程如下：

n 期即付年金现值：

$$XP = A + A\times(1+i)^{-1} + A\times(1+i)^{-2} + \cdots + A\times(1+i)^{-(n-1)}$$
$$= A\times(1+i)\times[(1+i)^{-1}+(1+i)^{-2}+\cdots+(1+i)^{-n}] \tag{3-11}$$
$$= A\times(1+i)\times(P/A,i,n)$$
$$= A\times(P/A,i,n)\times(1+i)$$

此外，可以看出，即付年金现值计算式中各项为等比数列，首项是 A，公比是 $(1+i)^{-1}$，根据等比数列求和公式：

$$XP = \frac{A[1-(1+i)^{-n}]}{1-(1+i)^{-1}} = A\left[\frac{1-(1+i)^{-(n-1)}}{i}+1\right]$$

式中的 $\left[\dfrac{1-(1+i)^{-(n-1)}}{i}+1\right]$ 为即付年金现值系数，它和普通年金现值系数相比是期数减 1，系数加 1，可记作 $[(P/A,i,n-1)+1]$。

因此，即付年金终值的计算也可表示为：

$$XP = A\cdot[(P/A,i,n-1)+1] \tag{3-12}$$

【例 3-7】

某人连续 6 年分期付款购买了一辆汽车，每年初支付 20 000 元，设银行利率为 10%，则该项分期付款购车相当于一次性支付现金的价格是多少？

$$XP = A(P/A,i,n)\cdot(1+i)$$
$$= 20\,000\times(P/A,10\%,6)\times(1+10\%)$$
$$= 20\,000\times4.355\times(1+10\%) = 95\,810(元)$$

或

$$XP = A\cdot[(P/A,i,n-1)+1]$$
$$= 20\,000\times[(P/A,10\%,5)+1]$$
$$= 20\,000\times(3.791+1) = 95\,820(元)$$

（由于系数表是四舍五入后的结果，所以最终计算数据有细微差异，属于正常现象，下同。）

(三) 递延年金的现值

递延年金又称为延期年金,是指第一次收、付款发生的时间不在第一期末,而是隔若干期才开始发生的系列等额收、付款项。它是普通年金的特殊形式,凡不是从第一期开始的普通年金都是递延年金。递延年金的支付形式如图 3-8 所示:

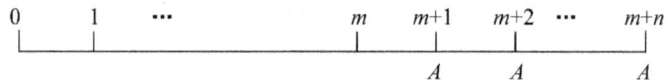

图 3-8 递延年金的支付形式

从图中可以看出,前 m 期没有发生支付,m 表示递延期数,第一次支付在第 $m+1$ 期期末,连续支付 n 次,总时期数为 $m+n$。

递延年金终值的计算方法和普通年金终值类似:$F=A(F/A,i,n)$,其终值只与连续收支期 n 有关,与递延期 m 无关。

递延年金的现值是自若干时期后开始每期款项的现值之和,有两种计算方法:

(1) 先将递延年金视为 n 期普通年金,求出在第 $m+1$ 期期初(即递延期期末)的现值,然后再折现到第一期期初。如图 3-9 所示:

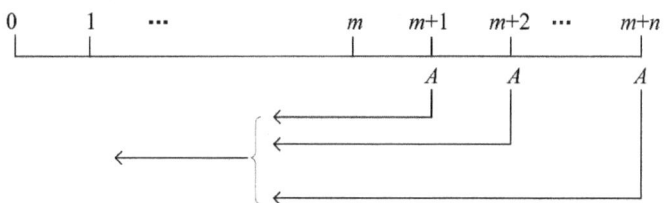

图 3-9 递延年金的现值计算方法 1

计算公式为:
$$P=A \cdot (P/A,i,n) \cdot (P/F,i,n) \tag{3-13}$$

(2) 先计算出 $m+n$ 期的普通年金现值,然后减去前 m 期(实际未支付)的普通年金现值,即 $P=P_{m+n}-P_m$。如图 3-10 所示。

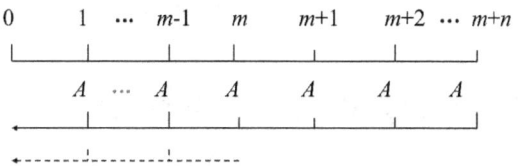

图 3-10 递延年金的现值计算方法 2

计算公式为:
$$P=A \cdot [(P/A,i,m+n)-(P/A,i,m)] \tag{3-14}$$

【例 3-8】

某人拟在年初存入一笔资金,以便能在第 6 年年末每年取出 1 000 元,至第 10 年取完。在银行存款利率为 10% 的情况下,此人应在最初一次存入银行多少钱?

$$P=A \cdot (P/A,10\%,5) \cdot (P/F,10\%,5)$$
$$=1\ 000 \times 3.790\ 8 \times 0.620\ 9 \approx 2\ 354(元)$$

或

$$P = A \cdot [(P/A,10\%,10)-(P/A,10\%,5)]$$
$$= 1\,000 \times (6.144\,6 - 3.790\,8) \approx 2\,354(元)$$

(四) 永续年金的现值

永续年金是无限期定额支付的年金,可视为期限趋于无穷的普通年金。存本取息、每年等额支付的慈善基金等可视为永续年金的例子。绝大多数优先股因为有固定的股息,但无到期日,所以其股利也是一种永续年金。此外,期限长(如超过50年)、利率高的有限期限年金也可按永续年金现值的计算公式计算其现值的近似值。

由于永续年金持续期无限,没有终止时间,因此没有终值,只有现值。永续年金的现值可以看成是一个 n 趋向于无穷大的普通年金的现值。当 $n \to \infty$ 时,$(1+i)^{-n}$ 的极限为0,因此,永续年金现值的计算公式为:

$$P = A \sum_{t=1}^{\infty} \frac{1}{(1+i)^t}$$

$$= A \lim_{n \to \infty} \sum_{t=1}^{n} \frac{1}{(1+i)^t} = A \lim_{n \to \infty} \frac{1-\frac{1}{(1+i)^n}}{i}$$

$$= A \cdot \frac{1}{i}$$

即

$$P = A \cdot \frac{1}{i} \tag{3-15}$$

【例3-9】

某人持有的甲公司优先股,每年每股股利为2元,若此人长期持有,在利率为10%的情况下,该优先股的内在价值是多少?

优先股的内在价值是优先股股利的现值之和,优先股的价值为:

$$P = \frac{D}{i} = \frac{2}{10\%} = 20(元)$$

五、货币时间价值计算中的几个特殊问题

掌握了货币时间价值计算的基本原理后,可用于解决各类现金流相关的问题。

(一) 不等额现金流量现值与终值的计算

财务管理实践中,往往会遇到连续多次的收支金额并不相等的情况,进行财务决策时,我们需要计算这些不等额现金流的现值或终值。

A_0 代表第0年年末的收支金额;

A_1 代表第1年年末的收支金额;

……

A_n 代表第 n 年年末的收支金额;

其现值计算过程可用图 3-11 来说明：

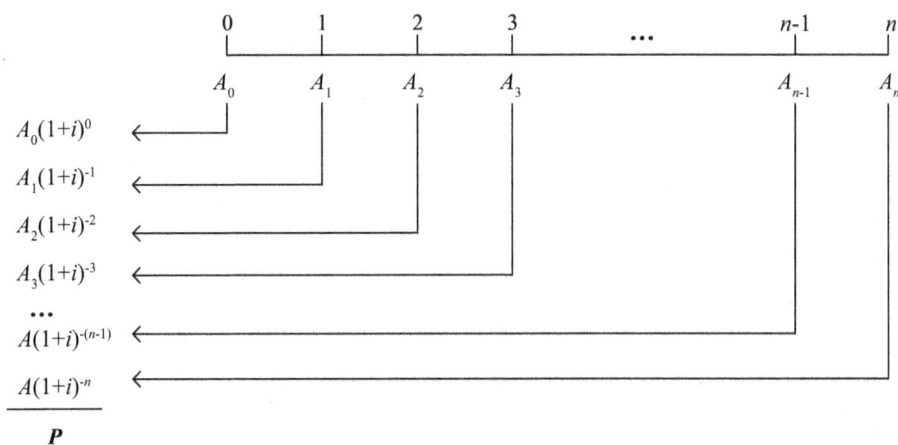

图 3-11　不等额现金流量现值计算示意图

【例 3-10】

某人每年年末都将年终奖金存入银行，其年终奖收入情况如表 3-1 所示，设银行存款利率为 5%，求这笔不等额存款的现值是多少？

表 3-1　某人年终奖金

	第 0 年	第 1 年	第 2 年	第 3 年	第 4 年
年终奖（元）	20 000	35 000	40 000	50 000	40 000

$P = 20\ 000 \times (P/F, 5\%, 0) + 35\ 000 \times (P/F, 5\%, 1) + 40\ 000 \times (P/F, 5\%, 2)$
$\quad + 50\ 000 \times (P/F, 5\%, 3) + 40\ 000 \times (P/F, 5\%, 4)$
$= 20\ 000 \times 1 + 35\ 000 \times 0.952 + 40\ 000 \times 0.907 + 50\ 000 \times 0.864 + 40\ 000 \times 0.823$
$= 165\ 720（元）$

不等额现金流量终值的计算可参照其现值计算的方法进行。

（二）年金和不等额现金流量混合情况下现值与终值的计算

形成年金的用年金终值或现值计算，不能用年金计算的用复利方法计算，然后加总若干个年金终值或现值和复利终值或现值。

【例 3-11】

某公司投资了一个新项目，新项目投产后每年获得的现金流量如表 3-2 所示，折现率为 8%，求这一系列现金流量的现值。

表 3-2　项目现金流量表

单位：元

时间	现金流量	时间	现金流量
1	2 000	6	4 000
2	2 000	7	4 000
3	2 000	8	4 000

续表

时间	现金流量	时间	现金流量
4	2 000	9	4 000
5	4 000	10	7 000

这一项目,第1~4年的现金流量相等,可以看作求4年期的年金现值,第5~9年的现金流量也相等,从0时点来看,这是一个递延期为4年,连续支付期为5年的年金,第10年的现金流量现值用复利现值的计算方法单独计算。

计算过程如下:

$$P_{1\sim 4}=2\,000\times (P/A,8\%,4)=2\,000\times 3.312=6\,624(元)$$

$$P_{5\sim 9}=4\,000\times (P/A,8\%,5)(P/F,8\%,4)=4\,000\times 3.993\times 0.735=11\,739.42(元)$$

$$P_{10}=7\,000\times (P/F,8\%,10)=7\,000\times 0.463=3\,241(元)$$

该项目的全部现金流量为:

$$P=6\,624+11\,739.42+3\,241=21\,604.42(元)$$

(三) 折现率的计算

本章前面计算终值和现值时,利率都是已知的,在财务管理中,常常需要在已知终值、现值和期数的情况下,计算折现率。事实上,复利或年金终值和现值的计算都包含四个要素,即利息率、期数、现值或终值、年金数额,在已知任意三个要素的情况下,均可求出第四个要素。

折现率的计算分为两步:第一步求出换算系数,即各种系数值;第二步根据换算系数和有关系数表求折现率。由本章前述公式,可知复利终值、复利现值、年金终值、年金现值的换算系数可分别表示为:

$$(F/P,i,n)=\frac{F}{P}\quad (P/F,i,n)=\frac{P}{F}$$

$$(P/A,i,n)=\frac{P}{A}\quad (F/A,i,n)=\frac{F}{A}$$

【例3-12】

把100元存入银行,10年后可获本利和259.4元,问银行存款的利率为多少?

$$(P/F,i,10)=\frac{100}{259.4}=0.386$$

查复利现值系数表,与10年相对应的折现率中,10%的系数为0.386,因此,利息率应为10%。

当计算出的现值系数不能正好等于系数表中的某个数值,可以采用内插法来计算贴现率。以普通年金为例,计算贴现率的基本原理和步骤如下:

① 计算年金现值系数$(P/A,i,n)$;

② 查年金现值系数表,沿着已知的n所在的列(行)查找,若恰好能找到某一系数值等于所计算出的年金现值系数,则该系数值所在的行(列)相对应的利率便为所求的利率;

③ 若无法找到恰好等于年金现值系数的系数值,就在表中找出与此相邻近的两个系

数值,然后进一步运用内插法计算贴现率。

【例 3-13】

某公司于第 1 年年初借款 20 000 元,每年年末还本付息额为 4 000 元,连续 9 年还清。问借款利率是多少?

$$(P/A, i, 9) = \frac{P}{A} = \frac{20\ 000}{4\ 000} = 5$$

查年金现值系数表,当利率为 14% 时,系数为 4.947;当利率为 12% 时,系数为 5.328。可知利率应在 12%～14% 之间,则可用内插法计算:

利率		年金现值系数	
12% ⎫		5.328 ⎫	
? ⎬ x% ⎫ 2%		5 ⎬ 0.328 ⎫ 0.381	
14% ⎭ ⎭		4.947 ⎭ ⎭	

运用内插法得:

$$i = 12\% + \frac{5.32\ 825 - 5}{5.32\ 825 - 4.947\ 37} \times (14\% - 12\%) = 13.719\%$$

(四) 计息期短于一年的时间价值的计算

目前为止我们讨论的问题都是按年来计算,但实践中经常会遇到一些计息期短于一年的情况。如有的债券半年付息一次,优先股股息一季度支付一次;计息期越短,一年中按复利计息的次数就越多,利息额就越大。

在这种情况下,要了解真实的报酬率首先需要明确以下几个概念。

1. 报价利率

报价利率是指银行等金融机构提供的利率。在提供报价利率时,还必须同时提供每年的复利次数(或计息期的天数)。也叫名义利率。

2. 计息期利率

计息期利率是指借款人每期支付的利率,它可以是年利率,也可以是六个月、每季度、每月或每日等。

$$\text{计息期利率} = \frac{\text{报价利率}}{\text{每年复利次数}}$$

3. 有效年利率

有效年利率是指按给定的期间利率每年复利 m 次时,能够产生相同结果的年利率,也称等价年利率。

$$\text{有效年利率} = (1 + \frac{\text{名义利率}}{m})^m - 1 \qquad (3-16)$$

【例 3-14】

本金 10 万元,投资 8 年,年利率 6%,每半年复利一次,则本利和和复利息是:

$$\text{半年利率} = \frac{6\%}{2} = 3\%$$

复利次数＝8×2＝16
$$F = P \times (1+i)^{mn} = 100\,000 \times (1+3\%)^{16} = 160\,470(元)$$
利息金额 $I = F - P = 60\,470(元)$

当1年复利几次时，实际得到的利息要比按名义利率计算的利息高，本例中实际利率高于6%。

若用公式法，则
$$i = (1+3\%)^2 - 1 = 6.09\%$$

4．有效年利率和报价利率的关系

（1）当计息周期为一年时，报价利率与有效年利率相等；计息周期短于一年时，有效年利率大于报价利率；计息周期长于一年时，有效年利率小于报价利率。

（2）报价利率越大，计息周期越短，有效年利率与报价利率的差异就越大。

（3）报价利率不能完全反映货币时间价值，有效年利率才能真正反映货币时间价值。

在计息期不等于一年的时候，以复利现值为例，终值和现值的计算公式要做如下调整：

$$F = P \times (1+i)^{mn} = P \times \left(1+\frac{r}{m}\right)^{mn}$$

$$P = \frac{F}{(1+i)^{mn}} = F \times \left(1+\frac{r}{m}\right)^{-mn}$$

其中，r 表示报价利率，i 表示期间利率，m 表示每年的计息次数，n 表示年数，通过查系数表来计算时，基本公式不变，只要将年利率调整为期利率 r/m，将年数调整为期数 $m \times n$ 即可，年金终值和现值的计算与此相同。

【例3-15】

某人准备在第5年底获得1 000元收入，年利息率为10%。试计算：（1）每年计息一次，问现在应存入多少钱？（2）每半年计息一次，现在应存入多少钱？

（1） $P = F \cdot (P/F, i, n) = 1\,000 \cdot (P/F, 10\%, 5)$
$= 1\,000 \times 0.621 = 621(元)$

（2） $$i = \frac{r}{m} = \frac{10\%}{2} = 5\%$$
$$t = m \cdot n = 5 \times 2 = 10$$
$P = F \cdot (P/F, 5\%, 10) = 1\,000 \times 0.614 = 614(元)$

第二节　风险与报酬

日常生活中，人们经常提到的风险往往与危险、失败、损失等状况联系在一起，这一理解是非常片面的，不适用于财务决策。在财务管理中"风险"一词的涵义是预期收益不能实现的可能性和概率或者说预期结果的不确定性。对投资者来讲,他所追求的目的是在愿意接受的风险的水平上,追求投资收益的最大化。在任何投资决策中,风险分析都是至关重要的,财务决策的主要内容之一即是估计预期的收益及不能实现的风险。本节内容就是对风险进行界定与分析,并对其进行定价从而运用于财务决策过程中。

一、风险与报酬的概念

(一) 什么是风险?

首先我们来看一个例子:有两个投资机会,你会选择哪一个?

(1) 今天你付出 10 000 元,并在一年后抛掷一枚硬币来决定你是收入 20 000 元或是只收回 10 000 元;

(2) 今天你付出 10 000 元,一年后收入 15 000 元。

(1)的收入是不确定的,而(2)的收入是确定的。研究表明,大多数人在清醒或不在赌场时,更喜欢选择(2)的确定性而不愿意选择(1)的不确定性。

原因是经济学的第一假定:人是理性的,人的理性使得其具有趋利避害的本能。

一般来说,风险是指在一定情况下和一定时期内事件发生结果的不确定性。这种不确定性是不可控制的。风险可能给人带来意外收益(机会),也可能带来意外损失。但人们对意外损失的关切比对意外收益的关切更强烈。因此人们研究风险主要是为了减少损失,主要是从不利的方面来考察风险,经常把风险看成是不利事件发生的可能性。

从财务角度来看,风险主要是指出现财务损失的可能性或预期收益的不确定性。理财活动不仅要管理危险,还要识别、衡量、选择和获取增加企业价值的机会。

(二) 什么是报酬?

从理论上讲,投资报酬率或投资收益率是指投资者在一定时期内所获得的总利得或损失。从方法上看,是在期末将价值的增减变动与实现的现金流入之和与期初值进行比较而得出一个比率。可用下列公式来表示:

$$r = \frac{C_t + (P_t - P_{t-1})}{P_{t-1}} \tag{3-17}$$

其中,r 表示实际或预期或要求的报酬率;C_t 为从第 $t-1$ 年末至第 t 年末来自于资产投资的现金流入;P_t 为第 t 年末资产的价格(价值);P_{t-1} 为第 $t-1$ 年末资产的价格(价值),即投资成本。

假设某投资者购入 5 万元的短期国债,利率为 5%,一年后其可以获得 5.25 万元,则这一年的投资报酬率为 5%,即

$$r = \frac{投资所得 - 初始投资}{初始投资} = \frac{5.25 - 5}{5} \times 100\% = 5\%$$

可以看出,该投资者获得的投资报酬率与国债的票面利率是一致的,这是由于短期国债几乎是无风险的;但是,如果将这 5 万元资金投资于一家生物科技公司,该投资的实际报酬就在事先无法明确估计,即投资面临着风险。

(三) 公司财务决策的类型

由于市场环境与金融环境等的变化,公司的财务决策几乎都是在包含风险和不确定的情况下做出的。离开风险就无法正确评价公司投资报酬率的高低。风险是客观存在的,按照风险程度,可以将财务决策分为三种类型。

1. 确定型决策

决策者对未来的情况是完全确定的或已知的决策;如短期国债投资、银行定期存款等。

2. 风险型决策

决策者对未来的情况不能完全确定,但它们出现的可能性——概率的具体分布是已知的或可以估计的,这种情况下的决策称为风险型决策。

3. 不确定型决策

决策者对未来的情况不仅不能完全确定,而且对其可能出现的概率也不清楚,这种情况下的决策称为不确定型决策。

为了便于分析和量化,在财务管理中,对风险型与不确定型并不做严格区分,都是通过各种可能的结果及其概率进行表述。

(四) 风险与收益的关系

投资者都是风险回避者,所以如果要冒风险就必须获得额外的报酬。这个道理可以用很多实例来解释。例如,股票、债券以及国库券等的收益率各不相同。

因此,我们可以得出这样的结论:高收益投资必定存在高风险,而高风险投资必须以高收益来补偿。

风险收益是指投资者由于冒风险而应该获得的报酬。

投资的总报酬等于无风险收益与风险收益之和。理性的投资者之所以愿意投资于高风险的投资项目,必然是因为其获得的报酬率更高,能够补偿其投资风险。若前述的生物制药企业的投资报酬率与国债的利息率一样,可想而知,将没有投资者愿意投资。

二、单项资产的风险与报酬

(一) 确定概率分布

经济活动中,某一事件在相同条件下可能发生也可能不发生,这类事件称为随机事件。概率是指任何一项随机事件发生的机会,即表示随机事件发生可能性大小的数值。如果把决策方案所有可能的结果及每一结果可能出现的机会都排列出来,则形成概率分布。如掷一枚硬币,正面和反面朝上的概率各为50%,可用下表来表示其概率分布:

表 3-3　概率分布表

随机事件结果	概率分布
正面朝上	50%

续表

随机事件结果	概率分布
反面朝上	50%
合计	100%

用 P_i 表示第 i 种结果出现的概率，则所有的概率分布都必须符合以下两条规则。

(1) 所有的概率都在 0 和 1 之间，即：$0 < P_i < 1$；

(2) 所有概率之和必须等于 1，即：$\sum_{i=1}^{n} P_i = 1$。

同样，为投资的可能结果赋予概率。假设有两家公司：四方公司和三福公司，其公司股票报酬率的概率分布如表 3-4 所示。

表 3-4 四方公司及三福公司股票报酬率的概率分布

经济状况	各类状况发生概率	各类经济状况下股票报酬率	
		四方	三福
繁荣	0.3	100%	20%
正常	0.4	15%	15%
衰退	0.3	−70%	10%
合计	1.0	—	—

从表中可见，经济发展状况为繁荣的概率为 30%，此时两家公司的股东均可获得较高的报酬率；经济发展状况为正常的概率为 40%，此时股票报酬率适中；而经济发展状况为衰退的概率为 30%，此时三福公司的股东将只获得较低报酬率，四方公司的股东甚至会产生损失。

(二) 计算期望报酬率

期望报酬率是指各种可能的报酬率以其概率为权数进行加权平均得到的报酬率。它是反映未来发展集中趋势的一种量度。权数是各收益率实现的概率，而得到的加权平均值就定义为期望值，既然我们讨论的是收益率，不妨将该期望值称为期望收益率，用 $\overline{R}$ 表示。如表 3-5 所示，将各种可能结果与其对应的发生概率相乘，并将乘积相加，可得到各种结果的加权平均数。本例中的两个公司期望报酬率均为 15%。

表 3-5 期望报酬率的计算

经济状况 (1)	各类状况发生概率 (2)	四方公司		三福公司	
		各类状况下的报酬率 (3)	乘积 (2)×(3)=(4)	各类状况下的报酬率 (5)	乘积 (2)×(5)=(6)
繁荣	0.3	100%	30%	20%	6%
正常	0.4	15%	6%	15%	6%

续表

经济状况 （1）	各类状况 发生概率 （2）	四方公司		三福公司	
		各类状况下 的报酬率 （3）	乘积 （2）×（3）=（4）	各类状况下 的报酬率 （5）	乘积 （2）×（5）=（6）
衰退	0.3	-70%	-21%	10%	3%
合计	1.0		$\overline{R}=15\%$		$\overline{R}=15\%$

期望报酬率的计算公式如下：

$$\overline{R}=R_1p_1+R_2p_2+\cdots+R_np_n=\sum_{i=1}^{n}R_i \cdot p_i \quad (3-18)$$

其中，R_i 表示第 i 种可能结果，p_i 表示第 i 种结果的概率；n 表示所有可能结果的数目；$\overline{R}$ 表示各种可能结果的加权平均数。

四方公司的期望报酬率计算过程如下：

$$\overline{R}=R_1p_1+R_2p_2+R_3p_3$$
$$=0.3\times100\%+0.4\times15\%+0.3\times(-70\%)=15\%$$

三福公司的期望报酬率计算过程如下：

$$\overline{R}=R_1p_1+R_2p_2+R_3p_3$$
$$=0.3\times20\%+0.4\times15\%+0.3\times10\%=15\%$$

概率分布可用图形更直观地表示出来，离散型概率分布可用条形图表示，各条形柱的高度表示给定结果发生的可能性。四方公司各种可能报酬率的范围在 -70%～100% 之间，期望报酬率为 15%，如图 3-12 所示。三福公司的期望报酬率同样为 15%，但其波动范围则狭窄得多，如图 3-13 所示。

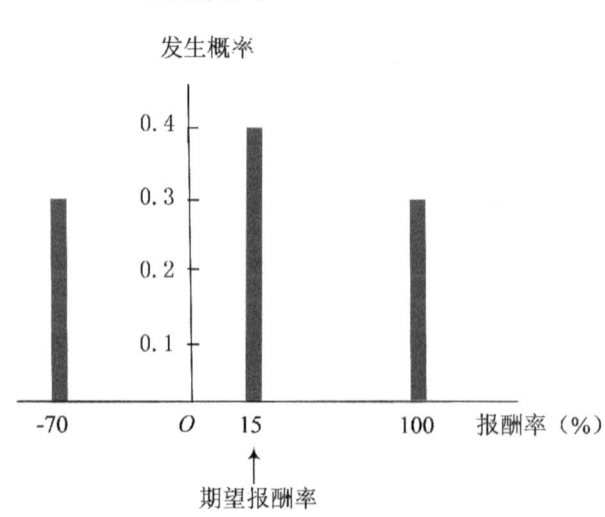

图 3-12　四方公司报酬率的概率分布图

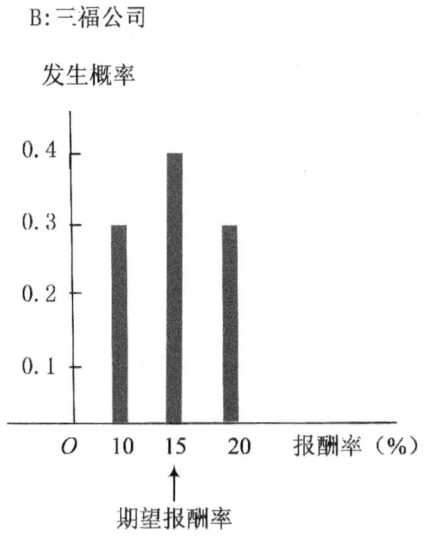

图 3-13 三福公司报酬率的概率分布图

我们上述讨论均假定可能出现的情况是有限的,如繁荣期、正常期、衰退期等。实际上,经济情况的出现,从经济过热到大萧条都有可能发生,而在这两个极端情况之间又有无数种可能的情况会出现。如果有足够的时间和耐心的话我们可以一一估计出每一种经济情况发生的概率(这些概率的总和等于1),再针对每一种情况分别估算出报酬率,然后,就可以得到连续型概率分布,连续型概率分布可用曲线图 3-14 表示。

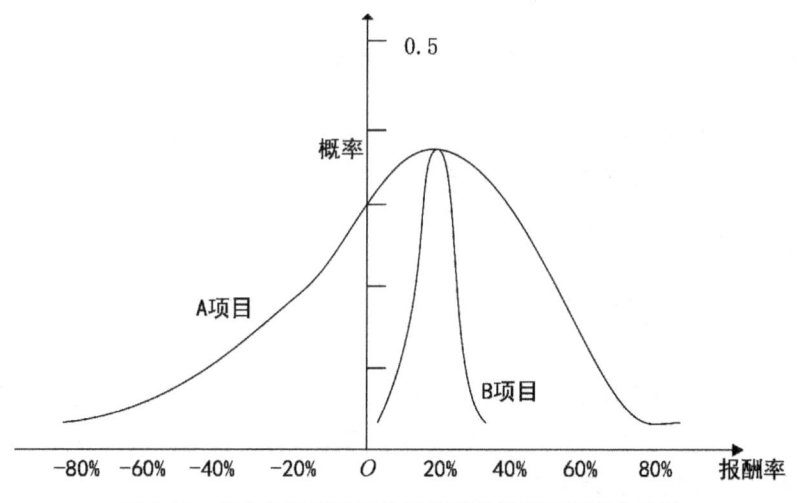

图 3-14 四方公司及三福公司报酬率的连续概率分布图

概率分布越集中,那么实际结果接近期望报酬率的可能性越大,其背离期望报酬率的可能性则越小。因此,概率分布越集中,股票对应的风险越小。与四方公司相比,三福公司的股票报酬率的概率分布相对更集中,因此,其实际报酬率将更接近15%的期望报酬率。

(三) 风险的衡量方法:标准差系数

风险是一个抽象的概念,当人们试图去定义与衡量风险时,往往会引发很多争论。然而,一个已普遍被大家接受而且可以达到很多目的的方法,就是利用图 3-14 所示的连续型概率分布的概念来定义风险。对任何投资而言,若该投资未来收益率的概率分布形状越集中,则它的风险就越小。

一个有用的风险衡量方法必须能够提供确定的数值给分析者,以表明风险的大小。换句话说,我们需要的是一种能衡量出概率分布形状的集中程度的方法。统计学中的标准差 σ 就是一种能符合上述要求的衡量风险的方法。标准差越小,概率分布越集中,则相应的风险越小。标准差的具体计算过程如下:

(1) 计算期望报酬率:

$$\overline{R}=\sum_{i=1}^{n}R_i \cdot p_i \tag{3-19}$$

(2) 计算离差:

将每个可能的报酬率减去期望报酬率得到一组相对于 $\overline{R}$ 的离差。

$$离差_i = R_i - \overline{R} \tag{3-20}$$

(3) 计算方差:

求各离差的平方,并将结果与该结果对应的发生概率相乘,然后将这些乘积相加,即得到概率分布的方差。

$$方差 = \sigma^2 = \sum_{i=1}^{n}(R_i - \overline{R})^2 P_i \tag{3-21}$$

(4) 求出方差的平方根,计算标准差:

$$标准差 = \sigma = \sqrt{\sum_{i=1}^{n}(R_i - \overline{R})^2 P_i} \tag{3-22}$$

可见,标准差是各种可能的报酬率偏离期望报酬率的综合差异,是反映离散程度的一种量度。

前例中,四方公司的标准差为:

$$\sigma = \sqrt{(100\% - 15\%)^2 \times 0.3 + (15\% - 15\%)^2 \times 0.4 + (-70\% - 15\%)^2 \times 0.3}$$
$$= 65.84\%$$

三福公司的标准差为:

$$\sigma = \sqrt{(20\% - 15\%)^2 \times 0.3 + (15\% - 15\%)^2 \times 0.4 + (10\% - 15\%)^2 \times 0.3}$$
$$= 3.87\%$$

四方公司的标准差更大,说明其报酬率的离差程度更大,即无法实现期望报酬率的可能性更大。因此,当单独持有时,四方公司的股票比三福公司股票的风险更大。

(四) 利用历史数据度量风险

上述是根据概率分布的数据计算期望报酬率和标准差的过程,但实际决策时,更容易获得的是过去一段时期内的报酬数据,即历史数据,此时报酬率的标准差可利用如下公式估算:

$$估计 \sigma = \sqrt{\frac{\sum_{t=1}^{n}(R_t - \overline{R})^2}{n-1}} \tag{3-23}$$

式中,R_t 是指第 t 期所实现的报酬率,$\overline{R}$ 是指过去 n 年内获得的平均年度报酬率。

【例 3-16】

某项目过去 5 年的报酬状况如表 3-6 所示,计算该项目的标准差:

表 3-6

年份	该项目的报酬率
2014	−10%
2015	5%
2016	10%
2017	15%
2018	20%

(1) 期望报酬率 $\overline{R} = \dfrac{-10\% + 5\% + 10\% + 15\% + 20\%}{5} = 8\%$;

(2) 估计 $\sigma = \sqrt{\dfrac{(-10\%-8\%)^2+(5\%-8\%)^2+(10\%-8\%)^2+(15\%-8\%)^2+(20\%-8\%)^2}{5-1}}$

$= 11.51\%$。

历史报酬率可用来对未来 σ 进行估计,因此,可根据某项目或股票的历史报酬率数据来估计未来的投资风险。

(五) 标准差系数

标准离差是反映随机变量离散程度的一个指标,但它是一个绝对值,而不是一个相对量,只能用来比较期望报酬率相同的项目的风险程度,无法比较期望报酬率不同的投资项目的风险程度。要对比期望报酬率不同的各个项目的风险程度,应该用标准差系数。标准差系数是标准差同期望报酬率的比值。该系数越大,说明单位收益率所负担的风险就越大。

$$离散系数\ CV = \dfrac{\sigma}{\overline{R}} \qquad (3\text{-}24)$$

前例中四方公司的离散系数为 65.84%/15% = 4.39,而三福公司的离散系数则为 3.87%/15% = 0.26。可见依此标准,四方公司的风险约是三福公司的 17 倍。

【例 3-17】

项目 A 的期望报酬率为 60%,标准差为 15%;项目 B 的期望报酬率为 8%,而标准差仅为 3%,则投资者应选择哪个项目进行投资?

项目 A 的标准差系数为: $CV = \dfrac{15}{60} = 0.25$;

项目 B 的标准差系数为: $CV = \dfrac{3}{8} = 0.375$;

因此,投资者应该选择项目 A。

本例中,项目 B 具有较小的标准差,其概率分布更集中,即风险更小。但从图 3-15 中可以看到,项目 B 获得低报酬率的可能性大于项目 A,因为项目 A 的期望报酬率要高得多。

由于标准差系数同时反映了风险与报酬,因此在对比两个或多个具有不同期望报酬率与风险的投资方案时,这是一个更好的风险度量指标。

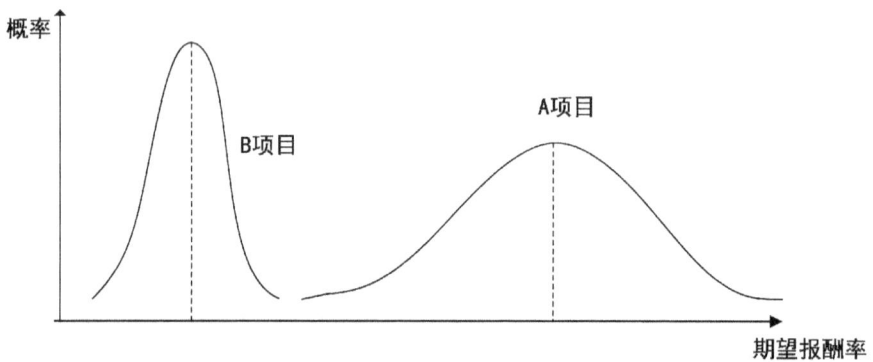

图 3-15　项目 A、B 的概率分布与期望报酬率比较

(六) 风险回避与必要报酬率

假定在多年勤奋工作后,你存下了 100 万元,现在你考虑将这 100 万元拿去投资。

方案 1:购买利率为 10% 的国库券,一年后到期时确定获得 10 万元的报酬及拿回 100 万元本金;

方案 2:购买 100 万元 R 公司的股票,若该公司成功的开发出新产品,则你所持有的股票价值增长到 220 万元,若新产品开发失败,则你的股票将一文不值,而你也将一无所有。

若该公司开发新产品成功与失败的概率各占 50%,那么这一股票投资的期望值 110 万元,减去原始投资额 100 万元,投资股票的预期利润也是 10 万元,即若投资 R 公司的股票,你将可以得到 10% 的预期收益率,但你必须承担相当高的风险。

因此,如果投资购买国库券,你确定可以得到 10 万元的利润,如果投资购买 R 公司的股票,你也可以得到有风险的预期利润 10 万元。试问:你要作何选择？若你选择的是风险性极低的第一个投资方案,则你就是一个风险回避者。大多数投资者的确有回避风险的倾向。特别是当投资者用来投资的钱是辛苦劳动所得时,其回避风险的态度就更加明显。多数投资者都是风险规避投资者,我们的分析也基于此展开。

那么,这种回避风险的态度对证券的价格与报酬率会产生什么影响呢？答案是:在其他情况不变时,证券的风险越大,投资者要求的收益率就越高,证券的价格就越低。

假设前例中四方公司与三福公司的股票均为每股 30 元,预期收益额为每股 4.5 元,则其期望报酬率均为 15%。由于投资者都是风险规避者,由此判断,四方公司的股东将会出售所持股份,并将资金投入三福公司。买方压力将抬高三福公司的股价,卖方压力将会相应导致四方公司股价下跌。

这些价格变化将导致两只股票期望报酬率的变动。例如,使三福公司的股价从 30 元升至 45 元,四方公司的股票从 30 元跌至 15 元。这将导致三福公司的期望报酬率降为 10%,四方公司的期望报酬率将会升到 30%。

股票价格改变后,三福公司股票报酬率为 4.5/45＝10％,四方公司股票报酬率为 4.5/15＝30％,两者报酬率之差 20％ 是投资者对四方公司股票较三福公司股票的额外风险而要求的额外补偿,即风险溢价。

三、投资组合的风险与报酬率

大部分金融资产并非单独被持有,而是属于投资组合的一部分。例如,美国法律明文规定,退休基金(Pension Funds)、保险公司、共同基金(Mutual Funds),以及其他金融机构等必须将资金分散投资于多种证券,以形成高度多角化的投资组合。对那些将个人财富的一部分投资于股票的个人投资者而言,他通常也不会仅购买一家公司的股票,而是将其资金分散投资,购买不同公司的股票以形成一个股票投资组合。处于上述情况下,从投资者的观点看来,投资组合中个别股票的涨跌并不十分重要,重要的是,由个别股票的涨跌所引发的投资组合的报酬率与风险的变动。因此,个别证券的风险与报酬率应从"该证券如何影响投资组合的风险与报酬率"这一角度来分析。

(一) 投资组合的风险与报酬

1. 投资组合的报酬率

投资组合的预期报酬,是指组合中单项证券期望报酬率的加权平均值,权重为整个组合中投入各项证券的资金占总投资额的比重。这里证券是资产的代名词,可以是任何产生现金流的东西。

$$\overline{R_p} = w_1 \overline{R_1} + w_2 \overline{R_2} + \cdots + w_n \overline{R_n} = \sum_{i=1}^{n} w_i \overline{R_i} \tag{3-25}$$

式中:$\overline{R_i}$ 代表个别股票的望望报酬率,w_i 代表个别股票的权数,n 为投资组合中的股票数目。在此,我们要注意的是:(1) w_i 是投资于第 i 种股票的资金占投资组合中全部资金的比例——亦即第 i 种股票的投资价值除以投资组合总价值后所得到的值;(2) 投资组合中个别股票的权数加起来后必须等于 1,即 $\sum_{i=1}^{n} w_i = 1$。

【例 3-18】

若某投资组合中包含四种股票,一年后每种股票的期望报酬率分别为 10％,12％,11％ 和 14％,而个别股票的权数分别为 0.20,0.25,0.30 和 0.25,则投资组合的期望报酬率:

$$\begin{aligned}\overline{R_p} &= \sum_{i=1}^{4} w_i \overline{R_i} \\ &= 0.20 \times 10\% + 0.25 \times 12\% + 0.30 \times 11\% + 0.25 \times 14\% \\ &= 11.80\%\end{aligned}$$

当然,一年后个别股票的实际报酬率可能会与其期望报酬率不一样。因此,投资组合的实际报酬率也将不同于其期望报酬率。即,投资组合同样存在风险。

2. 投资组合的风险

如前所述,组合投资的期望报酬率是投资组合中各单项资产的期望报酬率的加权平均值,组合中每一资产对投资组合总体期望报酬率的贡献是$w_i\overline{R_i}$,然而,投资组合的风险通常并非组合内部单项资产风险的加权平均数,理论上可以利用有风险的单项资产组成一个完全无风险的投资组合。

假定有两种股票 W 和 M 的收益均呈准正态分布,且这两种股票的σ_i值相同,$\sigma_i=22.6\%$。若单项投资,风险显然很大。但若将他们放在一起,各投资 50% 构成 WM 组合,则风险可完全消除,$\sigma_p=0$,如表 3-6 所示。

表 3-6 股票 W,M 及组合 WM 的报酬率与风险

年度	股票 W(R_W)	股票 M(R_M)	组合 WM(R_P)
20×4	40%	−10%	15%
20×5	−10%	40%	15%
20×6	35%	−5%	15%
20×7	−5%	35%	15%
20×8	15%	15%	15%
期望报酬率	15%	15%	15%
标准差	22.6%	22.6%	0%

图 3-16 中,A 部分的三张图描述了报酬率随时间的变化,B 部分的三张图则基于未来预期与过去一直的假设,给出了报酬率的概率分布图。从图中可以看出,两只股票单独持有时,都具有相当的风险,但构成组合 WM 后却不再具有风险。

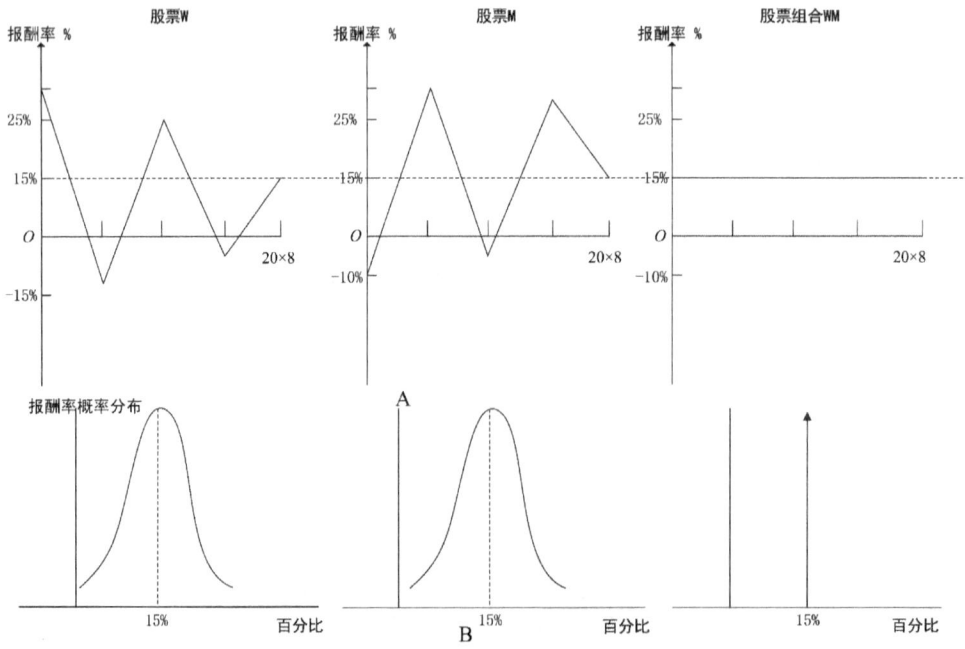

图 3-16 完全负相关股票($\rho=-1.0$)及组合 WM 的报酬率分布情况

之所以可以利用股票 W 和 M 构成一个无风险投资组合,是因为二者的报酬率相互呈反周期变动——当 W 的报酬率下降时,M 的报酬率上升,反之亦然。两个变量同时变动的趋势称为相关性,相关系数 ρ 度量了这种趋势。当 $\rho=-1.0$ 时,股票 W 和 M 的报酬率完全负相关。

完全负相关($\rho=-1.0$)的反面即完全正相关($\rho=1.0$)。若两种股票的报酬率之间是完全正相关的关系,则其报酬率的增减方向完全相同,由这两种股票构成的投资组合,组合的风险将等于个别股票风险的加权平均数。这一点可由表 3-7 和图 3-17 中看出,在表 3-7 中由股票 M 与 M′各占 50% 构成的投资组合 MM′,它的标准差和个别股票的标准离差一样,都等于 22.6%。这意味着,若投资组合中股票彼此间存有完全正相关的关系,则投资者将无法应用多角化投资的方式去降低投资组合的风险。

表 3-7　股票 M,M′及组合 MM′的报酬率与风险

年度	股票 M(R_M)	股票 M′(R_M')	组合 MM′(R_P)
20×4	−10%	−10%	−10%
20×5	40%	40%	40%
20×6	−5%	−5%	−5%
20×7	35%	35%	35%
20×8	15%	15%	15%
期望报酬率	15%	15%	15%
标准差	22.6%	22.6%	22.6%

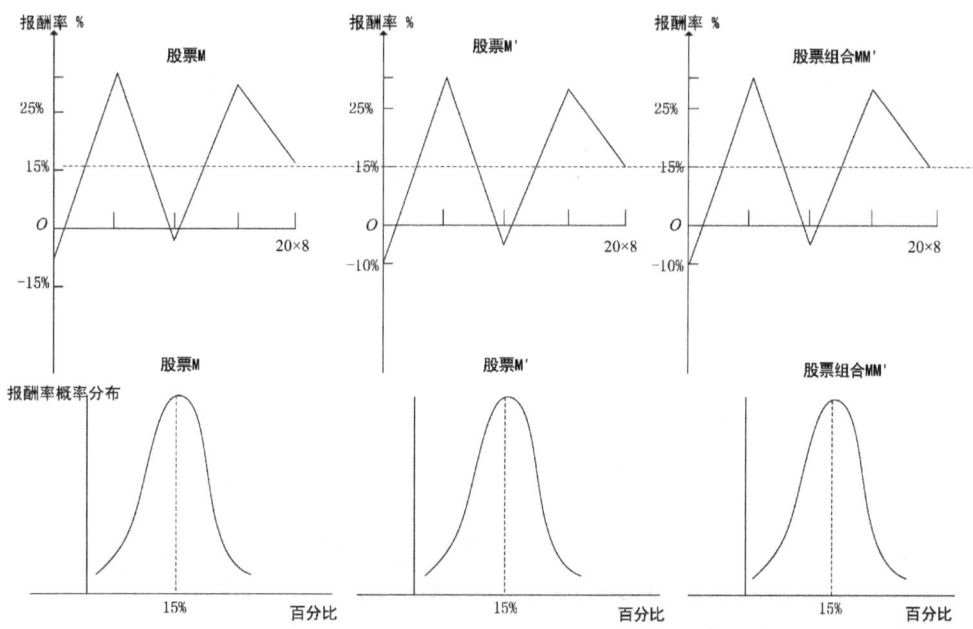

图 3-17　完全正相关股票($\rho=1.0$)及组合 MM′的报酬率分布情况

从以上两张图可以看出,当股票报酬率完全负相关时,所有风险都能被分散掉;而当

股票报酬率完全正相关时,风险无法分散。但各种证券之间不可能完全正相关,也不可能完全负相关;事实上,多数股票的报酬率都呈现正相关关系,但并非完全正相关,其报酬率的两两相关系数 ρ 都在 $+0.5 \sim +0.7$ 之间。因此,不同证券的投资组合可以降低风险,但又不能完全消除风险;证券的种类越多,风险越小。

这一点可由图 3-18 中看出来。在图 3-18 中,股票 W 与 Y 的相关系数为 $\rho=+0.67$,由股票 W 与 Y 各占 50% 构成的投资组合 WY,它的实际报酬率等于 15%,恰好等于两只股票各自的期望报酬率,但是该投资组合的标准差为 20.6%,比个别股票的标准差 22.6% 要小,如表 3-8 所示。由此可见,分散化投资降低了风险。

表 3-8 股票 W,Y 及组合 WY 的报酬率与风险

年度	股票 W(R_W)	股票 Y(R_Y)	组合 WY(R_P)
20×4	40%	28%	34%
20×5	-10%	20%	5%
20×6	35%	41%	38%
20×7	-5%	-17%	-11%
20×8	15%	3%	9%
期望报酬率	15%	15%	15%
标准差	22.6%	22.6%	20.6%

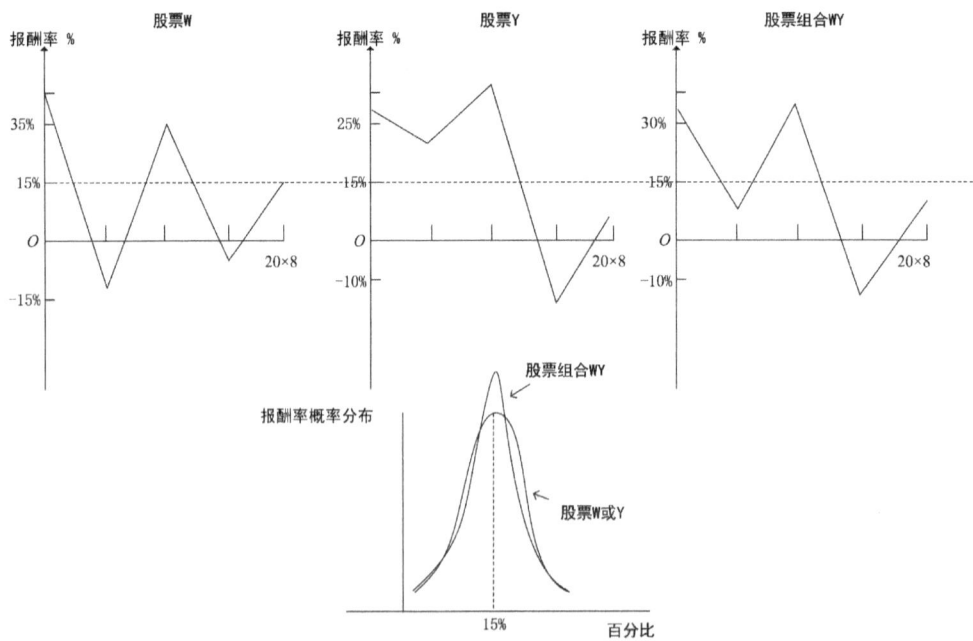

图 3-18 部分相关股票($\rho=+0.67$)及组合 WY 的报酬率分布情况

由此可见,当两种股票 $\rho=-1.0$ 时,投资组合的风险可完全被消除掉,这是一个极端。反之,当两种股票 $\rho=+1.0$ 时,多角化投资无法分散风险,这是另一个极端。介于上述两个极端之间的情况则是:当两种股票的报酬率之间有部分正相关的关系时,投资组合

的风险可以降低,但却不能全部消除。

那么,如果投资组合中包含两种以上股票的话,会发生什么结果呢? 一般而言,随着投资组合中股票数目的增加,投资组合的风险会随之减少。

现实中想要找到期望报酬率负相关的股票很困难,因为当经济繁荣时,多数股票都走势良好,而当经济低迷时,多数股票都表现不佳。因此,即使是包含证券种类非常多的投资组合,也存在一些风险。

图3-19显示的是通过随机选取纽约证券交易所(NYSE)股票不断扩大投资组合规模而对投资组合风险产生的影响。横轴代表投资组合中的股票数目,而纵轴则代表投资组合的风险。图中标注了不同规模投资组合的标准差,从单只股票、两只股票组合,直到一个包含2 000余只普通股的组合。该曲线说明随着投资组合中股票数目的增加,投资组合的风险随之下降,但是当股票数目增加到某一程度时,风险下降的幅度开始减缓,最后趋近于一个极限。此时再增加投资组合中的股票数目,风险也无法降低,即图3-19中所示的水平虚线。

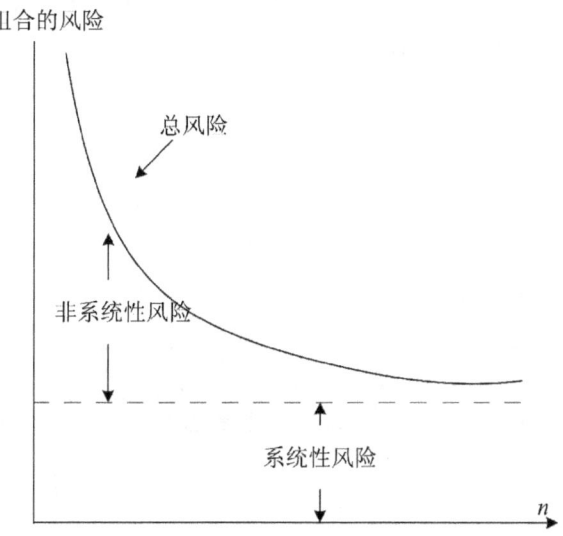

图 3-19　投资组合的规模对风险的影响

因此单只股票所包含的风险,有很大部分能够通过构建一个适度分散化的投资组合消除,但是却几乎不可能完全分散那些影响所有股票报酬率的整个股票市场的波动。

(二) 系统性风险的测定

证券投资的风险来自两个方面,系统性风险和非系统性风险。系统性风险由市场变动所产生,它对所有股票都有影响,不能通过证券组合而消除;非系统性风险可以通过有效的证券组合来消除。

1. 系统性风险与非系统性风险

(1) 系统性风险:是由于外部经济环境因素变化引起整个证券市场不确定性加强,从而对市场上所有证券都产生共同性风险。这种风险来源于宏观方面的变化对金融市场总体发生影响,又称为市场风险。系统性风险不可能通过证券投资组合来加以分散,又称为不可分散风险,具体包括市场风险、利率风险、汇率风险、购买力风险、政策风险等。如战争、通货膨胀、经济衰退及高利率等。

(2) 非系统性风险:也称微观风险,是因个别上市公司特殊状况造成的风险,这类风险只与上市公司本身相联系,而与整个市场没有关联,具体包括财务风险、信用风险、经营风险、偶然事件风险等。因为这些事件在本质上是随机发生的,投资人可以通过投资组合弱化甚至完全消除这部分风险——即若投资组合中含有多家公司的股票,则发生于一家公司的不利事件可被发生于另一家公司的有利事件抵消。

2. β 系数的概念

由上可知,除了与整个市场变动有关的风险无法分散,其他风险都可以采用投资组合的方式来消除。因此,对任何个别股票而言,我们通常不会把那些可以分散的风险视为风险,只有那些无法分散的风险才是真正的风险,此种风险的大小可以由个别股票随着市场的涨跌而变动的程度衡量出来。

市场风险的程度,通常用 β 系数来计量,它是一种风险指数,用来衡量个别证券相对于整个股市的价格波动情况。如果以 ρ_{im} 表示第 i 只股票的报酬率与市场组合报酬率的相关系数,σ_i 表示第 i 只股票的标准差,σ_m 表示市场组合报酬率的标准差,则股票 i 的 β 系数可由下式计算得出:

$$\beta_i = \frac{\sigma_i}{\sigma_m} \rho_{im} \tag{3-26}$$

若某个股票会随着一般市场的变动而发生相同的涨跌,我们称该股票为平均风险股票(Average risk stock),平均风险股票的 β 系数等于 1。这意味着如果市场报酬率上升 10%,则通常此类股票的报酬率也将上升 10%;如果市场报酬率下降 10%,该股票报酬率也将同样下降 10%,由 β 系数为 1 的股票所组成的投资组合将随整体市场指数上下波动,其风险程度也与这些市场指数相同。若 $\beta=0.5$,则该股票的波动性仅为市场波动水平的一半;若 $\beta=2$,则该股票的波动性将为平均股票的 2 倍,因此,此类股票投资组合的风险程度也将为平均组合的 2 倍。

一般市场的变动程度通常是以一些具有代表性的股票指数像道琼斯工业股票指数(Don Jones Industrials)、史普投资服务公司五百股票指数(S&P 500)或纽约证券交易所股票指数等来衡量。我国具有代表性的四大指数为上海证券综合指数、深证成份股指数、中小板指数、创业板指数。

图 3-20 显示了 3 只股票的相对波动性。表 3-9 假设 20×6 年市场(即包含所有股票的投资组合)的报酬率为 $R_M=10\%$,股票 H、股票 A 与股票 L 的报酬率(分别对应高、中、低风险)也都等于 10%。20×7 年因为股市行情大幅上涨,使得市场投资组合的报酬率上涨到 20%,这三种股票的报酬率也跟着上涨:股票 H 的报酬率上涨到 30%,股票 A 的报酬率上涨到 20%,等同于市场投资组合报酬率,股票 L 的报酬率只上涨 15%。20×8 年股票市场普遍不振,市场投资组合的报酬率也因而下降为 -10%,此时,H、A 和 L 等三种股票的报酬率也跟着下跌为 -30%,-10% 和 0。由此可见,这三种股票的移动方向与市场投资组合相同。因为股票 H 的 β 系数最高,故它的变动幅度也最大,股票 A 的变动幅度同于市场投资组合,而股票 L 的变动幅度最小。

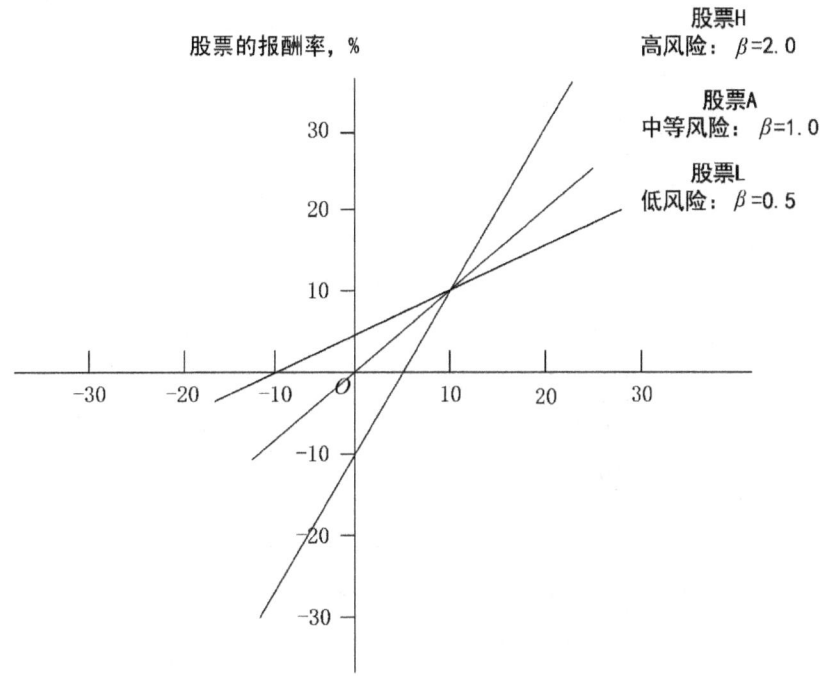

图 3-20 股票 H、A 和 L 的相对波动性

表 3-9 股票 H、A 和 L 及市场的年度报酬率

年度	R_H	R_A	R_L	R_M
20×6	10%	10%	10%	10%
20×7	30%	20%	15%	20%
20×8	−30%	−10%	0	−10%

像图 3-20 中那 3 条根据两个变量（股票报酬率与市场投资组合报酬率）间的关系所绘出的直线，在统计学上称为回归线。回归线的斜率代表当一个变数发生变动时，另一个变数跟着变动的程度。因此，由图中每一条直线的斜率的高低，就可以知道当市场投资组合的报酬率发生增减变动时，每一种股票的报酬率随之发生变动的程度。事实上，图中每一条直线的斜率就是个别股票的 β 系数。现实中大多数股票的 β 系数都在 0.50~1.50 的范围内。β 系数一般不需要投资者自己计算，投资服务机构会定期计算并公布。

表 3-10 和表 3-11 分别列示了美国和我国几家上市公司的 β 系数。

表 3-10 美国几家公司 2017 年度的 β 系数

公司名称	β 系数
通用汽车公司	1.66
微软公司	1.48
雅虎公司	1.63
摩托罗拉公司	0.36

续表

公司名称	β 系数
IBM 公司	1.07
美国电话电报公司	0.51
苹果公司	1.31

资料来源：Yahoo Finance。

表 3-11　我国几家公司 2017 年度的 β 系数

公司名称	β 系数
深南电 A	1.30
中集集团	1.72
深纺织 A	2.09
中金岭南	1.75
广电信息	0.74
万业企业	1.21
乐山电力	1.42
锦江投资	1.70

资料来源：国泰安数据库。

如果向一个 $\beta=1.0$ 的投资组合中加入一只 β 值大于 1.0 的股票，那么投资组合的 β 值及其风险都将上升；如果向一个 $\beta=1.0$ 的投资组合中加入一只 β 值小于 1.0 的股票，那么投资组合的 β 值及其风险都将下降。由于股票的 β 系数衡量的是股票对投资组合风险的贡献程度，因此 β 值即为股票风险理论上的合理度量。

上述是单只股票 β 系数的情况。证券组合的 β 系数是单个证券 β 系数的加权平均，权数为各种证券在证券组合中所占比重。其计算公式为：

$$\beta_p = \sum_{i=1}^{n} w_i \beta_i \qquad (3-27)$$

其中，β_p 表示证券组合的 β 系数；w_i 表示证券组合中第 i 种股票所占的比重；β_i 表示第 i 种股票的 β 系数；n 表示证券组合中包含的股票数量。

3. 证券组合的风险报酬率

投资者对所承担的风险，会要求一定的额外报酬作为补偿，即某一证券的风险越大，能够吸引投资者购买或持有这种证券的期望报酬率就越高。然而如果投资者考虑的是投资组合的风险，而不是构成投资组合的个别证券的风险，对于这些个别证券的风险应当怎样看待呢？答案是：个别证券的相关风险应当是该证券对其所属的多角化投资组合的贡献。个别证券对投资组合风险的贡献越大，则其相关风险就越高；虽然某一股票单独持有时可能风险很大，但若其风险的大部分可以通过多角化组合加以消除，则其相关风险也就是它对组合投资风险的贡献就有可能很小。

因此，与单项投资不同，证券组合投资要求补偿的风险只是市场风险，而不要求对可分散风险进行补偿。如果可分散风险的补偿存在,善于科学地进行投资组合的投资者将会购买这部分股票进行套利,这将抬高其价格,其最后的报酬率只反映市场风险。因此证券组合的风险报酬率是投资者因承担不可分散风险而要求的超过时间价值的那部分额外报酬率,可用下列公式计算:

$$R_p = \beta_p (R_M - R_F) \tag{3-28}$$

其中,R_p 表示证券组合的风险报酬率;β_p 表示证券组合的 β 系数;R_M 表示所有股票的平均报酬率,及由股票市场上所有股票组成的证券组合的报酬率,简称市场报酬率;R_F 表示无风险报酬率,一般用政府公债的利息率来衡量。

【例 3-19】

某公司持有由甲、乙、丙三种股票构成的证券组合,它们的 β 系数分别是 2.0,1.0 和 0.5,它们在证券组合中所占的比重分别为 60%,30% 和 10%,股票市场的平均报酬率为 14%,无风险报酬率为 10%,试确定这种证券组合的风险报酬率。

(1) 确定证券组合的 β 系数。

$$\beta_p = 60\% \times 2.0 + 30\% \times 1.0 + 10\% \times 0.5 = 1.55$$

(2) 计算该证券组合的风险报酬率。

$$R_p = \beta_p (R_M - R_F) = 1.55 \times (14\% - 10\%) = 6.2\%$$

计算出风险报酬率后,便可根据投资额和风险报酬率计算出风险报酬额。由以上计算中可以看出,调整各种证券在证券组合中的比重可以改变证券组合的风险、风险报酬率和风险报酬额。

在其他因素不变的情况下,风险报酬取决于证券组合的 β 系数,β 系数越大,风险报酬就越大;反之亦然。或者说,β 系数反映了股票报酬对于系统性风险的反应程度。

4. 最优投资组合

(1) 有效投资组合的概念。

根据风险与报酬均衡原则及风险规避原则,投资者只希望投资于有效投资组合,即所承担的风险要有所回报。有效投资组合是指在任何既定的风险程度上,提供的期望报酬率最高的投资组合;或者是在任何既定的期望报酬率水平上,带来的风险最低的投资组合。

一个有效的证券投资组合不会仅仅包括两项资产,当然列示出所有可能的投资组合也是不可能的,但只要先估计出各股票实际报酬率的数值,就能用图形表示出各组合的风险报酬率,对应点的集合是什么形状。图 3-21 说明了所有可能投资组合的期望报酬率情况。

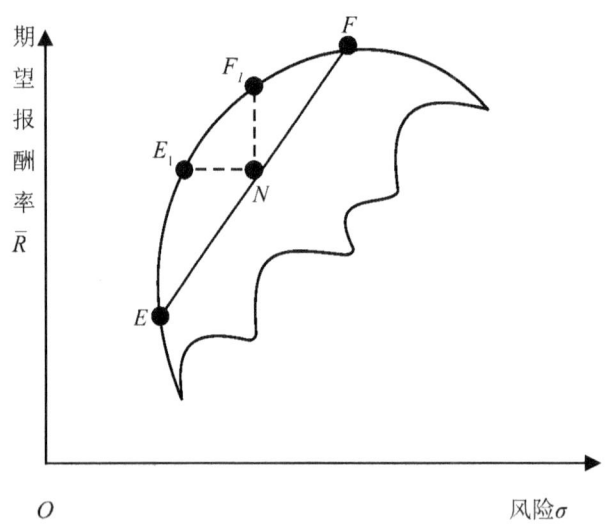

图 3-21　风险资产的所有可能投资组合的期望报酬率

图中伞状图形内的部分称作可行集或机会集,是指由 n 种证券所形成的所有组合的集合,它包括了现实生活中所有可能的组合。也就是说,所有可能的组合将位于可行集的内部或边界上。

面对多种方案,该如何选择？如果选择投资组合 N,会发现 E_1 与其期望报酬率相等,但风险更低;如果选择 F_1,则风险相同,而预期收益率更高。通过观察可以发现,机会集内部的所有投资组合都不如上边界上的投资组合更有效。同时,还应注意到,在边界线发生拐点的位置两端的投资组合也不值得投资。上图中,从点 E 到点 F 的这一段曲线上的点才是更值得投资的,即它们在既定期望报酬率水平上风险更低,或者在既定风险水平上期望报酬率更高。因此,从点 E 到点 F 的这一段曲线就称为有效投资曲线。有效投资曲线具有如下特点向右上方倾斜,反映了高收益、高风险的原则;是一条向上凸的曲线,有效投资曲线上不可能有凹陷或转折的地方。

（2）最优投资组合的概念。

要建立最优投资组合,还必须加入一个新的因素——无风险资产,无风险资产的加入给投资者提供了更多的选择。

无风险资产的未来报酬率没有不确定性,实际报酬率永远等于期望报酬率,其标准差为零。从严格意义上来讲,完全没有风险的资产现实中是不存在的。但我们可以将一些风险非常小的资产视作无风险资产,如政府发行的国库券。

当能够以无风险利率借入资金时,可能的投资组合对应点所形成的连线就是资本市场线(Capital Market Line,简称 CML),资本市场线可以看作是所有资产,包括风险资产和无风险资产的有效集。图 3-22 中以 R_F 为起点的斜线就是资本市场线。资本市场线在 M 点与有效投资组合曲线相切,M 点就是最优投资组合,该切点代表了投资者所能获得的最高满意程度,即在风险一样的情况下预期收益最大或预期收益一样的情况下,风险最小。

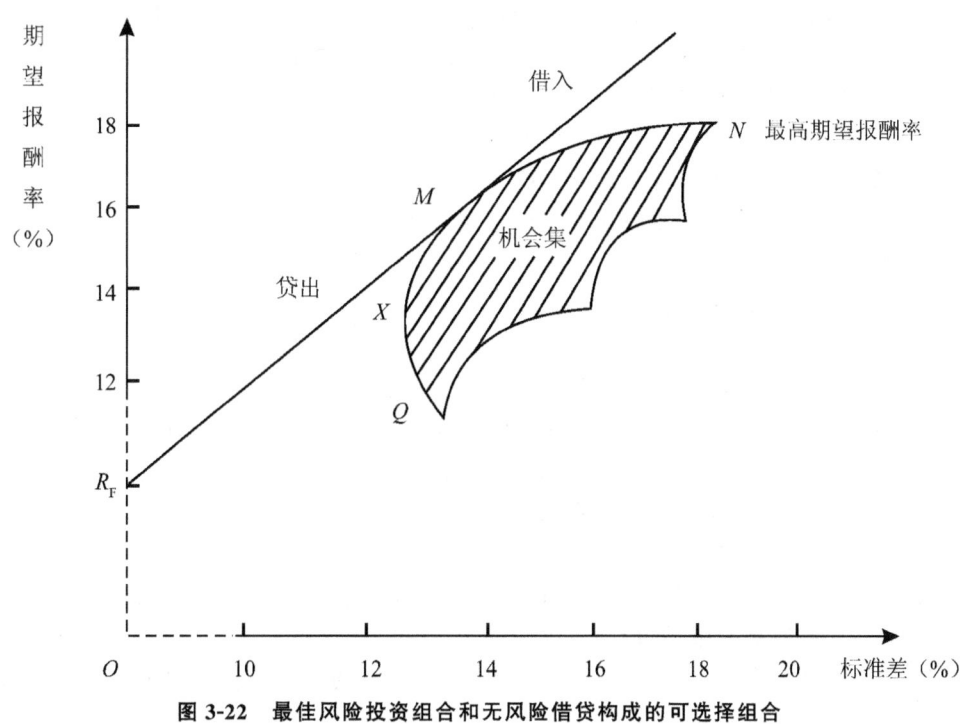

图 3-22 最佳风险投资组合和无风险借贷构成的可选择组合

四、资本资产定价模型

资本资产定价模型(Capital Asset Pricing Model,简称 CAPM)是由美国学者威廉·夏普(William Sharpe)、林特尔(John Lintner)、特里诺(Jack Treynor)和莫辛(Jan Mossin)等人于 1964 年在资产组合理论和资本市场理论的基础上发展起来的,主要研究证券市场中资产的期望报酬率与风险之间的关系,以及均衡价格是如何形成的,是现代金融市场价格理论的支柱,广泛应用于投资决策和公司理财领域。

(一) 基本理论

资本资产定价理论的出现使单项资产的系统风险计量问题得到解决。如果投资者选择一项资产并把它加入已有的投资组合中,那么该资产的风险完全取决于它如何影响投资组合收益的波动性。一项资产最佳的风险度量,是其报酬率变化对市场投资组合收益率变化的敏感程度,或者说是一项资产对投资组合风险的贡献。从此投资风险被定义为资产对投资组合风险的贡献,或者说是该资产收益率与市场组合收益率之间的相关性。衡量这种相关性的指标,即前面所述的 β 系数。

资本资产定价模型假设所有投资者都按马克维茨的资产组合理论进行投资,对期望报酬率、方差等的估计完全相同,投资人可以自由借贷。基于这样的假设,资本资产定价模型研究的重点在于探求风险资产收益与风险的数量关系,即为了补偿某一特定程度的风险,投资者应该获得多少的报酬率。

这一模型的成立需要建立在一些假设的基础之上，其中马克维茨模型的假设包括：

(1) 投资者希望财富越多越好，效用是财富的函数，财富又是投资收益率的函数，因此可以认为效用为收益率的函数。

(2) 投资者能事先知道投资收益率的概率分布为正态分布。

(3) 投资风险用投资收益率的方差或标准差标识。

(4) 影响投资决策的主要因素为期望报酬率和风险两项。

(5) 投资者都遵守主宰原则(Dominance rule)，即同一风险水平下，选择报酬率较高的证券；同一收益率水平下，选择风险较低的证券。

资本资产定价模型的附加假设条件：

(6) 可以在无风险折现率 R_F 的水平下无限制地借入或贷出资金。

(7) 所有投资者对证券收益率概率分布的看法一致，因此市场上的有效边界只有一条。

(8) 所有投资者具有相同的投资期限，而且只有一期。

(9) 所有的证券投资可以无限制的细分，在任何一个投资组合里可以含有非整数股份。

(10) 税收和交易费用可以忽略不计。

(11) 所有投资者可以及时免费获得充分的市场信息。

(12) 不存在通货膨胀，且折现率不变。

(13) 投资者具有相同预期，即他们对期望报酬率、标准差和证券之间的协方差具有相同的预期值。

上述假设表明：第一，投资者是理性的，而且严格按照马克维茨模型的规则进行多样化的投资，并将从有效边界的某处选择投资组合；第二，资本市场是完全有效的市场，没有任何摩擦阻碍投资。

在满足上述假设的前提下，资本资产定价模型的一般形式为：

$$R_i = R_F + \beta_i (R_M - R_F) \tag{3-29}$$

其中，R_i 表示第 i 种证券或证券组合的必要报酬率；R_F 表示无风险报酬率；β_i 表示第 i 种股票或第 i 种证券组合的 β 系数；R_M 表示所有股票或所有证券的平均报酬率；$R_M - R_F$ 是投资者为补偿承担超过无风险收益的平均风险而要求的额外收益，即风险价格。

【例 3-20】

罗德公司股票的 β 系数为 2.0，无风险利率为 6%，市场上所有股票的平均报酬率为 10%。那么，罗德公司股票的报酬率应为多少？

$$R_i = R_F + \beta_i (R_M - R_F) = 6\% + 2.0 \times (10\% - 6\%) = 14\%$$

也就是说，只有在罗德公司股票的报酬率达到或超过 14% 时，才能吸引投资者进行投资，如果低于 14%，则投资者不会购买罗德公司的股票。

(二) 证券市场线

资本资产定价模型表明任何证券或投资组合的必要报酬率等于无风险报酬率加上该证券或投资组合 β 系数的一定比例，也就是说，风险与收益的关系是一种线性的关系。将公式 3-29 绘制在坐标轴中，可以得到如图 3-23 所示的证券市场线(Security Market Line, SML)，用来描述必要报酬率和不可分散风险 β 系数之间的关系。

在图 3-23 中可以看到，当前市场的无风险利率为 6%，β 系数不同的股票有不同的风

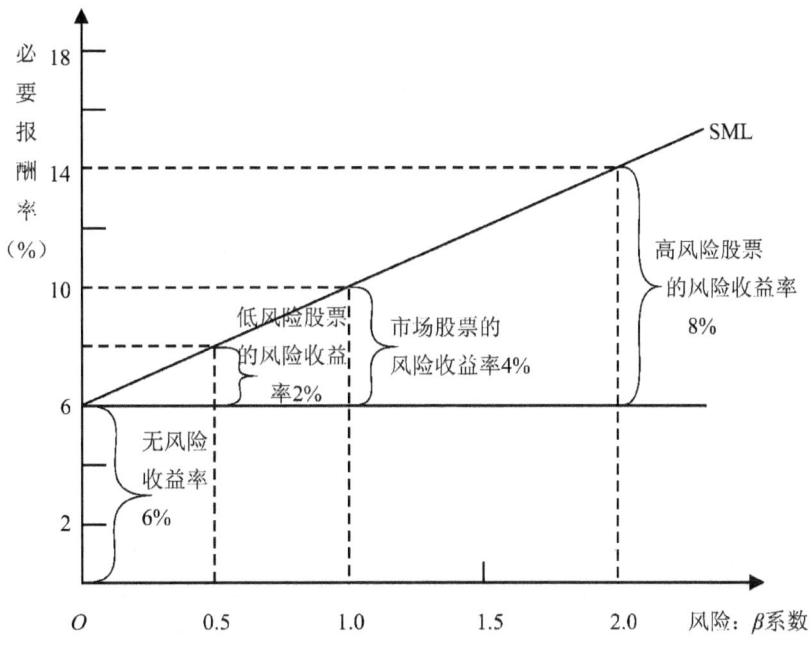

图 3-23 证券报酬率与不可分用风险 β 系数的关系

险报酬率。当 $\beta=0.5$ 时,风险报酬率为 2%;当 $\beta=1.0$ 时,风险报酬率为 4%;当 $\beta=2.0$ 时,风险报酬率为 8%。也就是说,β 值越高,要求的风险报酬率越高,在无风险报酬率不变的情况下,必要报酬率也越高。

对于证券市场线,我们要注意以下几点:

(1) 纵轴代表证券的必要报酬率,横轴表示的是以 β 系数来衡量的证券风险。投资者要求的收益率不仅仅取决于市场风险,而且还取决于无风险利率(证券市场线的截距)和市场风险补偿程度(证券市场线的斜率)。

(2) 由于无风险证券的 β 系数为 0,故证券市场线与纵轴相交所形成的截距,即起点代表的是无风险报酬率 R_F。从投资者的角度来看,无风险报酬率是其投资的报酬率,但从筹资者的角度来看,则是其支出的无风险成本,或称无风险利息率。

无风险利率由两部分构成:一个是无通货膨胀的真实报酬率,这是真正的时间价值部分;另一个是通货膨胀贴水,它等于预期的通货膨胀率。即无风险报酬率 $R_F=K_0+IP$。如果无风险利率发生变动,则证券市场线也会发生变动。

图 3-23 中,无风险利率为 6%,假设其中包括 3% 的真实报酬率和 3% 的通货膨胀贴水,则有 $R_F=K_0+IP=3\%+3\%=6\%$。如果预期通货膨胀率上升 2%,增至 5%,这将使 R_F 上升到 8%。R_F 的增加也会引起所有证券报酬率的增加,因此,市场上股票的平均报酬率从 10% 上升到 12%,如图 3-24 所示。

(3) 证券市场线的斜率等于市场风险溢价 R_M-R_F,它可以反映出经济体系中一般投资者的风险规避程度。投资者的风险规避程度越高,证券市场线的斜率越大,股票的风险溢价就越大,且股票必要报酬率也越高。

当投资者风险规避程度增加时,它所要求的风险溢价会随着增加,而证券市场线的斜

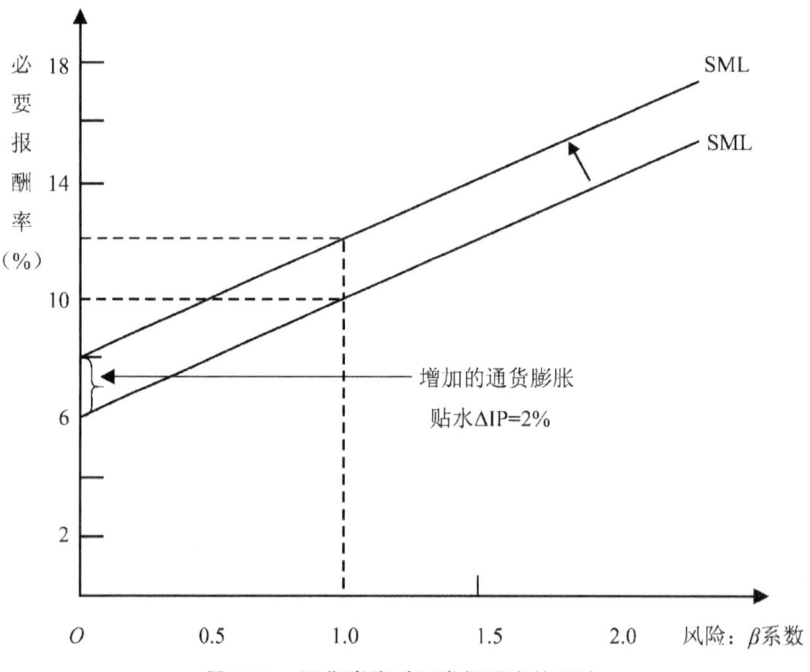

图 3-24 通货膨胀对证券报酬率的影响

率也会随之提高。图 3-25 显示的是，当投资者的风险规避程度增加时，证券市场线也跟着发生变动的情形。由图中可以看出，在投资者的风险规避程度提高后，由于证券市场线的斜率也跟着变动，使得市场风险溢价由 4％上涨到 6％，而市场投资组合或平均风险股

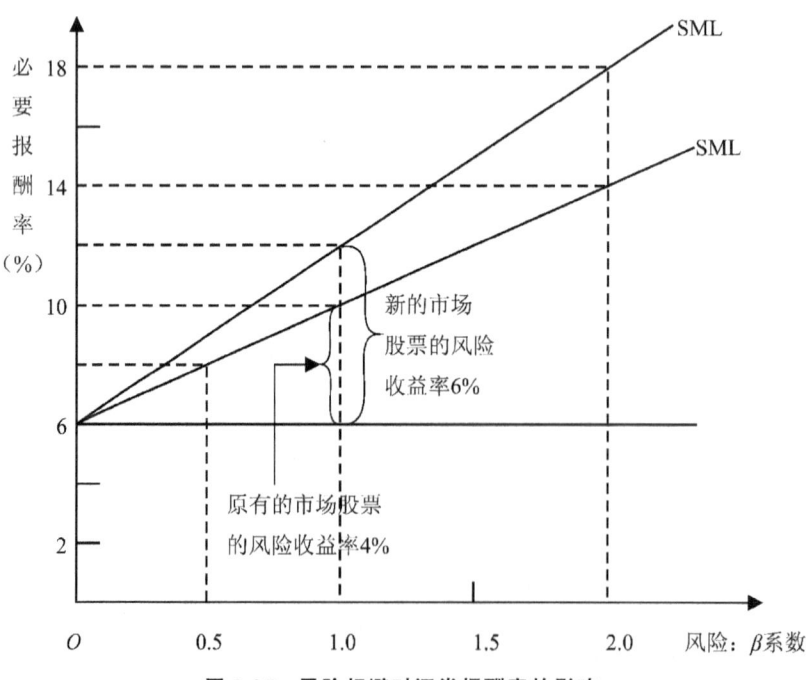

图 3-25 风险规避对证券报酬率的影响

票的必要报酬率由 **10%** 上涨到 12%。同样地,其他证券的必要报酬率也都增加了,且风险规避的程度对风险较大的证券影响更为明显。例如,对 β 系数为 0.5 的股票而言,在投资者的风险规避程度提高后,它的必要报酬率由 8% 上涨到 9%,涨幅只有 1%;但若股票的 β 系数为 2.0,则其必要报酬率将由 14% 上涨到 18%,涨幅为 4%。

(4) β 系数的变化。

随着时间的推移,不仅证券市场线在变化,也会有很多因素会影响和改变公司的 β 系数,如竞争加剧、改变业务性质、资产结构、举债融资程度等都会对其产生影响。β 系数的变化会使公司股票的必要报酬率发生变化。

假设上例罗德公司股票的 β 系数从 2.0 降为 1.5,那么其必要报酬率变为:
$$R_i = R_F + \beta_i(R_M - R_F) = 6\% + 1.5 \times (10\% - 6\%) = 12\%$$

反之,如果罗德公司股票的 β 系数从 2.0 上升到 3.0,那么其必要报酬率变为:
$$R_i = R_F + \beta_i(R_M - R_F) = 6\% + 3.0 \times (10\% - 6\%) = 18\%$$

第三节 证券估值

财务估价是财务管理工作中的一项重要内容,是指对一项资产价值的估计。小到一只股票、债券等金融资产、大到一条生产线、一个企业等实物资产,都可以用财务估价的方法来确定其内在价值。一项资产的内在价值是指所有与该资产有关的未来现金流量的现值。价值评价实际是将风险与收益联系起来决定资产价值的过程。因此价值评估过程所涉及的关键变量包括现金流入(收益)、证券的有效期和必要收益率(风险)。一般来讲,投资者对某种证券预期的风险越大,他们要求的收益率也就越高。本节以最为常见和基础的债券、股票为例对财务估价的方法进行介绍。

一、债券及其估值

(一) 债券的基本要素

债券是由公司、金融机构或政府发行的,表明发行人对其承担还本付息义务的一种债务性证券,是公司对外进行债务融资的主要方式之一。作为一种有价证券,其发行者和购买者之间的权利和义务通过债券契约固定下来。

尽管不同的公司债券在发行时往往订立了不同的债券契约,但是典型的债券应包括以下要素。

1. 票面价值

票面价值也可称为债券面值,是指债券发行人借入并且承诺于到期日偿付持有人的金额。美国公司发行的债券面值多数为 1 000 美元,而我国公司发行的企业债券面值大多为 100 元。

2. 票面利率

票面利率是指债券持有人定期获取的利息与债券面值的比率。如万科集团在2015年9月25日发行的一期总额为50亿元的公司债券,票面利率为3.5%,面值为100元,债券期限为5年。这意味着每只债券的持有人每年可以获得3.5元的利息,该利息在债券发行时就确定了,债券的流通期限内固定不变,多数债券的票面利率在债券持有期间不会改变,称为固定利率债券。

也有一些债券在发行时不明确规定票面利率,而是规定利率水平根据某一标准,如银行存款利率的变化同方向调整,这种债券的利率一般称为浮动利率。

还有一些债券,存续期间不支付利息,而是会以大大低于面值的折价方式发行,因而会提供资本利得,实质上也是对投资者的回报,这类债券称为零息债券。

零息债券在美国应用较多,如股神巴菲特的伯克希尔—哈撒韦公司及美国财政部都发行过零息债券;第二次世界大战期间,美国发行了一种零息债券,面额最小的只有18.75美元,买下10年后可以从美国政府那里得到25美元,其实际年投资报酬率大约为2.9%,这在当时是相当不错的回报率。

我国企业很少发行零息债券,2002年6月中国进出口银行发行的名为"02进出04"的金融债券,是国内首个真正意义上的零息债券,该债券期限为2年,面值为100元,发行价格为96.24元。

3. 到期日

债券一般都有固定的偿还期限,到期日即指期限终止之时。债券的期限,可以是短期的,如3个月、半年,也可以是中长期的,如3年、5年甚至数十年。往往到期时间越长,其风险越大,债券的票面利率也越高。

(二) 债券的估值方法

债券估值确定的是债券的内在价值,即其预期现金流量的现值。对一只典型的公司债券而言,就是未来各期利息支付额的现值与到期偿还本金的现值之和。如果是浮动利率债券,利率支付随时间变化而变化;如果是零息债券,则没有利息支付,只在债券到期时按面额支付。

1. 固定利率债券

对有固定利率的债券而言,其现金流量如图3-26所示。

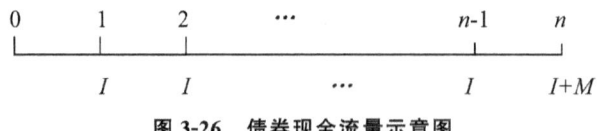

图 3-26 债券现金流量示意图

债券价值的计算公式可写作:

$$V_B = \frac{I}{(1+r_d)^1} + \frac{I}{(1+r_d)^2} + \cdots + \frac{I}{(1+r_d)^n} + \frac{M}{(1+r_d)^n}$$
$$= \sum_{t=1}^{n} \frac{I}{(1+r_d)^t} + \frac{M}{(1+r_d)^n} \quad (3\text{-}30)$$
$$= I \times (P/A, i, n) + M \times (P/F, i, n)$$

其中，I＝每年的利息额＝票面利率×面值，R_d 为债券等风险投资的市场利率，即投资者投资债券所要求的必要报酬率，M 为到期时需要支付的面值。

【例 3-21】

甲公司拟购买另一家公司发行的公司债券，该债券面值为 100 元，期限 5 年，票面利率为 10%，按年计息，当前市场利率为 8%，该债券发行价格为多少时，甲公司才能购买？

$$V = 100 \times 10\% \times (P/A, 8\%, 5) + 100 \times (P/F, 8\%, 5) = 107.99(元)$$

因此，只有在债券价格低于或等于 107.99 元时，公司才能购买。

如果债券为半年付息债券，则 I 为年利息额的一半，如果公司发行的是零息债券，那么 I 为 0，各种形式的债券价值均可用式 3-30 计算。

【例 3-22】

乙公司计划发行一种两年期带息债券，面值为 100 元，票面利率为 6%，每半年付息一次，到期一次偿还本金，债券的市场利率为 7%，该债券发行价格为多少时，投资者才能购买。

$$V = 100 \times 3\% \times (P/A, 3.5\%, 4) + 100 \times (P/F, 3.5\%, 4) = 98.16(元)$$

只有在该债券价格低于或等于 98.16 元时，投资者才会购买。

2. 贴现发行的债券（零息债券）

零息债券存续期间没有利息支付，仅有到期时的面值支付，因此，其估值公式为：

$$V = \frac{M}{(1+r_d)^n} = M \times (P/F, i, n) \quad (3\text{-}31)$$

【例 3-23】

面值为 100 元，期限为 5 年的零息债券，到期按面值偿还，当时市场利率为 8%，其价格为多少时值得进行投资？

$$V = 100 \times (P/F, 8\%, 5) = 100 \times 0.681 = 68.1(元)$$

只有在该债券价格低于或等于 68.1 元时，才值得进行投资。

3. 永续债券

永续债券又称无期债券，是发行人发行的无固定期限、内含发行人赎回权的债券，理论上来讲，其永无到期日，只有各期的利息支付，而没有本金的偿还，因此，其估值可简化为永续年金现值的计算，即 $V = \frac{I}{r_d}$。

在国际资本市场上，永续债券是比较成熟的金融产品。截至 2018 年，全球共有 2 000 多只存量永续债券，资金规模达 6 500 亿美元；我国国内第一只永续债券是 2013 年武汉地铁集团发行的"13 武汉地铁可续期债"。

(三) 债券的发行价格与面值

可以注意到,债券的票面利率与市场利率是两个概念,市场利率是会随着资金的供求关系及经济状况等发生变化的,而债券的票面利率一经确定,在其发行过程中就不再调整。当票面利率与实际发行时的市场利率不同时,就会使得债券的发行价格与其面值产生差异。在其他条件一定的情况下,发行价格因市场利率不同而有所不同。

可通过下面的例子来看一下票面价格与发行价格之间的关系。

【例3-24】

某企业发行的债券面值为100元,偿还期为5年,票面利率为10%。计算在市场利率分别为10%、8%和12%、三种情况下的债券内在价值。

(1) 当市场利率为10%时:

$$V = 100 \times 10\% \times (P/A, 10\%, 5) + 100 \times (P/F, 10\%, 5)$$
$$= 10 \times 3.791 + 100 \times 0.621 = 100(元)$$

(2) 当市场利率为8%时:

$$V = 100 \times 10\% \times (P/A, 8\%, 5) + 100 \times (P/F, 8\%, 5)$$
$$= 10 \times 3.993 + 100 \times 0.681 = 108.03(元)$$

(3) 当市场利率为12%时:

$$V = 100 \times 10\% \times (P/A, 12\%, 5) + 100 \times (P/F, 12\%, 5)$$
$$= 10 \times 3.065 + 100 \times 0.567 = 92.75(元)$$

上述计算结果表明,当债券的票面利率与市场利率一致时,债券应按面值发行,称作平价发行;当市场利率低于票面利率时,发行价格高于面值,称作溢价发行;当市场利率高于票面利率时,发行价格低于面值,称作折价发行。

(四) 债券投资的优缺点

1. 债券投资的优点

投资者进行债券投资的优点主要表现在以下三个方面。

(1) 本金安全性高。与股票相比,债券投资风险比较小,政府发行的债券有国家信誉及财力作后盾,其本金的安全性非常高,通常视为无风险证券;公司债券的持有者拥有优先求偿权,即当公司破产时优先于股东分得公司资产;再者各国法律对公司债券的发行均有较高的要求,并且需要经过信用评级。因此其本金损失的可能性较小。

(2) 收入比较稳定。债券票面一般都标有固定利率,债券的发行人有按时支付利息的法定义务,因此在正常情况下投资于债券都能获得比较稳定的收入。

(3) 许多债券具有较好的流动性。政府及大公司发行的债券一般都可在金融市场上迅速出售,流动性很好。

2. 债券投资的缺点

公司进行债券投资的缺点主要表现在以下三个方面。

(1) 通货膨胀风险比较大。债券的面值和利率在发行时就已经确定,如果投资期间的通货膨胀率比较高,则本金和利息的实际购买力将下降,在通货膨胀率非常高时,投资者虽然名义上有报酬,实际上却有可能遭受损失。

(2) 没有经营管理权。投资于债券只能获得固定数额回报,无权对债券发行公司实际施加影响和管理。

(3) 需要承受利率风险。市场利率随时间上下波动,市场利率的上升会导致流通在外的债券价格下降,由于市场利率上升导致的债券价格下降的风险称为利率风险。例如以100元的价格购买面值为100元的甲公司债券期限为5年,票面利率为10%;一年后市场利率上升到15%,则债券的价格会下跌到85.73元。

$$V=100\times10\%\times(P/A,15\%,4)+100\times(P/F,15\%,4)=85.73(元)$$

因此,每张债券将损失14.27元。上升的市场利率导致了债券持有者的损失,所以说投资债券的个人或公司承受着市场利率变化所引起的债券价格波动的风险。

二、股票及其估值

股票与债券一样,也是金融投资的一个重要的基础性工具,随着我国股票市场的发展,股票投资者的数量和投资资金数额都已经非常庞大。

(一) 股票的基本要素

股票是股份公司发给股东的所有权凭证,是股东借以取得股利的一种有价证券。

(1) 股票价值,也称作股票内在价值。股票本身是没有价值的,仅是一种凭证。它之所以有价格,可以买卖,是因为它能给持有人带来预期收益。投资者在未来能够获得的现金流入包括两部分:持有期间获得的股利分配以及出售股票时得到的价格收入。

(2) 股票价格,是指其在市场上的交易价格,又可包括开盘价、收盘价、最高价和最低价等,股票的市场价格会受到各种因素的影响而出现波动。

(3) 股利,我国公司常见的有现金股利和股票股利两种形式。其中现金股利是股份公司以现金的形式从公司净利润中分配给股东的投资报酬,也称红利或股息,但只有当公司有利润可供分配,并且管理层愿意将利润分配给股东,而不是进行收益留存的时候,股东才有可能获得股利。发放股票股利时,股东们无法获得现金收入,将在后续章节介绍。

(二) 股票的类型

1. 普通股

普通股是指在公司的经营管理和盈利及财产的分配上享有普通权利的股份,普通股股东是公司的所有者,他们可以参与公司事务的管理,但是当公司破产时,普通股股东只能最后得到偿付。普通股构成公司资本的基础,是股票最基本的形式,也是发行量最大、最为重要的股票。目前在上海和深圳证券交易所中交易的股票,都是普通股。

普通股股东与公司债权人和优先股股东相比,股利不固定,要承担更大的风险,其报酬也有更大的不确定性,视公司盈利情况而定,利多多分,利少少分,无利不分。

2. 优先股

优先股是相对于普通股而言的,主要指在利润及剩余财产分配的权利方面,优先于普通股,而且享受固定数额的股息。但这种优先权的获得使优先股股东丧失了与普通股股东一样的投票权,其参与公司事务的能力受到限制。

优先股股东固定股息的特点,类似于公司债券利息的支付;不同的是,如果公司未能按时发放股利,优先股股东不能请求公司破产,当然为了保持公司良好的财务声誉,公司都会尽可能地按时发放优先股股利。

(三) 优先股的估值

优先股股息每期是固定数额股利,通常这种承诺是永久的,优先股的内在价值的计算可视作永久性的证券。因此,优先股的内在价值是未来股利的现值之和,即:

$$P = \sum_{t=1}^{\infty} \frac{D}{(1+r)^t} = \frac{D}{r} \qquad (3\text{-}32)$$

其中,D 为优先股每股股利,r 为投资者要求的报酬率。

【例 3-25】

设某公司发行优先股票,规定每股股利 6 元,投资者要求的报酬率 12%,则该优先股的内在价值为:

$$P = \frac{D}{r} = \frac{6}{12\%} = 50(元)$$

现实中许多公司在发行优先股的时候,会制定回购条款,如果优先股每年支付股利分别为 D,假设 n 年后,被公司以每股 P 元的价格回购,股东所要求的必要报酬率为 r,则优先股的价值为:

$$V = D \times (P/A, r, n) + P \times (P/F, r, n) \qquad (3\text{-}33)$$

优先股一般按季度支付股利。对于有回购期限的优先股而言,其价值计算如下:

$$V = D \times (P/A, \frac{r}{4}, 4n) + P \times (P/F, \frac{r}{4}, 4n) \qquad (3\text{-}34)$$

【例 3-26】

东方公司的优先股每季度分红 2 元,20 年后,东方公司必须以每股 100 元的价格回购这些优先股,股东要求的必要报酬率为 8%,则该优先股当前的市场价值应为:

$$V = 2 \times (P/A, \frac{8\%}{4}, 80) + 100 \times (P/F, \frac{8\%}{4}, 80) = 97.5(元)$$

在决定是否购买该优先股时,投资者可将计算出来的内在价值与它的市场价格相比较,只有当市价低于或等于内在价值时,才值得进行投资;如果是市价高于内在价值,投资者将放弃购买方案。

(四) 普通股的估值

普通股的估值同样也是其未来现金流量的折现,普通股股票持有者的现金收入由两部分构成:一部分是在股票持有期间收到的现金股利,另一部分是出售股票时得到的变现收入。有两个特征使得对普通股的估值相对困难,一是公司预期收入的不确定性;二是普通股收益和股息不是保持不变,而是随着公司盈利情况的变动而调整的。

1. 普通股估值的基本模型

假设股东永远持有股票,他只获得股利,是一个永续的现金流入。这个现金流入的现值就是股票的价值:

$$V = \frac{D_1}{1+r} + \frac{D_2}{(1+r)^2} + \frac{D_3}{(1+r)^3} + \cdots = \sum_{t=1}^{\infty} \frac{D_t}{(1+r)^t} \tag{3-35}$$

其中,$D_1, D_2, \cdots, D_n$ 表示各期股利收入,r 为投资者要求的必要报酬率。

2. 几种特殊情况

(1) 短期持有股票,未来准备出售的股票估值。

在一般情况下,投资者投资于股票,不仅希望得到股利收入,还希望在未来出售股票时从股票价格的上涨中获得好处。此时的股票内在价值为:

$$V = \frac{D_1}{1+r} + \frac{D_2}{(1+r)^2} + \cdots \frac{D_n}{(1+r)^n} + \frac{P_n}{(1+r)^n} = \sum_{t=1}^{n} \frac{D_t}{(1+r)^t} + \frac{P_n}{(1+r)^n} \tag{3-36}$$

其中,P_n 是未来出售时预计的普通股价格,其他符号含义同前。

【例 3-27】

某公司股票,未来预期 3 年内每年每股可获得现金股利 5 元,3 年后该只股票的预期售价为每股 40 元,投资者要求的回报率是 10%,则该股票目前的价值是多少?

$$V = \frac{D_1}{1+r} + \frac{D_2}{(1+r)^2} + \frac{D_3}{(1+r)^3} + \frac{P_3}{(1+r)^3}$$

$$= \frac{5}{1+10\%} + \frac{5}{(1+10\%)^2} + \frac{5}{(1+10\%)^3} + \frac{40}{(1+10\%)^3} = 42.47(元)$$

对于这类情况,关键的问题在于确定 n 年后的股票出售价格及前 n 年可以获得的现金股利。其中股票的售价,下一位投资者将会根据其购买股票后预期现金流量现值来确定他要支付的价格。因此,有如下过程:

第一位投资者买入时的价格 P_0 和一年后的价格 P_1 为:

$$P_0 = \frac{D_1}{1+r} + \frac{P_1}{1+r},$$

同理:

$$P_1 = \frac{D_2}{1+r} + \frac{P_2}{1+r}$$

将 P_1 代入 P_0,得:

$$V = \frac{D_1}{1+r} + \frac{D_2}{(1+r)^2} + \frac{P_2}{(1+r)^2}$$

不断继续,则得:

$$V = \sum_{t=1}^{\infty} \frac{D_t}{(1+r)^t} + \frac{P_\infty}{(1+r)^\infty}$$

显然,式中第二项的数值为 0,因此股票的价值 $V = \sum_{t=1}^{\infty} \frac{D_t}{(1+r)^t}$。

由上述过程可知:任何股票的现值,不论其持有期限的长短都等于该股票将来预期股利的现值。

要进行股票估值,就需要预测未来无穷多期的现金股利,这显然是不可能的,因此需要对未来现金股利做一些假设,才能进行股票估值。

(2) 长期持有股票,股利稳定不变的股票估价。

在每年股利稳定不变的情况下,普通股的内在价值可简化为永续年金求现值:

$$V=\frac{D}{r} \qquad (3\text{-}37)$$

(3) 长期持有股票,股利固定增长的股票估价。

假设刚刚上一年的股利为 D_0,每年股利按 g 的比率增长,则有:

$$D_1=D_0(1+g)$$
$$D_2=D_1(1+g)=D_0(1+g)^2$$

以此类推,第 n 年股利为:$D_n=D_0(1+g)^n$。

这些股利的现值之和即是固定股利增长率股票的价值:

$$V=\frac{D_0(1+g)}{1+r}+\frac{D_0(1+g)^2}{(1+r)^2}+\cdots+\frac{D_0(1+g)^{n-1}}{(1+r)^{n-1}}+\frac{D_0(1+g)^n}{(1+r)^n}+\cdots$$

当 $g<r$ 时,计算这个无穷等比数列之和,最后结果是:

$$V=\frac{D_0(1+g)}{r-g}=\frac{D_1}{r-g} \qquad (3\text{-}38)$$

【例 3-28】

假定某公司去年支付每股 2 元的股利,预计该公司的股利每年按 6% 的比例固定增长,投资者对该公司股票要求的收益率为 15.2%,则该股票的内在价值为:

$$V=\frac{2\times(1+6\%)}{15.2\%-6\%}=23.04(元)$$

(五) 股票投资的优缺点

1. 股票投资的优点

(1) 能获得较高报酬。虽然股票价格经常波动,但投资人看准时机的话盈利也是相当可观的;而且虽然有涨有跌,但从长期来看,实力较强的公司股票的价格总是上涨的居多。

(2) 能适当降低通货膨胀风险。普通股股利是随公司盈利的情况而变动,在发生通货膨胀时,物价普遍上升,公司的名义利润增长,股利的支付也随之增长,所以与固定报酬证券相比,普通股能适当地降低购买力风险。

(3) 拥有对公司的管理权。普通股股东是股份公司的最终所有者,享有知情权、表决权和管理权,可以全面参与公司的经营。

2. 股票投资的缺点

股票投资最大的缺点是风险较大,有以下几方面的原因。

(1) 仅享有剩余分配权。普通股股东对公司的经营收益和最终财产的分配享有的是剩余分配权,因此当公司的盈利状况不佳时,有可能无法获得股利分配,而公司破产时,股东原有的投资可能得不到全额补偿,甚至有可能一无所获。

(2) 股票的价格受很多因素影响,很不稳定。市场情况的变动、政治因素、经济政策的调整、企业的经营状况、竞争对手的战略甚至投资者的心理因素等,都会影响股票价格,这也使股票投资具有较高的风险。

(3) 收入不稳定。普通股股利的多少除了受到企业经营状况和财务状况的影响,还会受到企业股利政策的限制,而法律对企业股利分配的次数、多少等并没有强制性要求,所以其收入的风险也远远大于固定收益债券。

【自我检测】

一、名词解释

货币时间价值　复利终值　复利现值　年金普通年金　即付年金　递延年金　有效年利率　投资报酬率　系统性风险　非系统性风险　β系数　债券的票面价值　股票的内在价值

知识拓展

二、问答题

1. 简述货币时间价值的概念及作用。
2. 简述风险与报酬的关系。
3. 系统性风险和非系统性风险的概念及其区别,请举例说明。
4. 债券价值的决定因素有哪些?
5. 股票内在价值受哪些因素的影响?

三、单项选择题

1. 某公司向银行借入3 000元,借款期为9年,每年的还本付息额为600元,则借款利率为(　　)。

   A. 15.63%　　　B. 13.72%　　　C. 16.78%　　　D. 12.85%

2. 假设企业按10%的年利率取得贷款500万元,要求在5年内每年年初等额偿还,每年的偿付额应为(　　)万元。

   A. 131.90　　　B. 119.91　　　C. 100　　　D. 157.73

3. 有一项年金,前3年无流入,后5年每年年初流入50万元,假设年利率为10%,其现值为(　　)万元。

   A. 199.46　　　B. 156.64　　　C. 181.35　　　D. 142.32

4. 根据资金时间价值理论,在普通年金终值系数的基础上,期数加1、系数减1的计算结果应当等于(　　)。

   A. 预付年金终值系数　　　　B. 普通年金终值系数
   C. 预付年金现值系数　　　　D. 永续年金现值系数

5. 一项50万元的借款,借款期5年,年利率为10%,若每半年复利一次,实际年利率会高出名义利率(　　)。

   A. 0.16%　　　B. 0.25%　　　C. 0.06%　　　D. 0.041%

四、多项选择题

1. 递延年金具有如下特点(　　)。

   A. 年金的第一次支付发生在若干期之后
   B. 没有终值
   C. 年金的终值与递延期无关
   D. 现值系数是普通年金现值系数的倒数

2. 下列各项中,其数值等于n期预付年金现值系数的有(　　)。

A. $(P/A,i,n)(1+i)$ B. $[(P/A,i,n-1)+1]$
C. $(F/A,i,n)(1+i)$ D. $[(F/A,i,n+1)-1]$

3. 下列哪些可视为永续年金的例子(　　)。
A. 零存整取
B. 存本取息
C. 利率较高、持续期限较长的等额定期的系列收支
D. 永久性的年等额奖学金

4. 关于衡量投资方案风险的下列说法中,不正确的有(　　)。
A. 期望报酬率的概率分布越窄,投资风险越小
B. 期望报酬率的概率分布越窄,投资风险越大
C. 期望报酬率的标准差越大,投资风险越大
D. 期望报酬率的期望报酬率越高,投资风险越大

5. 如果A、B两只股票的收益率变化方向和变化幅度完全相同,则下列说法正确的有(　　)。
A. 由其组成的投资组合不能降低任何风险
B. 可以分散部分风险
C. 可以最大限度地抵消风险
D. 这两只股票完全正相关

五、计算题

1. 某人出国6年,请你代付房租,每年租金5 000元,设银行存款利率为10%,他应当现在给你在银行存入多少钱?

2. 某人在2015年1月1日存入银行800元,年利率为10%。要求:
(1) 每年复利一次,2018年1月1日存款账户余额是多少?
(2) 每季度复利一次,2018年1月1日存款账户余额是多少?
(3) 若800元分别在2015年、2016年、2017年和2018年1月1日存入200元,仍按10%利率,每年复利一次,求2018年1月1日存款账户余额?
(4) 假定分4年存入相等金额,为了达到第一问所得到的账户余额,每期期末应存入多少金额?

3. 某公司拟购置一处房产,房主提出两种付款方案:
(1) 从现在起,每年年初支付15万,连续支付8次,共120万元;
(2) 从第5年开始,每年末支付20万元,连续支付8次,共160万元;
假设该公司的资本成本(即最低报酬率)为10%,你认为该公司应选择哪个方案?

4. 某企业要发行一种3年期债券,每年付息一次,票面利率5%,面值1 000元。设同期银行一年期存款利率为6%,请计算该债券的价值,并判断企业会溢价发行、折价发行还是平价发行?

5. 某公司持有A,B,C三种股票构成的证券组合,它们目前的市价分别为12元/股、6元/股和4元/股,它们的β系数分别为2.0,1.0和0.5,它们在证券组合中所占的比例分别为50%,30%,20%,上年的股利分别为2元/股、1元/股和0.5元/股,预期持有A股票每

年可获得稳定的股利,持有 B,C 股票每年获得的股利逐年增长率为 5%,若目前的市场收益率为 15%,无风险利率为 10%。

要求:
(1) 计算持有 A,B,C 三种股票投资组合的风险报酬率;
(2) 分别计算投资 A,B,C 三种股票的必要报酬率;
(3) 计算投资组合的必要报酬率;
(4) 分别计算 A,B,C 股票的内在价值;
(5) 判断该公司应否出售 A,B,C 三种股票。

6. 某投资者准备长期投资证券,现有甲公司股票,上年发放的股利为 2 元,以后每年的股利按 4% 递增,目前股票的市价为 20 元。股票的市场收益率为 14%,无风险收益率为 10%,该股票的 β 系数为 1.25,该股票是否值得投资?

7. 国库券的利息率为 3%,市场证券组合的报酬率为 6%。

要求:
(1) 计算市场平均风险报酬率。
(2) 计算 β 值为 1.3 时的必要报酬率。
(3) 如果一项投资计划的 β 值是 0.8,期望报酬率为 8%,判断是否应当进行投资。
(4) 如果某只股票的必要报酬率为 9%,计算其 β 值。

第四章 长期筹资方式

【知识导图】

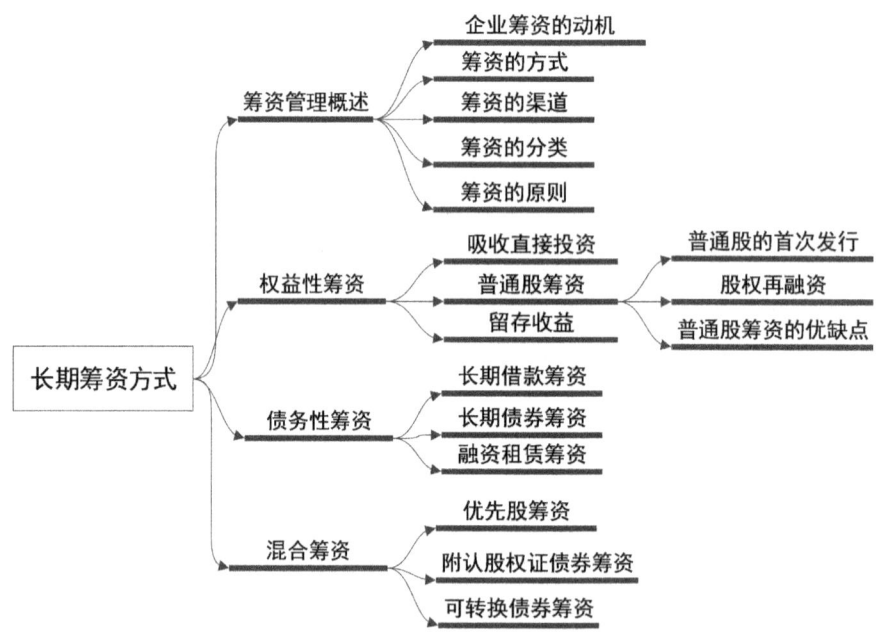

【学习目标】

1. 了解企业筹资的动机、方式、分类;
2. 掌握权益性筹资;
3. 掌握债务性筹资。

企业筹资最基本的目的是企业经营的维持和发展,为企业的经营活动提供资金保障,但每次具体的筹资活动往往受特定动机的驱动。资金是企业的血液,是企业设立、生存和发展的物质基础,是企业开展生产经营业务活动的基本前提。

【案例导入】

2019年4月8日,日本首富孙正义创立的软银集团宣布发行45亿美元债券,债券的销售活动在4月15~25日之间进行,据软银官方通告,这支债券截止日期是2025年4月,债券收益率是1.6%。据悉,债券发行当天全部45亿美元债券已经被全部认购完成,显示出投资者对于软银债券的认可程度。2018年12月软银集团进行IPO,从日本国内个人投资者手中募集资金两万亿日元。

软银这次通过债券融资的举动引发了大众的兴趣,要知道软银集团作为日本乃至亚洲最著名的财团,目前持有市值1 500亿美元的阿里股票,稍稍减持阿里的股票就能轻松获得45亿美元,但是这种情况下孙正义还是选择了发行债券来融资,从这一点可以看出,孙正义还是很看好阿里巴巴的发展前景。在需要钱的时候也不会选择稀释阿里的股份。另外孙正义也是雅虎的主要投资者之一,这个时候同样没有选择减持雅虎的股票。

资金是企业生存与发展的基础,任何一个以营利为目标的企业,在其初创阶段都需要以权益资本的形式从企业发起人以及一些原始投资者那里获得其所需的原始资本,并以此来吸引其他投资。为了满足经营活动的正常波动,也需要不断地补充资金,这就需要开展筹资活动。筹资是指企业为满足其生产经营与资本支出等活动的需要,通过各种渠道和方式经济地从外部有关机构和个人或企业内部筹措和集中资金的财务行为。企业筹资就是根据其生产经营、对外投资以及调整资本结构的需要,通过一定的渠道,采用适当的筹资方式,经济有效地筹措资金的过程。企业筹资按期限长短,可分为长期筹资(期限在1年以上的资金)和短期筹资(期限在1年内的资金),本章主要介绍企业进行长期筹资的方式选择。短期筹资部分放入第九章第五节流动负债管理相关内容的学习中。

第一节　筹资管理概述

企业筹资是指企业为了满足经营活动、投资活动、资本结构管理和其他需要,运用一定的筹资方式,通过一定的筹资渠道,筹措和获取所需资金的一种财务行为。

一、企业筹资的动机

企业筹资最基本的目的是企业经营的维持和发展,为企业的经营活动提供资金保障,但每次具体的筹资行为往往受特定动机的驱动。

(一) 设立性筹资动机

设立性筹资动机,是指企业设立时,为取得资本金并形成开展经营活动的基本条件而产生的筹资动机。资金,是设立企业的第一道门槛,在企业设立之初,必须先筹集一定的法定资本金作为企业的启动资金。

(二) 支付性筹资动机

支付性筹资动机,是指企业为了满足经营业务活动的正常波动所形成的支付需要而产生的筹资动机。如原材料购买的大额支付、员工工资的集中发放、银行借款的提前偿还、股东股利的发放等。

（三）扩张性筹资动机

扩张性筹资动机,是指企业因扩大经营规模或对外投资需要而产生的筹资动机。企业维持简单再生产所需要的资金是稳定的,通常不需要或很少追加筹资。一旦企业扩大再生产,经营规模扩张、开展对外投资,就需要大量追加筹资。

（四）调整性筹资动机

调整性筹资动机,是指企业因调整资本结构而产生的筹资动机。调整性筹资的目的是调整企业资本结构,而不是为企业经营活动追加资金,通常不会增加企业的资本总额。

企业产生调整性筹资动机的具体原因大致有二：一是优化资本结构,合理利用财务杠杆效应。二是偿还到期债务,债务结构内部调整。

在实务中,企业筹资的目的可能不是单纯和唯一的,通过追加筹资,既满足了经营活动、投资活动的资金需要,又达到了调整资本结构的目的。这类情况很多,可以归纳称之为混合性的筹资动机。如企业对外产权投资需要大额资金,其资金来源通过增加长期贷款或发行公司债券解决,这种情况既扩张了企业规模,又使得企业的资本结构有较大的变化。

二、筹资的方式

筹资方式是指可供企业在筹措资金时选用的具体筹资形式。一般来说企业筹资方式有三种：股权性筹资、债务性筹资和混合性筹资。其中,股权性筹资是企业最基本的筹资方式。

股权性筹资形成企业的股权资金,主要通过吸收直接投资、发行股票、利用留存收益等方式获得；债务性筹资形成企业的债务资金,主要通过向银行借款、利用商业信用、发行公司债券等方式获得；混合性筹资兼具前面两种筹资方式的特点,如发行可转换债券、发行优先股、发行认股权证等方式。

（1）吸收直接投资：指企业以合同、协议等形式直接吸收国家、法人、个人等主体投入的资金,形成企业自有资金的一种筹资形式。

（2）发行股票：即企业以发行股票的方式筹集资金,只有符合条件的股份有限公司才能发行股票,发售的对象,可以是社会公众也可以是特定投资主体。

（3）利用留存收益：指企业将留存收益转化为投资的过程,将企业生产经营所实现的净收益留在企业,而不作为股利分配给股东,其实质为原股东对企业追加投资。

（4）向银行借款：即企业根据借款合同从银行或非银行金融机构借入资金的一种筹资方式,需要约定一定的利率和期限。

（5）利用商业信用：即企业之间利用商品或劳务交易中的延期付款或预收贷款所形成的借贷关系来筹集短期资金的方式。

（6）发行公司债券：指企业以发售公司债券的方式取得资金的一种筹资方式。发行公司债券,适用于向法人单位和自然人两种渠道筹措资金。

（7）融资租赁：也称为金融租赁或购买性租赁。它是一种世界性的现代融资手段,在国外已十分普遍。企业与租赁公司签订租赁合同，从租赁公司取得租赁物资资产，通过对租赁物的占有、使用取得资金的筹资方式。

三、筹资的渠道

筹资渠道是指企业筹措资金来源的方向与渠道，它体现着资金的来源与流量。不同的筹资渠道，其所承担的税负是不一样的。现阶段我国企业筹集资金的渠道主要有以下几种。

（一）国家财政资金投入

国家财政资金是指国家以财政拨款、财政贷款、国有资产入股等形式向企业投入的资金，通常只有国有企业才能利用。

根据国家的宏观政策，政府财政中还有种种重点科技项目贷款、支农贷款、扶贫贷款、环境治理贷款等低息或贴息贷款，也是符合项目条件的企业可争取的筹资渠道。

（二）借款筹资

借款筹资主要是指向金融机构（如银行）进行筹资，其成本主要是利息支出。向银行借款的利息一般可以在税前冲抵企业利润，从而减少企业所得税。向非金融机构及企业筹资操作余地很大，但由于透明度较低，国家对此有限额控制。若从纳税筹划角度考虑，企业之间拆借资金效果最佳。

（三）发行债券和股票

向社会发行债券和股票属于直接融资，避开了向金融机构借款的利息支出。由于借款利息及债券利息可以作为财务费用，即企业成本的一部分在税前冲抵利润，减少所得税税基，而股息的分配应在企业完税后进行，股利支付没有费用冲减，这相对增加了纳税成本。

（四）企业自我积累

企业自我积累是由企业税后利润所形成，积累速度慢，无法适应企业规模迅速扩大的资金所需，而且存在双重征税问题。虽然这种筹资方式使业主权益增大，资金所有权与经营权合二为一，但税负却最重。

四、筹资的分类

（一）按企业所取得资金的权益特性不同

股权筹资：股权筹资形成股权资本，也即权益性筹资。企业的股权资本通过吸收直接投资、发行股票、内部积累等方式取得。股权资本由于一般不用还本，形成了企业的永久性资本，因而财务风险小，但付出的资本成本相对较高。

债务筹资：是企业按合同取得的在规定期限内需要清偿的债务，又称债务性筹资。企业通过债务筹资形成债务资金，债务资金通过向金融机构借款、发行债券、融资租赁等方式取得。债权资金具有较大的财务风险,但付出的资本成本相对较低。

混合筹资:兼具股权与债权筹资性质。我国上市公司目前最常见的混合筹资方式是发行可转换债券和发行认股权证。

(二) 按是否借助于金融机构等媒介来获取社会资金

直接筹资:是企业直接与资金供应者协商融通资本的一种筹资活动。直接筹资不需要通过金融机构来筹措资金,是企业直接从社会取得资金的方式。直接筹资方式主要有发行股票、发行债券、吸收直接投资等。相对来说,直接筹资的筹资手续比较复杂,筹资费用较高;但筹资领域广阔,能够直接利用社会资金,有利于提高企业的知名度和资信度。

间接筹资:是企业借助银行和非银行金融机构而筹集资金。间接筹资的基本方式是银行借款,此外还有融资租赁等筹资方式。间接筹资,形成的主要是债务资金,主要用于满足企业资金周转的需要。间接筹资手续相对比较简便,筹资效率高,筹资费用较低,但容易受金融政策的制约和影响。

(三) 按资金的来源范围

外部筹资:即企业向外部筹集资金而形成的,如发行股票、发行债券、银行借款、取得商业信用等。外部筹资一般需要花费一定金额的筹资费用,从而提高了筹资成本。

内部筹资:是指企业在内部通过留存收益而形成资金来源。内部筹资一般无需花费筹资费用,从而降低了筹资成本。

(四) 按所筹集资金的使用期限的长短

长期筹资:企业筹集使用期限在1年以上的资金。通常采取吸收直接投资、发行股票、发行债券、长期借款、融资租赁等方式。企业进行长期筹资的目的是扩大经营规模和对外投资。

短期筹资:企业筹集使用期限在1年以内的资金。经常利用商业信用、短期借款、保理业务等方式。短期资金主要用于企业的日常资金周转。

本章主要介绍长期筹资。

五、筹资的原则

(一) 筹措合法

在企业筹资的过程中,树立法律意识,坚持按国家政策法规办事,采取合法手段,通过合法渠道,取得合法资金,投入合法用途。

(二) 规模适当

筹资要在正确预测和科学规划的基础上进行,要以满足生产经营需要为最首要的原则。筹资的数额要能保证生产经营的需要。

(三) 取得及时

合理安排筹资时间,适时取得资金。筹资的期限要与生产经营或建设周期相吻合;筹资时间配比要及时,使资金的投放与运用同生产经营的具体需要紧密衔接。

(四) 来源经济

筹资要充分了解、利用各种筹资渠道,选择经济、可行的资金来源,力求降低筹资成本。

(五) 结构合理

筹资要综合考虑各种筹资方式,合理安排资本结构,保持适当偿债能力,防范企业财务危机,提高筹资效益。

第二节 权益性筹资

一、吸收直接投资

吸收直接投资是企业按照"共同投资、共同经营、共担风险、共享收益"的原则,直接吸收国家、法人、个人和外商投入资金的一种筹资方式。吸收直接投资是非股份制企业筹集权益资本的基本方式。采取吸收直接投资的企业,资本部分为等额资本股份,无需公开发行股票。

(一) 直接投资的种类

1. 吸收国家投资

国家投资是指有权代表国家投资的政府部门或机构,以国有资产投入公司,这种情况下形成的资本叫国有资本。根据《公司国有资本与公司财务暂行办法》的规定,在公司持续经营期间,公司以盈余公积、资本公积转增实收资本的,国有公司和国有独资公司由公司董事会或经理办公会决定,并报主管财政机关备案;股份有限公司和有限责任公司由董事会决定,并经股东大会审议通过。

吸收国家投资一般具有以下特点:(1)产权归属国家;(2)资金的运用和处置受国家约束较大;(3)在国有公司中采用比较广泛。

2. 吸收法人投资

法人投资是指法人单位以其依法可支配的资产投入公司,这种情况下形成的资本称为法人资本。

吸收法人资本一般具有以下特点:(1)发生在法人单位之间;(2)以参与公司利润分配或控制为目的;(3)出资方式灵活多样。

3. 吸收外商直接投资

企业可以通过合资经营或合作经营的方式吸收外商直接投资,即与其他国家的投资者共同投资,创办中外合资经营企业或者中外合作经营企业,共同经营、共担风险、共负盈亏、共享利益。

4. 吸收社会公众投资

社会公众投资是指社会个人或本公司职工以个人合法财产投入公司,这种情况下形成的资本称为个人资本。

吸收社会公众投资一般具有以下特点:(1)参加投资的人员较多;(2)每人投资的数额相对较少;(3)以参与公司利润分配为基本目的。

(二)吸收直接投资的程序

1. 确定筹资数量

企业在新建或在扩大经营时,首先确定资金的需要量。资金的需要量应根据企业的生产经营规模和供销条件等来核定,以确保筹资数量与资金需要量相适应。

2. 寻找投资单位

企业既要广泛了解有关投资者的资信、财力和投资意向,又要通过信息交流和宣传,使出资方了解企业的经营能力、财务状况以及未来预期,以便公司从中寻找最合适的合作伙伴。

3. 协商和签署投资协议

找到合适的投资伙伴后,双方进行具体协商,确定出资数额、出资方式和出资时间。企业应尽可能吸收货币投资,如果投资方确有先进而适合需要的固定资产和无形资产,亦可采取非货币投资方式。对实物投资、工业产权投资、土地使用权投资等非货币资产,双方应按公平合理的原则协商定价。当出资数额、资产作价确定后,双方须签署投资的协议或合同,以明确双方的权利和责任。

4. 取得所筹集的资金

签署投资协议后,企业应按规定或计划取得资金。如果采取现金投资方式,通常还要编制拨款计划,确定拨款期限、每期数额及划拨方式,有时投资者还要规定拨款的用途,如把拨款区分为固定资产投资拨款、流动资金拨款、专项拨款等。如为实物、工业产权、非专利技术、土地使用权投资,一个重要的问题就是核实财产。财产数量是否准确,特别是价格有无高估、低估的情况,关系到投资各方的经济利益,必须认真处理,必要时可聘请专业资产评估机构来评定,然后办理产权的转移手续取得资产。

(三)吸收直接投资筹资的优缺点

1. 吸收直接投资的优点

能够尽快形成生产能力;容易进行信息沟通;吸收直接投资的手续相对比较简单,筹资费用较低。

2. 吸收直接投资的缺点

企业控制权集中,不利于企业治理;相对于股票筹资来说,资本成本较高;不利于进行产权交易。

二、普通股筹资

股票是股份公司为筹措自有资本而发行的有价证券,是公司发给股东的入股凭证,是股东拥有公司财产所有权的法律证书,也是股东据以取得股息和红利的一种有价证券。股票可以依法进行转让、买卖或作价抵押,是资本市场的主要长期信用工具,但不能要求公司返还其出资。股东与公司之间的关系不是债权债务关系。股东以其出资份额为限对公司负有限责任,承担风险,分享收益。

(一) 股票的种类

1. 按股东权利划分,分为普通股和优先股

普通股是股份有限公司发行的无特别权利的股份。通常情况下,股份公司的资本金主要以普通股为主,普通股是股份公司资本构成中最重要、最基本的股份,亦是风险最大的一种股份。普通股持股人是公司的基本股东,其收益随公司利润的变化而变化、波动性很大。目前在上海和深圳证券交易所上市交易的股票,都是普通股。

优先股是"普通股"的对称,优先股是股份公司发行的在分配红利和剩余财产时比普通股具有优先权的股份。优先股也是一种没有期限的有权凭证,优先股股东一般不能在中途向公司要求退股(少数可赎回的优先股例外)。

2. 按股票有无记名,分为记名股和不记名股

记名股是在股票票面上记载股东姓名或名称的股票。这种股票除了股票上所记载的股东,其他人不得行使其股权,且股份的转让有严格的法律程序与手续,需办理过户。我国《公司法》规定,向发起人、国家授权投资的机构、法人发行的股票,应为记名股。

不记名股是票面上不记载股东姓名或名称的股票。这类股票的持有人即股份的所有人,具有股东资格,股票的转让也比较自由、方便,无需办理过户手续。

(二) 普通股的首次发行

股份有限公司在设立时要发行股票,即首次发行。股份的发行,实行公平、公正的原则,必须同股同权、同股同利。同次发行的股票,每股的发行条件和价格应当相同。

任何单位或个人所认购的股份,每股应支付相同的价款。同时,发行股票还应接受国务院证券监督管理机构的管理和监督。股票发行具体应执行的管理规定主要包括股票发行条件、发行程序和方式、销售方式等。

1. 股票首次发行的程序

依照《公司法》、《证券法》、中国证监会和交易所颁布的规章等有关规定,企业公开发行股票并上市应遵循以下程序:

(1) 做好股票发行的准备工作。

(2) 提出募集股份申请。

(3) 有关机构进行审核。

(4) 公告招股说明书,制作认股书,签订承销协议和代收股款协议。

(5) 招认股份,缴纳股款。

(6) 召开创立大会,选举董事会、监事会。

(7) 办理设立登记,交割股票。

2. 股票的发行方式

股票的发行方式,也就是股票经销出售的方式。由于各国的金融市场监管制度、金融

体系结构和金融市场结构不同,股票发行方式也有所不同。股票的发行方式,可按不同标准分类:(1)以发行对象为标准,可划分为公开发行和非公开发行;(2)以发行中是否有中介机构(证券承销商)协助为标准,可划分为直接发行和间接发行;(3)以发行股票能否带来现款为标准,可划分为有偿增资发行、无偿增资发行和搭配增资发行。

(1)公开发行与非公开发行。

公开发行又称公募,是指事先不确定特定的发行对象,而是向社会公众投资者公开发售股票的发行方式。这种发行方式的发行范围广、发行对象多,易于足额募集资本;股票的变现性强,流通性好;股票的公开发行还有助于提高发行公司的知名度和影响力。但这种发行方式要求较高,手续繁杂,需要承销商参与,发行成本高。

非公开发行又称私募,是指发行公司只对少数特定的投资者发行股票的发行方式。非公开发行方式主要在以下几种情况下采用:① 以发起方式设立公司;② 内部配股;③ 私人配股。非公开发行手续简单,发行时间短,灵活性较大,发行费用低,但发行范围小,股票变现性差。

我国《证券法》规定:"公开发行证券,必须符合法律、行政法规规定的条件,并依法报经国务院证券监督管理机构或者国务院授权的部门注册。未经依法注册,任何单位和个人不得公开发行证券。证券发行注册制的具体范围、实施步骤,由国务院规定。有下列情形之一的,为公开发行:① 向不特定对象发行证券;② 向特定对象发行证券累计超过二百人,但依法实施员工持股计划的员工人数不计算在内;③ 法律、行政法规规定的其他发行行为。非公开发行证券,不得采用广告、公开劝诱和变相公开方式。"

(2)直接发行与间接发行。

直接发行,是指发行公司自己承担股票发行的一切事务和发行风险,直接向认购者推销出售股票的方式。这种销售方式优点是可由发行公司直接控制发行过程,并可节省发行费用;缺点是筹资时间长,发行公司要承担全部发行风险,并需要发行公司有较高的知名度、信誉和实力。

间接发行又叫委托发行,是指发行公司将股票销售业务委托给证券经营机构代理。这种销售方式是股票发行普遍采用的方式。

委托发行的销售方式又分为包销和代销。所谓包销,是根据承销协议商定的价格,证券经营机构一次性购进发行公司公开募集的全部股份,然后以较高的价格将其出售给社会上的认购者。对发行公司来说,包销的方式可及时筹足资本,免于承担发行风险(股款未募足的风险由承销商承担),但股票以较低的价格出售给承销商会损失部分溢价。所谓代销,是证券经营机构为发行公司代售股票,并由此获取一定的佣金,但不承担股款未募足的风险。

我国《证券法》规定:"发行人向不特定对象公开发行的证券,法律、行政法规规定应当由证券公司承销的,发行人应当同证券公司签订承销协议。证券承销业务采取代销或者包销方式。""公开发行证券的发行人有权依法自主选择承销的证券公司。证券公司不得以不正当竞争手段招揽证券承销业务。""证券的代销、包销期限最长不得超过90日。""股票发行采用代销方式,代销期限届满,向投资者出售的股票数量未达到拟公开发行股票数量70%的,为发行失败。发行人应当按照发行价并加算银行同期存款利息返还股票认购人。"

(3) 有偿增资发行、无偿增资发行与搭配增资发行。

有偿增资发行,是指认购者必须按股票的某种发行价格支付现款,方能获得股票的一种发行方式。一般公开发行的股票和私募中的内部配股、私人配股都采用有偿增资的方式。采用这种方式发行股票,可以直接从外界募集股本,增加公司的资本金。

无偿增资发行,是指认购者不必向公司缴纳现金就可获得股票的发行方式,发行对象只限于原股东,采用这种方式发行的股票,不直接从外界募集股本,而是依靠减少公司的公积金或盈余结存来增加资本金。一般只在分配股票股利、股票分割和法定公积金或盈余转作资本配股时采用。公司按比例将新股票无偿交付给原股东,其目的主要是为股东分益,以增强股东信心和公司信誉,或为了调整资本结构。由于无偿发行要受资金来源的限制,因此,这种方式不能经常采用。

搭配增资发行,是上述两种方式的混合。它是指发行公司向原股东分摊新股时,仅让股东支付发行价格的一部分就可获得一定数额股票的发行方式,例如股东认购面额为100元的股票,只需支付50元即可,其余部分无偿发行,由公司的公积金冲抵。这种发行方式也是对原有股东的一种优惠。

3. 普通股的发行价格

股票发行价格通常有等价、时价和中间价三种。等价是指以股票面额为发行价格,即股票的发行价格等于面额,也称为平价发行或面值发行;时价是以公司原发行同种股票的现行价格为基准来选择增发新股的发行价格,也称为市场价格;中间价是取股票市场价格与面额的中间值作为股票的发行价格。以时价和中间价发行,都可能是溢价发行或折价发行。

值得注意的是,我国《公司法》规定公司发行股票不准折价发行,即不准以低于股票面额的价格发行。根据我国《证券法》的规定,股票发行采取溢价发行的,其发行价格由发行人与承销的证券公司协商确定。发行人通常会参考公司经营业绩、净资产、发展潜力、发行数量、行业特点、股市状态等,确定发行价格。

(三) 股权再融资

再融资是指上市公司通过配股、增发和发行可转换债券等方式在证券市场上进行的直接融资。再融资对上市公司的发展起到了较大的推动作用,是其能够持续发展的重要动力源泉之一,也是发挥证券市场资源配置功能的基本方式。

再融资包含股权再融资、债权再融资和混合证券再融资等几种形式,其中股权再融资(seasoned equity offering)的方式包括向现有股东配股和增发新股融资。

配股是上市公司向原股东按其持股比例、以低于市价的某一特定价格配售一定数量新发行股票的融资行为。增发新股是上市公司为了筹集权益资本而再次发行股票的融资行为,包括面向不特定对象的公开增发和面向特定对象的非公开增发,也称定向增发。其中,配股和公开增发属于公开发行,非公开增发属于非公开发行。

1. 配股

按照惯例,公司配股时新股的认购权按照原有股权比例在原股东之间分配,即原股东拥有优先认购权。

(1) 配股权。

配股权是指可参加配股的权利,即当股份公司为增加公司股本而决定发行新的股票时,原普通股股东享有按其持股数量、以低于市价的某一特定价格优先认购一定数量的新发行股票的权利。

配股权是普通股股东的优惠权,实际上是一种短期的看涨期权。一般来说,原股东可以以低于配股前股票市价的价格购买所配发的股票,即配股权的执行价格低于当前股票价格。

这样做的目的在于:① 不改变老股东对公司的控制权和享有的各种权利;② 因发行新股将导致短期内每股收益稀释,通过折价配售的方式可以给老股东一定的补偿;③ 鼓励老股东认购新股,以增加发行量。

(2) 配股价格。

配股一般采取网上定价发行的方式。配股价格由主承销商和发行人协商确定。

(3) 配股条件。

上市公司向原股东配股的,除了要符合公开发行股票的一般规定,还应当符合下列规定:① 拟配售股份数量不超过本次配售股份前股份总数的30%;② 控股股东应当在股东大会召开前公开承诺认配股份的数量;③ 采用《证券法》规定的代销方式发行。

(4) 配股除权价格。

通常配股股权登记日后要对股票进行除权处理。除权后股票的理论除权基准价格为:

$$配股除权参考价 = \frac{配股前股票市值 + 配股价格 \times 配股数量}{配股前股数 + 配股数量}$$

$$= \frac{配股前每股价格 + 配股价格 \times 股份变动比例}{1 + 股份变动比例}$$

当所有股东都参与配股时,股份变动比例(即实际配售比例)等于拟配售比例。

除权价只是作为计算除权日股价涨跌幅度的基准,提供的只是一个基准参考价。如果除权后股票交易市价高于该除权基准价格,这种情形使得参与配股的股东财富较配股前有所增加,一般称之为"填权";股价低于除权基准价格则会减少参与配股股东的财富,一般称之为"贴权"。

(5) 配股权价值。

一般来说,老股东可以以低于配股前股票市价的价格购买所配发的股票,即配股权的执行价格低于当前股票价格,此时配股权是实值期权,因此配股权具有价值。利用配股除权参考价,可以估计配股权价值。配股权的价值为:

$$配股除权参考价 = \frac{配股除权参考价 - 配股价格}{购买一股新股所需的股数} \tag{4-1}$$

【例 4-1】

A公司采用配股的方式进行融资。2018年3月21日为配股除权登记日,以公司2017年12月31日总股数100 000股为基数,拟每10股配2股。配股价格为配股说明书公布前20个交易日公司股票收盘价平均值的5元/股的80%,即配股价格为4元/股。假

定在分析中不考虑新募集资金投资产生净现值引起的企业价值变化,计算并分析:
(1) 在所有股东均参与配股的情况下,配股后每股价格;
(2) 每一份优先配股权的价值;
(3) 是否参与配股将对股东财富的影响。

解答:

① 以每股 4 元的价格发行了 20 000 股新股,筹集 80 000 元,由于不考虑新投资的净现值引起的企业价值的变化,普通股总市场价值增加了本次配股融资的金额,配股后股票的价格应等于配股除权价格。

$$配股除权参考价 = \frac{500\,000 + 20\,000 \times 4}{100\,000 + 20\,000} = 4.833(元)$$

在股票的市场价值增加正好反映新增资本的假设下,新的每股市价为 4.833 元。

② 由于原有股东每拥有 10 股股票将得到 2 股股票,故为得到一股新股需要 5 股股票,因此每股股票的配股权价值为:

$$\frac{4.833 - 4}{5} = 0.167(元)$$

③ 假设某股东拥有 10 000 股 A 公司股票,配股前价值 50 000 元。如果所有股东都行使了配股权参与配股,该股东配股后拥有股票总价值为:$4.833 \times 12\,000 = 58\,000(元)$。也就是说,该股东花费 8 000 元($4 \times 2\,000 = 8\,000$ 元)参与配股,持有的股票价值增加了 8 000 元,股东的财富没有变化。但如果该股东没有参与配股,配股后股票的价格为 4.847 元/股[$(500\,000 + 18\,000 \times 4)/(100\,000 + 18\,000) = 4.847$ 元/股]。该股东配股后仍持有 10 000 股 A 公司股票,则股票价值为 48 470 元($4.847 \times 10\,000 = 48\,470$ 元),股东财富损失了 1 530 元($50\,000 - 48\,470 = 1\,530$ 元)。

2. 增发新股

增发新股可以采取公开增发和非公开增发。公开增发与首次公开发行一样,没有特定的发行对象,股票市场上的投资者均可以认购。而非公开增发(也称定向增发)的对象主要针对机构投资者[①]与大股东及关联方[②]。

一般来说,采取非公开增发的形式向控股股东认购资产,有助于上市公司与控股股东进行股份与资产置换,进行股权和业务的整合,同时也进一步提高了控股股东对上市公司的所有权。

(1) 增发新股的特别规定。

① 公开增发。公开增发除满足上市公司公开发行的一般规定外,还应当符合以下规定:最近三个会计年度加权平均净资产报酬率平均不低于 6%,扣除非经常性损益后的净

[①] 机构投资者大体可以划分为财务投资者和战略投资者。其中,财务投资者通常以获利为目的,通过短期持有上市公司股票适时套现,实现获利的法人,他们一般不参与公司的重大的战略决策。战略投资者通常是指与发行人具有合作关系或合作意向和潜力并愿意按照发行人配售要求与发行人签署战略投资配售协议的法人,他们与发行公司业务联系紧密且欲长期持有发行公司股票。上市公司通过非公开增发引入战略投资者不仅获得战略投资者的资金,还有助于引入其管理理念与经验,改善公司治理。

[②] 大股东及关联方是指上市公司的控股股东或关联方。

利润与扣除前的净利润相比,以低者作为加权平均净资产收益率的计算依据;除金融企业外,最近1期期末不存在持有金额较大的交易性金融资产和可供出售的金融资产、借予他人款项、委托理财等财务性投资的情形;发行价格应不低于公告招股意向书前20个交易日公司股票均价或前1个交易日的均价。

【例 4-2】

B 上市公司 2016—2018 年度部分财务数据如表 4-1 所示。

表 4-1　B 上市公司 2016—2018 年度部分财务数据

项目	2016 年度	2017 年度	2018 年度
归属于上市公司股东的净利润(万元)	55 000	19 000	31 000
归属于上市公司股东的扣除非经常性损益的净利润(万元)	53 000	17 000	25 000
加权平均净资产报酬率	31.75%	8.57%	12.46%
扣除非经常性损益的加权平均净资产报酬率	30.96%	7.91%	10.28%
每股现金股利(元)	0.1	0.04	0.06
当年股利分配股数基数(万股)	60 000	60 000	60 000
当年实现可供分配利润(万元)	49 600	18 400	29 600

依据上述财务数据判断 B 上市公司是否满足公开增发股票的基本条件:

首先,依据中国证券监督管理委员会 2006 年 5 月 8 日实施的《上市公司证券发行管理办法》(2020 年 2 月 14 日修正),上市公司公开增发要求最近 3 个会计年度加权平均净资产报酬率平均不低于 6%(扣除非经常性损益后的净利润与扣除前的净利润相比,以低者作为加权平均净资产报酬率的计算依据)。B 上市公司 2016—2018 年 3 个会计年度连续盈利,且加权平均净资产报酬率均高于 6%。

其次,依据中国证券监督管理委员会令第 57 号《关于修改上市公司现金分红若干规定的决定》(自 2008 年 10 月 9 日起施行),上市公司公开增发对公司现金股利分配水平的基本要求是:最近 3 年以现金方式累计分配的利润不少于最近 3 年实现的年均可分配利润的 30%。

B 上市公司 2016—2018 年 3 个会计年度累计分配现金股利

$$= \sum_{1}^{3} 各年度每股现金股利 \times 当年股利分配的股本基数$$

$$=(0.1+0.04+0.06) \times 60\ 000$$

$$=12\ 000(万元)$$

B 上市公司 2016—2018 年 3 个会计年度实现的年均可分配利润

$$=(49\ 600+18\ 400+29\ 600) \div 3 = 32\ 533.33(万元)$$

B 上市公司 2016—2018 年 3 个会计年度以现金方式累计分配的利润占最近 3 年实现的年均可分配利润的比重

$$=\frac{12\ 000}{32\ 533.33}=36.89\% > 30\%$$

② 非公开增发。上市公司非公开增发新股的要求比公开增发新股、配股的要求要低得多。除发行对象为境外机构投资者需经国务院相关部门事先批准外，只要特定发行对象符合股东大会规定的条件，且在数量上不超过 10 名，并且不存在一些严重损害投资者合法权益和社会公共利益的情形均可申请非公开发行股票。对于一些以往盈利记录未能满足公开融资条件，但又面临重大发展机遇的公司而言，非公开增发提供了一个关键性的融资渠道。

(2) 增发新股的定价。

① 公开增发。上市公司公开增发新股通常按照"发行价格应不低于公告招股意向书前 20 个交易日公司股票均价或前 1 个交易日的均价"的原则确定价格。相对于非公开增发，公开增发新股的发行价没有折价，定价基准日也固定。

② 非公开增发。非公开发行股票的发行价格应不低于定价基准日前 20 个交易日公司股票均价的 90%。定价基准日则可以是董事会决议公告日，也可以是股东大会决议公告日或发行期的首日。

另外，必须注意，定价基准日前 20 个交易日股票交易均价，并不是把每天的收盘价加起来除以 20。其计算公式为：

$$定价基准日前20个交易日股票交易均价 = \frac{定价基准日前20个交易日股票交易总额}{定价基准日前20个交易日股票交易总量}$$

对于以通过非公开发行进行重大资产重组或者引进长期战略投资为目的的，可以在董事会、股东大会阶段事先确定发行价格；对于以筹集现金为目的的发行，应当在取得发行核准批文后采取竞价方式定价。

(3) 增发新股的认购方式。

① 公开增发。公开增发新股的认购方式通常为现金认购。

② 非公开增发。非公开增发新股的认购方式不限于现金，还包括股权、债权、无形资产、固定资产等非现金资产。

通过非现金资产认购的非公开增发往往是以重大资产重组或者引进长期战略投资为目的。因此非公开增发除了能为上市公司带来资金，往往还能带来具有盈利能力的资产，提升公司治理水平，优化上下游业务等。

但需要注意的是，使用非现金资产认购股份有可能会滋生通过不公平资产定价等手段侵害中小股东利益的现象。

【例 4-3】

假设 C 公司总股数为 10 亿股，现采用公开增发方式发行 2 亿股，增发前 1 交易日股票市价为 5 元/股。老股东和新股东各认购了 1 亿股。假设不考虑新募集资金投资的净现值引起的企业价值的变化，在增发价格分别为 5.5 元/股、5 元/股、4.5 元/股的情况下老股东和新股东的财富将分别有什么变化？

以每股 5.5 元的价格发行了 2 亿股新股，筹集 11 亿元(5.5×2)，由于不考虑新投资的净现值引起的企业价值的变化，普通股总市场价值增加了增发融资的金额。因此：

$$增发后每股价格 = \frac{5 \times 10 + 5.5 \times 2}{10 + 2} = 5.083(元/股)$$

老股东财富变化＝5.083×(10+1)－(5×10＋5.5×1)＝0.413(亿元)

新股东财富变化＝5.083×1－5.5×1＝0.417(亿元)

可见,如果增发价格高于市价,老股东的财富增加,并且老股东财富增加的数量等于新股东财富减少的数量。

同理可以计算出,增发价格为5元/股的时候,老股东和新股东财富没有变化;增发价格为4.5元/股的情况下,新股东的财富增加0.417亿元,老股东的财富减少0.413亿元。

【例4-4】

D公司为扩大经营规模及解决经营项目的融资问题,决定在2019年实施股权再融资计划。一方面拟采取以股权支付方式取得原大股东及3家非关联方公司持有的其他公司的相关经营资产,即相当于把上述几家公司持有的相关经营资产注入D公司;另一方面希望采取现金增发的形式补偿资金。但依据表4-2的财务数据显示,D公司在过去3年内的加权平均净资产报酬率和现金股利分配均不满足公开增发募集现金的基本条件,因此,D公司决定拟采取资产认购与现金认购组合形式的非公开增发方案。

表4-2 D公司2016—2018年度部分财务数据

项目	2016年度	2017年度	2018年度
归属于上市公司股东的净利润(万元)	2 832	8 167	23 820
归属于上市公司股东的扣除非经常性损益的净利润(万元)	1 627	4 313	9 210
加权平均净资产报酬率	1.82%	5.04%	11.97%
扣除非经常性损益的加权平均净资产报酬率	1.58%	3.83%	6.64%
现金股利分配	无	无	无

据D公司《非公开发行股票发行情况报告及股份变动公告书》披露的信息显示,在2019年1月份完成此次非公开增发共计12 500万股,募集资金总额89 250万元人民币,扣除发行费用1 756.5万元后,募集资金净额为87 493.5万元人民币。其中,一部分是D公司向原控股股东及3家非关联公司以资产认购的形式发行股份共计80 401 951股,募集资金57 407万元;另一部分是5家机构投资者(基金公司)以现金形式认购本公司的股份共计44 598 049股,募集现金总额31 843万元。

D公司本次非公开增发的发行价格等于发行底价,为定价基准日(本次非公开发行股份的董事会决议公告日)前20个交易日公司股票均价的90%,为7.14元/股。

本次非公开发行完成后将会使公司的股本和资本公积发生变化。其中,采取资产认购的部分,按照每股1元面额计入股本,其认购资产价格高出面额部分计入资本公积,即

股本增加额＝1×80 401 951＝80 401 951(元)

资本公积增加额＝(7.14－1)×80 401 951＝493 667 979.14(元)

采取现金认购部分,

股本增加额＝1×44 598 049＝44 598 049(元)

资本公积增加额＝(7.14－1)×44 598 049＝273 832 020.86(元)

此次非公开增发完成后,

公司股本增加额＝80 401 951＋44 598 049＝125 000 000(元)；

资本公积增加额＝资产认购部分增加的资本公积＋现金认购部分增加的资本公积－发行相关费用

＝493 667 979.14＋273 832 020.87－17 565 000

＝749 935 000(元)

D公司在完成本次非公开增发后,原控股股东的持股比例增加到26.33%,对公司的控制权进一步加强。控股股东在此次非公开增发前的持股数量为63 407 989股,占总股数的比例为19.86%,此次非公开增发认购53 531 600股,增发后占总股数的比例为26.33%。D公司分别通过资产认购方式和现金认购方式,分别引入了3家非关联公司（承诺此次非公开增发结束后36个月内不得转让其所持有的股份）和5家机构投资者（承诺此次非公开增发结束后12个月内不得转让其所持有的股份）成为公司股份持有者,在实现所有权结构多元化的同时,也有助于改善公司的治理结构。

3. 股权再融资对企业的影响

(1) 对公司资本结构的影响。

一般来说,权益资本成本高于债务资本成本,采用股权再融资会降低资产负债率,并可能会使资本成本增大;但如果股权再融资有助于企业目标资本结构的实现,增强企业的财务稳健性,降低债务的违约风险,就会在一定程度上降低企业的加权平均资本成本,增加企业的整体价值。

(2) 对企业财务状况的影响。

在企业运营及盈利状况不变的情况下,采用股权再融资的形式筹集资金会降低企业的财务杠杆水平,并降低净资产报酬率。但企业如果能将股权再融资筹集的资金投资于具有良好发展前景的项目,获得正的投资活动净现值,或者能够改善企业的资本结构,降低资本成本,就有利于增加企业的价值。

(3) 对控制权的影响。

就配股而言,由于全体股东具有相同的认购权利,控股股东只要不放弃认购的权利,就不会削弱控制权。公开增发会引入新的股东,股东的控制权受到增发认购数量的影响；非公开增发相对复杂,若对财务投资者和战略投资者增发,则会降低控股股东的控股比例,但财务投资者和战略投资者大多与控股股东有良好的合作关系,一般不会对控股股东的控制权形成威胁；若面向控股股东的增发是为了收购其优质资产或实现集团整体上市,则会提高控股股东的控股比例,增强控股股东对上市公司的控制权。

(四) 普通股筹资的优缺点

普通股票没有任何的届满日期,其所筹资本是公司永久性资本,除非公司清算才需偿还。因此,普通股本是公司资本中最为稳定的资金来源,它对保证公司最低的资金需求,促进公司长期持续稳定经营至关重要。

1. 普通股筹资的优点

(1) 没有固定利息负担。公司可以根据具体情况相机行事：当盈利较多,并认为适合分配股利,就可以分给股东；或虽有盈余但资金短缺或有更有利的投资机会时,则可以少支付或不支付普通股股利。

(2) 没有固定到期日,不用偿还。利用普通股筹集的是永久性的资金,除非公司清算才需偿还。它对保证企业最低的资金需求有重要意义。

(3) 筹资风险小。由于普通股没有固定的到期日,也不用支付固定的利息,因而实际上不存在无法还本付息的风险。

(4) 能增加公司的信誉。普通股形成的股本与留存收益构成了公司所借一切债务的基础。有了较多的自有资金,就可为债权人提供较大的损失保障,因而,普通股筹资既可以提高公司的信用价值,同时也为借入更多的债务资金提供了强有力的支持。

(5) 筹资限制较少。利用优先股或债券筹资,通常有许多限制,这些限制往往会影响公司经营的灵活性,而利用普通股筹资则没有这种限制。

另外,由于普通股的预期收益较高并可在一定程度上抵消通货膨胀的影响(通常在通货膨胀期间,不动产升值时普通股也随之升值),因此普通股筹资容易吸收资金。

2. 普通股筹资的缺点

(1) 普通股的资本成本较高。首先,从投资者的角度讲,投资于普通股风险较高,相应地要求有较高的投资报酬率。其次,对于筹资公司来讲,普通股股利从净利润中支付,不像债券利息那样作为费用从税前支付,因而不具有抵税作用。此外,普通股的发行费用一般也高于其他证券。

(2) 以普通股筹资会增加新股东,这可能会分散公司的控制权,削弱原有股东对公司的控制。

(3) 如果公司股票上市,需要履行严格的信息披露制度,接受公众股东的监督,会带来较大的信息披露成本,也增加了公司保护商业秘密的难度。

(4) 股票上市会增加公司被收购的风险。公司股票上市后,其经营状况会受到社会的广泛关注,一旦公司经营或是财务方面出现问题,可能面临被收购的风险。

三、留存收益

留存收益是指企业从历年实现的利润中提取或形成的留存于企业的内部积累,包括盈余公积和未分配利润两类。盈余公积是指企业按照有关规定从净利润中提取的积累资金。公司制企业的盈余公积包括法定盈余公积和任意盈余公积。法定盈余公积是指企业按照规定的比例从净利润中提取的盈余公积。任意盈余公积是指企业按照股东会或股东大会决议提取的盈余公积。企业提取的盈余公积经批准可用于弥补亏损、转增资本或发放现金股利或利润等。未分配利润是指企业实现的净利润经过弥补亏损、提取盈余公积和向投资者分配利润后留存在企业的,历年结存的利润。相对于所有者权益的其他部分来说,企业对于未分配利润的使用有较大的自主权。

(一) 留存收益的筹资途径

1. 提取盈余公积金

盈余公积金,是指有指定用途的留存净利润。盈余公积金是从当期企业净利润中提取的积累资金,其提取基数是本年度的净利润。盈余公积金主要用于企业未来的经营发展,经投资者审议后也可以用于转增股本(实收资本)和弥补以前年度经营亏损,但不得用于以后年度的对外利润分配。

2. 未分配利润

未分配利润,是指未限定用途的留存净利润。未分配利润有两层含义:第一,这部分净利润本年没有分配给公司的股东投资者;第二,这部分净利润未指定用途,可以用于企业未来的经营发展、转增资本(实收资本)、弥补以前年度的经营亏损及以后年度的利润分配。

(二) 留存收益筹资的优缺点

1. 利用留存收益的优点

(1) 不用发生筹资费用。企业从外界筹集长期资本,与普通股筹资相比较,留存收益筹资不需要发生筹资费用,资本成本较低。

(2) 维持公司的控制权分布。利用留存收益筹资,不用对外发行新股或吸收新投资者,由此增加的权益资本不会改变公司的股权结构,不会稀释原有股东的控制权。

2. 利用留存收益的缺点

筹资数额有限。留存收益的最大数额是企业到期的净利润和以前年度未分配利润之和,不像外部筹资一次性可以筹集大量资金。如果企业发生亏损,那么当年就没有利润留存。另外,股东和投资者从自身期望出发,往往希望企业每年发放一定的利润,保持一定的利润分配比例。

第二节 债务性筹资

债务性筹资是指通过负债筹集资金。负债是企业一项重要的资金来源,几乎没有一家企业是只靠自有资本,而不使用负债就能满足资金需要的。长期负债是指期限超过1年的负债。

长期负债可以解决企业长期资金的不足;由于长期负债的归还期长,还债压力和风险较小;长期负债筹资一般成本较高,即长期负债的利率一般会高于短期负债利率。

目前在我国,长期债务性筹资主要有长期借款筹资和长期债券筹资两种方式。

一、长期借款筹资

长期借款是指企业向银行或其他非银行金融机构借入的使用期限超过1年的借款,主要用于购建固定资产和满足长期流动资金占用的需要。

(一) 长期借款的种类

长期借款的种类很多,各企业可根据自身的情况和各种借款条件选用。我国目前各金融机构的长期借款主要有以下几种。

(1) 按照用途,分为固定资产投资借款、更新改造借款、科技开发和新产品试制借款等。

(2) 按照提供贷款的机构,分为政策性银行贷款、商业银行贷款等。此外,企业还可从信托投资公司取得实物或货币形式的信托投资贷款,从财务公司取得各种中长期贷款等。

(3) 按照有无担保,分为信用贷款和抵押贷款。信用贷款指不需企业提供抵押品,仅凭其信用或担保人信誉而发放的贷款。抵押贷款是指要求企业以抵押品作为担保的贷款。长期贷款的抵押品常常是建筑物、机器设备、股票、债券等。

(二) 长期借款的条件

企业申请贷款一般应具备的条件是:

(1) 独立核算、自负盈亏、有法人资格。

(2) 经营方向和业务范围符合国家产业政策,借款用途属于银行贷款办法规定的范围。

(3) 借款企业具有一定的物资和财产保证,担保单位具有相应的经济实力。

(4) 具有偿还贷款的能力。

(5) 财务管理和经济核算制度健全,资金使用效益及企业经济效益良好。

(6) 在银行设有账户,办理结算。

具备上述条件的企业欲取得贷款,通常要通过以下步骤:① 企业向银行提出申请,陈述借款原因与金额、用款时间与计划、还款期限与计划。② 银行根据企业的借款申请,针对企业的财务状况、信用情况、盈利的稳定性、发展前景、借款投资项目的可行性等进行审查。③ 银行审查同意贷款后,再与借款企业进一步协商贷款的具体条件,明确贷款的种类、用途、金额、利率、期限、还款的资金来源及方式、保护性条件、违约责任,等等,并以借款合同的形式将其法律化。④ 借款合同生效后,企业便可取得借款。

金融机构对企业发放贷款的原则是:按计划发放、择优扶植、有物资保证、按期归还。

(三) 长期借款的保护性条款

由于长期借款的期限长、风险大,按照国际惯例,银行通常对借款企业提出一些有助于保证贷款按时足额偿还的条件。将这些条件写进贷款合同中,就形成了合同的保护性条款。归纳起来,保护性条款大致有如下两类。

1. 一般性保护条款

一般性保护条款应用于大多数借款合同,但根据具体情况会有不同内容,主要包括:① 对借款企业流动资金保持量的规定,其目的在于保持借款企业资金的流动性和偿债能力;② 对支付现金股利和再购入股票的限制,其目的在于限制现金外流;③ 对净经营性长期资产总投资规模的限制,其目的在于减小企业日后不得不变卖固定资产以偿还贷款的可能性,仍着眼于保持借款企业资金的流动性;④ 限制其他长期债务,其目的在于防止其他贷款人取得对企业资产的优先求偿权。

2. 例行性保护条款

例行性保护条款作为例行常规,在大多数借款合同中都会出现,主要包括:① 借款企业定期向银行提交财务报表,其目的在于及时掌握企业的财务情况;② 不准在正常情况下出售较多资产,以保持企业正常的生产经营能力;③ 如期缴纳税费和清偿其他到期债务,以防被罚款而造成现金流失;④ 不准以任何资产作为其他承诺的担保或抵押,以避免企业负担过重;⑤ 不准贴现应收票据或出售应收账款,以避免或有负债;⑥ 限制租赁固定资产的规模,其目的在于防止企业负担巨额租金以致削弱其偿债能力,防止企业以租赁固定资产的办法摆脱对其净经营性长期资产总投资和负债的约束。

3. 特殊性保护条款

特殊性保护条款是针对某些特殊情况而出现在部分借款合同中的,主要包括:① 贷款专款专用;② 不准企业投资于短期内不能收回资金的项目;③ 限制企业高级职员的薪金和奖金总额;④ 要求企业主要领导人在合同有效期间担任领导职务;⑤ 要求企业主要领导人购买人身保险等。

此外,"短期借款筹资"中的周转信贷协定、补偿余额等条件,也同样适用于长期借款。

(四) 长期借款的成本

长期借款的利息率通常高于短期借款,但信誉好或抵押品流动性强的借款企业,仍然可以争取到较低的长期借款利率。长期借款利率有固定利率和浮动利率两种。浮动利率通常有最高、最低限,并在借款合同中明确。

对于借款企业来讲,若预测市场利率将上升,应与银行签订固定利率合同;反之,则应签订浮动利率合同。

除了利息,银行还会向借款企业收取其他费用,如实行周转信贷协定①所收取的承诺费、要求借款企业在本银行中保持补偿余额②所形成的间接费用。这些费用会增大长期借款的成本。

(五) 长期借款的偿还方式

(1) 定期支付利息、到期一次性偿还本金的方式。这是最普通、最具代表性的偿还方式。采用这种方式,对于借款企业来说,分期支付利息的压力较小,但借款到期后偿还本金的压力较大。

(2) 定期等额偿还方式。即在债务期限内均匀偿还本利和。这种偿还方式减轻了一次性偿还本金的压力,但是可供借款企业使用的借款额会逐期减少,因此会提高企业使用借款的实际利率。

(3) 平时逐期偿还小额本金和利息、期末偿还余下的大额部分的方式。

不同偿还方式使企业在借款期内偿还的本息总额是不同的,在整个偿还过程中现金流量分布也是不同的,企业应该根据自身的实际情况,合理选择偿还方式。

---

① 周转信贷协定是银行从法律上承诺向企业提供不超过某一最高限额的贷款协定。如果企业没有贷够足够的额度,则对剩余部分付一定的承诺费。

② 补偿余额是银行要求借款人在银行中保持按贷款余额或实际借用额的一定百分比(通常为10%~20%)计算的最低存款余额。

（六）长期借款筹资的优点和缺点

1. 长期借款筹资的优点

（1）筹资速度快。向金融机构借款与发行证券相比，一般借款所需时间较短，可以迅速地获取资金。

（2）借款弹性好。借款时企业可根据当时的资本需要与金融机构直接商定借款的时间、数量、利息、偿付方式等条件。在借款期间，若企业财务状况发生了变化，也可与金融机构进行协商，变更借款数量、时间和条件，或提前偿还本息。借款到期后，如有正当理由，还可延期归还。

2. 长期借款筹资的缺点

（1）财务风险较大。银行借款，必须定期还本付息，在经营不利的情况下，可能会产生不能偿付的风险，甚至导致破产。

（2）限制条款较多。企业与金融机构签订的借款合同中，一般都有较多的限制条款，这些条款可能会限制企业的经营活动。

二、长期债券筹资

公司债券（又称企业债券）是公司依照法定程序发行、约定在一定期限内还本付息的有价凭证。债券的发行人是债务人，投资于债券的人是债权人。公司债券作为一种资本市场工具和长期资金筹集渠道，期限都须在一年以上。以下内容将公司债券简称为债券。

（一）公司债券的种类

1. 按照债券的票面上是否记名，可分为记名公司债券和无记名公司债券

① 记名公司债券，即在券面上登记持有人姓名，支取本息要凭印鉴领取，转让时必须背书并到债券发行公司登记的公司债券。

② 不记名公司债券，即券面上不需载明持有人姓名，还本付息及流通转让仅以债券为凭，不需登记。

2. 按照债券有无抵押担保，可将债券分为信用债券、抵押债券和担保债券

① 信用债券是指没有抵押品，完全靠公司良好的信誉而发行的债券。通常只有经济实力雄厚、信誉较高的企业才有能力发行这种债券。

② 抵押债券是指债券发行人在发行一笔债券时，通过法律上的适当手续将债券发行人的部分财产作为抵押，一旦债券发行人出现偿债困难，则出卖这部分财产以清偿债务。

③ 担保债券是指由一定保证人作担保而发行的债券。当企业没有足够的资金偿还债券时，债权人可要求保证人偿还。

3. 按照债券能否转换为公司股票，可将债券分为可转换债券和不可转换债券

① 可转换债券是债券持有人可按照发行时约定的价格将债券转换成公司的普通股票的债券。

② 不可转换债券是指债券发行时没有约定可在一定条件下转换成普通股的公司债券。大多数公司债券属于这种类型。

(二) 公司债券的发行

1. 公司债券的发行条件

《证券法》第十六条规定公开发行公司债券,应当符合下列条件:

(1) 股份有限公司的净资产不低于人民币三千万元,有限责任公司的净资产不低于人民币六千万元;

(2) 累计债券余额不超过公司净资产的百分之四十;

(3) 最近三年平均可分配利润足以支付公司债券一年的利息;

(4) 筹集的资金投向符合国家产业政策;

(5) 债券的利率不超过国务院限定的利率水平;

(6) 国务院规定的其他条件。

2. 债券发行价格

债券发行价格是债券发行时使用的价格,亦即投资者购买债券时所支付的价格。公司债券的发行价格通常有三种:平价、溢价和折价。

平价指以债券的票面金额为发行价格;溢价指以高出债券票面余额的价格为发行价格;折价指以低于债券票面金额的价格为发行价格。

发行债券通常先决定年限和票面利率,然后再根据当时的市场利率水平进行微调,决定实际发行价格。债券发行价格主要受票面利率与市场利率的关系影响。债券的票面金额、票面利率在债券发行前即已参照市场利率和发行公司的具体情况确定下来,一并载明于债券之上。但在发行债券时已确定的票面利率不一定与当时的市场利率一致。为了协调债券购销双方在债券利息上的利益,就要调整发行价格:当票面利率高于市场利率时,以溢价发行债券;当票面利率低于市场利率时,以折价发行债券;当票面利率与市场利率一致时,以平价发行债券。

以分期付息、到期还本债券为例,债券发行价格的计算公式为:

$$债券发行价格 = \sum_{t=1}^{n} \frac{债券面值 \times 票面利率}{(1+市场利率)^t} + \frac{债券面值}{(1+市场利率)^n} \quad (4\text{-}2)$$

其中,n 为债券期限;t 为付息期数。

上述债券发行价格的计算公式的基本原理是将债券的全部现金流按照债券发行时的市场利率进行贴现并求和。债券的全部现金流包括债券持续期间内各期的利息现金流与债券到期支付的面值现金流。

【例 4-5】

某公司发行面值为 1 000 元,票面年利率为 10%,期限为 10 年,每年年末付息的债券。在公司决定发行债券时,认为 10% 的利率是合理的。如果到债券正式发行时,市场上的利率发生变化,那么就要调整债券的发行价格。现按以下三种情况分别讨论:

(1) 资金市场上的利率保持 10% 不变,某公司债券则可采用平价发行。

债券的发行价格 = 1 000 × (P/F,10%,10) + 1 000 × 10% × (P/A,10%,10)

= 1 000 × 0.385 5 + 100 × 6.144 6

= 1 000(元)

(2) 资金市场上的利率达到12%,则应采用折价发行。

债券的发行价格 = $1\,000 \times (P/F, 12\%, 10) + 1\,000 \times 10\% \times (P/A, 12\%, 10)$
= $1\,000 \times 0.322 + 100 \times 5.6502$
= $887.02(元)$

也就是说,只有按887.02元的价格出售,投资者才会购买此债券,并获得12%的报酬。

(3) 资金市场上的利率下降到8%,则应采用溢价发行。

债券的发行价格 = $1\,000 \times (P/F, 8\%, 10) + 1\,000 \times 10\% \times (P/A, 8\%, 10)$
= $1\,000 \times 0.4632 + 100 \times 6.7101$
= $1\,134.21(元)$

也就是说,投资者把1 134.21元的资金投资于某公司面值为1 000元的债券,便可获得8%的报酬。

3. 债券评级

公司公开发行债券通常需要由债券评信机构评定等级。进行债券信用等级评定的原因主要有两个:第一,债券评级是度量违约风险的一个重要指标,债券的等级对于债务筹资的利率以及公司债务成本有着直接的影响。一般说来,资信等级高的债券,能够以较低的利率发行;资信等级低的债券,风险较大,只能以较高的利率发行。另外,许多机构投资者将投资范围限制在特定等级的债券之内。第二,债券评级方便投资者进行债券投资决策。对广大投资者尤其是中小投资者来说,由于受时间、知识和信息的限制,无法对众多债券进行分析和选择,因此需要专业机构对债券还本付息的可靠程度进行客观、公正和权威的评定,为投资者决策提供参考。

国际上流行的债券等级是3等9级。AAA级为最高级,AA级为高级,A级为上中级,BBB级为中级,BB级为中下级,B级为投机级,CCC级为完全投机级,CC级为最大投机级,C级为最低级。

根据中国人民银行的有关规定,凡是向社会公开发行的企业债券,需要由经中国人民银行认可的资信评级机构进行评信。这些机构对发行债券企业的企业素质、财务质量、项目状况、项目前景和偿债能力进行评分,以此评定信用级别。

4. 债券偿还

(1) 债券的偿还时间。

债券偿还时间按其实际发生与规定的到期日之间的关系,分为到期偿还、提前偿还与延期偿还三类。

① 到期偿还。到期偿还又可以分为分批偿还和一次偿还两种。

如果一个企业在发行同一种债券时,就已为不同编号或不同发行对象的债券规定了不同的到期日,那么,这种债券就是分批偿还债券。因为各批债券的到期日不同,它们各自的发行价格和票面利率也可能不相同,从而导致发行费较高。但由于这种债券便于投资人挑选最合适的到期日,因而便于发行。

另外一种就是最为常见的到期一次偿还的债券,既按发行所规定的还本时间在债券到期时一次全部偿还债券本金。

② 提前偿还。提前偿还又称提前赎回或收回,是指在债券尚未到期之前就予以偿还。只有在企业发行债券的契约中明确规定了有关允许提前偿还的条款,企业才可以进行此项操作。提前偿还所支付的价格通常要高于债券的面值,并随到期日的临近而逐渐下降。当企业资金有结余时,可提前赎回债券;当预测利率下降时,也可提前赎回债券,而后以较低的利率来发行新债券。

③ 延期偿还。在债券发行时就设置了延期偿还条款,赋予债券的投资者在债券到期后继续按原定利率持有债券直至一个指定日期或几个指定日期中一个日期的权利。这一条款对债券的发行人和购买者都有利,它在筹资人需要继续发债和投资人愿意继续购买债券时省去发行新债的麻烦,债券的持有人也可据此灵活地调整资产组合。

延期偿还有转期和转换两种形式。转期指将较早到期的债券换成到期日较晚的债券,实际上是将债务的期限延长。常用的办法有两种:一是直接以新债券兑换旧债券;二是用发行新债券得到的资金来赎回旧债券。转换通常指股份有限公司发行的债券可以按一定的条件转换成发行公司的股票。

(2) 债券的偿还方式。

债券的偿还方式是指在偿还债券时使用什么样的支付手段。可使用的支付手段包括现金、新发行的本公司债券(简称新债券)、本公司的普通股股票(简称普通股)和本公司持有的其他公司发行的有价证券(简称有价证券)。

① 现金偿还。由于现金是债券持有人最愿意接受的支付手段,因此这一形式最为常见。为了确保在债券到期时有足额的现金偿还债券,有时企业需要建立偿债基金。如果发行债券合同的条款中明确规定用偿债基金偿还债券,企业就必须每年都提取偿债基金,且不得挪作他用,以保护债券持有者的利益。

② 以新债券换旧债券,也被称为"债券的调换"。企业之所以要进行债券的调换,一般有以下几个原因:原有债券的契约中订有较多的限制条款,不利于企业的发展;把多次发行、尚未彻底偿清的债券进行合并,以减少管理费;有的债券到期,但企业现金不足。

③ 用普通股偿还债券。如果企业发行的是可转换债券,那么可通过转换变成普通股来偿还债券。

(3) 债券的付息。

以发行长期债券的方式筹资还需要考虑债券的付息,主要体现在利息率的确定、付息频率和付息方式这三个方面。

① 利息率的确定。利息率的确定有固定利率和浮动利率两种形式。浮动利率一般指由发行人选择一个基准利息率,按基准利息率水平在一定的时间间隔中对债务的利率进行调整。

② 付息频率。付息频率越高,资金流发生的次数越多,对投资人的吸引力越大。债券付息频率主要有按年付息、按半年付息、按季付息、按月付息和一次性付息(利随本清,贴现发行)五种。

③ 付息方式。付息方式有两种:一种是采取现金、支票或汇款的方式;另一种是采用息票债券的方式。付息方式多随付息频率而定,在一次性付息的情况下,或用现金或用支票;如果是贴现发行,发行人以现金折扣的形式出售债券,并不发生实际的付息行为;在分

次的情况下,记名债券的利息以支票或汇款的形式支付,不计名债券则按息票付息。

(三)债券筹资的优点和缺点

1. 债券筹资的优点

(1)筹资规模较大。债券属于直接融资,发行对象分布广泛,市场容量相对较大,且不受金融中介机构自身资产规模及风险管理的约束,可以筹集的资金数量也较多。

(2)具有长期性和稳定性。债券的期限可以比较长,且债券的投资者一般不能在债券到期之前向企业索取本金,因而债券筹资方式具有长期性和稳定性的特点。而采取长期借款筹资,往往会受到金融机构对长期借款的比例的限制。

(3)有利于资源优化配置。由于债券是公开发行的,是否购买债券取决于市场上众多投资者自己的判断,并且投资者可以方便地交易并转让所持有的债券,有助于加速市场竞争,优化社会资金的资源配置效率。

2. 债券筹资的缺点

(1)发行成本高。企业公开发行公司债券的程序复杂,需要聘请保荐人、会计师、律师、资产评估机构以及资信评级机构等中介,发行的成本较高。

(2)信息披露成本高。发行债券需要公开披露募集说明书及其引用的审计报告、资产评估报告、资信评级报告等多种文件。债券上市后也需要披露定期报告和临时报告,信息披露成本较高。同时也对企业的经营、财务等信息及其他商业机密的保密不利。

(3)限制条件多。发行债券的契约书中的限制条款通常比优先股及短期债务更为严格,可能会影响企业的正常发展和以后的筹资能力。

三、融资租赁筹资

融资租赁筹资是企业一种特殊的筹资方式,适用于各类企业。

(一)租赁的含义

租赁(leasing)是出租人以收取租金为条件,在契约或合同规定的期限内,将资产租借给承租人使用的一种经济行为。租赁行为在实质上具有借贷属性,但其直接涉及的是物而不是钱。在租赁业务中,出租人主要是各种专业租赁公司,承租人主要是其他各类企业,租赁物大多为设备等固定资产。

租赁活动由来已久。现代租赁已经成为企业筹集资产的一种方式,用于补充或部分替代其他筹资方式。在租赁业务发达的条件下,它为企业所普遍采用,是企业筹资的一种特殊方式。

(二)租赁的种类及特点

现代租赁的种类很多,通常按性质分为经营租赁和融资租赁两大类。

(1)经营租赁。经营租赁(operating leasing)又称营运租赁、服务租赁,是由出租人向承租企业提供租赁设备,并提供设备维修保养和人员培训等的服务性业务。经营租赁通常为短期租赁。承租企业采用经营租赁的目的主要不是融通资本,而是获得设备的短期使用以及出租人提供的专门技术服务。从承租企业无须先筹资再购买设备即可享有设备使用权的角度来看,经营租赁也有短期筹资的功效。

经营租赁的特点主要有:① 承租企业根据需要可随时向出租人提出租赁资产;② 租赁期较短,不涉及长期而固定的义务;③ 在设备租赁期内,如有新设备出现或不需要租入设备时,承租企业可按规定提前解除租赁合同,这对承租企业比较有利;④ 出租人提供专门服务;⑤ 租赁期满或合同中止时,租赁设备由出租人收回。

(2) 融资租赁。融资租赁(financing leasing)又称资本租赁、财务租赁,是由租赁公司按照承租企业的要求融资购买设备,并在契约或合同规定的较长期限内提供给承租企业使用的信用性业务,是现代租赁的主要类型。承租企业采用融资的主要目的是融通资本。一般融资的对象是资本,而融资租赁集融资与融物于一身,具有借贷的性质,是承租企业筹集长期借入资本的一种特殊方式。

融资租赁通常为长期租赁,可满足承租企业对设备的长期需求,故有时也称为资本租赁。主要特点有:① 一般由承租企业向租赁公司提出正式申请,由租赁公司融资购进设备租给承租企业使用;② 租赁期限较长,大多为设备使用年限的一半以上;③ 租赁合同比较稳定,在规定的租期内非经双方同意,任何一方不得中途解约,有利于维护双方的权益;④ 由承租企业负责设备的维修保养和投保事宜,但无权自行拆卸改装;⑤ 租赁期满时,按事先约定的办法处置设备,一般有续租、留购或退还三种选择,通常由承租企业留购。

(三) 融资租赁的方式

融资租赁按其业务的不同特点,可细分为三种具体方式。

(1) 直接租赁。直接租赁是融资租赁的典型形式,通常所说的融资租赁是指直接租赁形式。

(2) 售后租回。在这种形式下,制造企业按照协议先将其资产卖给租赁公司,再作为承租企业将所售资产租回使用,并按期向租赁公司支付租金。采用这种融资租赁形式,承租企业因出售资产而获得了一笔现金,同时因将其租回而保留了资产的使用权。这与抵押贷款有些相似。

(3) 杠杆租赁。杠杆租赁是国际上比较流行的一种融资租赁形式。它一般要涉及承租人、出租人和贷款人三方当事人。从承租人的角度来看,它与其他融资租赁形式并无区别,同样是按合同的规定,在租期内获得资产的使用权,按期支付租金。但对出租人而言,出租人只垫支购买资产所需现金的一部分(一般为 20%～40%),其余部分(为 60%～80%)则以该资产为担保向贷款人借款支付。因此,在这种情况下,租赁公司既是出租人又是借款人,既要收取租金又要偿还借款。这种融资租赁形式由于租赁收益一般大于借款成本支出,出租人可获得财务杠杆利益,故被称为杠杆租赁。

(四) 融资租赁的程序

(1) 选择租赁公司。企业决定采用租赁方式筹取某项设备时,首先需了解各租赁公司的经营范围、业务能力、资信情况,以及与金融机构(如银行)的关系,取得租赁公司的融资条件和租赁费率等资料,加以分析比较,择优选择。

(2) 办理租赁委托。企业选定租赁公司后,便可向其提出申请,办理委托。这时,承租企业需填写《租赁申请书》,说明所需设备的具体要求,同时还要向租赁公司提供财务状况文件,包括资产负债表、利润表和现金流量表等资料。

(3) 签订购货协议。由承租企业与租赁公司的一方或双方合作组织选定设备供应商,并与其进行技术和商务谈判,在此基础上签订购货协议。

(4) 签订租赁合同。租赁合同系由承租企业与租赁公司签订。它是租赁业务的重要文件,具有法律效力。融资租赁合同的内容可分为一般条款和特殊条款两部分。

一般条款主要包括:① 合同说明,主要明确合同的性质、当事人身份、合同签订的日期等;② 名词释义,解释合同中所使用的重要名词,以避免歧义;③ 租赁设备条款,详细列明设备的名称、规格型号、数量、技术性能、交货地点及使用地点等,这些内容亦应附表详列;④ 租赁设备交货、验收、使用条款;⑤ 租赁期限及起租日期条款;⑥ 租金支付条款,规定租金的构成、支付方式和货币名称,这些内容通常以附表的形式列为合同附件。

特殊条款主要规定:① 购货协议与租赁合同的关系;② 租赁设备的产权归属;③ 租赁期间不得退租;④ 对出租人和承租人的保障;⑤ 承租人违约责任及对出租人的补偿;⑥ 设备的使用和保管、维修、保障责任;⑦ 保险条款;⑧ 租赁保证金和担保条款;⑨ 租赁期满时对设备的处理条款等。

(5) 办理验货、付款与保险。承租企业按购货协议收到租赁设备时,要进行验收,验收合格后签发交货及验收证书,并提交租赁公司,租赁公司据以向供应商支付设备价款。同时,承租企业向保险公司办理投保事宜。

(6) 支付租金。承租企业在租期内按合同规定的租金数额、支付方式等,向租赁公司支付租金。

(7) 合同期满处置设备。融资租赁合同期满时,承租企业根据合同约定,对设备采取续租、退还或留购的处置方式。

(五)融资租赁的租金计划

在融资租赁筹资方式下,承租企业须按合同规定支付租金。租金的数额和支付方式对承租企业的未来财务状况具有直接的影响,因此是租赁筹资决策的重要依据。

1. 决定租金的因素

融资租赁每期支付租金的多少,主要取决于以下几个因素。

① 租赁设备的购置成本,包括设备的买价、运杂费和途中保险费等。

② 预计租赁设备的残值,是指设备租赁期满时预计残值的变现净值。

③ 利息,是指租赁公司为承租企业购置设备融资而应计的利息。

④ 租赁手续费,包括租赁公司承办租赁设备的营业费用以及一定的盈利。租赁手续费的高低一般无固定标准,通常由承租企业与租赁公司协商确定,按设备成本的一定比率计算。

⑤ 租赁期限。一般而言,租赁期限的长短会影响租金总额,进而影响到每期租金的数额。

⑥ 租金的支付方式。租金的支付方式也影响每期租金的多少,一般而言,租金支付次数越多,每次的支付额越小。支付租金的方式也有很多种:按支付间隔期,分为年付、半年付、季付和月付;按在期初还是在期末支付,分为先付和后付;按每次是否等额支付,分

为等额支付和不等额支付。实务中,承租企业与租赁公司商定的租金支付方式大多为后付等额年金。

2.融资租赁租金的测算方法

目前,国际上流行的租金计算方法主要有平均分摊法、等额年金法、附加率法、浮动利率法。在我国融资租赁实务中,大多采用平均分摊法和等额年金法。

① 平均分摊法。平均分摊法是指先以商定的利息率和手续费率计算出租赁期间的利息和手续费,然后连同设备成本按支付次数平均。这种方法没有充分考虑货币时间价值因素。每次应付租金的计算公式可表示为:

$$A=\frac{(C-S)+I+F}{N} \tag{4-3}$$

其中,A 表示每次支付的租金;C 表示租赁设备购置成本;S 表示租赁设备预计残值;I 表示租赁期间利息;F 表示租赁期间手续费;N 表示租期。

【例 4-6】

某企业于 2019 年 1 月 1 日从租赁公司租入一套设备,价值 50 万元,租期为 5 年,预计租赁期满时的残值为 1.5 万元,归租赁公司,年利率 9%,租赁手续费率为设备价值的 2%。租金每年末支付一次。该套设备租赁每次支付租金可计算如下:

$$\frac{(50-1.5)+[50\times(1+9\%)^5-50]+50\times 2\%}{5}=15.29(万元)$$

② 等额年金法。等额年金法是指运用年金现值的计算原理测算每期应付租金的方法。在这种方法下,通常以资本成本率作为折现率。

根据本书第三章后付年金现值的计算公式,经推导可得到后付等额租金方式下每年末支付租金的计算公式为:

$$A=\frac{C-S\times(P/F,i,n)}{(P/A,i,n)} \tag{4-4}$$

其中,A 表示每年支付的租金;C 表示租赁设备购置成本;S 表示租赁设备预计残值;$(P/F,i,n)$ 为复利现值系数;$(P/A,i,n)$ 表示等额租金现值系数,即年金现值系数;n 表示支付租金期数;i 表示资本成本率。

【例 4-7】

根据例 4-6 的资料,假定设备残值归属承租企业,资本成本率为 11%,则承租企业每年末支付的租金为:

$$\frac{50-1.5(P/F,11\%,5)}{(P/A,11\%,5)}=\frac{50-1.5\times 0.593}{3.696}=12.64(万元)$$

此例如果为先付等额租金方式,则每年初支付租金为:

$$\frac{50-1.5(P/F,11\%,4)}{(P/A,11\%,4)+1}=\frac{50-1.5\times 0.659}{3.102+1}=11.94(万元)$$

6.融资租赁筹资的优缺点

对承租企业而言,融资租赁是一种特殊的筹资方式。通过融资租赁,企业不必预先筹措一笔相当于设备价款的现金,即可获得需用的设备。因此,与其他筹资方式相比,融资租赁筹资有其特有的优缺点。

(1) 融资租赁筹资的优点。

① 融资租赁能够迅速获得所需资产。融资租赁集融资与融物于一身，一般要比先筹措现金再购置设备来得更快，可使企业尽快形成生产经营能力。

② 融资租赁的限制条件较少。企业运用股票、债券、长期借款等筹资方式，都受到相当多的资格条件的限制，相比之下，租赁筹资的限制条件很少。

③ 融资租赁可以免遭设备陈旧过时的风险。随着科学技术的不断进步，设备陈旧过时风险很大，而多数租赁协议规定这种风险由出租人承担，承租企业不必承担。

④ 融资租赁的全部租金通常在整个租期内分期支付，可以适当降低不能偿付的风险。

⑤ 融资租赁的租金费用允许在所得税前扣除，承租企业能够享受节税利益。

(2) 融资租赁筹资的缺点。融资租赁筹资也有其不足之处，主要是：租赁筹资的成本较高，租金总额通常要比设备价值高出30%；承租企业在财务困难时期，支付固定的租金也将成为一项沉重的负担；另外，采用租赁筹资方式如不能享有设备残值，也可视为承租企业的一种机会成本。

第四节　混合筹资

前面分别介绍了长期债务性筹资和股权性筹资，本节讲述混合性筹资。混合性筹资通常包括发行优先股筹资和可转换债券筹资。

一、优先股筹资

我国现行的《公司法》没有涉及优先股。根据党的十八届三中全会关于全面推进金融改革、完善金融市场体系的精神，国务院于2013年12月30日发布《关于开展优先股试点的指导意见》，证监会于2014年3月21日发布《优先股试点管理办法》，2014年4月3日印发《关于商业银行发行优先股补充一级资本的指导意见》，对公司发行优先股做出规范。按照证监会的《优先股试点管理办法》，上市公司可以公开发行优先股。

(一) 优先股的特点

优先股是相对普通股而言的，是较普通股具有某些优先权利，同时也受到一定限制的股票。优先股的股东在分配股利和分配公司剩余财产等方面享有优先权利，其风险较小。具体的优先条件须由公司章程予以明确规定。

优先股与普通股在某些特征上具有共性，如优先股亦无到期日，公司运用优先股所筹资本亦属股权资本。但是，它又具有公司债券的某些特征。因此，优先股被视为一种混合性证券。

与普通股相比，优先股主要具有如下特点。

(1) 优先分配固定的股利。优先股股东通常优先于普通股股东分配股利,且其股利一般是固定的,受公司经营状况和盈利水平的影响较小。所以,优先股类似固定利息的债券。

(2) 优先分配公司的剩余财产。当公司因解散、破产等进行清算时,优先股股东将优先于普通股股东分配公司的剩余财产。

(3) 优先股股东一般无表决权。在公司股东大会上,优先股股东一般没有表决权,通常也无权参与公司的经营管理,仅在涉及优先股股东权益问题时享有表决权。因此,优先股股东不大可能控制整个公司。

(4) 优先股可由公司赎回。发行优先股的公司,按照公司章程的有关规定,根据公司的需要,可以一定的方式将所发行的优先股购回,以调整公司的资本结构。

(二) 优先股的种类

优先股按其具体的权利不同,还可进一步分类。

(1) 优先股按股利是否累积支付,可分为累积优先股和非累积优先股。累积优先股是指公司过去年度未支付股利可以累积计算由以后年度的利润补足付清。非累积优先股则没有这种需求补付的权利。累积优先股比非累积优先股具有更大的吸引力,其发行也较为广泛。

(2) 优先股按股利是否分配额外股利,可分为参与优先股和非参与优先股。当企业利润增大,除享受既定比率的利息外,还可以跟普通股共同参与利润分配的优先股,称为"参与优先股"。除了既定股息,不再参与利润分配的优先股,称为"非参与优先股"。一般来讲,参与优先股较非参与优先股对投资者更为有利。

参与优先股的持有人可按规定的条件和比例将其持有的优先股转换为公司的普通股或公司债券。这种参与优先股能够增加筹资和投资双方的灵活性,在国外比较流行。不具有这种转换权的优先股,则属于非参与优先股。

(3) 优先股按公司可否赎回,可分为可赎回优先股和不可赎回优先股。可赎回优先股是指发行股票的公司出于减轻股利负担的目的,可按规定以原价购回的优先股。公司不能购回的优先股,则属于不可赎回优先股。

(三) 公开发行优先股的条件

1. 上市公司公开发行优先股的基本条件

(1) 最近 3 个会计年度实现的年均可分配利润应当不少于优先股 1 年的股息。

(2) 最近 3 年现金分红情况应当符合公司章程及中国证监会的有关监管规定。

(3) 报告期不存在重大会计违规事项。

(4) 已发行的优先股不得超过公司普通股股份总数的 50%,且筹资金额不得超过发行前净资产的 50%(已回购、转换的优先股不纳入计算)。

2. 上市公司公开发行优先股的特别规定

上市公司公开发行优先股,应当符合以下情形之一:

(1) 其普通股为上证 50 指数成份股;

(2) 以公开发行优先股作为支付手段收购或吸收合并其他上市公司;

（3）以减少注册资本为目的回购普通股的，可以公开发行优先股作为支付手段，或者在回购方案实施完毕后，可公开发行不超过回购减资总额的优先股；

（4）最近3个会计年度应当连续盈利，扣除非经常性损益后的净利润与扣除前的净利润相比，以较低者作为计算依据。

中国证监会核准公开发行优先股后不再符合本条第（1）项情形的，上市公司仍可实施本次发行。

上市公司公开发行优先股应当在公司章程中规定以下事项：

（1）采取固定股息率；

（2）在有可分配税后利润的情况下必须向优先股股东分配股息；

（3）未向优先股股东足额派发股息的差额部分应当累积到下一会计年度；

（4）优先股股东按照约定的股息率分配股息后，不再同普通股股东一起参加剩余利润分配。

商业银行发行优先股补充资本的，可就第（2）项和第（3）项事项另行约定。

（5）上市公司公开发行优先股的，可以向原股东优先配售。

（6）最近36个月内因违反工商、税收、土地、环保、海关法律、行政法规或规章，受到行政处罚且情节严重的，不得公开发行优先股。

（7）公司及其控股股东或实际控制人最近12个月内应当不存在违反向投资者做出的公开承诺的行为。

3. 其他规定

（1）优先股每股票面金额为100元。

优先股发行价格和票面股息率应当公允、合理、不得损害股东或其他利益相关方的合法利益，发行价格不得低于优先股票面金额。

公开发行优先股的价格或票面股息率以市场询价或证监会认可的其他公开方式确定。非公开发行优先股的票面股息率不得高于最近两个会计年度的年均加权平均净资产收益率。

（2）上市公司不得发行可转换为普通股的优先股。但商业银行可根据商业银行资本监管规定，非公开发行触发事件发生时强制转换为普通股的优先股，并遵守有关规定。

（3）上市公司非公开发行优先股仅向本办法规定的合格投资者发行，每次发行对象不得超过200人，且相同条款优先股的发行对象累计不得超过200人。

发行对象为境外战略投资者的，还应当符合国务院相关部门的规定。

（四）优先股的筹资成本

从投资者来看，优先股投资的风险比债券大。当企业面临破产时，优先股的求偿权低于债权人。在公司财务困难的时候，债务利息会被优先支付，优先股股利则其次。因此，同一公司的优先股股东要求的必要报酬率比债权人的高。同时，优先股投资的风险比普通股低。当企业面临破产时，优先股股东的求偿权优先于普通股股东。在公司分配利润时，优先股股息通常固定且优先支付，普通股股利只能最后支付。因此，同一公司的优先股股东要求的必要报酬率比普通股股东的低。

(五) 优先股筹资的优缺点

公司利用优先股筹集长期资本,与普通股和其他筹资方式相比有其优点,也有一定的缺点。

1. 优先股筹资的优点

(1) 优先股一般没有固定的到期日,不用偿付本金。发行优先股筹集资本,实际上相当于得到一笔无限期的长期贷款,公司不承担还本义务,也无须再做筹资计划。对可赎回优先股,公司可在需要时按一定价格购回,这就使得利用这部分资本更具有弹性。在财务状况较差时发行优先股,又在财务状况转好时购回,有利于结合资本需求加以调剂,同时也便于掌握公司的资本结构。

(2) 优先股的股利既有固定性,又有一定的灵活性。一般而言,优先股都采用固定股利,但对固定股利的支付并不构成公司的法定义务。如果公司财务状况不佳,可以暂时不支付优先股股利,即使如此,优先股持有者也不能像公司债权人那样迫使公司破产。

(3) 保持普通股股东对公司的控制权。当公司既想向社会增加筹集股权资本,又想保持原有普通股股东的控制权时,利用优先股筹资尤为恰当。

(4) 从法律上讲,优先股股本属于股权资本,发行优先股筹资能够增强公司的股权资本基础,提高公司的举债能力。

2. 优先股筹资的缺点

(1) 优先股的资本成本虽低于普通股,但一般高于债券。

(2) 优先股筹资的制约因素较多。例如,为了保证优先股的固定股利,当企业盈利不多时,普通股就可能分不到股利。

(3) 可能形成较重的财务负担。优先股要求支付固定股利,但不能在税前扣除,当盈利下降时,优先股的股利可能会成为公司一项较重的财务负担,有时不得不延期支付,从而影响公司的形象。

二、附认股权证债券筹资

(一) 认股权证的特点

认股权证是由股份有限公司发行的可认购其股票的一种买入期权。它赋予持有者在一定期限内以事先约定的价格购买发行公司一定数量股份的权利。

对于筹资公司而言,发行认股权证是一种特殊的筹资手段。认股权证本身含有期权条款,其持有者在认购股份之前,对发行公司既不拥有债权也不拥有股权,而只是拥有股票认购权。尽管如此,发行公司可以通过发行认股权证筹得现金,还可用于公司成立时对承销商的一种补偿。

认股权证的特点有:

(1) 权证的持有者有权利而无义务;

(2) 风险有限,可控性强;

(3) 权证为投资者提供了杠杆效应;

(4) 结构简单、交易方式单一;

(5) 权证的发行不涉及发行新股或配股。

(二) 发行认股权证的目的

(1) 在公司发行新股时,为避免原有股东每股收益和股价被稀释,给原有股东配发一定数量的认股权证,使其可以按优惠价格认购新股,或直接出售认股权证,以弥补新股发行的稀释损失。

(2) 作为奖励发给本公司的管理人员。

(3) 作为筹资工具,认股权证与公司债券同时发行,用来吸引投资者购买票面利率低于市场要求的长期债券。

我们本章主要讨论筹资的问题,因此重点讨论附认股权证的债券发行。

(三) 发行附认股权证债券的条件

《上市公司证券发行管理办法》规定,上市公司可以公开发行认股权和债券分离交易的可转换公司债券(简称分离交易的可转换公司债券)。

附认股权证债券指公司债券附有认股权证,持有人依法享有在一定时间内按约定价格(执行价格)认购公司股票的权利,是债券加上认股权证的产品组合。附认股权证债券可以分为"分离型"与"非分离型",以及"现金汇入型"与"抵缴型"。"分离型"指认股权凭证与公司债券可以分开,单独在流通市场上自由买卖;"非分离型"指认股权无法与公司债券分开,两者存续期限一致,同时流通转让,自发行至交易均合二为一,不得分开转让。"非分离型"附认股权证公司债券近似于可转债。"现金汇入型"指当持有人行使认股权利时,必须再拿出现金来认购股票;"抵缴型"则指公司债票面金额本身可按一定比例直接转股,如现行可转换公司债的方式。把"分离型""非分离型"与"现金汇入型""抵缴型"进行组合,我们可以得到不同的产品类型。

发行分离交易的可转换公司债券,除了满足发行债券的一般条件,还应符合下列条件:

(1) 公司最近一期期末经审计的净资产不低于人民币15亿元;

(2) 最近3个会计年度实现的年均可分配利润不少于公司债券1年的利息;

(3) 最近3个会计年度经营活动产生的现金流量净额平均不少于公司债券1年的利息,但符合"最近3个会计年度加权平均净资产收益率平均不低于6%(扣除非经常性损益后的净利润与扣除前的净利润相比,以低者作为加权平均净资产收益率的计算依据)"条件的公司除外;

(4) 本次发行后累计公司债券总额不超过最近一期期末净资产额的40%,预计所附认股权全部行权后募集的资金总量不超过拟发行公司债券金额。

(四) 附认股权证债券筹资的优点和缺点

附认股权证债券筹资的主要优点是,发行附认股权证债券可以起到一次发行、二次融资的作用,而且可以有效降低融资成本。该债券的发行人主要是高速增长的小公司,这些公司有较高的风险,直接发行债券需要较高的票面利率。发行附认股权证债券,是以潜在的股权稀释为代价换取较低的利息。

附认股权证债券筹资的主要缺点是灵活性较差。相对于可转换债券,发行人一直都有偿还本息的义务,因无赎回和强制转股条款,从而在市场利率大幅降低时,发行人需要承担一定的机会成本。附认股权证债券的发行者,主要目的是发行债券而不是股票,是为了发债而附带期权。认股权证的执行价格,一般比发行时的股价高出20%～30%。如果将来公司发展良好,股票价格会大大超过执行价格,原有股东也会蒙受较大损失。此外,附认股权证债券的承销费用通常高于债务融资。

三、可转换债券筹资

(一) 可转换债券的特点

可转换债券也称为可转债,是指由公司发行并规定债券持有人在一定期限内按约定的条件可将其转换为发行公司普通股的债券。

从筹资公司的角度看,发行可转换债券具有债务和股权筹资的双重属性,属于一种混合性筹资。利用可转换债券筹资,发行公司赋予可转换债券的持有人将其转换为该公司股票的权利。因而,对发行公司而言,在可转换债券转换之前需要定期向持有人支付利息。如果在规定的转换期限内,持有人未将可转换债券转换为股票,发行公司还需要到期偿付债券本金,在这种情况下,可转换债券筹资与普通债券筹资相似,具有债务筹资的属性。如果在规定的转换期限内,持有人将可转换债券转换为股票,则发行公司将债券负债转化为股东权益,从而具有股权筹资的属性。

(二) 可转换债券的发行资格与条件

根据国家有关规定,上市公司和重点国有企业具有发行可转换债券的资格,但应经省级政府或者国务院有关企业主管部门推荐,报证监会审批。《上市公司证券发行管理办法》规定,上市公司发行可转换债券,除了满足发行债券的一般条件,还应符合下列条件:

(1) 最近3个会计年度加权平均净资产收益率平均不低于6%。扣除非经常性损益后的净利润与扣除前的净利润相比,以低者作为加权平均净资产收益率的计算依据。

(2) 本次发行后累计公司债券总额不超过最近一期期末净资产额的40%。

(3) 最近3个会计年度实现的年均可分配利润不少于公司债券1年的利息。

(三) 可转换债券的主要条款

1. 可转换性

可转换债券,可以转换为特定公司的普通股。这种转换,在资产负债表上只是负债转换为普通股,并不增加额外的资本。

2. 转换价格和转换比率

可转换债券发行之时,明确了以怎样的价格转换为普通股,这一规定的价格就是可转换债券的转换价格(也称转股价格),即转换发生时投资者为取得普通股每股所支付的实际价格。转换价格通常比发行时的股价高出20%～30%。

转换比率是债权人将一份债券转换成普通股可获得的普通股股数。可转换债券的面值、转换价格、转换比率之间存在下列关系:

$$\text{转换价格} = \frac{\text{债券面值}}{\text{转换比率}} = \frac{\text{债券面值}}{\text{收到的股票数}} \quad (4-5)$$

【例4-9】

A公司20×1年发行了12.5亿元可转换债券,其面值1 000元,年利率为4.75%,10年到期。转换可以在此前的任何时候进行,转换比率为6.41。其转换价格可以计算出来:

$$\text{转换价格} = 1\,000/6.41 = 156.01(\text{元})$$

这就是说,为了取得A公司的1股股票,需要放弃金额为156.01元的债券面值。

3. 转换期

转换期是指可转换债券转换为股份的起始日至结束日的期间。可转换债券的转换期可以与债券的期限相同,也可以短于债券的期限。超过转换期后的可转换债券,不再具有转换权,自动成为不可转换债券(或普通债券)。

我国《上市公司证券发行管理办法》规定,自发行结束之日起6个月后方可转换为公司股票,转股期限由公司根据可转换公司债券的存续期限及公司财务状况决定。

4. 赎回条款

赎回条款是可转换债券的发行企业可以在债券到期日之前提前赎回债券的规定。赎回条款包括下列内容。

(1) 不可赎回期。不可赎回期是可转换债券从发行时开始,不能被赎回的那段期间。设立不可赎回期的目的,在于保护债券持有人的利益,防止发行企业通过滥用赎回权,促使债券持有人及早转换债券。不过,并不是每种可转换债券都设有不可赎回条款。

(2) 赎回期。赎回期是可转换债券的发行公司可以赎回债券的期间。赎回期安排在不可赎回期之后,不可赎回期结束之后,即进入可转换债券的赎回期。

(3) 赎回价格。赎回价格是事前规定的发行公司赎回债券的出价。赎回价格一般高于可转换债券的面值,两者之差为赎回溢价。赎回溢价随债券到期日的临近而减少。例如,一种20×1年1月1日发行,面值100元,期限5年,不可赎回期为3年,赎回期为2年的可赎回债券,规定到期前1年(即20×4年)的赎回价格为110元,到期年度(即20×5年)的赎回价格为105元。

(4) 赎回条件。赎回条件是对可转换债券发行公司赎回债券的情况要求,即需要在什么样的情况下才能赎回债券。赎回条件分为无条件赎回和有条件赎回。无条件赎回是在赎回期内发行公司可随时按照赎回价格赎回债券。有条件赎回是对赎回债券有一些条件限制,只有在满足了这些条件之后才能由发行公司赎回债券。发行公司在赎回债券之前,要向债券持有人发出通知,要求他们在"将债券转换为普通股"与"卖给发行公司(即发行公司赎回)"之间做出选择。一般而言,债券持有人会将债券转换为普通股。可见,设置赎回条款是为了促使债券持有人转换股份,因此又被称为加速条款;同时也能使发行公司避免市场利率下降后,继续向债券持有人按较高的债券票面利率支付利息所蒙受的损失。

5. 回售条款

回售条款是在可转换债券发行公司的股票价格达到某种恶劣程度时,债券持有人有权按照约定的价格将可转换债券卖给发行公司的有关规定。回售条款也具体包括回售时间、回售价格等内容。设置回售条款是为了保护债券投资人的利益,使他们能够避免遭受过大的投资损失,从而降低投资风险。合理的回售条款,可以使投资者具有安全感,因而有利于吸引投资者。

6. 强制性转换条款

强制性转换条款是在某些条件具备之后,债券持有人必须将可转换债券转换为股票,无权要求偿还债券本金的规定。设置强制性转换条款,是为了保证可转换债券顺利地转换成股票,实现发行公司扩大权益筹资的目的。

(四) 可转换债券筹资的优缺点

1. 可转换债券筹资的优点

(1) 与普通债券相比,可转换债券使得公司能够以较低的利率取得资金。债权人同意接受较低利率的原因是有机会分享公司未来发展带来的收益。可转换债券的票面利率低于同一条件下的普通债券的利率,降低了公司前期的筹资成本。与此同时,它向投资人提供了转为股权投资的选择权,使之有机会转为普通股并分享公司更多的收益。值得注意的是,可转换债券转换成普通股后,其原有的低息优势将不复存在,公司要承担普通股的筹资成本。

(2) 与普通股相比,可转换债券使得公司取得了以高于当前股价出售普通股的可能性。有些公司本来是想要发行股票而不是债务,但是认为当前其股票价格太低,为筹集同样的资金需要发行更多的股票。为避免直接发行新股而遭受损失,才通过发行可转换债券变相发行普通股。因此,在发行新股时机不理想时,可以先发行可转换债券,然后通过转换实现较高价格的股权筹资。这样做不至于因为直接发行新股而进一步降低公司股票市价;而且因为转换期较长,即使在将来转换股票时,对公司股价的影响也较温和,从而有利于稳定公司股价。

2. 可转换债券筹资的缺点

(1) 股价上涨风险。虽然可转换债券的转换价格高于其发行时的股票价格,但如果转换时股票价格大幅上涨,公司只能以较低的固定转换价格换出股票,会降低公司的股权筹资额。

(2) 股价低迷风险。发行可转换债券后,如果股价没有达到转股所需要的水平,可转换债券持有者没有如期转换普通股,则公司只能继续承担债务。在订有回售条款的情况下,公司短期内集中偿还债务的压力会更明显。尤其是有些公司发行可转换债券的目的是筹集权益资本,股价低迷使其原定目的无法实现。

(3) 筹资成本高于普通债券。尽管可转换债券的票面利率比普通债券低,但是加入转股成本之后的总筹资成本比普通债券要高。

(五) 可转换债券和附认股权证债券的区别

(1) 可转换债券在转换时只是报表项目之间的变化,没有增加新的资本;附认股权证债券在认购股份时给公司带来新的权益资本。

(2) 灵活性不同。可转换债券允许发行者规定可赎回条款、强制转换条款等,种类较多,而附认股权证债券的灵活性较差。

(3) 适用情况不同。发行附认股权证债券的公司,比发行可转换债券的公司规模小、风险更高,往往是新的公司启动新的产品。对这类公司,潜在的投资者缺乏信息,很难判断风险的大小,也就很难设定合适的利率。为了吸引投资者,他们有两种选择,一个是设定很高的利率,承担高成本;另一个选择是采用期权与债权捆绑,向投资者提供潜在的升值可能性,适度抵消遭受损失的风险。

附认股权证债券的发行者,主要目的是发行债券而不是股票,是为了发债而附带期权,只是因为当前利率要求高,希望通过捆绑期权吸引投资者以降低利率。可转换债券的发行者,主要目的是发行股票而不是债券,只是因为当前股价偏低,希望通过将来转股以实现较高的股票发行价。

(4)两者的发行费用不同。可转换债券的承销费用与普通债券类似,而附认股权证债券的承销费用介于债务融资和普通股融资之间。

【自我检测】

知识拓展

一、名词解释

长期筹资　权益性筹资　债务性筹资　混合性筹资　内部筹资
外部筹资　股票　普通股　配股　公司债券　融资租赁　优先股
附认股权证债券　可转换债券

二、问答题

1. 试说明发行普通股筹资的优缺点。
2. 试说明发行公司债券筹资的优缺点。
3. 试说明长期借款筹资的优缺点。
4. 试说明融资租赁筹资的优缺点。

第五章　资本成本

【知识导图】

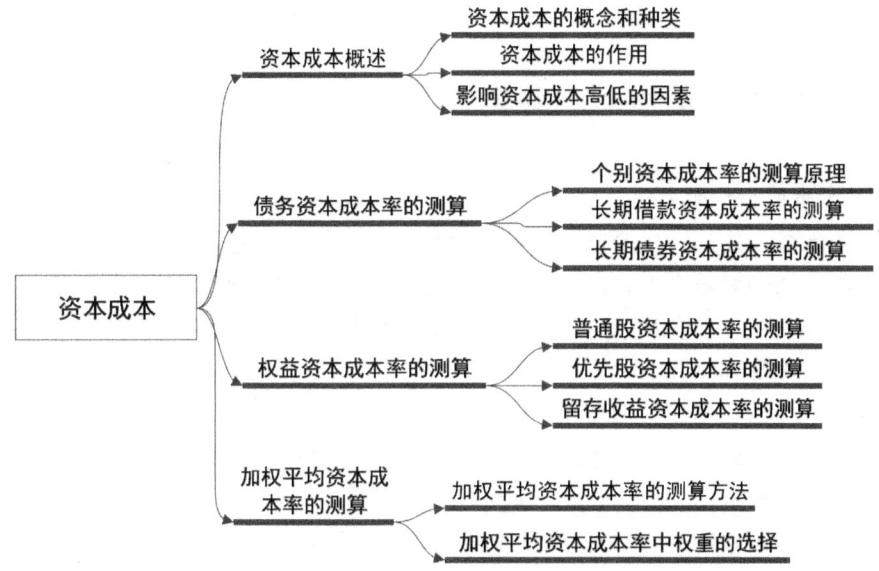

【学习目标】

1. 理解资本成本概念、内容及作用；
2. 理解影响资本成本高低的因素；
3. 掌握债务资本成本率、权益资本成本率的计算方法；
4. 掌握加权平均资本成本率的计算方法。

一家企业的主要目标是实现股东价值最大化。实现这一目标的主要方法是投资于回报超过其资本成本的项目。

【案例导入】

在民间借贷中，高利贷普遍存在，往往是20%～30%的利率，在他们看来，10 000元的钱三年以后就是20 000多元的钱。可见老百姓对资本成本都有一定的认识。相反，在股市上，权益资本成本的观念非常淡薄，因为大多数人都认为，股东的钱是白拿的，是根本不需要偿还的，因此也就更谈不上什么资本成本了。

第一节 资本成本概述

资本成本是企业筹资管理的重要依据,也是企业资本结构决策的基本因素之一。本章着重从企业长期资本的角度,阐述资本成本的概念、种类、作用,以及影响资本成本高低的因素。

一、资本成本的概念和种类

(一)资本成本的概念

资本成本(cost of capital)是企业筹集和使用资本而承付的代价。如筹资公司向银行支付的借款利息和向股东支付的股利等。这里的资本是指企业筹集的长期资本,包括股权资本和长期债务资本。从投资者的角度看,资本成本也是投资者要求的必要报酬率或最低可接受的报酬率。

资本成本包括使用资本的费用和筹集资本的费用两部分:

(1)用资费用是指企业在生产经营和对外投资活动中因使用资本而承付的费用,如向债权人支付的利息、向股东分配的股利等。用资费用是资本成本的主要部分。长期资本的用资费用是经常性的,并随使用资本数量的多少和时期的长短而变动,因而属于变动性资本成本。

(2)筹资费用是指企业在筹集资本活动中为获得资本而付出的费用,如向银行支付的借款手续费,因发行股票、债券而支付的发行费用等。筹资费用与用资费用不同,它通常在筹资时一次性全部支付,在获得资本后的用资过程中不再发生,因而属于固定性资本成本,可视为对筹资额的一项扣除。

(二)资本成本的种类

在企业筹资实务中,通常用资本成本的相对数,即资本成本率。资本成本率是指企业用资费用与有效筹资额之间的比率,通常用百分比来表示。一般而言,资本成本率包括:(1)个别资本成本率。个别资本成本率是指企业各种长期资本的成本率。例如,股票资本成本率、债券资本成本率、长期借款资本成本率。企业在比较各种筹资方式时,需要使用个别资本成本率。(2)综合资本成本率。综合资本成本率是指企业全部长期资本的成本率。企业在进行长期资本结构决策时,可以利用综合资本成本率。

二、资本成本的作用

资本成本是企业筹资管理的一个重要概念,国际上将其视为一项财务标准。资本成本对于企业筹资管理、投资管理,乃至整个财务管理和经营管理都有重要的作用。

(1) 资本成本是选择筹资方式、进行资本结构决策的依据。

个别资本成本率是企业选择筹资方式的依据。一个企业长期资本的筹集往往有多种筹资方式可供选择,包括长期借款、发行债券、发行股票等。这些长期筹资方式的个别资本成本率的高低不同,可作为比较、选择各种筹资方式的一个依据。

综合资本成本率是企业进行资本结构决策的依据。企业的全部长期资本通常是由多种长期资本筹资类型的组合构成的。企业长期资本的筹资有多个组合方案可供选择。不同筹资组合的综合资本成本率的高低,可以作为比较各个筹资组合方案做出资本结构决策的一个依据。

(2) 资本成本是评价投资项目、比较投资方案和进行投资决策的经济标准。

一般而言,一个投资项目,只有当其投资报酬率高于其资本成本率时,在经济上才是合理的;否则,该项目将无利可图,甚至会发生亏损。因此,国际上通常将资本成本率视为一个投资项目必须赚得的最低报酬率或必要报酬率,视为是否采纳一个投资项目的取舍率,作为比较、选择投资方案的一个经济标准。

在企业投资评价分析中,可以将资本成本率作为折现率,用于测算各个投资方案的净现值和现值指数,以比较、选择投资方案,进行投资决策。

(3) 资本成本可以作为评价企业整体经营业绩的基准。

企业的整体经营业绩可以用企业全部投资的利润率来衡量,并与企业全部资本的成本率相比较。如果利润率高于成本率,可以认为企业经营有利;反之,如果利润率低于成本率,则可认为企业经营不利,业绩不佳,需要改善经营管理,提高企业全部资本的利润率和降低成本率。

三、影响资本成本高低的因素

1. 资金时间价值

资金时间价值是资本成本的一个重要组成部分。资本所有者从资本使用者(企业)那里所获得的报酬中包含资金时间价值,企业使用资本获得的报酬至少应能补偿资金时间价值。一般而言,使用资本的时间越长,时间价值越大,资本成本也就越高。

2. 风险价值

风险价值是资本成本的另一重要组成部分。资本使用者信用的好坏、运用资本投资的风险大小等直接影响到资本所有者的风险,因而其要求的风险报酬高低直接影响到企业使用资本的成本。一般认为,信用等级越高,信誉越好的企业的风险越小,投资者所要求的风险报酬也越小,从而会降低企业的资本成本。

3. 通货膨胀水平

物价上涨会影响到利率水平从而增加资本所有者对报酬的期望,结果直接影响到资本成本的高低。一般情况下,通货膨胀率越高,资本成本越高。

4. 所得税率高低

由于债务的利息可以在税前列支,因而所得税率的高低直接影响运用负债筹资的企业的资本成本大小。所得税率高,企业负担的资本成本就低;反之,如果所得税率较低,则企业实际负担的资本成本就高。

5. 信息的不完全和不对称性

资本成本中筹集资本的成本和使用资本的成本在个别资本成本中的比例与经济的市场化程度有密切的关系。在市场经济不发达、金融市场发育不成熟时,由于信息的不完全(收集信息本身需要付出代价)和不对称性,会导致信息成本和交易成本上升,从而资本成本中的筹资成本较高。相反,如果市场经济特别是金融市场、信息传递相当发达时,则筹资成本中的信息成本和交易成本会有所下降。

第二节 债务资本成本率的测算

一、个别资本成本率的测算原理

一般而言,个别资本成本率是企业用资费用与有效筹资额的比率。其基本的测算公式表示为:

$$K=\frac{D}{P-F} \quad 或 \quad K=\frac{D}{P(1-f)} \tag{5-1}$$

其中,K 表示资本成本率,以百分比表示;D 表示用资费用额;P 表示筹资额;F 表示筹资费用额;f 表示筹资费用率,即筹资费用额与筹资额的比率。由此可见,个别资本成本率的高低取决于三个因素,即用资费用额、筹资费用额和筹资额。

(1) 用资费用额是决定个别资本成本率高低的一个主要因素。在其他两个因素不变的情况下,某种资本的用资费用高,其成本率就高;反之,用资费用低,其成本率就低。

(2) 筹资费用额也是影响个别资本成本率高低的一个因素。一般而言,发行债券和股票的筹资费用较高,其资本成本率较高;而其他筹资方式的筹资费用较低,其资本成本率较低。

(3) 筹资额是决定个别资本成本率高低的另一个主要因素。在其他两个因素不变的情况下,某种资本的筹资额越高,其成本率越低;反之,筹资额越低,其成本率越高。

此外,公式(5-1)及其分母 $P-F$ 还需说明以下三点:

第一,筹资费用额 F 是一次性费用,属于固定性资本成本。它不同于经常性的用资费用额 D,后者属于变动性资本成本。

第二,筹资费用是筹资时即付的,可视作对筹资额的一项扣除,即筹资净额或有效筹资额为 $P-F$。

第三,用 $D\div(P-F)$ 而不是 $D\div P$,表明资本成本率与利息率在含义上和数量上的差别。

二、长期借款资本成本率的测算

长期债务资本成本率一般有长期借款资本成本率和长期债券资本成本率两种。根据《中华人民共和国企业所得税法》的规定,企业债务的利息允许从税前利润中扣除,从而可以抵免企业所得税。因此,企业实际负担的债务资本成本率应当考虑所得税因素,即

$$K_l = R_d(1-T)$$

其中,K_l 表示资本成本率,亦称税后债务资本成本率;R_d 表示企业债务利息率,亦称税前债务资本成本率;T 表示企业所得税税率。

在企业债务筹资实务中,可能出现一些较为复杂的情况,如债务利息的结算次数、债务面值与到期值不一致,企业信用或债券等级差别导致债权人风险不同等,需要根据具体情况测算其资本成本率。

(1)长期借款资本成本率的测算。企业长期借款资本成本率可按下列公式测算:

$$K_l = \frac{I_l(1-T)}{L(1-f_l)} \tag{5-2}$$

其中,K_l 表示长期借款资本成本率;I_l 表示长期借款年利息额;L 表示长期借款筹资额,即借款本金;f_l 表示长期借款筹资费用率,即借款手续费率;T 表示所得税税率。

【例 5-1】

A 公司欲从银行取得一笔长期借款 2 000 万元,手续费率 1%,年利率 4%,期限 3 年,每年结息一次,到期一次还本。公司所得税税率为 25%,则这笔借款的资本成本率为多少?

$$K_l = \frac{2\,000 \times 4\% \times (1-25\%)}{2\,000 \times (1-1\%)} = 3.03\%$$

相对而言,企业借款的筹资费用很少,可以忽略不计。这时,长期借款资本成本率的计算公式为:

$$K_l = R_l(1-T) \tag{5-3}$$

其中,R_l 表示借款利息率,其他符号含义同前。

【例 5-2】

根据例 5-1 的资料,但不考虑借款手续费,则这笔借款的资本成本率为多少?

$$K_l = 4\% \times (1-25\%) = 3\%$$

在借款合同附加补偿性余额条款的情况下,企业可动用的借款筹资额应扣除补偿性余额,这时借款的实际率和资本成本率将会上升。

【例 5-3】

A 公司欲从银行取得一笔长期借款 2 000 万元,年利率 4%,期限 3 年,每年结息一次,到期一次还本。银行要求的补偿性余额所占比例为 20%。公司所得税税率为 25%,这笔借款的资本成本率为多少?

$$K_l = \frac{2\,000 \times 4\% \times (1-25\%)}{2\,000 \times (1-20\%)} = 3.75\%$$

在借款年内结息次数超过一次时,借款实际利率也会高于名义利率,从而资本成本率上升。这时,借款资本成本率的测算公式为:

$$K_l = \left[\left(1+\frac{R_l}{M}\right)^M - 1\right] \times (1-T) \tag{5-4}$$

其中,M 表示一年内的借款结息次数,其他符号含义同前。

【例 5-4】

A 公司欲从银行取得一笔长期借款 2 000 万元,年利率 4%,期限 3 年,每季结息一次,到期一次还本。公司所得税税率为 25%,这笔借款的资本成本率为多少?

$$K_l = \left[\left(1+\frac{4\%}{4}\right)^4 - 1\right] \times (1-25\%) = 3.05\%$$

三、长期债券资本成本率的测算

企业债券资本成本中的利息费用可在所得税前列支,但发行债券的筹资费用一般较高,应予以考虑。债券的筹资费用即发行费用,包括申请费、注册费、印刷费、上市费和推销费等,其中有的费用按一定的标准支付。在不考虑货币时间价值时,债券资本成本率可按下列公式测算:

$$K_b = \frac{I_b(1-T)}{B(1-f_b)} \tag{5-5}$$

其中,K_b 表示债券资本成本率;B 表示债券筹资额,按发行价格确定;T 表示所得税税率;f_b 表示债券筹资费用率。

【例 5-5】

A 公司拟溢价 100 元发行面值 1 000 元、期限 5 年、票面利率 6% 的债券,每年结息一次,发行费用为发行价格的 2%,公司所得税税率为 25%,则该批债券的资本成本率为多少?

$$K_b = \frac{1\ 000 \times 6\% \times (1-25\%)}{1\ 100 \times (1-2\%)} = 4.17\%$$

在考虑货币时间价值时,公司债券的税前资本成本率也就是债券持有人投资的必要报酬率,再乘以 $(1-T)$ 算为税后的资本成本率。测算过程如下。

第一步,先测算债券的税前资本成本率,其测算公式为:

$$P_0 = \sum_{t=1}^{n} \frac{I}{(1+R_b)^t} + \frac{P_n}{(1+R_b)^n} \tag{5-6}$$

其中,P_0 表示债券筹资净额,即债券发行价格(或现值)扣除发行费用;I 表示债券年利息额;P_n 表示债券面额或到期价值;R_b 表示债券投资的必要报酬率,即债券的税前资本成本率;t 表示债券付息期数;n 表示债券期限。

第二步,测算债券的税后资本成本率,其测算公式为:

$$K_b = R_b(1-T) \tag{5-7}$$

第三节 权益资本成本率的测算

企业的权益资本可以通过向外部出售普通股、优先股筹集,也可以通过企业内部的留存收益筹集。影响这些权益资本筹集成本的因素有所不同,所以其资本成本率的测算方法也不尽相同。

一、普通股资本成本率的测算

普通股资本成本是指筹集普通股所需的成本。资本成本率实质上是投资的必要报酬率,所以普通股的资本成本率就是普通股投资的必要报酬率。目前普通股资本成本率的测算方法有三种:股利折现模型、资本资产定价模型和债券收益率风险附加模型。

(一)股利折现模型

普通股估值中使用的股利折现模型是用于计算普通股资本成本率的基本模型。根据公司股利政策的不同,假定公司未来股利存在股利固定不变与股利固定增长两种情况,则进一步将股利折现模型区分为固定股利模型和股利固定增长模型分别探讨普通股资本成本率的确定。

1. 固定股利模型

如果公司实行固定股利政策,未来每年股利发放额固定,则在固定股利模型下普通股资本成本率的计算公式为:

$$K_c = \frac{D}{P_0(1-f)} \tag{5-8}$$

其中,K_c 为普通股资本成本率;D 为预期每年固定的每股股利额;P_0 为普通股当前每股价格;f 为普通股每股发行费用率。

【例 5-6】

某公司拟增发一批普通股,普通股发行价格为每股 20 元,发行费用率为 10%。预计每年发放现金股利额为每股 2 元,则这批普通股的资本成本率是多少?

$$K_c = \frac{2}{20 \times (1-10\%)} = 11.11\%$$

2. 股利固定增长模型

如果公司实行固定增长的股利政策,公司每股股利以固定的年增长率 g 增长,则股利增长模型下普通股资本成本率的计算公式为:

$$K_c = \frac{D_1}{P_0(1-f)} + g \tag{5-9}$$

其中,K_c 为普通股资本成本率;D_1 为预期下一年每股股利额;P_0 为普通股当前每股价格；f 为普通股每股发行费用率；g 为每股股利的年增长率。

【例 5-7】

某公司普通股当前市价为每股 25 元，拟按当前市价增发新股 100 万股，预计每股发行费用率为 5%，增发第一年年末预计每股股利为 2.5 元，以后每年股利增长率为 6%。则其资本成本率是多少？

$$K_c = \frac{2.5}{25 \times (1-5\%)} + 6\% = 16.53\%$$

在股利增长模型下计算普通股资本成本率，最重要的是估计股利的年增长率 g。它的估计方法主要有三种：历史增长率估计法、可持续增长率估计法和证券分析师的预测值估计法。

（1）历史增长率估计法。

这种方法是根据过去的数据计算出公司历史的股利增长率，再根据历史的股利增长率估计未来的股利增长率。股利增长率可以按几何平均数计算，也可以按算数平均数计算。几何增长率适合投资者在整个期间长期持有股票的情况，而算数平均数适合在某一段时间持有股票的情况。股利增长模型需要长期的平均增长率，所以几何增长率更适宜。公司的过去股利增长率越平稳，就越容易估计未来增长率。但是，股利稳定增长的公司并不多见，所以，历史增长率法多作为一个参考，很少单独使用。

（2）可持续增长率估计法。

这种方法是指，假设未来不增发股票或股票回购，并且保持当前的经营效率和财务政策不变，则可根据可持续增长率来确定股利的增长率。

股利的增长率＝可持续增长率
＝期初权益预期净利率×预计利润留存率
＝期初权益预期净利率×（1－预计股利支付率）

（3）证券分析师的预测值估计法。

证券分析师经常发布上市公司的增长率预测值。采用证券分析师的预测就是指将不同分析师的预测值进行汇总，并求其平均值。并且在求平均值时，可依据证券分析师所在机构的权威性赋予其不同的权重，权威性越强，赋予的权重也应越大。

（二）资本资产定价模型（CAPM）

根据资本资产定价模型，普通股资本成本率等于无风险利率加上风险溢价。用公式表示如下：

$$K_c = R_F + \beta_i (R_M - R_F) \tag{5-10}$$

其中，K_c 为普通股资本成本率；R_F 为无风险利率；R_M 为平均风险股票报酬率（或称市场收益率）；β_i 为第 i 种股票的贝塔系数；$R_M - R_F$ 为市场风险溢价；$\beta_i(R_M - R_F)$ 为第 i 种股票的风险溢价。

【例 5-8】

已知某股票的 β 值为 1.5，市场无风险利率为 10%，平均风险股票报酬率为 15%。该股票的资本成本率为：

$$K_c = 10\% + 1.5 \times (15\% - 10\%) = 17.5\%$$

由上式可知,若根据资本资产定价模型测算普通股资本成本率,首先需要对无风险利率、股票的 β 值和市场收益率进行估计。

1. 无风险利率的估计

严格来说,没有债券可以做到完全不存在违约风险,但一般认为政府债券最接近于没有违约风险的理想状态,所以通常以政府债券利率代表无风险利率。但在无风险利率水平的具体确定方面,又存在不同期限、不同利率类型等的差别,需进一步加以比较并进行估计。

(1) 政府债券利率期限的比较选择。因为不同期限的政府债券利率不同,所以我们需要考虑多长期限的政府债券才能代表无风险利率。通常认为,在计算公司权益资本成本率时选择长期政府债券的利率比较合适。原因如下:① 普通股是长期的有价证券。普通股的现金流是永续的,政府长期债券的期限长,比较接近普通股的现金流。② 资本预算涉及的时间长。③ 和短期政府债券相比,长期政府债券的利率波动小,较稳定。

(2) 票面利率与到期收益率的比较选择。不同年份发行的长期政府债券的票面利率不同,有时相差很大。相比于票面利率,根据当前市价和未来现金流计算的不同年份发行的债券的到期收益率只有很小的差别。所以,在测算股权资本成本率时,应选择上市公司交易的政府长期债券的到期收益率来代表无风险利率。

(3) 名义利率与实际利率的比较选择。测算资本成本率时,无风险利率使用名义利率还是实际利率,仍存在争议。在实务中,只有当存在恶性通货膨胀或预测周期特别长,通货膨胀的累积影响特别大时,才使用实际利率代表无风险利率。其他情况下,一般使用包含通货膨胀因素的名义利率代表无风险利率。

2. β 值的估计

(1) 在估计 β 值时,应选择合适的预测期间的长度。较长的期限可以提供较多的数据,得到的 β 值更具代表性。但较长时间内公司本身的风险特征可能会发生变化。因此,若公司风险特征无重大变化,可以用 5 年或更长的预测期长度;如果公司风险特征发生重大变化,应当使用变化后的年份作为预测期长度。

(2) 在估计 β 值时,应选择合适的收益计量的时间间隔。股票报酬率可能建立在每年、每月、每周、每天的基础上。使用每日内的报酬率会增加回归中数据的观察量,但存在某些没有成交量或者停牌的日子,该日的报酬率为 0,由此引起的偏差会降低该股票的 β 值。β 值估计时广泛采用每周或每月的报酬率,来降低这种偏差。

(3) 在估计 β 值时,应考虑 β 值是否稳定。财务估价使用的现金流量数据是面向未来的,而计算股权成本使用的 β 值却是历史的,时间基础不一致。我们无法确定未来的 β 值,只好假设未来是历史的继续。如果有理由相信未来的业务与过去有本质或重要的区别,则历史的 β 值是不可靠的。β 值的关键驱动因素有三个:收益的周期性、营业杠杆和财务杠杆。如果公司在这三个方面都没有显著变化,则可以用历史的 β 值估计普通股资本成本率。

3. 市场收益率的估计

(1) 估计市场收益率,应选择较长的时间跨度。短期内的市场收益率比较极端,无法反映平均水平。选择较长的时间跨度,既包括经济繁荣时期,也包括经济衰退时期,这样得到的数据更具代表性。

（2）计算市场收益率时有算数平均数和几何平均数两种选择。算数平均收益率是研究期间内年收益率的简单平均数，是下一阶段风险溢价的良好的预测指标。几何平均收益率是同一时期内年收益率的复合平均数，能更好地预测长期的平均风险溢价。

【例 5-9】

某证券市场 20×7 至 20×9 年的股票市场价格指数分别为 2 200，4 800，3 100。

$$\text{算数平均收益率}=\left[\frac{(4\,800-2\,200)}{2\,200}-\frac{(3\,100-4\,800)}{4\,800}\right]\div 2=41.38\%$$

$$\text{几何平均收益率}=\sqrt{\frac{3\,100}{2\,200}}-1=18.71\%$$

（三）债券收益率风险附加模型

财务管理的基本原则之一为风险与报酬权衡原则，即风险越大，相应的风险补偿越大，报酬也越高。从投资者的角度看，股票的投资风险大于债券，因而普通股股东会要求比债券投资者更高的收益率，高出的部分就叫作风险溢价。在债券收益率风险溢价模型下，普通股资本成本率的公式为：

$$K_c = K_d + RP_c \tag{5-11}$$

其中，K_c 为普通股资本成本率；K_d 为债券收益率；RP_c 为股东比债权人承担更大风险所要求的风险溢价。

风险溢价可以凭借经验估计。一般认为，某企业普通股对本企业发行的债券的风险溢价，大约在 3%～5% 之间。另一种方法是使用历史数据分析，即比较不同年份的股权收益率和债券收益率来确定。一般来说，长期中较稳定的风险溢价水平可以用于普通股资本成本率的估计。

二、优先股资本成本率的测算

优先股资本成本率是优先股股东要求的必要报酬率。优先股资本成本包括优先股股息和发行费用两部分。与普通股不同，优先股股息通常是固定的。与债券不同，优先股的股利发放是不能抵免税收的。公司偿还债务之后的利润，会在派发普通股股利之前，优先用来派发优先股股息。

优先股资本成本率的测算公式为：

$$K_p = \frac{D_p}{P_p \times (1-f)} \tag{5-12}$$

其中，K_p 为优先股资本成本率；D_p 为优先股每股年股利；P_p 为优先股每股发行价格；f 为优先股发行费用率。

【例 5-10】

某企业经批准平价发行优先股股票，每股发行价格为 100 元，发行费用率为 5%，预计每股年股息 11.4 元，则优先股资本成本率：

$$K_p = \frac{11.4}{100 \times (1-5\%)} \times 100\% = 12\%$$

三、留存收益资本成本率的测算

公司的留存收益来源于净利润,归属于股东权益。从表面上看,留存收益并不花费资本成本。但实际上,股东愿意将其留用于公司而不作为股利取出用于别处,总是要求获得与普通股等价的报酬。因此,留存收益也有资本成本,是一种典型的机会成本。留存收益资本成本率的测算与普通股相似,但无需考虑发行筹资费用。

【例 5-11】

某公司平价增发普通股股票 600 万元,筹资费用率为 5%,当前股票市价为每股 30 元,增发第一年年末预计每股股利为 3.6 元,以后每年股利增长率为 6%。则

$$留存收益资本成本率 = \frac{3.6}{30} + 6\% = 18\%$$

第四节 加权平均资本成本率的测算

加权平均资本成本率,是指企业以各种长期资本在企业全部资本中所占的比重为权数,对各种长期资本成本率加权平均计算出来的资本成本率,又称综合资本成本率。加权平均资本成本率考虑资本结构中每个成分的相对权重,对于公司价值评估,资本结构决策具有重要意义。

一、加权平均资本成本率的测算方法

加权平均资本成本率(Weighted Average Cost of Capital,WACC)由企业内各项长期资本的成本率和其占全部资本的比例两个因素决定。由此,加权平均资本成本率可按下列公式测算:

$$K_W = K_b W_b + K_p W_p + K_c W_c + K_r W_r \tag{5-13}$$

其中,K_W 为加权平均资本成本率;K_b 为长期债券税后资本成本率;W_b 为长期债券资本比例;K_p 为优先股资本成本率;W_p 为优先股资本比例;K_c 为普通股资本成本率;W_c 为普通股资本比例;K_r 为留存收益资本成本率;W_r 为留存收益资本比例。

上式可简化为:

$$K_W = \sum_{j=1}^{n} K_j W_j$$

其中,K_W 为加权平均资本成本率;K_j 为第 j 种长期资本的资本成本率;W_j 为第 j 种长期

资本占全部资本的权重。

需注意的是,由于借款与债券等债务性资金来源的利息支付存在抵税作用,因而在加权平均资本成本率计算公式中其资本成本率均为税后资本成本率。

【例 5-12】

某公司现阶段资本结构为:30%的长期债务、10%的优先股、50%的普通股,10%的留用利润。长期债务的税前资本成本率是 5%,优先股的资本成本率是 8.20%,普通股的资本成本率是 12%,留用利润的资本成本率是 3.20%,公司所得税税率为 25%,则加权平均资本成本率是多少?

$$K_w = 30\% \times 5\% \times (1-25\%) + 10\% \times 8.2\% + 50\% \times 12\% + 10\% \times 3.20\%$$
$$= 8.265\%$$

二、加权平均资本成本率中权重的选择

在计算公司加权平均资本成本时,有账面价值权重、实际市场价值权重和目标价值权重三种权重可供选择。

(1) 账面价值权重。账面价值权重是根据企业资产负债表上显示的会计价值衡量每种资本的比例,反映过去的资本结构。优点是易于从资产负债表中获得负债和权益的资料,计算较方便。缺点是账面结构反映的是历史结构,不一定与未来的状态相符。当账面价值与市场价值有较大差异时,采用账面价值权重计算的加权平均资本成本率就与实际值相去甚远。

(2) 实际市场价值权重。实际市场价值权重是根据当前负债和权益的市场价值比例衡量每种资本的比例,反映现在的资本结构。按实际市场价值确定的资本比例能较准确地反映公司现实的资本结构和综合资本成本率水平,有利于进行资本结构决策。但是由于资本的市场价值经常处于变动之中,导致其所占权重也经常变动,进而使计算出的加权平均资本成本率也经常变化。采用一定时期资本的平均市场价值可在一定程度上弥补这种不足。采用市场价值权重更容易实现企业股东价值最大化的目标,所以目前大多数公司在计算加权平均资本成本率时按平均市场价值估计权重。

(3) 目标价值权重。目标价值权重是根据公司预计的未来目标价值衡量每种资本的比例,反映未来的资本结构。一般认为,采用目标价值确定资本比例,能够体现期望的目标资本结构,目标资本结构即代表未来筹资结构的最佳估计。这种权重可以选用平均市场价格,以避免资本市场价值频繁变动的不便,也可以用于评价公司未来的资本结构。但缺点是通常难以客观合理地确定目标价值。

【例 5-13】

某企业预计的资本结构中,债务资金比重为 30%,债务税前资本成本率为 8%。目前市场上的无风险报酬率为 5%,市场的风险溢价为 6%,公司股票的 β 系数为 0.8,所得税税率为 25%,则加权平均资本成本为:

债务税后的资本成本率 $= 8\% \times (1-25\%) = 6\%$

权益资本成本率 $= 5\% + 0.8 \times 6\% = 9.8\%$

加权平均资本成本率＝30％×6％＋70％×9.8％＝8.66％

【自我检测】

知识拓展

一、名词解释

资本成本 用资费用 筹资费用 债务的税后资本成本
普通股的资本成本 优先股的资本成本 加权平均资本成本率

二、问答题

1. 简述资本成本的种类和作用。
2. 影响资本成本高低的因素有哪些？
3. 如何确定用于计算加权平均资本成本率的权重。

三、计算题

1. A公司按年利率8％向银行借款1 000万元，银行要求维持贷款限额15％的补偿性余额。要求：

(1) 计算A公司实际可用的借款额。

(2) 计算A公司的实际年利率。

2. B公司发行期限为5年，利率为10％的债券一批，发行总价格为500万元，发行费率2％；该公司所得税税率为25％。求该公司债券的资本成本率。

3. 某股份有限公司普通股现行市价每股20元，现增发新股8万股，预计筹资费用率3％，第一年发放股利每股2元，股利增长率5％。求该公司增发普通股的资本成本率。

4. 某企业计划筹资1 000万元，所得税税率为25％。有关资料如下：(1) 向银行借款100万元，借款年利率7％，手续费率2％。(2) 按溢价发行债券，债券面值总额为140万元，溢价发行价格总额为150万元，票面利率9％，期限为5年，每年支付一次利息，其筹资费率为3％。(3) 发行普通股400万元，每股发行价10元，预计第一年每股股利1.2元，股利增长率为8％，筹资费率为6％。(4) 其余所需资金通过留存收益取得。

要求：(1) 计算债权资本的个别资本成本；(2) 计算股权资本的个别资本成本；(3) 计算该企业加权资本成本。

第六章　资本结构

【知识导图】

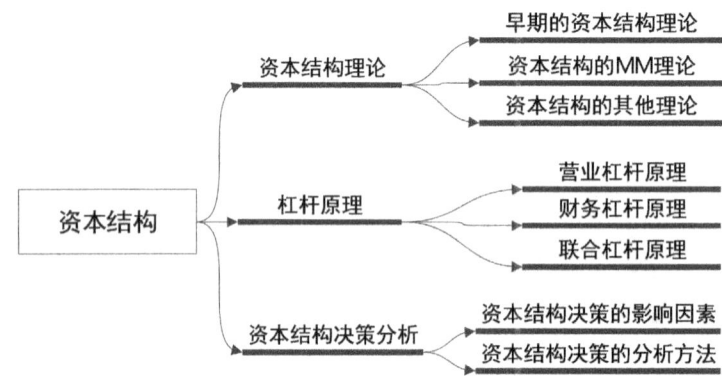

【学习目标】

1. 理解资本结构的含义；
2. 掌握各种资本结构理论的主要观点；
3. 熟悉营业杠杆、财务杠杆、联合杠杆的概念及其相互关系；
4. 掌握营业杠杆、财务杠杆、联合杠杆系数的计算与分析；
4. 掌握资本结构决策方法的原理与应用。

企业的筹资管理在选择筹资方式的同时，还要合理安排资本结构。资本结构优化是企业筹资管理的基本目标，也会对企业的生产经营安排产生制约性的影响。资本成本是资本结构优化的标准，资本成本的固定特性带来了杠杆效应，资本结构的合理性会直接影响企业目前和将来的发展状况，甚至关系到企业的生死存亡。

【案例导入】

作为曾经的韩国第二大企业集团，大宇集团于1999年11月1日向新闻界正式宣布，该集团董事长金宇中以及14名下属公司的总经理决定辞职，以表示对大宇的债务危机负责，并为推行结构调整创造条件。韩国媒体认为，这意味着大宇集团已经消失。成立于1967年的大宇集团为什么会倒下？在其轰然坍塌的背后存在的问题固然是多方面的，但不可否认，有财务杠杆的消极作用在作怪，大宇集团在政府政策和银行信贷的支持下，走上了一条举债经营之路，试图通过大规模举债达到大规模扩张的目的，最后实现"市场占有率至上"的目标。1997年亚洲金融危机爆发后，大宇集团已经显现出经营上的困难，其销售额和利润均不能达到预期目的。而与此同时,债权金融机构又开始收回短期贷款,政府也无力再给他更多支持。

1998年初,韩国政府提出"五大企业集团进行自律结构调整"方针后,其他集团把结构调整的重点放在改善财务结构方面,努力减轻债务负担。但大宇集团却认为只要增加销售额和出口,就能躲过这场危机,因此他继续大量发行债券进行"借贷式经营"。正因为经营上的不善,加上资金周转上的困难,韩国政府于1998年7月26日下令债权银行接手,对大宇集团进行结构调整,以加快这个负债累累的集团的解散速度。由此可见,大宇集团的举债经营所产生的财务杠杆效应是消极的,不仅难以提高企业的盈利能力,反而因巨大的偿付压力使企业陷入难以自拔的财务困境。从根本上说,大宇集团的解散是其财务杠杆消极作用影响的结果。

公司的资本结构(capital structure)是指公司各种资本的价值构成及其比例关系,是公司一定时期筹资组合的结果。资本结构有广义和狭义之分。广义的资本结构又称财务结构,是指企业全部资本的各种构成及其比例关系。具体而言,是指由债权人提供的债务资本与股东提供的股权资本间的结构及比例关系、长期资本与短期资本的结构、债务资本的内部结构、长期资本的内部结构以及股权资本的内部结构等,都属于广义的资本结构。但是,在这一概念范畴中,因为短期资本的数量并不稳定,往往作为营运资本的内容进行管理,所以,一般来说,资本结构概念中不包含短期资本。因而狭义的资本结构概念仅指企业各种长期资本的构成及其比例关系,即研究长期债务资本与权益资本间的构成及其比例关系。为明确表述,本书中所涉及的资本结构问题均围绕狭义的资本结构概念展开。

第一节 资本结构理论

一、早期的资本结构理论

(一) 净收益观点

净收益观点认为,公司的加权平均资本成本与公司价值都受到债务资本比例大小的影响。在公司的资本结构中,债务资本的比例越大,公司的净收益或税后利润就越多,公司价值就越高。这一观点假定债务资本成本率与权益资本成本率固定不变,由于公司债务资本成本率通常低于权益资本成本率,当公司债务资本比例越高,公司的加权平均资本成本就越低,公司价值就越大。当公司的负债比率达到100%时,公司加权平均资本成本最低,公司价值达到最大。

净收益观点是一种极端的资本结构理论观点。这种观点虽然考虑到财务杠杆利益,但忽略了财务风险。很明显,如果公司的债务资本过多,债务资本比例过高,财务风险就会很高,公司的加权平均资本成本率就会上升,公司的价值反而下降。如图 6-1 所示。

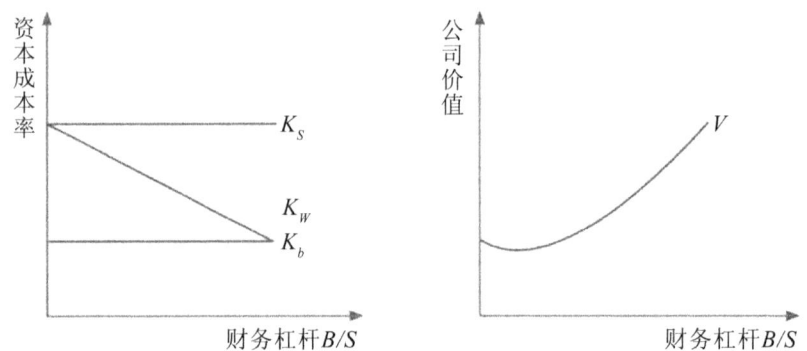

图 6-1　净收益观点下的资本结构与资本成本率和公司价值的关系示意图

(二) 净营业收益观点

净营业收益观点认为,在公司的资本结构中,债务资本比例的高低与公司的价值和加权平均资本成本无关。按照这一观点,债务的资本成本率是固定不变的,随着债务资本比例的增加,公司财务风险增大,引起股权资本成本率的上升,二者经加权平均得到的综合资本成本率保持不变。公司价值为一常数,与债务资本比例的大小无关,公司价值的大小由公司未来预期的净营业收益所决定,不受资本结构变化的影响。如图 6-2 所示。

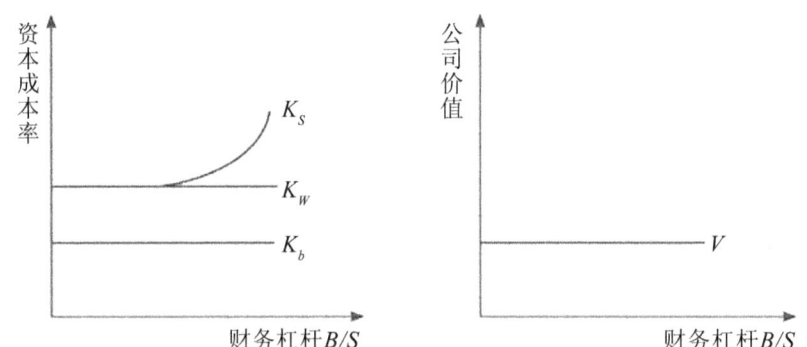

**图 6-2　净营业收益观点下的资本结构与资本成本率和
公司价值的关系示意图**

净营业收益观点是另一种极端的资本结构理论观点。这种观点认为债务资本比例的变动会影响公司的财务风险,进而可能影响公司的股权资本成本率,具有合理性,但其同时认为公司运用财务杠杆所带来的股权资本成本的增加刚好可以抵消低成本债务融资带来的好处,使得公司的综合资本成本保持一个常数,这并不符合实际。而且,根据这一理论观点,管理者也不需要浪费时间去寻找所谓的最优资本结构,显然这一结论也缺乏说服力。

(三) 传统折中观点

折中观点是介于上述两种极端观点之间的资本结构理论观点。按照这种观点,增加债务资本对提高公司价值是有利的,但是债务资本规模必须适度。如果公司负债过度,综合资本成本率只会增大,并使公司价值下降。

二、资本结构的 MM 理论

1958 年,美国学者莫迪格莱尼(Modigliani)和米勒(Miller)在《美国经济评论》上发表了论文《资本成本、公司财务与投资理论》,他们提出:公司价值是由其全部资产的盈利能力决定的,而与其债务资本和权益资本的结构无关,即公司价值的大小不受资本结构的影响。这一结论在理论界引起很大反响,被称之为资本结构的 MM 理论。这一理论的提出标志着资本结构理论的创立,是现代财务理论研究的开端。

MM 理论是基于完善资本市场的假设条件提出的,是在既没有税收也没有其他资本市场不完美的世界中探讨资本结构问题。由于该理论没有考虑所得税,所以通常也被称为无税的 MM 理论。这一理论所依据的假设条件如下:

(1) 资本市场是完美的,投资者在进行证券交易时无交易成本,且公司无破产成本。

(2) 公司的营业风险大小可以用息税前利润(EBIT)的标准差来衡量,公司营业风险决定其风险等级,处于同一风险等级的公司具有相同的营业风险水平。

(3) 所有投资者对于公司未来的现金流和风险具有完全相同的预期。

(4) 公司与个人均按无风险利率借入或贷出款项,债务利率水平与债务数量无关。

(5) 公司现金流为永续现金流,即公司增长率为零,息税前利润 EBIT 为常数;债券也为永续债券。

在上述假设的基础上,莫迪格莱尼与米勒两位学者首先研究了"没有公司所得税"情况下的资本结构,而后,又进一步放宽假设条件,研究了"有公司税"情况下的资本结构。1977 年,米勒加入个人所得税的考虑,对 MM 理论进行了进一步的修正与发展,提出了更具一般意义的 Miller 模型来探讨资本结构与公司价值间的关系。

(一) 无公司所得税的 MM 理论

在不考虑公司所得税的情况下,MM 理论研究了两个命题。

命题 I:只要所有资产的预期收益相等,那么处于同一风险等级的公司,无论是负债公司,还是无负债公司,其公司价值相等,公司价值等于公司息税前利润按适合该公司风险等级的必要报酬率予以折现的价值。即公司的资本结构与公司价值无关。

$$V_L = V_U = \frac{EBIT}{K_w} = \frac{EBIT}{K_0}$$

其中,V_L 为有负债公司的公司价值;V_U 为无负债公司的公司价值;$EBIT$ 为息税前利润,表示公司全部资产的预期收益;K_w 为有负债公司的加权平均资本成本率;K_0 为既定风险等级的无负债公司的资本成本率,即无负债公司的股权资本成本率。

在不考虑公司所得税的情形下,命题 I 存在以下推论:

(1) 公司资本结构与公司价值无关。

(2) 公司价值仅由预期收益所决定,即公司息税前利润按适合该公司风险等级的必要报酬率折现所得的现值。

(3) 有负债公司的加权平均资本成本率等于同一风险等级的无负债公司的资本成

本,即 $K_W = K_0$。

(4) 公司的加权平均资本成本率与其资本结构无关,仅取决于公司的经营风险。

命题Ⅱ:有负债企业的权益资本成本随着财务杠杆的提高而增加。负债公司的股权资本成本率等于同一风险等级中无负债公司的股权资本成本率加上风险报酬率。而风险报酬率的大小由无负债企业的股权资本成本率与债务资本成本率之差以及债务权益价值比决定。

$$K_S = K_0 + RP = K_0 + \frac{B}{S}(K_0 - K_b)$$

其中,K_S 为负债公司的股权资本成本率;K_0 为无负债公司的资本成本率;K_b 为税前债务资本成本率;B 为有负债公司的债务市场价值;S 为有负债公司权益的市场价值。

命题Ⅱ的表达式说明:有负债公司的权益资本成本随着负债程度增大而增加。

无公司所得税情况下的 MM 理论可用图 6-3 来表示。

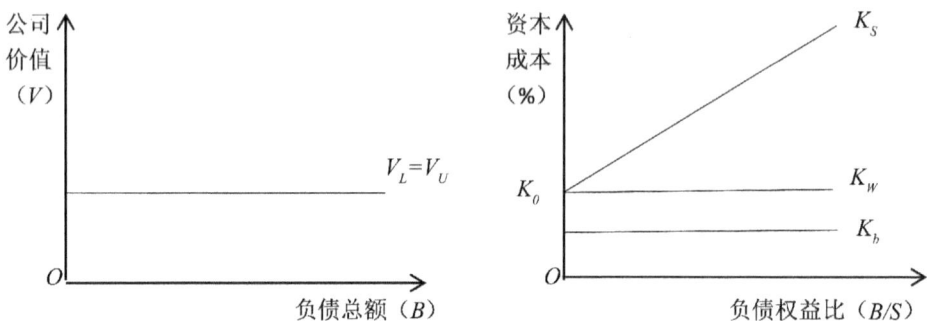

图 6-3　无公司所得税的 MM 理论:资本结构与公司价值和资本成本的关系示意图

(二) 有公司所得税的 MM 理论

上述无公司所得税的 MM 理论的相关命题是在一系列严格的假设条件下得出的,其结论与现实差距很大。因而,为弥补这一缺陷,1963 年,莫迪格莱尼与米勒在原有假设基础之上进一步放宽了关于公司所得税的假设,提出了有公司所得税的 MM 理论。他们通过证明得出,在其他假设不变的情况下,当存在公司所得税时,由于公司债务融资所带来的税盾作用,使得公司价值受到债务比例大小的影响,即公司价值与资本结构相关。有公司所得税的 MM 理论也有以下两个基本命题。

命题Ⅰ:有债务公司的公司价值等于有相同风险等级的无债务公司的价值加上债务的税上利益。债务比例越高,公司价值越大,最大公司价值在于全部举债经营。即公司资本结构影响公司价值。

$$V_L = V_U + T \times B$$

其中,V_L 为有负债公司的价值;V_U 为无负债公司的价值;T 为公司所得税税率;B 为公司的债务数额;$T \times B$ 为债务利息的抵税价值,等于债务金额与公司所得税率的乘积,是债务抵税收益的现值(将债务利息率作为贴现率)。

这一表达式说明,当考虑公司所得税的影响时,由于债务利息可以在公司所得税前扣除,因而形成了债务利息的节税收益,增加了公司的价值。公司的价值随着债务资本比例的提高而增加,在理论上全部融资来源于负债时,公司价值达到最大,从而得出公司资本结构与公司价值相关的结论。

命题Ⅱ:有负债公司的股权资本成本率等于同一风险等级中无负债公司的股权资本成本率加上根据公司负债权益比、无负债公司股权资本成本率和税前债务资本成本率之差及公司税率所决定的风险报酬率。

$$K_S = K_0 + \frac{B}{S}(1-T)(K_0 - K_b)$$

其中,K_S 为负债公司的股权资本成本率;K_0 为既定风险等级的无负债公司的资本成本率;K_b 为税前债务资本成本率;B 为有负债公司债务的市场价值;S 为有负债公司权益的市场价值;T 为公司所得税税率。

有税条件下的 MM 命题Ⅱ与无税条件下的命题Ⅱ形式上比较相似,其差异主要体现在负债企业股权资本成本率 K_S 的风险报酬率的计算方面,这一差异是由公司所得税引起的。由于 $(1-T)<1$,使有税条件下的有负债企业的股权资本成本率比无税时要小。

有税条件下的 MM 理论的两个命题如图 6-4 所示。

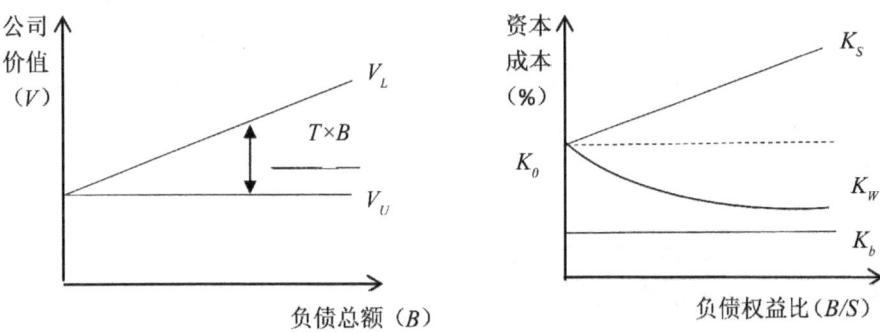

图 6-4 考虑公司所得税的 MM 理论:资本结构与公司价值和资本成本的关系示意图

上述修正的 MM 理论考虑了公司所得税对于债务比例与公司价值关系的影响,但是并没有考虑个人所得税的影响作用。1977 年,米勒在《债务与税收》一文中进一步提出了同时考虑公司所得税和个人所得税的资本结构理论模型,进一步探讨了债务杠杆对于公司价值的影响。Miller 研究认为,其他条件不变时,个人所得税的引入会降低无负债公司的价值,有负债公司的价值通常也会低于 MM 考虑公司所得税时有负债公司的价值。

三、资本结构的其他理论

资本结构的 MM 理论是在完美资本市场的一系列严格假设条件下得出的,但是,现实世界中,这些假设难以成立,因而根据 MM 理论所得出的结论也并不完全符合现实情况。此后,相关学者在此基础上不断放松假设,从不同的视角对资本结构进行大量研究,推动了资本结构理论的发展。其中具有代表性的理论有权衡理论、代理理论与优序融资理论。

(一) 权衡理论

资本结构理论的权衡理论观点认为,公司虽然可以利用债务的税盾利益增加公司价值,但随着公司债务比例的提高,公司的风险也会上升,因而公司陷入财务危机甚至破产的可能性也就越大,由此会增加公司的额外成本,降低公司的价值。因而,公司应该权衡债务的税盾利益与财务困境成本之间的利弊,选择最优的债务比例。

当公司不能履行对债权人的承诺或出现兑付困难时,公司就出现了财务困境。财务困境往往伴随着巨大的成本代价。当财务困境导致公司破产时,就会产生破产成本。公司破产过程中,支付给律师、会计师、评估师和咨询公司等的费用支出成为破产的直接成本,而公司破产清算损失、破产重组增加的管理费用则成为破产的间接成本。有时候,陷入财务困境并不一定导致公司破产,但仅仅是财务困境的威胁就可能会使公司付出很大的代价,比如,客户可能会在未来与公司合作时存在顾虑从而导致客户流失,供应商也可能不愿意为陷入财务困境的公司继续供货,公司可能难以雇到新员工等,由此产生财务危机成本。破产成本和财务危机成本共同构成财务困境成本。

根据权衡理论观点,当公司债务比例较低时,债务的节税利益占主导,公司有动机提高杠杆水平以利用债务的税盾收益,公司价值随债务比例增大而增加;但当公司借债过多,债务比例过高时,公司陷入财务困境甚至违约破产的可能性增大,财务困境成本大幅增加,公司价值反而随债务比例的增大而减小。因此,财务杠杆既带来收益又带来成本,公司价值与债务比例之间呈倒 U 形关系,有负债公司的公司价值应等于无负债公司的价值加上债务的税盾利益,再减去增加的财务困境成本。所以,公司的最佳资本结构应当是债务的节税利益和债务资本比例上升带来的财务困境成本之间的平衡点。如图 6-5 所示,M^* 所代表的债务比例就是权衡了债务利益与成本后的最优债务资本比例,其所反映的资本结构也是最优资本结构。

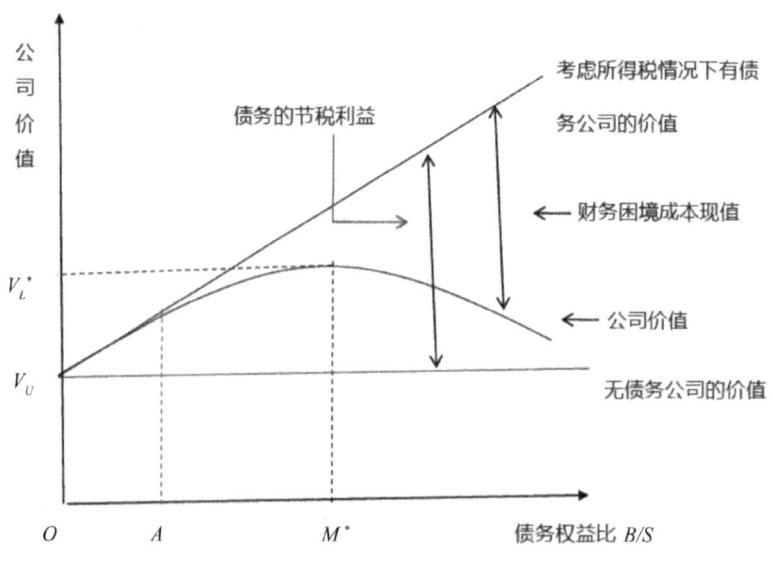

M^*:最优债务资本比例

图 6-5 基于权衡理论的资本结构与公司价值的关系示意图

$$V_L = V_U + T \times B(利息抵税) - PV(财务困境成本)$$

权衡理论成功地解释了很多行业的资本结构差异，比如，高科技成长性公司的资产风险性高且大多是无形资产，因而通常情况下负债较少，相对来说，航空公司由于持有的是有形资产且相对安全，反而能够负担大量负债。

(二) 代理理论

1976年，詹森和麦克林将代理问题纳入资本结构分析框架，提出了关于资本结构选择的代理理论。

这一理论指出，由于经理人与股东间存在信息不对称，经理人会发生以股东利益为代价谋取私利的行为，例如，增加在职消费、构建"经理帝国"等。这些代理问题导致的委托人监督成本、代理人担保成本以及剩余损失被称为股权代理成本。随着公司债务比例的上升，经理人受到的债务约束增加，股权代理成本下降，但此时过度投资、投资不足等债务代理成本会随之上升。由于债务代理成本最终要由股东承担，当公司资本结构中债务比率过高时，会导致股东价值的降低。因而债务资本适度的资本结构会增加公司价值。

由此，公司应该对股权代理成本与债务代理成本进行权衡，选择使两类代理成本之和最低的债务比例。代理理论也认为公司价值与债务比例之间呈倒U形关系，公司存在最优的资本结构。

(三) 优序融资理论

1984，梅耶斯和迈基里夫放松了完美资本市场假设中的信息对称假设，提出了不对称信息下的优序融资理论。

这一理论假设外部投资者与公司内部人之间存在着信息不对称，公司内部人掌握内部信息，而外部投资者并不了解公司当前资产与未来成长机会的价值。基于信号传递理论，价值被高估的公司倾向于选择增发股票进行融资，而价值被低估的公司倾向于选择发行债券进行融资。由于增发股票的公司传递出来的不利信号会加强外部投资者关于公司价值被高估的推断，从而进一步引发公司融资中的逆向选择问题，因而市场也就无法据此区分公司的类型，无法根据公司价值大小选择融资方式，由此管理者在需要融资时会尽量先从自身留存收益中筹集资金，从而形成鲜明的融资等级顺序，即企业偏好内部资金甚于外部融资，而若资本投资需要外部融资，则优先选择更加稳健的债务融资，最后才进行外部股权融资。

优序融资理论中并没有明确定义目标资本结构，因而解释了盈利好的公司负债少的原因并非因为目标负债比低，而是因为它们不需要外部资金；同理，盈利差的公司发行债券是因为它们没有足够的内部资金用于资本投资，而外部融资中优先选择负债融资。

第二节 杠杆原理

我们最早接触的杠杆效应是物理学中的杠杆作用，指的是以一个较小的力撬动较重的物体。延伸到财务管理中,同样也存在着类似的杠杆效应,表现为:由于固定成本的存在而导致的,某一财务变量以较小幅度变动时,另一相关变量以较大幅度变动的现象。按照固定成本的不同分类,如果由固定的生产经营成本的存在引起的杠杆效应,称为营业杠杆,而由固定的财务费用引起的杠杆效应,则称为财务杠杆。两种杠杆具有放大盈利波动性的作用,从而影响公司的风险和收益。

一、营业杠杆原理

(一) 经营风险

经营风险,是指公司在未使用债务融资时经营的内在风险,即公司未来利润与权益报酬率的不确定性风险。在无负债的公司中,经营风险可由权益报酬率的标准差来衡量。影响企业经营风险的因素很多,主要有以下几个方面。

(1) 外部市场因素。公司所处的政治局势、汇率变动等外部市场因素都会影响公司的经营风险水平。这些外部市场因素主要影响公司产品的需求与要素供给。市场对于公司产品的需求和要素供给越稳定,公司产品的售价与成本也就越稳定,公司经营风险越小,反之,经营风险越大。

(2) 公司自身因素。公司内部影响经营风险的因素主要涉及公司调整价格的能力与新产品开发能力。当产品成本变动时,若公司具有较强的调整价格的能力,则经营风险小;反之,经营风险就大。而对于一些计算机等高科技行业的公司而言,由于公司产品过时速度快,所以新产品开发能力强的公司经营风险相对更低。

(3) 产品自身特征的影响。公司成本中,当固定成本所占比重较大时,单位产品分摊的固定成本额较多,若产品数量发生变动则单位产品分摊的固定成本会随之变动,最后导致利润更大的变动,经营风险就大;反之,经营风险就小。

(4) 行业因素的影响。经营风险的大小取决于行业性质,不同行业的经营风险水平不同。一般认为,钢铁行业、化工公司等行业具有较高的经营风险,而食品加工业、零售业等行业具有较低的经营风险。

(二) 营业杠杆

营业杠杆也称经营杠杆,是指公司经营中,在某一固定成本比重的作用下,销售量(或营业收入)一定程度的变动引起息税前利润产生更大程度变动的现象。经营杠杆放大了公司销售量变化对息税前利润变动的影响程度,这种影响程度是经营风险的一种测度。

息税前利润的计算公式为:
$$EBIT = Q(P-V) - F$$

其中,$EBIT$ 为息税前利润;Q 为产品销售数量;P 为单位销售价格;V 为单位变动成本;F 为固定成本总额。

由上述公式可知,当销售量增加时,单位产品所负担的固定成本降低,因而会大大提高单位产品的利润,从而使息税前利润的增长率远远超过销售量的增长率。反之,当销售量减少时,单位产品所负担的固定成本增大,因而会大幅度降低单位产品的利润,从而使息税前利润的下降率远远超过销售量的下降率。特别是,即使在销售水平很低的情况下,也仍然需要支付固定成本,从而使公司可能面临大幅亏损。因而,由于固定成本的存在,会放大销售的周期性影响,销售量的变化会引起息税前利润更快速地变化,由此形成营业杠杆。

【例 6-1】

A,B,C 三个公司为固定成本结构不同的公司,公司的固定成本分别为 0,500 万元和 1 000 万元,变动成本率为 40%。相关数据如表 6-1 所示。假设当年三家公司的营业收入均为 2 000 万元,则当下一年度它们的营业收入均增加 50% 或减少 25% 时,其各自的息税前利润的变动程度分别是多少?

表 6-1　2017 年公司固定成本结构与营业杠杆效应

单位:万元

	A 公司	B 公司	C 公司
产品价格(P)	10	10	10
销售量(Q)	200	200	200
营业收入(S)	2 000	2 000	2 000
变动成本(VC)	800	800	800
固定成本(F)	0	500	1 000
息税前利润($EBIT$)	1 200	700	200
固定成本/总成本	0	0.385	0.556

2018 年年度数据

营业收入变动情况	增长 50%	减少 25%	增长 50%	减少 25%	增长 50%	减少 25%
营业收入(S)	3 000	1 500	3 000	1 500	3 000	1 500
变动成本(VC)	1 200	600	1 200	600	1 200	600
固定成本(F)	0	0	500	500	1 000	1 000
营业收入变动情况	增长 50%	减少 25%	增长 50%	减少 25%	增长 50%	减少 25%
息税前利润($EBIT$)	1 800	900	1 300	400	800	−100
$EBIT$ 变动百分比($\Delta EBIT/EBIT$)	50%	−25%	85.71%	−42.86%	300%	−150%

注:变动成本=营业收入×变动成本率。

由表中的分析结果可以得到:

(1) 当三个公司预计下一年度营业收入均增长 50% 时,A 公司由于没有固定成本,其息税前利润也增长 50%,而 B 公司、C 公司由于固定成本的存在,其息税前利润分别增长 85.71% 和 300%。而当三个公司预计下一年度营业收入均减少 25% 时,A 公司息税前利润也减少 25%,而 B 公司和 C 公司的息税前利润则分别减少 42.86% 和 150%。因而,通过 B 公司、C 公司与 A 公司的比较,说明固定成本的存在引起了营业杠杆效应,从而当营业收入变动时,息税前利润以更大的幅度变动。

(2) 比较 C 公司与 B 公司的息税前利润变化情况发现,B 公司息税前利润增加了 85.71%,而 C 公司却增加 300%;B 公司息税前利润减少了 42.86%,而 C 公司却减少 150%。因此,同样的营业收入变化引起 C 公司的息税前利润的变化程度相对更大。产生这一现象的原因在于 C 公司固定成本总额及其占总成本的比例相对更大。

(三) 营业杠杆系数

营业杠杆的作用程度一般用营业杠杆系数来衡量,它是公司息税前利润变动率与营业收入(或销售量)变动率之间的比率。营业杠杆系数越大,表明营业杠杆作用越大,经营风险也就越大;营业杠杆系数越小,表明营业杠杆作用越小,经营风险也就越小。营业杠杆系数以 DOL 表示,其定义为:

$$DOL_S = \frac{\Delta EBIT/EBIT}{\Delta S/S}$$

或

$$DOL_Q = \frac{\Delta EBIT/EBIT}{\Delta Q/Q}$$

其中,DOL 为营业杠杆系数;$\Delta EBIT$ 为息税前利润变动额;$EBIT$ 为基期息税前利润;ΔS 为营业收入变化量;S 为基期营业收入;ΔQ 为销售量变化量;Q 为基期销售量。

以上两个公式在计算单一产品营业杠杆系数时没有差别,而多种产品的营业杠杆系数一般使用 DOL_S 的公式加以计算。

假定公司的成本—销量—利润之间保持线性关系,由上述定义式可推导出以下三个营业杠杆系数的计算公式。

导出公式一:

$$DOL_S = \frac{\Delta EBIT/EBIT}{\Delta Q/Q} = \frac{Q \times (P-V)}{Q \times (P-V) - F}$$

其中,DOL_Q 为销售量为 Q 时的营业杠杆系数;P 为单位销售价格;V 为单位变动成本;F 为固定成本总额。

导出公式二:

$$DOL_S = \frac{S-VC}{S-VC-F} = \frac{EBIT+F}{EBIT}$$

其中,DOL_S 为营业收入为 S 时的营业杠杆系数;S 为营业收入;VC 为变动成本总额;F 为固定成本总额。

由上述公式可知,当固定成本等于 0 时,营业杠杆系数为 1,不存在营业杠杆效应。而当固定成本大于 0 时,营业杠杆系数大于 1,即表现为营业杠杆效应。

接【例 6-1】,分别计算营业杠杆系数,结果为:

$$DOL_A = \frac{1\ 200 + 0}{1\ 200} = 1$$

$$DOL_B = \frac{700 + 500}{700} = 1.71$$

$$DOL_C = \frac{200 + 1\ 000}{200} = 6$$

计算结果显示，A公司的营业杠杆系数为1，不存在营业杠杆效应。B公司的营业杠杆系数为1.71，其含义是：当营业收入（或销售量）增长10%时，息税前利润将增长17.1%；反之，当营业收入（或销售量）下降10%时，息税前利润将下降17.1%。C公司的营业杠杆系数为6，在三个公司中最大，意味着营业杠杆的作用程度最大，营业收入（或销售量）变动引起息税前利润变动的程度最大。

进一步地，当公司的息税前利润等于零，即营业收入总额与成本总额相等时，达到盈亏平衡状态，此时产品销售数量为 Q^*，则称 Q^* 为损益分界点或称盈亏平衡点的销售量。此时存在：

$$EBIT = Q(P-V) - F = 0$$

$$Q^* = \frac{F}{P-V}$$

由此，得到导出公式三：

$$DOL_Q = \frac{Q \times (P-V)}{Q \times (P-V) - F} = \frac{Q}{Q - \dfrac{F}{P-V}} = \frac{Q}{Q - Q^*}$$

显然，当公司的销售量越接近盈亏平衡点时，营业杠杆系数相对越大，盈利的不稳定性越大，经营风险也越大；而当销售量超过盈亏平衡点越远时，营业杠杆系数相对越小，经营风险也越小。

【例6-2】

A产品的销量为500件，单位售价为200元，收入总额为100 000元，固定成本为20 000元，变动成本率是40%，单位变动成本为80元，其营业杠杆系数为：

$$DOL_Q = \frac{Q \times (P-V)}{Q \times (P-V) - F} = \frac{500 \times (200-80)}{500 \times (200-80) - 20\,000} = 1.5$$

$$DOL_S = \frac{S - VC}{S - VC - F} = \frac{100\,000 - 100\,000 \times 40\%}{100\,000 - 100\,000 \times 40\% - 20\,000} = 1.5$$

（四）影响营业杠杆系数的因素

根据营业杠杆系数的计算公式，有四个主要因素会影响营业杠杆系数的大小：产品销量（Q）、售价（P）、单位产品变动成本（V）以及固定成本总额（F）。其中，产品销量、产品售价与营业杠杆系数 DOL 均呈反向变动关系；单位产品变动成本与固定成本总额均与营业杠杆系数呈同方向变动关系。因而，这些因素或单独变动或联合变动对营业杠杆系数的大小产生影响，共同决定了营业杠杆系数的变动方向。

二、财务杠杆原理

（一）财务风险

财务风险，是指公司因举债筹资而给普通股股东带来的额外风险。因为公司通常通过股本与负债两种方式筹集资金，其中通过负债方式筹得的资金，债务利息通常固定，形成公司的固定财务负担，不管公司的息税前利润是多少，都要首先扣除固定债务利息成本后才归属于股权资本。因而,当公司盈利减少时,利用债务筹资可能导致公司税后利润快速下降的风险,甚至可能导致企业破产,而这种风险最终要由普通股股东承担。当公司债务资本比例大,特别是债务利息增长速度超过息税前利润增长速度时,财务风险相应也较大。

(二) 财务杠杆

财务杠杆,是指在某一固定的债务与权益融资结构下,公司息税前利润的变动引起普通股每股收益产生更大程度变动的现象。财务杠杆放大了息税前利润变化对每股收益变动的影响程度,这种影响是财务风险的一种测度。普通股每股收益的计算公式为:

$$EPS = \frac{(EBIT - I)(1 - T)}{N}$$

其中,EPS 为普通股每股收益额;$EBIT$ 为息税前利润额;N 为流通在外的普通股股数;I 为债务利息额;T 为公司所得税税率。

由于举债融资的公司债务利息相对固定,当息税前利润增多时,每1元息税前利润负担的债务利息相应减少,扣除企业所得税后可分配给公司股权资本所有者的利润就会大幅增加;相反,当息税前利润减少时,每1元息税前利润负担的债务利息增加,每股收益下降得更快,从而形成财务杠杆作用。

【例 6-3】

A,B,C 三个公司为资本结构不同的公司,A 公司无负债,B 公司和 C 公司的资产负债率分别为 50% 和 75%,资本总额 100 万元,相关数据如表 6-2 所示。假设当年三家公司的息税前利润均为 10 万元,下一年度它们的息税前利润水平均增长 1 倍或减少 50%,则其普通股股东的每股收益变动程度分别是多少?

表 6-2 公司资本结构与财务杠杆效应

单位:万元

	A 公司	B 公司	C 公司
流通股股数(万股)	1	0.5	0.25
股本	100	50	25
债务(利率8%)	0	50	75
资本总额	100	100	100
资产负债率	0	50%	75%
息税前利润($EBIT$)	10	10	10
债务利息	0	4	6
税前利润	10	6	4
所得税(税率40%)	4	2.4	1.6
净利润	6	3.6	2.4
每股收益	6	7.2	9.6

续表

	A公司		B公司		C公司	
	下一年度数据					
息税前利润变动百分比($\Delta EBIT/EBIT$)	增长100%	减少50%	增长100%	减少50%	增长100%	减少50%
息税前利润($EBIT$)	20	5	20	5	20	5
债务利息	0	0	4	4	6	6
税前利润	20	5	16	1	14	-1
所得税(税率40%)	8	2	6.4	0.4	5.6	-0.4
净利润	12	3	9.6	0.6	8.4	-0.6
每股收益	12	3	19.2	1.2	33.6	-2.4
每股收益变动百分比($\Delta EPS/EPS$)	100%	-50%	167%	-83.33%	250%	-125%

由表中分析可得出以下结论：

(1) A 公司是无负债公司,当预计下一年度息税前利润增长 1 倍时,其每股收益也增长 1 倍,不存在财务杠杆作用。而 B 公司和 C 公司的资本结构中债务资本的存在使得两个公司每股收益的增长率分别为 167% 和 250%,超过息税前利润的增长幅度,财务杠杆作用得以体现。

(2) 当三个公司预计下一年度息税前利润均减少 50% 时,无负债的 A 公司每股收益也减少 50%,没有呈现出财务杠杆作用。而有负债的 B 公司和 C 公司的每股收益则分别减少 83.33% 和 125%,均超过息税前利润的减少幅度,财务杠杆作用得以体现。特别是在息税前利润减少时,固定的债务利息支付成为负担,每股收益大幅度下降,C 公司甚至出现负值,从而表现为财务风险的大幅度提高。因而,固定债务利息的存在引起了财务杠杆效应,当息税前利润变动时,每股收益以更大的幅度变动。

(3) 比较 C 公司与 B 公司的每股收益变化情况发现,B 公司息税前利润增长了 167%,而 C 公司却增长了 250%;B 公司息税前利润减少了 83.33%,而 C 公司却减少了 125%。即同样的息税前利润变化引起 C 公司的每股收益的变化程度相对更大。因而,可得出资产负债率高的公司每股收益的变化程度相对更大,财务杠杆作用更明显。

(三) 财务杠杆系数

为了反映财务杠杆的作用程度,估计财务杠杆利益的大小,评价财务风险的高低,需要测算财务杠杆系数。财务杠杆系数是指公司普通股每股收益变动率相当于息税前利润变动率的倍数。其测算公式是：

$$DFL = \frac{\Delta EPS/EPS}{\Delta EBIT/EBIT}$$

其中,DFL 表示财务杠杆系数；$EBIT$ 表示息税前利润；$\Delta EBIT$ 表示息税前利润变动额；EPS 表示普通股每股收益额；ΔEPS 表示普通股每股收益变动额。

为了便于计算,可将上述公式变换如下:
$$EPS = \frac{(EBIT-I)(1-T)}{N}$$
$$\Delta EPS = \frac{\Delta EBIT(1-T)}{N}$$

所以,
$$DFL = \frac{EBIT}{EBIT-I}$$

其中,I 为债务年利息;T 为公司所得税税率;N 为流通在外的普通股股数,其他符号含义同前。

接【例 6-3】,测算三个公司的财务杠杆系数,分别为:
$$DFL_A = \frac{10}{10-0} = 1$$
$$DFL_B = \frac{10}{10-4} = 1.67$$
$$DFL_C = \frac{10}{10-6} = 2.5$$

计算结果显示,A 公司的财务杠杆系数为 1,不存在财务杠杆作用。B 公司的财务杠杆系数为 1.67,其含义是:当息税前利润增长 10% 时,普通股每股收益将增长 16.7%;反之,当息税前利润下降 10% 时,普通股每股收益将下降 16.7%。C 公司的财务杠杆系数为 2.5,在三个公司中最大,公司的财务杠杆作用程度也最大。

(四) 影响财务杠杆系数的因素

根据公司财务杠杆系数的计算公式可看出,息税前利润 $EBIT$、债务利息 I 都是影响财务杠杆系数的主要因素。需要注意的是,由于债务利息通常表示为资本规模、债务比例与债务利率的乘积,因而这三者会通过影响债务利息而间接影响财务杠杆系数的大小,其中,在其他两个因素一定的情况下,体现资本结构状况的债务比例则是较为重要的影响因素。

当然,进一步的分析可知,由于息税前利润 $EBIT$ 又受到产品销售价格、产品销售数量、单位变动成本以及固定成本总额的影响,因而,这些因素也会影响财务杠杆系数的大小。

【例 6-4】

A 公司全部长期资本为 6 000 万元,债务比例为 30%,债务年利率为 6%,息税前利润为 1 000 万元,其财务杠杆系数是:
$$DFL = \frac{EBIT}{EBIT-I} = \frac{1\ 000}{1\ 000 - 6\ 000 \times 30\% \times 6\%} = 1.12$$

三、联合杠杆原理

(一) 联合杠杆原理

联合杠杆,也称总杠杆,是指营业杠杆和财务杠杆的综合。其中,营业杠杆用于衡量营业收入(或销售量)变化对息税前利润的影响程度;而财务杠杆用于衡量息税前利润变化对普通股每股收益的影响程度,因而,要考查营业收入(或销售量)变化对于普通股每股收益的影响程度,则要综合营业杠杆和财务杠杆两种杠杆的影响,把两种杠杆作用叠加,称为联合杠杆作用。由于联合杠杆综合了营业杠杆和财务杠杆的共同影响,因而影响作用更大。

(二) 联合杠杆系数的测算

联合杠杆系数也称总杠杆系数,是指普通股每股收益变动率相当于营业收入(或销售数量)变动率的倍数,是用于衡量营业杠杆和财务杠杆综合作用程度大小的指标。具体表示为营业杠杆系数与财务杠杆系数的乘积。用公式表示为:

$$DCL(或 DTL) = DOL \times DFL$$
$$= \frac{\Delta EPS/EPS}{\Delta Q/Q}$$

其中,DCL(或 DTL)表示联合杠杆系数,其他符号含义同前。

【例 6-5】

A 公司的营业杠杆系数为 1.8,财务杠杆系数为 2。该公司的联合杠杆系数测算为:

$$DCL = 1.8 \times 2 = 3.6$$

在此例中,联合杠杆系数为 3.6 的含义是:当公司营业收入或销售数量增长 10% 时,普通股每股收益将增长 36%,具体反映了公司的联合杠杆利益;反之,当公司营业收入或销售数量下降 10% 时,普通股每股收益将下降 36%,集中反映了公司的联合杠杆作用带来的风险。

第三节 资本结构决策分析

资本结构是指企业各种长期资本的构成及其比例关系。资本结构决策则是指运用一定的分析方法,在若干可行的资本结构方案中选取最佳资本结构,即在一定时间内,能使加权平均资本成本率最低,企业价值最大的资本结构。资本结构决策在财务决策中具有极其重要的地位,合理的资本结构决策不仅可以降低企业的资本成本,还能获得财务杠杆利益,增加公司价值。

一、资本结构决策的影响因素

(一) 内部影响因素

1. 企业盈利能力

根据优序融资理论,由于信息不对称,以至于外部融资成本较高,公司融资首先会偏好内部融资,其次是债务融资,最后为股权融资。企业的盈利能力越强,其内源融资满足率越高,所以相较于盈利能力弱的企业有低负债率。即盈利能力越强,企业财务杠杆越低。

2. 企业规模大小

企业规模越大,财务困境成本越低,企业财务杠杆就越高。一般情况下,大规模的企业,其经济实力、竞争能力、抗风险能力和偿债能力都强于小规模企业,贷款人更愿意将钱贷给大规模企业。所以大规模企业的资本负债率要高于小规模企业。

3. 企业有形资产比例

企业有形资产比例越高,资产的担保价值越大,相应的财务困境成本越低,从而企业的债务比例越大。与之相反,拥有较多无形资产的企业则更倾向于少借债。

4. 企业财务的灵活性

财务灵活性是指企业利用闲置资金和剩余的负债能力以应对可能发生的偶然情况和把握未预见机会的能力。财务灵活性大的企业通常要比财务灵活性小的企业负债能力强。

5. 企业的发展阶段

企业的发展包括投入、成长、成熟、衰退四个阶段。在企业的投入期,债务资本比例较低;在企业的成长期,企业生产销售扩大,发展前景好,债务资本比例提高;当企业处于成熟阶段,产品渐渐趋于饱和,生产销售状况稳定,资本结构也保持相对稳定;当企业处于衰退期,产品开始渐渐失去市场,生产销售滑坡,债务资本比例下降。

6. 企业经营者的态度

公司经营者对风险的态度会对公司筹资的选择产生直接的影响,从而也影响到公司资本结构决策。如果经营者不愿承担财务风险,就可能会较少地利用财务杠杆,尽量降低债务资本的比例。如果经营者与股东希望维持对企业的控制,可能会尽量采用债务筹资的方式来增加资本,以避免因新股东的加入,影响其对企业的控制权。

(二) 外部影响因素

1. 经济政策环境

一个国家的经济政策体现了国家在一定时期对某项经济活动所持的态度,企业会采取不同的资本结构决策来应对不同的经济政策。如我国《税法》规定,债务筹资发生的利息费用以及固定资产的折旧费用可以抵税,这就为企业带来一部分额外收益。所以一般情况下,企业所得税税率越高,举债的好处越大,企业选择的债务比例就越高。

2. 行业差异

不同行业之间在负债比率上一直保持着非常显著的差异,即不同行业的资本结构存在差异。企业管理者在进行资本结构决策时,必须考虑到不同行业的特点与差别。如制药业和电子行业等未来有大量投资机会的高增长行业,负债水平很低。而房地产业这种大力投资于有形资产的行业则更倾向于采用高负债。

3. 资本市场环境

资本市场环境的变化对资本结构决策有很大影响。例如,股票市场稳定时,企业可以保留一定的负债能力,采用增发股票的方式筹资,适当减少负债。

4. 债权人的态度

虽然企业总是希望通过负债筹资来获取财务杠杆收益,但债权人的态度是不容忽视的,它在企业负债筹资中往往起着决定性作用。通常企业都会与债权人共同商讨其资本结构,并且对他们提出的意见予以充分重视,如果企业过度利用负债资本,债权人未必会接受超额贷款的要求。

5. 法律环境

企业在筹资过程中,需要依靠健全的金融法制维护资金供应者、需求者以及中介人的合法权益,并对其筹资加以约束规范。法律环境的不同也会影响企业的筹资选择。

二、资本结构决策的分析方法

(一) 资本成本比较法

非股份制企业中往往以利润最大化作为企业财务的目标,因而资本结构决策也关注企业净利润额的最大化问题。资本结构决策中的资本成本比较法,实际上就是以利润最大化为目标的。

资本成本比较法是指在不考虑各种融资方式在数量与比例上的约束以及财务风险差异时,通过计算各种基于市场价值的长期融资组合方案的加权平均资本成本率,并根据计算结果选择加权平均资本成本率最小的方案,确定为相对最优的资本结构。

【例 6-6】

某公司在创立时需资本总额 6 000 万元,有以下三种筹资方案可供选择,如表 6-3 所示。

表 6-3 公司不同筹资组合方案资金及成本数据表

筹资方式	方案一筹资金额(万元)	方案一资本成本率	方案二筹资金额(万元)	方案二资本成本率	方案三筹资金额(万元)	方案三资本成本率
长期借款	300	5%	800	6.5%	500	6%
长期债券	1 000	6%	1 100	7%	1 500	8%
优先股	700	8.5%	500	10%	600	11%
普通股	4 000	12%	3 600	15%	3 400	13%
总计	6 000		6 000		6 000	

根据上述资料,分别计算三个方案的加权平均资本成本率。

方案一：

$$\frac{300}{6\ 000}\times 5\% + \frac{1\ 000}{6\ 000}\times 6\% + \frac{700}{6\ 000}\times 8.5\% + \frac{4\ 000}{6\ 000}\times 12\% = 10.24\%$$

方案二：

$$\frac{800}{6\ 000}\times 6.5\% + \frac{1\ 100}{6\ 000}\times 7\% + \frac{500}{6\ 000}\times 10\% + \frac{3\ 600}{6\ 000}\times 15\% = 11.98\%$$

方案三：

$$\frac{500}{6\ 000}\times 6\% + \frac{1\ 500}{6\ 000}\times 8\% + \frac{600}{6\ 000}\times 11\% + \frac{3\ 400}{6\ 000}\times 13\% = 10.97\%$$

经计算可得，方案一的加权平均资本成本率最低。所以，在适度的财务风险下，企业应以方案一的比例来筹集所需资金，由此形成的资本结构即为最优资本结构。

资本成本比较法仅以加权平均资本成本率最低为选择标准，其测算过程简单，测算原理易理解。但这种方法只是比较了各种融资组合方案的资本成本率，难以区别不同的融资方案之间的财务风险因素差异，在实际计算中各种融资方式的资本成本率有时也难以确定。资本成本比较法一般适用于资本规模小，资本结构简单的非股份制企业。

(二) 每股收益分析法

对于股份公司来说，股东财富最大化具体表现为股票价值最大化，以提高股票的市场价值为目标。资本结构决策中的每股收益分析法，在一定程度上体现了股票价值最大化目标。资本结构是否合理，可以通过分析每股收益的大小来衡量，在风险不变的情况下，能产生更高的每股收益的筹资方案更有利于实现股东财富的最大化。

每股收益分析法是利用每股收益无差别点来进行资本结构决策的方法。通过比较在企业预期盈利水平下不同融资方案的每股收益（EPS），进而选择每股收益较大的融资方案。

所谓每股收益无差别点，是指两种或两种以上筹资方案下普通股每股收益相等时的息税前利润点，也称为筹资无差别点。根据每股收益无差别点，可以分析判断当预期的息税前利润达到何种水平时公司更适于采用何种资本结构。

每股收益无差别点的计算公式为：

$$EPS = \frac{(EBIT - I_1)(1-T)}{N_1} = \frac{(EBIT - I_2)(1-T)}{N_2}$$

其中，EPS 为每股收益；$EBIT$ 为每股收益无差别点时的息税前利润；I_i 为不同筹资方式下的债务年利息额；N_i 为不同筹资方式下流通在外的普通股股数；T 为公司所得税税率。

利用每股收益无差别点进行资本结构决策的具体步骤是：(1) 计算出不同融资方案下企业的每股收益相等时的息税前利润水平，即每股收益无差别点的息税前利润；(2) 比较分析，将企业预期息税前利润水平下的不同筹资方案的每股收益进行比较，选择每股收益较大的筹资方案。

【例 6-7】

某公司目前共有长期资本 1 亿元，其中普通股 6 000 万元，共 240 万股，长期债务 4 000万元，利率为 10%。因扩大经营规模需要再筹集长期资本 2 000 万元，现有两种筹资方式可供选择。方案一:通过发行票面利率12%的长期债券筹资2 000万元;方案二:增发价值2 000万元的80万股普通股。假设公司所得税税率为25%。要求:在预期的息税前利润水平下进行筹资方案的选择。

(1) 计算每股收益无差异点的息税前利润。

在选择方案一的情况下,长期债务年利息为:
$$4\ 000\times 10\% + 2\ 000\times 12\% = 640(万元)$$

在选择方案二的情况下,长期债务年利息为:
$$4\ 000\times 10\% = 400(万元)$$

根据每股收益无差别点计算公式有:
$$EPS = \frac{(EBIT-640)(1-25\%)}{240} = \frac{(EBIT-400)(1-25\%)}{240+80}$$

求得息税前利润 $EBIT = 1\ 360$(万元)。

无差别点下的每股收益为:
$$EPS = \frac{(1\ 360-640)(1-25\%)}{240}$$
$$= \frac{(1\ 360-400)(1-25\%)}{240+80}$$
$$= 2.25(元/股)$$

(2) 比较分析。

① 当该公司预期下一年息税前利润为2 000万元时,测算两种筹资方式追加筹资后的普通股每股收益。

方案一:
$$\frac{(2\ 000-640)(1-25\%)}{240} = 4.25(元/股)$$

方案二:
$$\frac{(2\ 000-400)(1-25\%)}{240+80} = 3.75(元/股)$$

此时,当选择发行长期债券时,普通股每股收益4.25元;当选择增发普通股时,普通股每股收益为3.75元。增发普通股时的普通股每股收益低于增发长期债券时的普通股每股收益。说明当预期息税前利润大于每股收益无差别点的息税前利润时,增加长期债务比增发普通股更有利。该公司应选择方案一。

② 当该公司预期下一年息税前利润为1 000万元时,测算两种筹资方式追加筹资后的普通股每股收益。

方案一:
$$\frac{(1\ 000-640)(1-25\%)}{240} = 1.125(元/股)$$

方案二:
$$\frac{(1\ 000-400)(1-25\%)}{240+80} = 1.41(元/股)$$

此时,当选择发行长期债券时,普通股每股收益 1.125 元;当选择增发普通股时,普通股每股收益为 1.41 元。增发普通股时的普通股每股收益高于增发长期债券时的普通股每股收益。说明当预期息税前利润小于每股收益无差别点的息税前利润时,增发普通股比增加长期债务更有利。该公司应选择方案二作为追加筹资方案。

当该公司预期下一年息税前利润为 1 360 万元时,两种筹资方案的普通股每股收益都为 2.25 元。这说明当预期息税前利润等于每股收益无差别点的息税前利润时,普通股每股收益相等,两种筹资方式无差别。

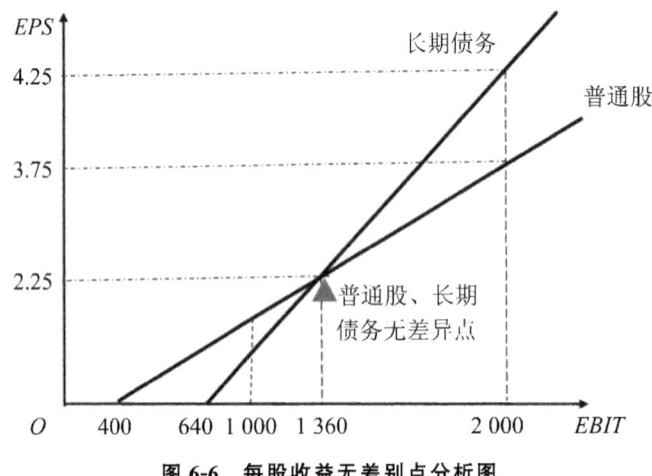

图 6-6　每股收益无差别点分析图

每股收益无差别点法侧重于对不同筹资方式下每股收益进行比较,根据企业预期息税前利润水平下的不同筹资方案的每股收益的大小,来选择最佳筹资方式。这种方法虽然也没有考虑财务风险因素,但其原理简单,计算方便,为企业管理层解决在某一特定预期息税前利润水平下的筹资方式选择问题提供了一个简便的分析方法。

(三) 公司价值比较法

资本成本比较法和每股收益无差别点法虽然计算简便,但都没有考虑财务风险因素对资本结构决策的影响。公司价值比较法则是以公司价值的大小为标准,在充分反映公司财务风险的前提下,通过测算确定公司最佳资本结构的方法。只有在风险不变的情况下,每股收益的增长才会直接导致股价的上升。但现实情况下,风险通常随每股收益的增长而增长。如果每股收益的增长不足以补偿风险增加所需要的报酬,尽管每股收益的增加,股价仍然会下降。所以公司最佳资本结构应当是可以使公司价值最高,而不一定是每股收益最大的资本结构。同时,在公司总价值最大的资本结构下,公司的资本成本也是最低的。

1. 公司价值

在公司财务中,衡量公司价值的一个主要指标被称为公司的市场价值。对于衡量公司市场价值的方法目前存在不同意见。其中较为合理、应用比较广泛的是公司的市场价值等于其长期债务的市场价值加上股票的市场价值。用公式表示为:

$$V = B + S$$

其中，V 为公司的市场价值；S 为股票的市场价值；B 为长期债务的市场价值，其中长期债务包括长期债券和长期借款。

为简化计算，假设长期债务的价值等于其账面价值。股票的现值等于公司未来净收益的折现值。

股票的市场价值可用公式表示为：

$$S = \frac{(EBIT - I)(1 - T)}{K_S}$$

其中，S 为股票的市场价值；$EBIT$ 为息税前利润；I 为长期债务年利息额；T 为公司所得税税率；K_S 为股权资本成本率。

上式中，股权资本成本率可以运用资本资产定价模型测算，用公式表示为：

$$K_S = R_F + \beta(R_M - R_F)$$

其中，R_F 为无风险报酬率；β 为股票的贝塔系数；R_M 为整个股市的平均风险股票报酬率。

2. 公司综合资本成本率

公司综合资本成本率应以各种筹资方式的加权平均资本成本率表示。用公式可表示为：

$$K_W = K_b \left(\frac{B}{V}\right)(1 - T) + K_S \left(\frac{S}{V}\right)$$

其中，K_b 为长期债务税前资本成本率。

【例 6-8】

某公司现有全部长期资本均为股票资本，账面价值 1 亿元，无长期债务资本。公司认为目前这种资本结构不合理，准备通过增加长期债务的方式购回部分普通股，以调整公司资本结构。公司预计息税前利润为 3 000 万元，假设公司所得税税率为 25%。经初步测算，目前的长期债务的价值(B)、长期债务年利率(K_b)、股票的贝塔系数(β)、股权资本成本率(K_S)、无风险报酬率(R_F)、平均风险股票报酬率(R_M)如表 6-4 所示。

表 6-4 公司不同债务规模下债务利率与普通股资本成本率测算表

B(万元)	K_b(%)	β	R_F(%)	R_M(%)	K_S(%)
0	0	1.15	10	14	14.60
1 000	10	1.20	10	14	14.80
2 000	12	1.25	10	14	15.00
3 000	14	1.30	10	14	15.20
4 000	16	1.35	10	14	15.40
5 000	18	1.40	10	14	15.60

当 $B = 2\,000$ 万元时，息税前利润等于 3 000 万元，$\beta = 1.25$，$R_F = 10\%$，$R_M = 14\%$，$K_S = 15.00\%$，计算如下：

股权资本成本率 $K_S = 10\% + 1.25 \times (14\% - 10\%) = 15\%$

股票的市场价值 $S = \dfrac{(3\,000 - 2\,000 \times 12\%) \times (1 - 25\%)}{15\%} = 13\,800$（万元）

公司的市场价值 $V = 2\,000 + 13\,800 = 15\,800$(万元)

公司综合资本成本率 $K_w = 12\% \times \dfrac{2\,000}{15\,800} \times (1 - 25\%) + 15\% \times \dfrac{13\,800}{15\,800}$
$= 14.24\%$

其他同理计算。根据上表资料，运用前述公司价值和公司资产资本成本率测算方法，即可计算出该公司在不同长期债务规模下的公司价值 V 和公司资本成本率 K_w。将计算结果汇总整理成表 6-5。

表 6-5　公司不同债务规模下公司价值与资本成本率测算表

B(万元)	S(万元)	V(万元)	K_b(%)	K_s(%)	K_w(%)
0	15 410.96	15 410.96	0	14.6	14.60
1 000	14 695.95	15 695.95	10	14.8	14.33
2 000	13 800.00	15 800.00	12	15.00	14.24
3 000	12 730.26	15 730.26	14	15.20	14.30
4 000	11 493.51	15 493.51	16	15.40	14.52
5 000	10 096.15	15 096.15	18	15.60	14.90

从表中可以看出，在长期债务 $B = 0$ 元时，该公司的市场价值就是股票的市场价值，即 $V = S = 15\,410.96$ 万元。当公司开始增加长期债务，回购股票时，公司市场价值升高，同时公司加权平均资本成本率下降。

直到 $B = 2\,000$ 万元时，公司的市场价值达到最大，同时公司的加权平均资本成本率达到最低点。当公司继续回购股票增加长期债务时，公司的市场价值便开始下降，公司的加权平均资本成本率也开始上升。

经比较可知，长期债务为 2 000 万元时的公司资本结构为最佳资本结构，此时，公司的市场价值最大，为 15 800 万元。资本成本率最小，为 14.24%。

【自我检测】

知识拓展

一、名词解释

经营风险　营业杠杆　息税前利润　营业杠杆系数　财务杠杆
财务杠杆系数　联合杠杆　联合杠杆系数　资本结构　资本成本比较法
每股收益分析法　每股收益无差别点　公司价值比较法

二、问答题

1. 资本结构的 MM 理论的基本观点有哪些？
2. 什么是营业杠杆？简述营业杠杆的基本原理。
3. 什么是财务杠杆？简述财务杠杆的基本原理。
4. 什么是联合杠杆？简述联合杠杆的基本原理。
5. 资本结构决策的影响因素是什么？

三、计算题

1. 某公司年度销售净额为 140 万元，息税前利润为 80 万元，固定成本为 12 万元，变动成本率为 60%；资本总额为 100 万元，其中债务资本比率占 40%，平均年利率 12%。

要求：

(1) 计算该公司的营业杠杆系数。

(2) 计算该公司的财务杠杆系数。

(3) 计算该公司的联合杠杆系数。

2. A 公司原有资本 1 000 万元，其中长期借款 400 万元，借款年利率 7.5%，普通股 600 万元，普通股股数 12 万股，公司所得税税率为 25%。由于扩大业务，需追加筹资 300 万元，目前有两个可供选择的筹资方案：甲方案为全部发行普通股筹资，普通股每股市价 25 元，需增发 12 万股；乙方案为全部按面值发行债券，债券利率为 12%。假定筹资费用忽略不计，要求：

(1) 计算甲方案与乙方案每股收益无差别点的息税前利润；

(2) 如果公司预计筹资后的息税前利润为 300 万元，请指出该公司应采用的筹资方案。

3. 某企业初创时有如下三个筹资方案可供选择，有关资料如下：

筹资方式	筹资方案 A		筹资方案 B		筹资方案 C	
	筹资额	资本成本	筹资额	资本成本	筹资额	资本成本
长期借款	140	6%	150	5%	180	4%
债券	100	8%	150	7%	120	9%
优先股	60	12%	100	9%	50	10%
普通股	300	15%	200	11%	250	12%
合计	600		600		600	

要求：选择最优筹资方案，确定最优资本结构。

4. 某企业原有资本 1 500 万元，其中 5 年长期债券 300 万元，票面利率 6%，权益资本（普通股）1 200 万元，公司发行的普通股为 16 万股，每股面值 75 元。另外已知公司所得税税率为 33%，由于扩大生产业务，需追加筹资 450 万元，有如下两个方案：

(1) 全部发行普通股，增发 6 万股，每股面值仍为 75 元；

(2) 全部发行 3 年期长期债券，票面利率仍为 6%。

要求：运用每股收益无差异点分析法选择最优筹资方案，确定最优资本结构。

第七章 长期投资决策

【知识导图】

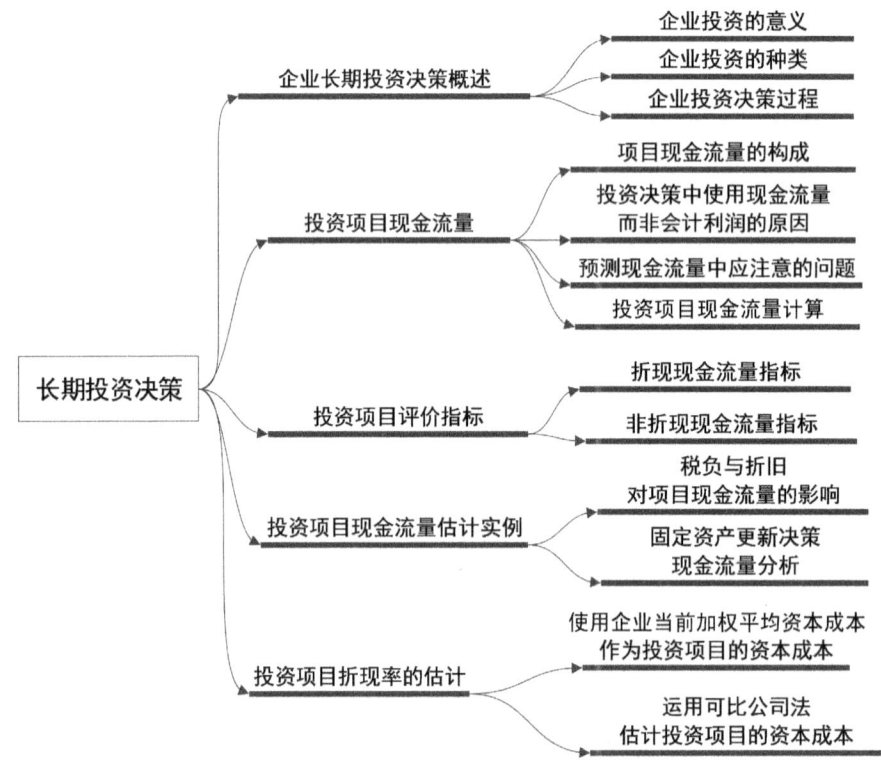

【学习目标】

1. 理解现金流量的内涵；
2. 区分不同时期的现金流量；
3. 能够对投资项目引起的现金流量进行分析计算；
4. 熟悉税负和折旧对项目现金流量的影响；
5. 熟练掌握运用各评价指标分析项目投资方案的可行性；
6. 掌握估计投资项目的资本成本的方法。

投资决策是企业最重要的决策之一。从某种意义上说，一个企业就是由一系列的投资项目所组成的，正确的投资可以为企业的发展提供杠杆效应，大大加速企业的发展，反之，投资失误，也有可能将企业存在的种种弊端放大而影响企业的生存。

【案例导入】

根据特斯拉向美国证券交易委员会(SEC)提交的2019年报告显示,2019年特斯拉在中国市场的营收为29.79亿美元(约合人民币208亿元),比2018年的17.57亿美元(约合人民币123亿元)增长了69.55%。显然特斯拉2019年在国内实现营收大幅增长离不开上海工厂。本来上海工厂的建设资金应该由特斯拉自己负担,不过上海市政府以及当地的金融机构提供了不少支持。数据显示,上海市政府2019年向特斯拉上海工厂提供了约8 500万美元(约合人民币5.9亿元)的"某些补助"(certain incentives),这些补助包括约4 600万美元(约合人民币3.2亿元)的现金和价值约3 900万美元(约合人民币2.7亿元)的其他补助。

此外,特斯拉上海工厂建设资金还来源于上海当地的银行贷款,贷款方包括建设银行上海自贸试验区分行、农业银行上海长宁支行、工商银行上海自贸试验区分行、上海浦东发展银行上海分行和招商银行北京分行等,贷款金额总计197.5亿元人民币。

当然,上海政府也不是做慈善,特斯拉要留住这座工厂需要满足一系列条件。根据与上海市政府签订的租约条款,特斯拉上海工厂必须在未来5年内投资人民币140.8亿元;同时特斯拉同意从2023年起,每年向中国缴纳22.3亿元人民币的税款;特斯拉还承诺,2023年起,上海工厂每年的销售收入将不低于750亿元人民币。若到2024年1月12日,特斯拉上海工厂的税收收入未能达到协议标准的80%(即大约每年17.8亿元人民币),特斯拉便同意归还工厂土地,并偿还土地租赁、建筑和其他资产等损失。

特斯拉2019年在美国市场的收入为126.53亿美元(约合人民币885亿元),同比下降15%。而中国市场则一路提高,所以也就不难理解,为什么特斯拉愿意与上海市政府签订这样的租约条款。

第一节 企业长期投资决策概述

一、企业投资的意义

企业投资是指公司对现在所持有资金的一种运用,如投入经营资产或购买金融资产,或者是取得这些资产的权利,其目的是在未来一定时期内获得与风险相匹配的报酬。在市场经济条件下,公司能否把筹集到的资金投放到报酬高、回收快、风险小的项目上去,对企业的生存和发展十分重要。

(1)企业投资是实现财务管理目标的基本前提。企业财务管理的目标是不断提高企业价值,为股东创造财富。因此要采取各种措施增加利润,降低风险。企业要想获得利润,就必须进行投资,在投资中获得效益。

（2）企业投资是公司生产发展的必要手段。在科学技术、社会经济迅速发展的今天，企业无论是维持简单再生产还是实现扩大再生产，都必须进行一定的投资。要维持简单再生产的顺利进行，就必须及时对所使用的机器设备进行更新，对产品和生产工艺进行改造，不断提高职工的科学技术水平，等等；要实现扩大再生产，就必须新建、扩建厂房，增添机器设备，增加职工人数，提高人员素质，等等。

（3）企业投资是公司降低经营风险的重要方法。公司把资金投向生产经营的关键环节或薄弱环节，可以使各种生产经营能力配套、平衡，形成更大的综合生产能力。例如，把资金投向多个行业，实行多元化经营，更能增加公司销售和盈余的稳定性。

二、企业投资的种类

企业投资根据不同的标准可以进行以下分类。

1. 直接投资与间接投资

按投资与企业生产经营的关系，企业投资可分为直接投资和间接投资两类。在非金融企业中，直接投资所占比重很大。间接投资又称证券投资，是指把资金投入证券等金融资产，以取得利息、股利或资本利得收入的投资。随着我国金融市场的完善和多渠道筹资的形成，企业间接投资将越来越广泛。

2. 长期投资与短期投资

按投资回收时间的长短，企业投资可分为短期投资和长期投资两类。短期投资又称流动资产投资，是指能够并且准备在一年以内收回的投资，主要是指对现金、应收账款、存货、短期有价证券等短期类资产的投资，长期证券如能随时变现亦可作为短期投资。长期投资则是指一年以上才能收回的投资，主要是指对厂房、机器设备等固定资产的投资，也包括对无形资产和长期有价证券的投资。由于长期投资中固定资产所占比重较大，因此，长期投资有时专指固定资产投资。

3. 对内投资和对外投资

根据投资的方向，企业投资可分为对内投资和对外投资两类。对内投资是指把资金投向公司内部，购置各种生产经营用资产的投资。对外投资是指公司以现金、实物、无形资产等方式或者以购买股票、债券等有价证券的方式向其他单位的投资。对内投资都是直接投资，对外投资主要是间接投资，也可以是直接投资。

4. 初创投资和后续投资

根据投资在生产过程中的作用，企业投资可分为初创投资和后续投资。初创投资是在建立新企业时所进行的各种投资。它的特点是投入的资金通过建设形成企业的原始资产，为企业的生产、经营创造必要的条件。后续投资则是指为巩固和发展企业再生产所进行的各种投资，主要包括为维持企业简单再生产所进行的更新性投资，为实现扩大再生产所进行的追加性投资，为调整生产经营方向所进行的转移性投资，等等。

5. 战略性投资和战术性投资

根据投资与企业发展关系，企业投资可分为战略性投资和战术性投资。战略性投资是指对企业全局产生重大影响的投资。其特点在于所需资金数额较大，回收时间长，风险较大,对企业生存发展影响深远。战术性投资是指只关系到企业某一局部具体业务的投资。其特点是所需资金数额较少,风险相对较小。战术性投资主要是为了维持原有产品的市场占有率,或者是利用闲置资金增加收益。

6. 其他分类方法

根据不同投资项目之间的相互关系,可以将投资分为独立项目投资、互斥项目投资和相关项目投资。独立项目的选择既不要求也不排斥其他投资项目,某一项目投资的收益和成本不会因其他项目的采纳与否而受到影响。若接受某一个项目就不能投资于另一个项目,并且反过来亦如此,则这些项目之间就是互斥的。对于互斥项目,即使每个项目本身从经济上评价都可行,也不能同时入选,只能取其优者。若某一项目的实施依赖于其他项目,这些项目就是相关项目,如要想增加一条生产线就必须新盖一栋厂房来安装生产线,则生产线的投资与厂房的投资属于相关项目投资。

根据投资项目现金流入与流出的时间,可以将投资分为常规项目投资和非常规项目投资。常规项目是指只有一期初始现金流出,随后是一期或多期现金流入的项目。非常规项目的现金流量在某些方面与常规项目有所不同,如现金流出不发生在期初,或者期初和以后各期有多次现金流出等。

三、企业投资决策过程

投资能为企业带来报酬,但投资是一项具体而复杂的系统工程,按照时序的方法,可以将投资过程分为事前、事中和事后三个阶段。事前阶段也称投资决策阶段,主要包括投资项目的提出、评价与决策;事中阶段的主要工作是实施投资方案并对其进行监督与控制;事后阶段是指在投资项目结束后对投资效果进行事后审计与评价。

1. 投资项目的决策

投资决策阶段是整个投资过程的开始阶段,也是最重要的阶段,此阶段决定了投资项目的性质、资金的流向和投资项目未来获得报酬的能力。

(1) 投资项目的提出。产生新的有价值的创意,进而提出投资方案是非常重要的。新创意可以来自公司的各级部门。一般来说,公司的高层管理人员提出的投资多数是大规模的战略性投资,如兴建一座厂房;而中层或基层人员提出的主要是战术性投资项目,如生产部门提出更新设备。

(2) 投资项目的评价。投资项目的评价主要包括以下几部分:① 将提出的投资项目进行分类,为分析评价做好准备;② 估计各个项目每一期的现金流量状况;③ 按照某一个评价指标,对各个投资项目进行分析并根据某一标准排队;④ 考虑资本限额等约束因素,编写评价报告,并做出相应的投资预算,报请审批。

(3) 投资项目的决策。投资项目经过评价后,要由公司的决策层做出最后决策。决策一般分为以下三种情况:① 接受这个投资项目;② 拒绝这个项目;③ 退还给提出项目的部门,由其重新调查和修改后再做处理。

2. 投资项目的实施与监控

一旦决定接受某一个或某一组投资项目,就要积极地实施并进行有效的监督与控制。

具体要做好以下工作:(1)筹集资金;(2)有计划、分步骤地实施投资项目;(3)对项目的实施进度、工程质量、施工成本等进行控制和监督;(4)投资项目的后续分析。

3. 投资项目的事后审计与评价

投资项目的事后审计主要由公司内部审计机构完成,将投资项目的实际表现与原来的预期相对比,通过对其差额的分析可以更深入地了解某些关键问题。

依据审计结果还可以对投资管理部门进行绩效评价,并据此建立相应的激励制度,以持续提高投资管理效率。

第二节 投资项目现金流量

项目的现金流量是决定项目是否可行的关键因素之一,对项目现金流量的分析是企业长期投资决策的基础。在进行投资项目方案分析时,最重要也是最困难的一步就是估计项目现金流量。

一、项目现金流量的概念

所谓现金流量,在投资决策中是指一个项目引起的企业现金支出和现金收入增加的数量。这时的"现金"是广义的现金,它不仅包括各种货币现金,而且还包括项目需要投入的企业现有的非货币资源的变现价值。

按照现金流动的方向,可以将投资项目引起的现金流量分为现金流入量、现金流出量和净现金流量。一个方案的现金流入量是指该方案引起的企业现金收入的增加额或支出的减少额;现金流出量是指该方案引起的企业现金收入的减少额或支出的增加额;净现金流量是指一定时间内现金流入量与现金流出量的差额。现金流入量大于现金流出量,净现金流量为正值;反之,净现金流量为负值。

二、投资决策中使用现金流量而非会计利润的原因

传统的财务会计按权责发生制计算企业的收入和成本,并以收入减去成本后的利润作为收益,用来评价企业的经济效益。而长期投资决策对项目经济效益的评价是以按收付实现制计算的净现金流量为基础的,主要有以下几方面的原因。

1. 采用现金流量有利于科学地考虑资金的时间价值因素

利润的计算是以权责发生制为基础的,并不考虑资金收付的具体时间。

利润与现金流量的差异具体表现在以下几个方面:

(1)购置固定资产付出大量现金时不计入成本费用。

(2)将固定资产的价值以折旧的形式逐期计入成本时,却不需要付出现金,一些非付

现项目(如折旧费和摊销费)使净利润减少但不会影响现金流量。

(3) 计算利润时不考虑垫支的流动资产的数量和回收时间。

(4) 销售行为一经确定,就确认为当期的销售收入,尽管其中有一部分并未于当期收到现金。

(5) 项目寿命终了时,以现金的形式回收的固定资产残值和垫支的流动资金在计算利润时得不到反映。

科学的投资方案必须考虑资金的时间价值,要求弄清每笔款项收付的具体时间,因此在投资决策中采用现金流量更为科学。

2. 采用现金流量使项目投资决策更加客观

长期投资决策中,现金流量能更科学、客观地评价投资方案的优劣,利润则明显存在不科学、不客观的成分,原因有以下两个方面。

(1) 利润的计算没有一个统一的标准,在一定程度上要受存货计价、费用分摊和不同折旧计提方法等会计政策和会计估计的影响,利润的计算有更大的主观随意性。

(2) 利润反映的是某一会计期间"应计"的现金流量,而不是实际的现金流量。若以未实际收到现金的收入作为报酬,具有较大风险,容易高估投资项目的经济效益,存在不科学、不合理的成分。

三、预测现金流量中应注意的问题

在确定投资方案相关的现金流量时,应遵循的最基本的原则是:只有增量现金流量才是与项目相关的现金流量。

所谓增量现金流量,是指接受或拒绝某个投资方案后,企业总现金流量因此发生的变动。只有那些由于采纳某个项目引起的现金支出增加额,才是该项目的现金流出;只有那些由于采纳某个项目引起的现金流入增加额,才是该项目的现金流入。

为了正确计算投资方案的现金流量,需要正确判断哪些支出会引起企业总现金流量的变动,哪些支出只引起某个部门的现金流量的变动而不引起企业总现金流量的变动。在进行这种判断时,要注意以下几个问题。

1. 区分相关成本和非相关成本

相关成本是指与特定决策有关的、在分析评价时必须加以考虑的成本,如差额成本、未来成本、重置成本、机会成本等都属于相关成本。与此相反,与特定决策无关的、在分析评价时不必加以考虑的成本是非相关成本,如沉没成本、过去成本、账面成本等。

例如,某公司在2017年曾经打算新建一个车间,并请一家会计公司做过可行性分析,支付咨询费5万元。后来由于公司有了更好的投资机会该项目被搁置下来,该笔咨询费作为费用已经入账。2019年旧事重提,在进行投资分析时,这笔咨询费是否是相关成本呢?答案应该是否定的。该笔支出已经发生,不管公司是否采纳新建一个车间的方案,它都无法收回,与公司未来的总现金流量无关。如果将非相关成本纳入投资方案的总成本,则一个有利的方案可能因此变得不利,一个较好的方案可能变为较差的方案从而造成决策错误。

2. 不要忽视机会成本

机会成本（opportunity cost）是指为了进行某项投资而放弃其他投资所能获得的潜在收益。在投资决策中，我们不能忽视机会成本。例如，上述公司新建车间的投资方案，需要使用公司拥有的一块土地。在进行投资分析时，如果公司的这块土地出售出去可获得20万收入，它就是该方案的机会成本。这项机会成本不是一种支出或费用，而是失去的收益，这种收益不是实际发生的，而是潜在的。机会成本总是基于具体方案的，离开被放弃的方案就无从计量。

3. 要考虑方案对公司其他部门或项目的影响

当选择一个新的项目后，该项目可能会对公司其他部门或项目造成有利或不利的影响。例如，若新项目投产生产的产品上市后，原有其他产品的销售额可能减少。因此，公司在进行投资分析时，不应将新项目的销售收入作为增量收入来处理，而应扣除其他部门因此减少的销售收入。当然，也可能发生相反的情况，新产品上市后将促进其他部门的销售增长，这要看新项目和原有项目是竞争关系还是互补关系。诸如此类的交互影响，事实上很难准确计量，但决策者在进行投资分析时仍要将其考虑在内。

四、投资项目现金流量计算

对于一个投资项目而言，现金流量贯穿于项目整个寿命期间。按照现金流量的发生时间，投资活动的现金流量可分为初始现金流量、营业现金流量和终结现金流量三个部分。

1. 初始现金流量

初始现金流量是项目建设过程中发生的现金流量，主要包括以下几个部分。

（1）项目初始投资。初始投资主要指形成固定资产、无形资产和其他资产的投资。项目投资时直接形成固定资产的建设投资，如建筑工程费、设备购置费、安装工程费以及建设期利息（资本化的利息支出）等。与项目相关的无形资产支出主要指技术转让费或技术使用费、商标权和商誉等。其他资产的费用主要指生产准备费、开办费、培训费、样品样机购置费等。

需要说明的是，对于土地使用权，按规定，在尚未开发或建造自用项目前，土地使用权作为无形资产核算，房地产开发公司开发商品房时，将其账面价值转入开发成本；公司建造自用项目时，将其账面价值转入在建工程成本。为了与以后折旧和摊销相协调，在项目投资估算时通常将土地使用权直接列入固定资产其他费用中。

（2）营运资本的垫支。营运资本是指项目投产前投放于流动资产、用于周转使用的资本，其计算公式为：

$$营运资本 = 流动资产 - 流动负债$$

$$某年营运资本增加额 = 本年营运资本 - 上年营运资本$$

在项目经营期末，满足项目运营的流动资产不再需要，因而，投放在项目上的营运资本被逐渐收回。

【例 7-1】

MO 公司投资项目 2014—2018 年预计营运资本增加额如表 7-1 所示。表中,营运资本投资额随着销售收入的变化而变化,在项目生产期的第三年(2016 年),前两期投入的营运资本逐渐被收回。

表 7-1 MO 投资项目预计营运资本增加额

单位:万元

项目	基期	2014	2015	2016	2017	2018
销售收入	4 000	4 400	4 840	3 800	1 800	1 000
最低现金(销售收入 2%)	80	88	97	76	36	20
应收账款(销售收入 8%)	320	352	387	304	144	80
存货(销售收入 10%)	400	440	484	380	180	100
应付账款(销售收入 7%)	280	308	339	266	126	70
营运资本	520	572	629	494	234	130
营运资本增加额		52	57	−135	−260	−104

(3) 原有固定资产的变价收入。在更新决策中,指固定资产重置、旧设备出售时的现金净流量。

(4) 所得税效应。指固定资产重置时变价收入的税负损益。按规定,出售资产(如旧设备)时,如果出售价高于账面净值应缴纳所得税,多缴的所得税构成现金流出量;出售资产时发生的损失(出售价低于账面净值)可以抵减当年所得税支出,少缴的所得税构成现金流入量。诸如此类由投资引起的税负变化,应在计算项目现金流量时加以考虑。

2. 营业现金流量

营业现金流量一般以年为单位计算。这里,现金流入一般是指营业现金收入。现金流出是指营业现金支出和缴纳的税金。如果一个投资项目的每年销售收入等于营业现金收入,付现成本(指不包括折旧的成本)等于营业现金支出,那么,年营业净现金流量(NCF)可用下列公式计算:

$$每年营业净现金流量(NCF) = 年营业收入 - 年付现成本 - 所得税$$
$$= 税后净利 + 折旧 \qquad (7-1)$$

3. 终结现金流量

终结现金流量主要包括:(1) 固定资产的残值收入或变价收入(指扣除了所需缴纳的税金等支出后的净收入);(2) 原有垫支在各种流动资产上的资金的收回;(3) 停止使用的土地的变价收入等。

第三节 投资项目评价指标

企业对若干项目进行筛选时要用到一定方法或一些指标,主要有折现现金流量指标,包括净现值、内含报酬率、获利指数等,以及非折现现金流量指标,包括投资回收期和平均报酬率。

一、折现现金流量指标

(一) 净现值(Net Present Value,NPV)

1. 净现值法及其应用

净现值是反映投资项目在建设和生产服务年限内获利能力的指标。一个项目的净现值是指项目投入使用后的净现金流量按资本成本率或企业要求的报酬率折算为现值,减去初始投资后的余额。其计算公式为:

$$NPV = \left[\frac{NCF_1}{(1+K)^1} + \frac{NCF_2}{(1+K)^2} + \cdots + \frac{NCF_n}{(1+K)^n}\right] - C$$

$$= \sum_{t=1}^{n} \frac{NCF_t}{(1+K)^t} - C \tag{7-2}$$

式中,NPV 表示净现值;NCF_t 表示第 t 年的净现金流量;K 表示折现率(资本成本率或公司要求的报酬率);n 表示项目预计使用年限;C 表示初始投资额。

对 NPV 法可做如下解释:任何投资项目的实施总希望其能获得的报酬比初始投资要多。但是,未来报酬的获取与期初投资的发生,在时间上是不一致的,考虑到资金时间价值,就必须把它们统一到同一时点基础上才能比较。因此,必须把未来各期的净现金流量按资本的机会成本或公司要求的最低报酬率作为贴现率折算成现值,再与该项目的初始投资支出进行对比,若前者大于后者,即 $NPV > 0$,说明该投资方案的投资报酬率高于资本成本或公司要求的最低报酬率,方案是可行的;否则,该方案应予以舍弃。若两个项目互斥,选择具有较大正净现值的项目。

【例 7-2】

某公司的有关资料如表 7-2 所示,试分别计算甲、乙两个方案的净现值。

表 7-2 投资项目现金流量表

(单位:元)

项目	第 0 年	第 1 年	第 2 年	第 3 年	第 4 年	第 5 年
甲方案						
固定资产投资	(120 000)					

续表

项目	第0年	第1年	第2年	第3年	第4年	第5年
营业现金流量		40 000	40 000	40 000	40 000	40 000
净现金流量	(120 000)	40 000	40 000	40 000	40 000	40 000
乙方案						
固定资产投资	(120 000)					
营运资金垫支	(10 000)					
营业现金流量		50 000	45 000	40 000	35 000	20 000
固定资产残值						10 000
营运资金回收						10 000
净现金流量	(130 000)	50 000	45 000	40 000	35 000	40 000

假定资本成本为10%,试计算甲、乙两个方案的净现值。

甲方案的年净现金流量相等,可通过下式计算:

$$NPV_甲 = 未来现金流量的总现值 - 初始投资额$$
$$= NCF \times (P/A, 10\%, 5) - C$$
$$= 40\ 000 \times 3.791 - 120\ 000$$
$$= 31\ 640(元)$$

乙方案的年净现金流量不相等,其计算办法如表7-3所示。

表7-3　乙方案NPV计算表

(单位:元)

年度	年净现金流量	现值系数	现值
1	50 000	0.909	45 450
2	45 000	0.826	37 170
3	40 000	0.751	30 040
4	35 000	0.683	23 905
5	40 000	0.621	24 840
$\sum_{t=1}^{5} \dfrac{NCF_t}{(1+k)^t}$			161 405
C			130 000
$NPV_乙$			31 405

计算结果甲、乙两方案净现值均大于零,都是可接受的方案,如果甲、乙为互斥方案,因为$NPV_甲 > NPV_乙$,则应选择甲方案。

2. 净现值法评价

NPV法的主要优点在于:

第一,它充分考虑了资金时间价值,在评价标准上,它使用折算现值后的现金收支额,对方案的评价更为客观。

第二,按 NPV 法决策与公司目标即股东财富最大化是一致的。NPV 法提供了测算投资项目净收益(超过成本的收益)的范围尺度,从而使企业管理部门能竭尽全力,把企业长期收益增加到最大限度。NPV 法所用的贴现率为资本成本,它是投资者所要求的最低报酬率,$NPV>0$ 说明投资报酬率高于投资者的预期。

第三,净现值法使用比较灵活。在计算 NPV 时,允许每年使用不同的折现率来计算,因为在实践中公司的资本成本可能随时间发生变化,相应贴现率也就不是固定不变的。

NPV 法也有其不足,主要是:(1)贴现率的计算比较困难,贴现率在 NPV 计算中作用非常大,但对它的计算确实是一项十分复杂的工作;(2)NPV 法不能揭示各个投资方案本身可能达到的实际报酬率是多少;(3)NPV 是一个衡量项目获利能力的绝对数指标,在处理具有不同投资规模的决策时,使用 NPV 可能会得出错误的结论;(4)NPV 对使用年限不等的投资项目评估时,有其局限性。

(二) 内含报酬率(Internal Rate Return,IRR)

1. 内含报酬率法及其应用

内含报酬率也称为内部报酬率,是指项目净现值为零时的折现率或现金流入量现值与现金流出量现值相等时的折现率,反映了投资项目的真实报酬。目前越来越多的企业使用该项指标对投资方案进行评价。

IRR 的计算公式如下:

$$NPV=\left[\frac{NCF_1}{(1+IRR)^1}+\frac{NCF_2}{(1+IRR)^2}+\cdots+\frac{NCF_n}{(1+IRR)^n}\right]-C=0$$

即

$$\sum_{t=1}^{n}\frac{NCF_t}{(1+IRR)^t}-C=0 \tag{7-3}$$

式中,NCF_t 表示第 t 年的净现金流量;IRR 表示内含报酬率;n 表示项目使用年限;C 表示初始投资额。实际上,IRR 的公式是 NPV 的基本公式的特例,即 $NPV=0$ 的折现率。

在计算 IRR 时,有以下两种情况:

(1) 每年的净现金流量相等,此时 IRR 计算公式可变化为:

$$NCF\times(P/A,IRR,n)-C=0$$

① 算年金现值系数:$(P/A,IRR,n)=\dfrac{C}{NCF}$。

② 查年金现值系数表,在同一时期内,找出与上式计算出的年金现值系数相邻的较大和较小的两个折现率。

③ 根据查表所得的两个相邻的折现率和已求得的年金现值系数,采用插值法计算出该投资方案的 IRR。

(2) 当投资项目每年的 NCF 不相等时,应按下列步骤进行计算:

① 事先估计一个折现率,并按此折现率计算投资方案的净现值。如果计算出的 $NPV>0$,则表示该投资项目的 IRR 高于估计的折现率,应提高折现率,再进行测算;如果计算出的 $NPV<0$,则表明该方案的 IRR 小于估计的折现率,应降低折现率,再进行测

算。经过反复测算,找到净现值由正到负并且接近于零的两个折现率。

② 据上述两个相邻的折现率,用插值法计算出投资方案的实际 IRR。

【例 7-2a】

承前例,试计算甲、乙两方案的 IRR。

由于甲方案每年净现金流量相等,可采用如下方法计算 IRR。

$$(P/A,r,n)=\frac{C}{NCF}=\frac{120\ 000}{40\ 000}=3$$

查年金现值系数表有$(P/A,19\%,5)=3.058$ 以及$(P/A,20\%,5)=2.991$。$(P/A,r,5)=3$ 对应的折现率应介于 19% 和 20% 之间,用内插法计算可得 IRR。

贴现率	年金现值系数
19%	3.058
IRR	3.000
20%	2.991

有 $\dfrac{IRR-19\%}{20\%-19\%}=\dfrac{3-3.058}{2.991-3.058}$,所以有 $IRR_甲=19.87\%$。

乙方案的每年净现金流量不相等,因而必须逐次进行测算。

表 7-4 乙方案 IRR 测算表

年度	每年净现金流量	测试 18%		测试 19%		测试 20%	
		现值系数	现值	现值系数	现值	现值系数	现值
0	(130 000)	1.000	(130 000)	1.000	(130 000)	1.000	(130 000)
1	50 000	0.847	42 350	0.840	42 000	0.833	41 650
2	45 000	0.718	32 310	0.706	31 770	0.694	29 205
3	40 000	0.609	24 360	0.593	23 720	0.579	23 160
4	35 000	0.516	18 060	0.499	17 465	0.482	16 870
5	40 000	0.437	17 480	0.419	16 760	0.402	16 080
NPV			4 560		1 715		(3 035)

在上表中,先按 18% 的折现率进行测算,NPV>0,再把折现率提高到 19%,进行第二次测算,NPV 仍大于零,但数额较小,表明 IRR 稍大于 19%,当再次把折现率提高到 20% 进行测算时,NPV<0,这说明乙方案的 IRR 一定在 19% 至 20% 之间,运用插值法计算如下:

折现率	净现值
19%	1 715
IRR	0
20%	(3 035)

有 $\dfrac{IRR-19\%}{20\%-19\%}=\dfrac{0-1\ 715}{-3\ 035-1\ 715}$,所以有 $IRR_乙=19.36\%$。

运用 IRR 法进行长期投资决策,主要是根据投资方案的 IRR 是否高于资本成本来确定该方案是否可行。若 IRR 大于资本成本,则方案可行;若 IRR 小于资本成本,则方案不可行,如果有多个投资方案,其 IRR 均大于资本成本时,则选用 IRR 最高的投资方案。上例中如果资本成本为 15%,甲、乙两方案均是可利用的投资良机。若二者为互斥项目时,应选择甲项目。

2. IRR 法评价

IRR 法具备了 NPV 法所具有的一些优点,如考虑到了资金时间价值,以及项目的全部现金流量等,同时也弥补了 NPV 法的不足,该法能算出每个投资方案实际可能达到的投资报酬率是多少,得出较为精确的结果。另外,IRR 与银行利率相似,使决策人员易于理解和决策。

另一方面,IRR 法也有本身的不足之处。例如,IRR 的计算过程比较复杂,特别是对于每年 NCF 不相等的投资项目,一般要经过多次测算。

(三) 获利指数(Profitability Index,PI)

1. 获利指数法及其应用

获利指数又称利润指数或现值指数,是投资项目未来报酬的总现值与初始投资额的现值之比。反映的是每元投资未来可获得的现金流量的现值。其计算公式为:

$$PI = \left[\frac{NCF_1}{(1+K)^1} + \frac{NCF_2}{(1+K)^2} + \cdots + \frac{NCF_n}{(1+K)^n}\right]/C$$

$$PI = \frac{未来现金流量的总现值}{初始投资额}$$

如果投资是多期完成的,则计算公式为:

$$PI = \frac{未来现金流入的总现值}{现金流出的总现值}$$

【例 7-2b】

承前例,计算甲、乙两方案的 PI。

$$PI_甲 = \frac{40\,000 \times (P/A, 10\%, 5)}{120\,000} = \frac{40\,000 \times 3.791}{120\,000} = 1.26$$

$$PI_乙 = \frac{\sum_{t=1}^{5} \frac{NCF_t}{(1+10\%)^t}}{130\,000} = \frac{161\,405}{130\,000} = 1.24$$

运用 PI 作为长期投资决策指标,主要是根据各个备选方案 PI 是否大于 1 来判别项目的优劣。若 $PI>1$,则方案可行;反之,方案不可行。如果有多个备选方案的 PI 均大于 1,一般应选择 PI 最大的投资方案。例中甲、乙两方案都是可行的方案,但甲方案 PI 大于乙方案的 PI,则应选择甲方案。

NPV 和 PI 之间存在内在联系,即:

$$NPV>0, PI>1;$$
$$NPV=0, PI=1;$$
$$NPV<0, PI<1$$

2. 获利指数法评价

获利指数法的优点是，考虑了资金时间价值，能够真实地反映投资项目的盈亏程度，由于获利指数是用相对数来表示，所以，有利于在初始投资额不同的投资方案之间进行比较。但是，获利指数法的缺点是，获利指数只代表获得收益的能力而不代表实际可能获得的财富，它忽略了互斥项目之间投资规模上的差异，所以在多个互斥项目的选择中，可能会得出错误的结论。

二、非折现现金流量指标

(一) 投资回收期(Payback Period,PP)

1. 投资回收期的计算

投资回收期是指投资引起的现金流入累计到与投资额相等所需要的时间，代表收回投资所需的年限。回收期越短，方案越有利。

在初始投资一次支出，每年的净现金流量(NCF)相等时：

$$投资回收期 = \frac{初始投资额}{每年净现金流量} \tag{7-4}$$

如果每年净现金流量(NCF)不相等，则回收期要根据每年年末尚未回收的投资额加以确定。

【例 7-2c】

根据前例，试分别计算甲、乙两个方案的投资回收期。

表 7-5　甲、乙两方案投资回收期计算表

(单位：元)

项目	第 0 年	第 1 年	第 2 年	第 3 年	第 4 年	第 5 年
甲方案						
固定资产投资	(120 000)					
营业现金流量		40 000	40 000	40 000	40 000	40 000
年末尚未回收的投资额		80 000	40 000	0	—	—
甲方案回收期 = 120 000÷40 000 = 3(年)						
乙方案						
固定资产投资	(120 000)					
营业现金流量		50 000	45 000	40 000	35 000	20 000
年末尚未回收的投资额		70 000	25 000	0	—	—
乙方案回收期 = 2+25 000÷40 000 = 2.63(年)						

2. 投资回收期法的优缺点

投资回收期法的优点是：概念容易理解，计算比较简单，可以大体衡量项目的流动性和风险。

投资回收期法的缺点是：忽视了资金时间价值，把不同时间的货币收支看成是等效的；没有考虑回收期以后的现金流，不能衡量盈利性；促使公司接受短期项目，放弃有战略意义的长期项目。

事实上有战略意义的长期投资往往早期收益较低，而中后期收益较高。投资回收期法优先考虑急功近利的项目，可能导致放弃长期成功的项目。为了克服投资回收期法不考虑资金时间价值的缺点，人们提出了折现回收期法。折现回收期是指在考虑资金时间价值的情况下以项目现金流量流入抵偿全部所需要的时间。

仍以前例说明折现回收期法的使用，假定折现率为10%，如表7-6 所示。

表7-6 甲、乙两方案折现回收期计算表

（单位：元）

项目	第0年	第1年	第2年	第3年	第4年	第5年
甲方案						
净现金流量	(120 000)	40 000	40 000	40 000	40 000	40 000
折现系数	1	0.909	0.826	0.751	0.683	0.621
折现后现金流量	(120 000)	36 360	33 040	30 040	27 320	24 840
累计折现后现金流量		(83 640)	(50 600)	(20 560)	6 760	31 600
甲方案折现回收期=3+20 560÷27 320=3.75（年）						
乙方案						
净现金流量	(120 000)	50 000	45 000	40 000	35 000	20 000
折现系数	1	0.909	0.826	0.751	0.683	0.621
折现后现金流量	(120 000)	45 450	37 170	30 041	23 905	12 420
累计折现后现金流量		(74 550)	(37 380)	(7 339)	16 566	28 986
乙方案折现回收期=3+7 339÷23 905=3.31（年）						

（二）平均报酬率（Average Rate of Return，ARR）

平均报酬率是投资项目寿命周期内平均的年投资报酬率，也称平均投资报酬率。常见的公式为：

$$ARR = \frac{平均现金流量}{初始投资额} \times 100\% \tag{7-5}$$

以表7-5 的资料说明平均报酬率的计算。

$$ARR_甲 = \frac{40\ 000}{120\ 000} \times 100\% = 33.33\%$$

$$ARR_乙 = \frac{(50\ 000+45\ 000+40\ 000+35\ 000+20\ 000)/5}{120\ 000} \times 100\% = 31.67\%$$

采用平均报酬率这一指标时，应事先确定一个企业要求达到的平均报酬率，或称必要平均报酬率。进行决策时，只有高于必要平均报酬率的方案才能入选。在多个互斥方案的选择中，选用平均报酬率最高的方案。

平均报酬率的优点：它是一种衡量盈利性的简单方法，概念易于理解。

平均报酬率的缺点：没有考虑货币时间价值；必要平均报酬率的确定具有很大的主观性。

第四节　投资项目现金流量估计实例

一、税负与折旧对项目现金流量的影响

所得税是企业的一种现金流出，它取决于利润大小和税率的高低，而利润大小受折旧方法的影响，在整个项目经营期内都会涉及。因此，讨论所得税问题必然会涉及折旧问题。或者说，折旧对投资决策的影响实际上是由所得税引起的。因此，我们把这两个问题放在一起讨论。

1. 税后收入和税后费用

如果问一位工厂老板，他的厂房租金是多少，他的答案比实际每个月付出的租金要少一些。因为租金是一项可以减免所得税的费用，所以应以税后的费用来计量。凡是可以税前扣除的项目，都可以起到减免所得税的作用，因而其实际支付的金额并不是真实的成本，还应将因此而减少的所得税考虑进去。扣除了所得税影响以后的费用净额，称为税后费用。

【例 7-3】

大河公司目前的损益情况如表 7-7 所示。该公司正在考虑一项广告支出计划，每月支付 2 000 元，假设所得税税率为 20%，则该广告的税后费用是多少？

表 7-7　大河公司损益数据

（单位：元）

项目	目前（不做广告）	做广告
营业收入	20 000	20 000
成本和费用	5 000	5 000
新增广告		2 000
税前利润	15 000	13 000
所得税（20%）	3 000	2 600
税后利润	12 000	10 400
新增广告税后成本		1 600＝12 000－10 400

从表 7-7 可以看出，两个方案每月的广告费用差别是 2 000 元，然而对净利润的影响却只有 1 600 元。税后费用的计算公式为：

$$\text{税后费用} = \text{费用金额} \times (1 - \text{所得税税率}) \tag{7-6}$$

据此公式计算广告的税后费用为：

$$\text{税后费用} = 2\,000 \times (1 - 20\%) = 1\,600(\text{元})$$

与税后费用相对应的概念是税后收入。如果你投资的股票今年派发了股息,有人问你得到了多少,你的答案比上市公司分给你的要少一些。因为分得的股票股息需要交纳20%的个人所得税。

同样,由于所得税的作用,企业营业收入的金额有一部分会流出企业,企业实际得到的现金流入是税后收入：

$$\text{税后收入} = \text{收入金额} \times (1 - \text{所得税税率}) \tag{7-7}$$

这里所说的"收入金额"是指根据《税法》规定需要纳税的营业收入,不包括项目结束时收回垫支营运资本等现金流入。

2. 折旧的抵税作用

加大成本会减少利润,从而使所得税减少。如果不计提折旧,企业的所得税将会增加许多。折旧可以起到减少税负的作用,这种作用称之为"折旧抵税"或"税收挡板"。

【例 7-4】

假设 W 公司和 M 公司全年营业收入、付现成本均相同,所得税税率为 20%。两者的区别是 W 公司有一项可计提折旧的资产,每年折旧额相同。两家公司现金流量如表 7-8 所示。

表 7-8 折旧对税负的影响

(单位:万元)

项目	W 公司	M 公司
营业收入(1)	2 000	2 000
成本和费用：		
付现成本(2)	1 000	1 000
折旧(3)	300	0
合计(4)=(2)+(3)	1 300	1 000
税前利润(5)=(1)-(4)	700	1 000
所得税(20%)(6)=(5)×20%	140	200
税后利润(7)=(5)-(6)	560	800
营业净现金流量(8)=(1)-(2)-(6)=(7)+(3)	860	800
W 公司比 M 公司多拥有的现金	60	

W 公司税后利润虽然比 M 公司少 240 万元,但现金净流量却多出 60 万元,原因在于 W 公司有 300 万元的折旧计入成本,合计应纳税收入减少 300 万元,从而少纳税 60 万元(300×20%)。这笔现金保留在企业里,不必缴出。从增量分析的观点来看,由于增加了一笔 300 万元折旧,企业获得 60 万元的现金流入。折旧对税负的影响可按下式计算：

$$\text{折旧抵税} = \text{折旧} \times \text{税率}$$
$$= 300 \times 20\%$$
$$= 60(\text{万元}) \tag{7-8}$$

3. 税后现金流量

加入所得税因素后,现金流量的计算有三种方法。

第一种是直接法。
$$\text{每年营业净现金流量} = \text{年营业收入} - \text{年付现成本} - \text{所得税} \tag{7-9}$$

第二种是间接法。
$$\text{每年营业净现金流量} = \text{税后利润} + \text{折旧} \tag{7-10}$$

公式 7-10 可以由公式 7-9 推导出来。

每年营业净现金流量 = 年营业收入 - 年付现成本 - 所得税
  = 年营业收入 - (年营业成本 - 折旧) - 所得税
  = 税前利润 + 折旧 - 所得税
  = 税后利润 + 折旧

第三种是根据所得税对收入、费用和折旧的影响计算。

每年营业现金净流量 = 税后收入 - 税后成本 + 折旧抵税
$$= \text{年营业收入} \times (1 - \text{税率}) - \text{年付现成本} \times (1 - \text{税率}) + \text{折旧} \times \text{税率} \tag{7-11}$$

公式 7-11 也可以从公式 7-10 导出。

每年营业净现金流量 = 税后利润 + 折旧
  = (年营业收入 - 年营业成本) × (1 - 税率) + 折旧
  = (年营业收入 - 年付现成本 - 折旧) × (1 - 税率) + 折旧
  = 年营业收入 × (1 - 税率) - 年付现成本 × (1 - 税率) + 折旧 × 税率

上述三个公式,最常用的是公式 7-11,因为企业的所得税是根据企业利润总额计算的。在决定某个项目是否投资时,并不需要先计算出该项目能够产生的利润及与利润相关的所得税。例如,更新一台机器设备时,不需要计算这台设备的更新能给企业带来多少利润,以及所得税有多少,只需要知道这台设备的更新能够给企业带来多少收入,以及由此产生的付现成本是多少,就可以利用公式 7-11 方便地计算出设备更新能给企业带来的营业净现金流量。

二、固定资产更新决策现金流量分析

固定资产更新是对技术上或经济上不宜继续使用的旧资产用新的资产更换,或用先进的技术对原有设备进行局部改造。固定资产更新决策就是对这种投资进行分析并做出决策。

1. 新旧设备使用寿命相同的情况

在新旧设备尚可使用年限相同的情况下,我们可以采用差量分析法来计算一个方案比另一个方案增减的现金流量,根据差量额进行决策。

【例 7-5】

因为人工成本的大幅上升,杉杉公司打算用一台智能化更高的设备代替旧设备,以减少人工成本增加收益。旧设备采用直线法计提折旧,新设备采用双倍余额递减法计提折旧,公司适用 20% 的所得税税率,资本成本率为 10%,不考虑增值税的影响,其他情况如表 7-9 所示。试做出该公司是继续使用旧设备还是对其进行更新的决策。

表 7-9　设备更新的相关数据

（单位:万元）

项目	旧设备	新设备
原价	500	800
可用年限	10	4
已用年限	6	0
尚可使用年限	4	4
税法规定残值	0	80
最终报废残值	60	100
目前变现价值	100	800
每年可获得的收入	400	700
每年付现成本	200	50
每年折旧额	直线法	双倍余额递减法
第 1 年	50	400
第 2 年	50	200
第 3 年	50	60
第 4 年	50	60

（1）直接使用净现值法（表 7-10）。

表 7-10　新旧设备现值

（单位:万元）

项目	现金流量	时间(年次)	系数 10%	现值
继续用旧设备:				
每年税后收入	400×(1−0.2)=320	1−4	3.170	1 014.4
旧设备变现价值	−100	0	1	−100
旧设备变现损失减税	(100−200)×0.2=−20	0	1	−20
每年税后付现成本	−200×(1−0.2)=−160	1−4	3.170	−507.2
每年折旧抵税	50×0.2=10	1−4	3.170	31.70
残值变现收入	60	4	0.683	40.98
残值变现利得纳税	−60×0.2=−12	4	0.683	−8.196
净现值				451.684

续表

项目	现金流量	时间(年次)	系数10%	现值
更换新设备：				
设备投资	−800	0	1	−800
每年税后收入	700×(1−0.2)=560	1—4	3.170	1775.2
每年税后付现成本	−50×(1−0.2)=−40	1—4	3.170	−126.8
每年折旧抵税：				
第一年	400×0.2=80	1	0.909	72.72
第二年	200×0.2=40	2	0.826	33.04
第三年	60×0.2=12	3	0.751	9.012
第四年	60×0.2=12	4	0.683	8.196
残值变现收入	100	4	0.683	68.3
残值变现利得纳税	−(100−80)×0.2=−4	4	0.683	−2.732
净现值				1 036.936

显然更换新设备比继续用旧设备多了 585.252 万元净现值。

(2) 使用差量分析法。

首先，计算初始投资的差量。

$$\Delta 初始投资 = 800 - 100 - (200-100)\times 0.2 = 680(万元)$$

接着，计算各年营业净现金流量的差量(表 7-11)。

表 7-11 各年营业净现金流量的差量

(单位:万元)

项目	第1年	第2年	第3年	第4年
Δ销售收入(1)	300	300	300	300
Δ付现成本(2)	−150	−150	−150	−150
Δ折旧额(3)	350	150	10	10
Δ税前利润(4)=(1)−(2)−(3)	100	300	440	440
Δ所得税(5)=(4)×20%	20	60	88	88
Δ税后净利(6)=(4)−(5)	80	240	352	352
Δ营业净现金流量(7)=(6)+(3)=(1)−(2)−(5)	430	390	362	362

然后，计算两个方案现金流量的差量(表 7-12)。

表 7-12 两个方案现金流量的差量

(单位:万元)

项目	第0年	第1年	第2年	第3年	第4年
Δ初始投资	−680				
Δ营业净现金流量		430	390	362	362
Δ终结现金流量					48
Δ现金流量	−680	430	390	362	410

Δ初始投资＝800－100－(200－100)×0.2＝680(万元)

Δ终结现金流量＝100－(100－80)×0.2－(60－60×0.2)＝48(万元)

最后,计算净现值的差量。

$$\begin{aligned}\Delta NPV &= 430\times(P/F,10\%,1)+390\times(P/F,10\%,2)+362\times(P/F,10\%,3)\\&\quad+410\times(P/F,10\%,4)-680\\&=430\times0.909+390\times0.826+362\times0.751+410\times0.683-680\\&=584.902(万元)\end{aligned}$$

因为固定资产更新后,将增加净现值 584.902 万元,故应进行更新。

2. 新旧设备使用寿命不同的情况

在上面的例子中,新旧设备尚可使用的年限相同。而多数情况下,新设备的使用年限要比旧设备长,此时的固定资产更新问题就演变成两个或两个以上寿命不同的投资项目的选择问题。

对于寿命不同的项目,不能对它们的净现值、内含报酬率及获利指数进行直接比较。为了使投资项目的各项指标具有可比性,要设法使其在相同的寿命期内进行比较。此时可以采用的方法有最小公倍寿命法和年均净现值法。

沿用杉杉公司的例子,为了计算方便,假设新设备的使用寿命是 8 年,采用直线法折旧,期末无残值,其他条件不变。

(1)最小公倍寿命法。最小公倍寿命法又称项目复制法,是将两个方案使用寿命的最小公倍数作为比较期间,并假设两个方案在这个比较区间内进行多次重复投资,将各自多次投资的净现值进行比较的分析方法。

在上面的例子中,新旧设备使用寿命的最小公倍数是 8 年,在这个共同期间内,继续使用旧设备的投资方案可以进行 2 次,使用新设备的投资方案可以进行 1 次。因为继续使用旧设备的投资方案可以进行 2 次,相当于 4 年后按照现在的变现价值重新购置一台同样的旧设备进行第 2 次投资,获得与当前继续使用旧设备同样的净现值,如图 7-1 所示。

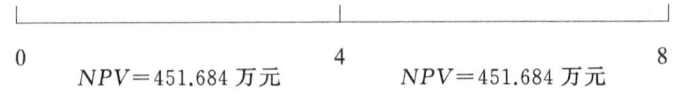

图 7-1 继续使用旧设备的 NPV

因此,8 年内,继续使用旧设备的净现值为:

$$\begin{aligned}NPV_{旧}&=451.684+451.684\times(P/S,10\%,4)\\&=451.684+451.684\times0.683\\&=780.184(万元)\end{aligned}$$

若使用新设备,由表 7-13 中数据,根据前面的计算结果,其净现值为:

表 7-13 新设备现金流量

(单位:万元)

	第 0 年	第 1～7 年	第 8 年
初始投资	−800		
营业现金流量:			
销售收入(1)		700	700
付现成本(2)		50	50
折旧额(3)		90	90
税前利润(4)=(1)−(2)−(3)		560	560
所得税(5)=(4)×20%		112	112
税后净利(6)=(4)−(5)		448	448
营业净现金流量(7)=(6)+(3) =(1)−(2)−(5)		457	457
终结现金流量			100−20×0.2=96
现金流量	−800	457	553

$$NPV_{新}=457\times(P/A,10\%,7)+553\times(P/S,10\%,8)-800$$
$$=457\times4.868+553\times0.467-800$$
$$=1\,682.927(万元)$$

通过比较可知,使用新设备的净现值比继续使用旧设备的净现值高出 902.736 万元,所以应该更新。

最小公倍寿命法的优点是易于理解,缺点是有时计算比较麻烦。尤其当两个方案最小公倍寿命数比较大时,不仅计算复杂,更缺乏实际意义。此时,可以使用年均净现值法。

(2) 年均净现值法。年均净现值法是把投资项目在寿命期内总的净现值转化为每年的平均净现值,并进行比较分析的方法。其计算公式为:

$$ANPV=\frac{NPV}{(P/A,k,n)} \tag{7-12}$$

其中,$ANPV$ 表示年均净现值。

根据上式,计算上例中两种方案的年均净现值:

$$ANPV_{旧}=\frac{NPV_{旧}}{(P/A,10\%,4)}=\frac{451.684}{3.170}=142.487(万元)$$

$$ANPV_{新}=\frac{NPV_{新}}{(P/A,10\%,8)}=\frac{1\,682.927}{5.335}=315.450(万元)$$

从计算结果可以看出,使用新设备的年均净现值比继续使用旧设备的年均净现值高,所以应该使用新设备。用年均净现值法和最小公倍寿命法得到的结论一致。

由年均净现值法的原理还可以推导出年均成本法。当使用新旧设备的未来收益相同,但准确数字不好估计时,可以比较年均成本,并选取年均成本最小的项目。年均成本是把项目的总现金流出值转化为每年的平均现金流出值,其计算公式为:

$$AC=\frac{C}{(P/A,k,n)} \tag{7-13}$$

式中,AC 表示年均成本;C 表示项目的总成本的现值;$(P/A,K,n)$ 表示建立在公司资本成本率和项目寿命期基础上的年金现值系数。

第五节　投资项目折现率的估计

任何投资项目都有风险或不确定性。针对投资项目的风险,可以通过调整折现率即资本成本进行衡量,再计算净现值。

一、使用企业当前加权平均资本成本作为投资项目的资本成本

使用企业当前的资本成本作为项目的资本成本,应具备两个条件:一是项目的经营风险与企业当前资产的平均经营风险相同;二是公司继续采用相同的资本结构为新项目筹资。

1. 项目风险与企业当前资产的平均经营风险相同

用当前的资本成本作为折现率,隐含了一个重要假设,即新项目是企业现有资产的复制品,它们的经营风险相同。这种情况是经常会出现的,例如,固定资产更新、现有生产规模的扩张等。

如果新项目与现有项目的经营风险有较大差别,必须小心从事。例如,某公司长期以来生产的产品主要是在国内销售,其经营风险较小,最近打算开拓国际市场,在评价其国际事业部项目时,使用公司目前的资本成本作为折现率就不合适了。新项目的经营风险和现有资产的平均经营风险有显著差别。

2. 继续采用相同的资本结构为新项目筹资

所谓企业的加权平均资本成本,通常是根据当前的数据计算的,包含了资本结构因素。有关企业当前资本成本的计算我们之前已经讨论过。

如果假设市场是完善的,资本结构不改变企业的平均资本成本,则平均资本成本反映了当前资产的平均风险。

如果承认资本市场是不完善的,筹资结构就会改变企业的平均资本成本。例如,当前的资本结构是债务为 45%,而新项目所需资金全部用债务筹集,将使负债上升至 75%。由于负债比重上升,股权现金流量的风险增加,他们要求的报酬率会迅速上升,引起企业平均资本成本上升;与此同时,扩大了成本较低的债务筹资,会引起企业平均资本成本下降。这两种因素共同的作用,使得企业平均资本成本发生变动。因此,继续使用当前的平均资本成本作为折现率就不合适了。

总之,在等风险假设或资本结构不变假设明显不能成立时,不能使用企业当前的平均资本成本作为新项目的资本成本。

二、运用可比公司法估计投资项目的资本成本

如果新项目的风险与现有资产的平均风险显著不同,就不能使用公司当前的加权平均资本成本,而应当估计项目的系统风险,并计算项目的资本成本即投资人对于项目要求的必要报酬率。

项目系统风险的估计,比企业系统风险的估计更为困难。股票市场提供了股价,为计算企业的 β 值提供了数据。项目没有充分的交易市场,没有可靠的市场数据时,解决问题的方法是使用可比公司法。

可比公司法是寻找一个经营业务与待评价项目类似的上市公司,以该上市公司的 β 值作为待评价项目的 β 值。

运用可比公司法,应该注意可比公司的资本结构已反映在其 β 值中。如果可比公司的资本结构与项目所在企业显著不同。那么在估计项目的 β 值时,应针对资本结构差异做出相应调整。调整的基本步骤如下。

1. 卸载可比公司财务杠杆

根据 B 公司股东收益波动性估计的 β 值是含有财务杠杆的 β 权益。B 公司的资本结构与 A 公司不同,要将资本结构因素排除,确定 B 公司不含财务杠杆的 β 值。该过程通常叫"卸载财务杠杆"。卸载使用的公式是:

$$\beta_{资产}=\beta_{权益}\div\left[1+(1-税率)\times\left(\frac{负债}{股东权益}\right)\right]$$

$\beta_{资产}$ 是假设全部用权益资本融资的 β 值,此时没有财务风险。或者说,此时股东权益的风险与资产的风险相同,股东只承担经营风险即资产的风险。

2. 加载目标企业财务杠杆

根据目标企业的资本结构调整 β 值,该过程称"加载财务杠杆"。加载使用的公式是:

$$\beta_{权益}=\beta_{资产}\times\left[1+(1-税率)\times\left(\frac{负债}{股东权益}\right)\right]$$

3. 根据得出的目标企业的 $\beta_{权益}$ 计算股东要求的报酬率

此时的 $\beta_{权益}$ 既包含了项目的经营风险,也包含了目标企业的财务风险,可据以计算股东权益成本。

股东要求的报酬率=股东权益成本=无风险利率+$\beta_{权益}$×风险溢价

4. 计算目标企业的加权平均成本

如果使用实体现金流量法计算净现值,还需要计算加权平均成本。

$$加权平均成本=负债成本\times(1-税率)\times\frac{负债}{资本}+股东权益成本\times\frac{股东权益}{资本}$$

【例 7-6】

某大型企业 X 公司,拟开始进入新能源汽车业。X 公司目前的资本结构为负债/股东权益为 $\frac{2}{3}$,进入新能源汽车业后仍维持该目标结构。在该目标资本结构下,债务税前成本

为6%。新能源汽车业的代表企业是Y公司,其资本结构债务/权益为$\frac{7}{10}$,股东权益的β值为1.2。已知无风险利率为2%,市场风险溢价为5%,两个公司的所得税税率为30%。

(1) 将Y公司的$\beta_{权益}$转换为无负债的$\beta_{资产}$。

$$\beta_{资产}=1.2\div\left[1+(1-30\%)\times\left(\frac{7}{10}\right)\right]=0.8054$$

(2) 将无负债的β值转换为X公司含有负债的股东$\beta_{权益}$值。

$$\beta_{权益}=0.8054\times\left[1+(1-30\%)\times\left(\frac{2}{3}\right)\right]=1.1813$$

(3) 根据$\beta_{权益}$计算X公司的股东权益成本。

$$权益成本=2\%+1.1813\times5\%=7.91\%$$

如果采用股东现金流量计算净现值,7.91%是适合的折现率。

(4) 计算加权平均资本成本。

$$加权平均资本成本=6\%\times(1-30\%)\times\frac{2}{5}+7.91\%\times\frac{3}{5}$$
$$=1.68\%+4.75\%$$
$$=6.43\%$$

尽管可比公司法不是一个完美的方法,但它在估算项目的系统风险时还是比较有效的。

【自我检测】

一、名词解释

长期投资　现金流量　现金流入量　现金流出量　相关成本
非相关成本　机会成本　初始现金流量　营业现金流量　终结现金流量
增量现金流量　净现值　内含报酬率　获利指数　投资回收期
平均报酬率　折旧抵税　最小公倍寿命法　年均净现值法　可比公司法

二、计算题

1. 五福公司某项目投资期为2年,每年投资400万。第3年开始投产,投产开始时垫支营运资本50万,于项目结束时收回。已知项目运营期为6年,净残值为50万元,按直线法计提折旧。每年营业收入800万元,付现成本500万元。公司所得税税率25%,资本成本率6%。

要求:

(1) 计算每年的营业现金流量;
(2) 列出项目的现金流量计算表;
(3) 计算项目的净现值、内含报酬率和获利指数,并判断项目是否可行。

2. 大鹏公司有一台设备,购置成本为150万元,预计使用10年,已经用5年,预计残值为0元。现该公司拟购买新设备替换原设备,以提高生产效率、降低成本。新设备购置成本为200万元,使用期限5年,同样用直线法提取折旧,预计残值为购置成本的10%,使用新设备后公司每年的销售额从500万元上升到600万元。付现成本则从200万元上升到240万元。该公司如购置新设备,旧设备出售可得收入85万元。该企业的所得税税率为25%,资金成本为5%。

要求:通过计算说明该设备更新计划是否可行。

3. 科莱公司正面临印刷设备的选择决策。它可以购买10台甲型印刷机,每台价格8 000元,且预计每台设备每年末支付的修理费为2 000元。甲型设备将于每6年末更换,预计无残值收入。另一个选择是购买10台乙型设备来完成同样的工作,每台价格5 000元,每台每年末支付的修理费用分别为1 000元、1 500元、2 000元。乙型设备需于3年后更换,在第3年末预计有100元/台的残值变现收入。已知无论选择哪种型号设备,给公司带来的业务收入都相同,且该公司此项投资的机会成本为10%,所得税税率为25%,预计选定设备型号后,公司将长期使用该种设备,更新时不会随意改变设备型号,以便与其他作业环节协调。

要求:请选用合理方法判断应当购买哪一种设备。

4. 某大型企业A公司,拟开始进入太阳能行业。已知A公司目前的资本结构为负债/股东权益为3/5,进入太阳能行业后仍维持该目标结构。在该目标资本结构下,债务税前成本为8%。太阳能行业的代表企业是B公司,其资本结构债务/权益为7/10,股东权益的β值为1.3。已知无风险利率为3%,市场风险溢价为5%,两个公司的所得税税率为25%。

要求:试用可比公司法求A公司投资太阳能行业后股东权益的资本成本以及公司的加权平均资本成本。

第八章 营运资本管理

【知识导图】

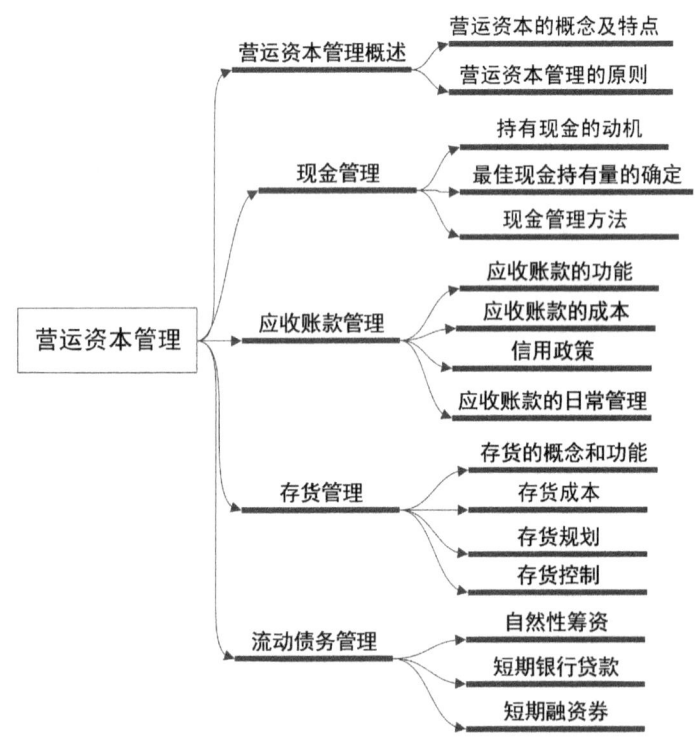

【学习目标】

1. 熟悉营运资本的概念、特点及基本管理原则；
2. 了解企业持有现金的动机，掌握最佳现金持有量的确定方法；
3. 理解应收账款产生的原因，掌握应收账款相关成本的计算；
4. 掌握存货经济批量的计算方法；
5. 掌握企业短期筹资的方式。

企业为了提高经营管理效率，就要解决企业营运资本的管理问题。企业营运资本的管理，一要了解营运资本包含的内容，二要熟悉营运资本的特征，三要掌握相关的基本管理原则。

【案例导入】

1985年,丰田公司在美国肯塔基投资80亿美元建成丰田美国汽车生产厂(Toyota Motor Manufacturing,U. S. A. ,Inc. ,简称 TMM)。TMM 创立以来,提出了"为更多的人们创造出最佳汽车"的口号,这意味着在无瑕疵的基础上生产出能满足不同需求的汽车,并且在最佳的时间将不同类型的汽车以合理的价格传递给所需要的顾客。为了实现这个目标,TMM 必须寻求一种全新的资源以多品种、优良的质量、及时的服务及合理的价格来赢得市场,而丰田生产系统(TPS)就可以做到这一点。

TPS 的宗旨在于通过消除浪费来实现成本降低,消除浪费的根本是防止过度生产。在丰田公司看来,过度生产所产生的浪费不仅仅是仓储所占用的资金,而且还表现为仓储空间的占用、货物搬运过程中要使用各种设备、人员的额外雇佣、库存管理系统的使用等费用。所以 TPS 的一个精髓就是保持零库存,从根本上消除浪费,杜绝过度生产。在实际运作中,TPS 提供了两条重要的原则促进生产绩效的提高。第一条就是 JIT 生产,即在必要的时间、必要的地点生产必要数量的产品,任何偏离这三个要素的生产都可以被视为浪费;第二条原则是自动化,即当生产中出现问题时立即停止生产,直到问题解决。

基于上述的先进管理思想,丰田公司在美国取得巨大的成就。TMM 的建立和成功是丰田 JIT 管理的成果,也进一步推进了 JIT 管理在丰田公司的应用,并成为全球企业的典范。

第一节 营运资本管理概述

一、营运资本的概念及特点

(一) 营运资本的概念

营运资本是指在企业正常生产经营活动中占用在流动资产上的资金,是一个企业对全部流转资产的投资,它有两个主要概念——净营运资本和总营运资本。

净营运资本指全部流动资产减去全部流动负债的差额,因此,流动资产和流动负债的变化,都会引起营运资本的增减变化。如流动负债不变,流动资产的增加就意味着净营运资本的增加,流动资产的减少就意味着净营运资本的减少。另外,如果流动资产大于流动负债,则流动资产与流动负债的差额即"净流动资产"是由长期负债或者股东权益的一定份额提供了资金来源;如果流动资产等于流动负债,则占用在流动资产上的资金都是流动负债融资;如果流动资产小于流动负债,则流动负债融资由流动资产和固定资产等长期资产共同占用,可能会导致企业短期偿债能力变差。当会计人员提到营运资本的时候,他们通常指的是净营运资本。然而,财务管理人员关注的却是总营运资本管理,即企业在生产经营活动中的流动资产。

营运资本管理主要涉及两个问题,一是如何确定短期资产的最佳持有量;二是如何筹措短期资金。本章研究的是包括流动资产、流动负债在内的营运资本管理。

1. 流动资产

在财务会计层面,流动资产一般按组成要素分类,包括现金、有价证券、应收账款、预付账款和存货等;在财务管理层面,为了进行流动资产与流动负债的匹配管理,流动资产一般按时间分类,包括永久性流动资产和临时性流动资产。永久性流动资产是指满足企业长期最低需要的那部分流动资产,如现金与存货的最低保险储备等;临时性流动资产是随季节性需求而变化的那部分流动资产,如生产旺季时储备的原材料,销售旺季时增加的应收账款等。

2. 流动负债

在财务会计层面,与流动资产相对应的流动负债一般是按其存在形式分类,包括短期借款、应付短期债券、应付票据、应付账款、预收账款、其他应付款以及应计费用等;在财务管理层面,流动负债一般是按其是否具有自然属性进行分类,包括自然性流动负债和协议性流动负债两个部分。其中,应付账款、预收账款、其他应付款以及应计费用等属于自然性流动负债范畴,它们是企业在日常交易中自然发生的,无须做正规的融资安排,使用得当的话,也无需承担资金成本;相反,短期借款、应付短期债券则属于协议性流动负债范畴,因为它们均需要签订正式的融资协议,也存在一定的融资成本。

3. 营运资本的周转

营运资本从货币资本形态出发,经过若干阶段又回复到货币资本形态的运动过程,即营运资本循环。周而复始、往复不断的营运资本循环,即营运资本的周转。营运资本的循环与周转体现着资本运动的形态变化。

由于各个行业的生产经营特点不同,其营运资本周转的具体模式亦存在较大差异。以制造企业为例,其营运资本周转的完整模式可表述如下:① 取得现金资源(投资者投入、长短期借款等方式)→ ② 形成应付账款(外购材料、劳务)→ ③ 形成存货(原材料投入生产)→ ④ 形成应收账款(产品销售)→ ⑤ 收到现金或银行存款。

(二) 营运资本的特点

(1) 营运资本来源具有多样性。企业筹集长期资本的方式主要有吸收直接投资、发行股票、发行债券等。与筹集长期资本的方式相比,企业筹集营运资本的方式较为灵活多样,通常有银行短期借款、短期融资券、商业信用、应交税费、应付股利、应付职工薪酬等多种内外部融资方式。

(2) 营运资本的数量具有波动性。流动资产的数量会随企业内外条件的变化而变化,波动性很大。随着流动资产数量的变动,流动负债的数量也会相应发生变动。

(3) 营运资本的周转具有短期性。企业占用在流动资产上的资金,通常会在1年或超过1年的一个营业周期内收回,对企业影响的时间比较短。根据这一特点,营运资本可以用商业信用、银行短期借款等短期筹资方式来加以解决。

(4) 营运资本的实物形态具有易变性。企业营运资本的占用形态是经常变化的,营运资本的每次循环都要经过采购、生产、销售等过程,一般按照现金、材料、在产品、产成品、应收账款、现金的顺序转化。因此,在营运资本管理上,要合理配置流动资产,做到结构合理,以促进资金周转顺利进行。

二、营运资本管理的原则

对营运资本进行管理,既要保证有足够的资金满足企业生产经营需要,又要保证企业能够按时、足额地偿还各种到期债务。在营运资本管理过程中,企业要遵循以下原则。

(1) 认真分析生产经营状况,合理确定营运资本的需要数量。企业生产经营活动的周期性、季节性特征决定着营运资本的需要量。当企业产销两旺时,流动资产与流动负债均会增加;进入经营淡季,营运资本的需要量则明显减少。因此,企业财务管理者应认真分析生产经营状况,合理确定营运资本的需要数量。

(2) 在保证生产经营需要的前提下,节约使用资金。营运资本管理,必须首先保证企业完成生产经营任务的合理资金需要。凡是企业供应、生产、销售各职能部门的合理需要,应该予以满足,促进生产经营的发展。在保证生产经营需要的前提下,遵守勤俭节约的原则,挖掘资金潜力,精打细算地使用资金,以充分发挥营运资本管理促进生产经营的作用。

(3) 加速营运资本周转,提高资本利用效率。加速营运资本周转要求缩短营运资本周转期。当企业的生产经营规模一定时,短期资产的周转速度与流动资产的需要量呈反方向变化。适度加快存货的周转,缩短应收账款的收账期,延长应付账款的付款期,可以减少营运资本的需要量,从而提高资金的利用效率。

(4) 合理安排短期资产与短期负债的规模及其比例,保障企业有足够的短期偿债能力。营运资本的获利能力与财务风险呈同向变动关系,与流动性呈反向变动关系。不同的流动资产与流动负债的规模及其比例,会给企业带来完全不同的收益、风险与流动性。财务管理者需全面估量营运资本的流动性、获利能力与财务风险,合理安排流动资产与流动负债的规模及其比例,以确保实现本企业的财务目标。

第二节　现金管理

现金是指企业以各种货币形态占用的资产,包括库存现金、银行存款及其他货币资金。现金是比较特殊的资产,一方面,其流动性最强,代表着企业直接的支付能力和应变能力;另一方面,其收益性最差。现金管理的目标是在现金的流动性和收益性之间进行合理选择,即在保证正常业务经营需要的目标,尽可能降低现金的占用量,并从暂时闲置的现金中获得一定的投资收益。

一、持有现金的动机

持有现金是出于三种动机:交易性动机、预防性动机和投机性动机。

1. 交易性动机

企业需要持有一定数量的现金以满足生产经营活动的需要,如购买原材料、支付工资、缴纳税款、偿还到期债务、派发现金股利等。由于企业每天货币资金收入和支出很少同时等额发生,因此,保持一定量现金余额是完全必要的。它可以保证企业在货币资金出现收支暂时不平衡的情况下,不至于中断经营。交易动机需要现金数量的多少与销售业务的增减成正比。

在许多情况下,企业向客户提供的商业信用条件和它从供应商那里获得的信用条件不同,使企业必须持有现金。如供应商提供的信用条件是 30 天付款,而企业迫于竞争压力,则向顾客提供 45 天的信用期。这样企业必须筹集满足 15 天正常运营的资金来维持企业运转。

2. 预防性动机

企业为了预防意外事件的发生必须保持的现金余额。一般而言,为预防性动机所持有的现金余额主要取决于三个因素:① 企业愿意承担风险的程度;② 企业临时举债能力的强弱;③ 企业对现金流量预测的可靠程度。

3. 投机性动机

企业保持现金用于不寻常的购买机会。例如,遇有廉价原材料或其他资产供应的机会;证券市场大幅度下跌后的投资机会等。一般公司专为投机性需求持有的现金不多,遇有低价购买机会,也常设法临时融资,但拥有相当数量的现金,为把握低价购买机会提供了方便。

除以上三种原因持有现金外,也会基于满足将来某一特定要求或者为在银行维持补偿性余额等其他原因而持有现金。

企业在确定现金余额时,一般应综合考虑各方面的持有动机,但由于各种动机所需要现金可以调节使用,企业持有的现金总额并不等于各种动机所需要现金总额的简单相加。

二、最佳现金持有量的确定

为保证企业日常经营以及临时性意外事件对货币资金的需求,企业必须经常保持一定数量的现金。现金是盈利性最低的资产,如果持有的现金过多,会降低企业的资产报酬率。但持有的现金过少,又可能丧失支付能力,增加企业的财务风险。因此,企业必须在收益和风险的权衡下,确定最佳的现金持有量。

(一) 成本分析模型

成本分析模型是分析持有现金的相关成本,寻找持有成本最低的现金持有量。企业持有现金,将会有以下三种成本。

(1) 机会成本:是指企业因保留一定的现金余额而不能用该现金进行其他投资所丧

失的收益。放弃的再投资收益即机会成本属于变动成本,它与现金持有量的多少密切相关,即机会成本与现金持有量呈正比例关系。由于必须要保持良好的流动性,所以短期有价证券是多余现金的适合投资对象,因此可以用短期有价证券的投资收益率表示机会成本率,则机会成本等于现金持有量与有价证券利率的乘积。例如,短期有价证券的投资报酬率为10%,某企业年均持有现金50万元,则该企业每年持有现金的机会成本为5万元(50×10%)。

(2)管理成本:是指企业保留现金并对现金进行管理所发生的费用。如管理人员的工资、安全措施费等。管理成本是一种固定成本,与现金持有量之间没有明显的比例关系。

(3)短缺成本:是指在现金持有量不足且又无法及时将其他资产变现而给企业造成的损失,包括直接损失和间接损失。现金的短缺成本随现金持有量的增加而下降,随现金持有量的减少而上升,即与现金持有量呈反比例关系。

成本分析模型是根据现金相关成本,分析预测其总成本最低时现金持有量的一种方法。其计算公式为:

最佳现金持有量下的现金相关成本=Min(管理成本+机会成本+短缺成本)

其中,管理成本属于固定成本,管理成本线是平行于横轴的平行线;机会成本是正相关成本,机会成本曲线向右上方倾斜;短缺成本是负相关成本,短缺成本曲线向右下方倾斜;总成本线是一条上凹的曲线,曲线的最低点,总成本最低,相应的现金持有量就是最佳现金持有量。超过这一点,机会成本上升的代价又会大于短缺成本下降的好处;这一点之前,短缺成本上升的代价又会大于机会成本下降的好处。如图8-1所示。

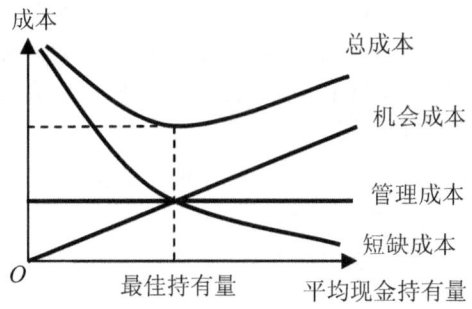

图 8-1 成本分析模型的现金相关成本

【例 8-1】

假设某公司有 A、B、C、D 四种现金持有方案,有关成本信息如表 8-1 所示,问公司的最优现金持有量。

表 8-1 现金持有方案

(单位:万元)

方案	A	B	C	D
现金持有量	100	200	300	400
机会成本	10	20	30	40

续表

方案	A	B	C	D
管理成本	5	5	5	5
短缺成本	25	10	5	0

这四种方案的总成本计算结果如表8-2所示。

表8-2 现金持有相关总成本

（单位：万元）

方案	A	B	C	D
机会成本	10	20	30	40
管理成本	5	5	5	5
短缺成本	25	10	5	0
相关总成本	40	35	40	45

从相关总成本分析看，B方案的相关总成本最低，为35万元，因此公司的最佳现金持有量为200万元。

（二）存货模型

从上面的分析中我们已经知道，企业平时持有较多的现金，会降低现金的短缺成本，但也会增加现金占用的机会成本；而平时持有较少的现金，则会增加现金的短缺成本，却能减少现金占用的机会成本。如果企业平时只持有较少的现金，在有现金需要时，通过出售有价证券换回现金（或从银行借入现金），便能既满足现金的需要，避免短缺成本，又能增加机会成本。因此，适当的现金与有价证券之间的转换，是企业提高资金使用效率的有效途径。如果经常进行大量有价证券与现金的转换，则会加大转换交易成本。这可以通过应用现金持有量的存货模型解决。

企业用现金购买有价证券以及转让有价证券换取现金时支付的成本，如证券交易付出的交易费用，即现金同有价证券之间相互转换的成本，包括经纪人费用、交易税费以及其他成本。在全年现金需要量一定的情况下，交易成本与交易次数呈正比例关系，即交易次数越多，交易成本越高。

现金的交易成本和机会成本所组成的相关总成本曲线，如图8-2所示。

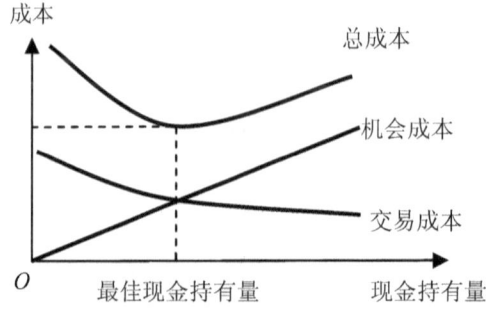

图8-2 存货模型的现金成本

在图 8-2 中,现金的机会成本和交易成本是两条随现金持有量呈不同方向发展的曲线,两条曲线交叉点相对应的现金持有量,即相关总成本最低的现金持有量,为最佳现金持有量。

现金持有量的存货模型假设企业未来一定时期的货币资金需要总量可以预测,货币资金收入是每隔一段时间发生一次,而支出则是在一段时间内均匀发生的。其过程如图 8-3 所示。

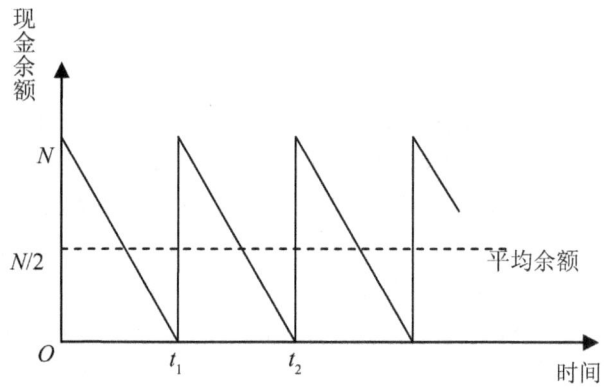

图 8-3 确定现金余额的存货模型

企业原有 N 元现金,在一段时期内均匀地使用,在时间 t_1 时用完,此时企业出售有价证券补充 N 元现金,然后这笔现金又逐渐使用,t_2 时用完,再出售有价证券补充 N 元现金,如此反复。因此,企业的各循环期内的现金平均持有量为 $N/2$。

企业需要合理地确定现金持有量,以使现金的相关总成本最低。

令 T 表示一定期间的现金需求量;N 表示现金的转换数量(最佳现金持有量);b 表示每次出售有价证券以补充现金的交易成本;i 表示持有现金的机会成本率。

一定时期内出售有价证券的交易成本为:

$$交易成本 = 交易次数 \times 每次交易成本 = \frac{T}{N} \times b$$

一定时期内持有现金的机会成本为:

$$机会成本 = \frac{N}{2} \times i$$

则

$$相关总成本 = 机会成本 + 交易成本 = \frac{N}{2} \times i + \frac{T}{N} \times b$$

从图 8-2 可知,最佳现金持有量 N^* 是当机会成本线与交易成本线交叉点所对应的现金持有量,因此 N^* 应当满足:机会成本 = 交易成本,即

$$\frac{N}{2} \times i = \frac{T}{N} \times b$$

整理可知:

$$N^* = \sqrt{\frac{2Tb}{i}}$$

$$TC = \frac{N}{2} \times i + \frac{T}{N} \times b$$

【例 8-2】

某公司预计全年现金需要总量为 100 000 元,现金与有价证券的转换成本为每次 200 元,有价证券的利息率为 10%,则该公司的最佳现金持有量为:

$$N = \sqrt{\frac{2 \times 200 \times 100\,000}{10\%}} = 20\,000(元)$$

最佳现金持有量为 20 000 元,意味着公司从有价证券转换为现金的次数为 5 次 (100 000/20 000),需承担的机会成本和交易成本均为 1 000 元,总成本为 2 000 元。

存货模型描述了现金管理中基本的成本结构,可以精确地测算出最佳现金持有量和变现次数,模型简单直观,便于应用,对于加强企业的现金管理具有积极意义。但这一模型也具有一定的局限性,例如:① 模型假设现金收入只在期初或期末发生,而事实上多数企业在每一个工作日都会发生现金收入;② 模型假设现金支出均匀发生,但实际业务中的现金支出并不满足这一条件;③ 没有考虑现金安全库存,由于现实经济中的企业无法确保在较短时间内实现有价证券的变现,因此适当的安全库存往往是必要的。

(三) 米勒-欧尔模型

米勒-欧尔模型(Miller-Orr model)由默顿·米勒(Merton Miller)和丹尼尔·欧尔(Daniel Orr)创建,是一种基于不确定性的现金管理模型。对企业来讲,现金需求量往往波动大且难以预知,但企业可以根据历史经验和现实需要,测算出一个现金持有量的控制范围,即制定出现金持有量的上限和下限,将现金量控制在上下限之间。当现金存量达到控制的上限时,用现金购入有价证券,使现金减少;当现金存量降到控制下限时,则抛售有价证券换回现金,使现金增加。若现金存量在控制的上下限之内,便不必进行现金与有价证券的转换,保持它们各自的现有存量。

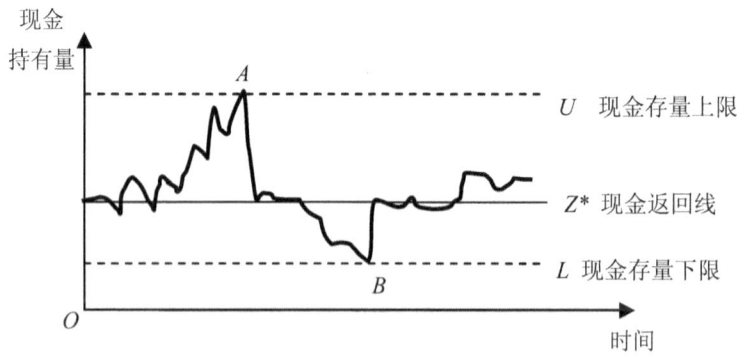

图 8-4 米勒-欧尔模型

在图 8-4 中,虚线 U 是现金存量的上限,虚线 L 是现金存量的下限,实线 Z^* 为现金返回线。从图中可以看出,企业的现金存量(表现为现金每日余额)是随机波动的,当其达到 A 点时,即达到了现金存量的上限,企业应用现金购买有价证券,使现金持有量回落到现金返回线的水平;当现金存量降至 B 点时,即达到了现金存量的下限,企业则应转让有价证券换回现金,使其存量回升至现金返回线的水平。现金存量在上下限之间的波动属控制范围内的变化,是合理的,无需调整。根据米勒-欧尔模型,最佳现金持有量的计算公式为:

$$Z^* = L + \sqrt[3]{\frac{3b\sigma^2}{4r}}$$

其中,L 代表现金存量的下限;b 代表证券交易成本;σ 代表现金余额每日标准差,r 代表有价证券的日收益率。下限 L 的确定受到企业每日最低现金需要量、管理人员的风险承受倾向等因素的影响,最低可确定为零。现金余额上限 U 的计算公式为:

$$U = 3Z^* - 2L$$

【例 8-3】

某公司的日现金余额标准差为 800 元,每次证券交易的成本为 50 元,有价证券的年利率为 9%,公司每日最低现金需要量为 1 000。该公司的现金最佳持有量和持有量上限分别是多少?

$$有价证券日利率 i = \frac{9\%}{360} = 0.025\%$$

$$Z^* = L + \sqrt[3]{\frac{3b\sigma^2}{4r}} = 1\,000 + \sqrt[3]{\frac{3 \times 50 \times 800^2}{4 \times 0.025\%}} = 5\,579(元)$$

$$U = 3Z^* - 2L = 3 \times 5\,579 - 2 \times 1\,000 = 14\,737(元)$$

这样,当公司的现金达到 14 737 元时,即应以 9 158 元(14 737−5 579)的现金去投资于有价证券,使现金持有量回落为 5 579 元;当公司的现金余额降至 1 000 元时,则应转让 4 579 元(5 576−1 000)的有价证券,使现金持有量回升为 5 579 元。

米勒-欧尔模型建立在企业的现金未来需求总量和收支不可预测的前提下,因此计算出来的最佳现金持有量比较保守。

三、现金管理方法

有效的现金管理方法包括现金流动同步化、合理估计"浮存"、实行内部牵制制度、及时进行现金清理等。

1. 现金流动同步化

企业的现金流入与流出一般来说是很难准确预测的,为了应对这种不确定性可能带来的问题,企业往往需要保留比最佳现金持有量多的现金余额。为了尽量减少企业持有现金带来的成本增加和盈利减少,企业财务人员需要提高预测和管理能力,使现金流入和流出能够合理匹配,实现同步化的理想效果。现金流动同步化的实现可以使企业的现金余额减到最小,从而减少持有成本,提高企业的盈利水平。

2. 合理估计"浮存"

"浮存"是指企业账簿中的现金余额与银行记录中的现金余额的差额。由于企业支付、收款与银行转账业务之间存在时滞,本应显示同一余额的企业账簿和银行记录之间就会出现差异。为了保证企业的安全运转,财务人员必须对这个差异有清楚的了解,以正确判断企业的现金持有情况,避免出现高估或低估企业现金余额的错误。

3. 实行内部牵制制度

在现金管理中,要实行管钱的不管账,管账的不管钱,使出纳人员和会计人员互相牵制,互相监督。凡有库存现金收付,应坚持复核制度,以减少差错,堵塞漏洞。出纳人员调换时,必须办理交接手续,做到责任清楚。

4. 及时进行现金清理

在现金管理中,要及时进行现金清理。库存现金的收支应做到日清月结,确保库存现金的账面余额与实际库存额相互符合;银行存款账户余额与银行对账单余额相互符合;现金、银行存款日记账数额分别与现金、银行存款总账数额相互符合。

第三节 应收账款管理

应收账款是企业短期资产的一个重要项目。在高度集中的计划经济体制下,应收账款在短期资产中所占比重不大,不是管理重点。近年来,随着市场经济的发展、商业信用的推行,企业应收账款数额明显增多,已成为短期资产管理中一个日益重要的问题。

一、应收账款的功能

企业提供商业信用,采取赊销、分期收款等销售方式,可以扩大销售、增加利润。但应收账款的增加,也会造成资本成本、坏账损失等费用的增加。应收账款管理的基本目标,就是在充分发挥应收账款功能的基础上,降低应收账款投资的成本,使提供商业信用、扩大销售所增加的收益大于相关的各项费用。

应收账款的功能是指它在生产经营中的作用,主要有以下两个方面。

1. 增加销售的功能

在市场竞争比较激烈的情况下,赊销是促进销售的一种重要方式。进行赊销的企业实际上是向顾客提供了两项交易:(1)向顾客销售产品;(2)在一个有限的时期内向顾客提供资金。虽然赊销仅仅是影响销售量的因素之一,但在银根紧缩、市场疲软的情况下,赊销的促销作用是十分明显的,特别是在企业销售新产品、开拓新市场时,赊销更具有重要的意义。

2. 减少存货的功能

企业持有产成品存货,要追加管理费、仓储费和保险费等支出;相反,企业持有应收账款,就不需要上述支出。因此,无论是季节性生产企业还是非季节性生产企业,当产成品存货较多时,一般都可采用较为优惠的信用条件进行赊销,把存货转化为应收账款,减少产成品存货,节约各种支出。

应收账款管理的基本目标是:通过应收账款管理发挥应收款强化竞争、扩大销售的功能,同时尽可能降低应收账款投资的各项成本,最大限度地提高应收账款投资的效益。

二、应收账款的成本

1. 应收账款的机会成本

企业资金如果不占用应收账款,就可以用于其他方面,如投资有价证券等,这种因应收账款占用资金而放弃其他投资所导致的投资收益的减少,就是应收账款的机会成本。它等于应收账款平均占用资金(应收账款平均余额)乘以机会成本率。

$$应收账款平均余额 = \frac{赊销收入净额}{360} \times 应收账款平均收账期$$

$$应收账款机会成本 = 应收账款占用资金 \times 机会成本率$$
$$= 应收账款平均余额 \times 机会成本率$$
$$= \frac{年赊销额}{360 \times 应收账款平均收账期} \times 机会成本率$$

2. 应收账款的管理成本

应收账款的管理成本主要包括顾客信用状况调查的费用、收集各种信息的费用、应收账款的核算费用、应收账款的收账费用、其他管理费用。管理成本与应收账款数量呈正比例变动。

3. 应收账款的坏账成本

应收账款的坏账成本是由于债务人无力清偿债务、恶意拖欠或企业破产等原因造成应收账款不能收回形成的损失,称为坏账损失成本。坏账成本与应收账款的数量呈正比例变动。

$$坏账成本 = 赊销收入金额 \times 预期坏账损失率$$

4. 应收账款的现金折扣成本

为了促使客户尽早付款,企业可能会给出现金折扣。这种由于现金折扣而减少的收入就是应收账款的现金折扣成本。

应收账款管理的基本目标,就是在充分发挥应收账款功能的基础上,降低应收账款投资的成本,使提供商业信用、扩大销售所增加的收益大于相关的各种费用。

三、信用政策

应收账款政策又称信用政策,是企业财务政策的一个重要组成部分,主要包括信用标准、信用条件和收账政策三部分。

1. 信用标准

信用标准是指顾客获得企业的交易信用所应具备的条件。如果顾客达不到信用标准,便不能享受企业的信用优惠。如果企业执行的信用标准过于宽松,虽然会增加企业的销售量、增加利润、但会使应收账款投资增加、应收账款的机会成本增加、坏账损失增加;如果企业的信用标准过于严格,只对信誉很好、坏账损失率很低的顾客给予赊销,则会减少应收账款的机会成本、减少坏账损失,但这可能不利于扩大销售量。可见,信用标准会引起销售量、应收账款总额、坏账损失、风险和成本的变化,故企业应根据具体情况来制定信用标准。

信用标准通常以预期的坏账损失率为判别标准,对顾客进行信用等级划分。坏账损失率越高,信用等级越低,要求的信用标准就越高;坏账损失率越低,信用等级越高,要求的信用标准就越低。企业可以在综合考虑销售利润率、顾客的坏账损失率等有关因素的基础上,通过成本收益分析,制定信用标准。

2. 信用条件

信用条件是企业接受客户订单时所提出的付款要求,包括信用期限、现金折扣。

(1) 信用期限。信用期限是指企业允许顾客从购货到付款之间最长的时间,信用期限过短,不足以吸引顾客,在竞争中会使销售额下降;信用期限太长,对销售额增加固然有利,但所得收益有时会被增长的费用抵消,甚至造成利润减少。因此,企业必须慎重研究,确定出恰当的信用期。

(2) 现金折扣是在顾客提前付款时给予的优惠。如果企业给顾客提供现金折扣,那么顾客在折扣期付款时少付的金额所产生的"成本"将影响企业收益。向顾客提供现金折扣的主要目的在于吸引顾客为享受优惠而提前付款,缩短企业的平均收款期。另外,现金折扣也能招揽一些视折扣为减价出售的顾客前来购货,借此扩大销售量。现金折扣包括两个方面的内容:一是折扣期限,即企业为客户规定的可以享受现金折扣的付款期限;二是折扣率,即现金折扣的优惠比例。

应收账款信用条件的表示方法是现金折扣率/折扣期限,n/信用期限,如:1/10,n/30。表示若客户能够在发票开出后的 10 日内付款,可以享受 1% 的现金折扣;如果放弃折扣优惠,则全部款项必须在 30 日内付清。即 30 天为信用期限,1% 为现金折扣率。

提供比较优惠的信用条件能增加销售量,但也会带来额外的负担,如会增加现金折扣成本、应收账款机会成本、坏账成本等。因此,信用条件决策的原则是如果改变信用条件使税前损益增加,则可以改变信用条件。反之,则需要维持原来的信用政策。

【例 8-4】

某公司在当前信用政策下的经营情况如表 8-3 所示。

表 8-3 该公司在当前信用政策下的经营情况

项目	数据
销售收入(元)	100 000
销售利润率	20%
平均收现期	45 天
平均坏账损失率	6%
应收账款占用资金的机会成本	15%

假设该公司要改变信用条件,可供选择的 A 和 B 两种方案如表 8-4 所示。

表 8-4 该公司备选的信用条件有关资料

项目	A 方案	B 方案
信用条件	$n/45$	$2/10, n/30$
销售收入	增加 20 000 元	增加 30 000 元
平均收现期	60 天	30 天
坏账损失率	全部销售收入的平均坏账损失率为 8%	全部销售收入的平均坏账损失率为 4%
折扣收入百分比	须付现金折扣的销售收入占总销售收入的百分比为 0%	须付现金折扣的销售收入占总销售收入的百分比为 50%

A 方案：
(1) 销售利润的增加：20 000×20%＝4 000(元)；
(2) 应收账款机会成本增加：

$$\frac{120\ 000}{360} \times 60 \times 15\% - \frac{100\ 000}{360} \times 45 \times 15\% = 1\ 125(元)$$

(3) 坏账损失增加：120 000×8%－100 000×6%＝3 600(元)；
(4) 信用条件改变产生的税前损益增加：

$$4\ 000 - 1\ 125 - 3\ 600 = -725(元)$$

B 方案：
(1) 销售利润的增加：30 000×20%＝6 000(元)；
(2) 应收账款机会成本的增加：

$$\frac{130\ 000}{360} \times 30 \times 15\% - \frac{100\ 000}{360} \times 45 \times 15\% = -250(元)$$

(3) 坏账损失增加：130 000×4%－100 000×6%＝－800(元)；
(4) 现金折扣成本增加：130 000×50%×2%＝1 300(元)；
(5) 信用条件改变带来的税前损益：

$$6\ 000 - (-250) - (-800) - 1\ 300 = 5\ 750(元)$$

从 A、B 两个方案的信用条件改变带来的税前损益分析来看，A 方案并没有使税前损益增加，反而减少了 725 元；B 方案使该公司税前损益增加了 5 750 元，因此该公司应该选择 B 方案来调整信用条件。

3. 收账政策

企业对各种不同过期账款的催收方式，包括准备为此付出的代价，就是它的收账政策。比如，对过期较短的顾客，不过多地打扰，以免将来失去市场；对过期稍长的顾客，可措辞婉转地写信催款；对过期较长的顾客，频繁的信件催款并电话催询；对过期很长的顾客，可在催款时措辞严厉，必要时提请有关部门仲裁或提起诉讼等。在收账政策中，主要变量之一就是收账费用，在其他条件不变的情况下，一定范围内收账费用越多，坏账损失就越少，并且平均收账期也越短。但这种关系不是线性的。

一般来说，企业采取积极的收账政策，可能会减少应收账款，减少坏账损失，但会增加收账成本；如果采取消极的收账政策，则可能会增加应收账款，增加坏账损失，但会减少收账费用。

因此制定收账政策,是在收账费用和所减少坏账损失之间做出权衡。制定有效、得当的收账政策很大程度上靠有关人员的经验;从财务管理的角度讲,也有一些量化的方法可以参照。收账政策的决策规则是选择能使利润较大、成本最小的收账政策。

【例 8-5】

某公司在不同收账政策条件下的有关资料如表 8-5 所示:

表 8-5 该公司在不同收账政策条件下的有关资料

项目	现行收账政策	建议收账政策
年收账费用(元)	10 000	15 000
应收账款平均收现期(天)	60	30
坏账损失率(%)	4	2

该企业当年销售额为 1 200 000 元(全部赊销),收账政策对销售收入的影响忽略不计。该企业应收账款的机会成本率为 10%。

(1) 当前收账政策的应收账款的平均占用额 = 赊销收入 × $\dfrac{平均收账期}{360}$

$$= 1\ 200\ 000 \times \dfrac{60}{360} = 200\ 000(元)$$

建议收账政策的应收账款的平均占用额 = 赊销收入 × $\dfrac{平均收账期}{360}$

$$= 1\ 200\ 000 \times \dfrac{30}{360} = 100\ 000(元)$$

应收账款平均占用额减少:200 000 - 100 000 = 100 000(元);

(2) 应收账款机会成本减少:100 000 × 10% = 10 000(元);

(3) 坏账损失的减少:1 200 000 × 4% - 1 200 000 × 2% = 24 000(元);

(4) 收账费用增加:15 000 - 10 000 = 5 000(元);

(5) 改变收账政策后成本减少:10 000 + 24 000 - 5 000 = 29 000(元)。

按建议收账政策可减少成本 29 000 元,故应采用建议收账政策。

四、应收账款的日常管理

信用政策建立以后,企业还应做好如下应收账款的日常控制工作。

1. 信用调查

对有关客户信用方面的资料进行搜集、整理的过程。客户信用资料的来源主要有财务报表(最好经过审计)、有关评信机构的信用评级报告、银行、商业交往信息等。信用调查有以下两类。

(1) 直接调查。直接调查是指调查人员直接与被调查单位接触,通过当面采访、询问、观看、记录等方式获取信用资料的一种方法。直接调查能保证搜集资料的准确性和及时性,但如果被调查单位拒绝合作,则会使调查资料不完整。

(2) 间接调查。间接调查是以被调查单位以及其他单位保存的有关原始记录和核算资料为基础,通过加工整理获得被调查单位信用资料的一种方法。这些资料主要来自:

① 财务报表。客户最近的资产负债表、损益表等财务报表,是信用资料的重要来源,通过财务报表的财务指标分析,便能够判断企业的偿债能力、营运能力和盈利能力,从而掌握其财务状况的好坏。

② 信用评估机构。许多国家都有进行信用评估的专门机构,定期发布有关企业信用等级报告。

在我国,目前的信用评估机构有三种形式:第一种是独立的社会评级机构,它们只根据自身的业务吸收有关专家参加,不受行政干预和集团利益的牵制,独立自主地开办信用评估业务,如会计师事务所;第二种是政策性银行、政策性保险公司负责组织的评估机构,一般由银行、保险公司有关人员和各部门专家进行评估;第三种由商业银行、商业性保险公司组织的评估机构,由商业型银行、商业性保险公司组织专家对其客户进行评估。

在评估等级方面,目前主要有两种:第一种采用的是三等九级制,即把企业信用情况分为 AAA、AA、A、BBB、BB、B、CCC、CC、C 九等,AAA 为最优等级,C 为最差等级。第二种采用的是三级制,即三级 AAA、AA、A。评估机构是一种专门的信用评估部门,其评估方法先进,评估调查细致、评估程序合理,可信度较高。

③ 银行。银行是信用资料的一个重要来源,许多银行都设有信用部,为其顾客服务,并负责对顾客信用状况进行记录、评估。但银行的资料一般仅愿意在内部及同行间进行交流,而不愿向其他单位提供。

④ 其他途径。如财税部门、工商管理部门、消费者协会等机构都可能提供相关的信用状况资料。

2. 客户的信用状况分析

企业搜集到客户的有关资料后,必须进行分析并判断客户的信用状况,从而制定对客户的信用政策。分析研究客户的信用资料,可以通过"5C"系统来进行。所谓"5C"系统,是评估顾客信用品质的五个方面,即品德(character)、能力(capacity)、资本(capital)、抵押品(collateral)和情况(conditions)。

① 品德。品德是指顾客愿意履行其付款义务的可能性。企业必须设法了解顾客过去的付款记录,看其是否有按期如数付款的一贯做法,及与其他供货企业的关系是否良好。这一点经常被视为评价顾客信用的首要因素。

② 能力。能力是指顾客的偿债能力,即其流动资产的数量和质量以及与流动负债的比例。顾客的流动资产越多,其转换为现金以支付款项的能力越强。同时,还应注意顾客流动资产的质量,看是否有存货过多、过时或质量下降,影响其变现能力和支付能力的情况。

③ 资本。资本是指一个企业的财务状况,这主要根据有关的财务比率来判断。

④ 抵押品。抵押品是指顾客为获得信用提供的担保资产。这对于不知底细或信用状况有争议的顾客尤为重要。一旦收不到这些顾客的款项,便以抵押品抵补。如果这些顾客提供足够的抵押,就可以考虑向他们提供相应的信用。

⑤ 情况。情况是指可能影响顾客付款能力的经济环境。比如,万一出现经济不景

气,会对顾客的付款产生什么影响,顾客会如何做等,这需要了解顾客在过去困难时期的付款历史。

3. 应收账款的监控

应收账款发生后,企业应采取各种办法,尽量争取早些回收款项,否则会因为拖欠时间过长而发生坏账,使企业蒙受损失,因此,企业必须对应收账款的总体加以监督。应收账款总体水平的显著变化可能表明业务方面发生了改变,这可能影响企业的融资需要和现金水平。企业财务部门需要分析这些变化以确定起因并采取纠正措施。

(1) 应收账款周转天数。

应收账款周转天数或平均收账期是衡量应收账款管理状况的一个指标。将企业当前的应收账款周转天数与规定的信用期限、历史趋势以及行业正常水平进行比较,可以反映企业整体的收款效率。

【例 8-6】

某企业 20×9 年第一季度应收账款平均余额为 282 000 元,信用条件为在 60 天内按全额付清款项,3 个月的赊销情况为:

1 月份:80 000 元;

2 月份:102 000 元;

3 月份:118 000 元。

应收账款周转天数的计算:

$$平均日销售额 = \frac{80\ 000 + 102\ 000 + 118\ 000}{90} = 3\ 333.33(元)$$

$$应收账款周转天数 = \frac{应收账款平均余额}{平均日销售额} = \frac{282\ 000}{3\ 333.33} = 84.6(天)$$

平均逾期天数的计算:

$$平均逾期天数 = 应收账款周转天数 - 平均信用天数$$
$$= 84.6 - 60$$
$$= 24.6(天)$$

(2) 应收账款账龄分析表。

公司已发生的应收账款时间不同,有的尚未超过信用期,有的则已逾期拖欠。一般地,逾期拖欠时间越长,账款催收的难度越大,成为坏账的可能性也就越高。因此,进行账龄分析,密切注意应收账款的回收情况,是提高应收账款收现效率的重要环节。账龄分析表是关于应收账款在外天数(账龄)长短的报告,其格式如表 8-6 所示。

表 8-6 某公司应收账款的账龄分析表

20×9 年 12 月 31 日

应收账款账龄	账户数量	金额(万元)	应收账款总额百分比
0—20	100	10	50
21—60	50	8	25

续表

应收账款账龄	账户数量	金额(万元)	应收账款总额百分比
61—80	20	5	20
>80	5	2	5
合计	175	25	100

上述账龄分析表反映 75%的客户在 60 天的信用期内付款,25%的客户逾期付款。利用账龄分析表,公司可以了解以下信息:有多少欠款尚在信用期内;有多少欠款超过了信用期;超过时间的长短和数额的比重,有多少欠款因拖欠时间太久而有可能成为坏账。

账龄分析表能够反映出企业所提供的信用条件、顾客的付款习惯以及最近的销售趋势。如果企业改变信用条件,账龄分析表则会对这一变化做出反应。如果顾客的付款速度加快,则时间最近的那一类应收账款的百分比也会增加,而时间较远的应收账款的百分比会下降。

4. 催收拖欠款项

企业在收款过程中所遵循的一系列特定步骤,取决于账款过期多久、负债的大小和其他因素。收账的一般程序包括:(1)信函通知,发送过期通知书;(2)电话催收;(3)上门催收;(4)将应收账款转为应收票据;(5)将应收账款移交专门的收账机构;(6)诉讼解决。

第四节 存货管理

一、存货的概念和功能

进行存货管理的主要目的是控制存货水平,在充分发挥存货功能的基础上,降低存货成本。存货包括各类材料、商品、在产品、半成品、产成品等,可以分为三大类:原材料存货、在产品存货和产成品存货。

存货的功能是指存货在生产经营过程中的作用,具体包括以下几个方面。

(1)储存必要的原材料和在产品,可以保证生产正常进行。生产过程中所需要的原材料,是生产中必需的物质资料。为了保证生产顺利进行,必须适当地储备一些材料。尽管有些企业自动化程度很高,并借助电脑加强管理,提出了"零存货"的管理目标,但要完全达到这一目标并非易事。存货在生产不均衡和商品供求关系波动时,可起到缓和矛盾的作用。即使生产能按事先规定好的程序来进行,但要每天都采购材料也不现实,经济上也不一定合算。所以,为了保证生产正常进行,储存适当的原材料是必需的。出于同样的原因,在产品也需要保持一定的储备。

（2）储备必要的产成品，有利于销售。企业的产品一般不是生产一件出售一件，而是要组织成批生产、成批销售才经济合算。这是因为：一方面，顾客为节约采购成本和其他费用，一般要成批采购；另一方面，为了达到运输上所需要的最低批量，也应组织成批发运。此外，为了应对市场上突然到来的需求，也应适当储存一些产成品。

（3）适当储存原材料和产成品，便于组织均衡生产，降低产品成本。有的企业生产的产品属于季节性产品，有的企业产品需求很不稳定。如果根据需求状况时高时低地进行生产，有时生产能力可能得不到充分利用，有时又会出现超负荷生产，这些情况都会使生产成本提高。为了降低生产成本，实行均衡生产，就要储备一定的产成品存货，也要相应地保持一定的原材料存货。

（4）留有各种存货的保险储备，可以防止意外事件造成的损失。在采购、运输、生产和销售过程中，都可能发生意外事故，保持必要的存货保险储备可避免或减少损失。

二、存货成本

持有一定数量的存货，必定会有一定的成本支出。存货成本包括：取得成本、储存成本及缺货成本。

1. 取得成本

取得成本是指为取得各种存货而支出的成本，又可以分为购置成本和订货成本。

（1）购置成本。购置成本是由买价、运杂费等构成，购置成本等于存货的年需要量与单价的乘积，一般与采购数量呈正比例变动。通常来讲，单次采购批量越大，越容易获得价格折扣。此外，在保证供应稳定的前提下，企业应进行充分的市场调查，货比三家，争取采购质优价廉的物资，从而降低存货购置成本。

（2）订货成本。订货成本是指从企业向供应商发出订单起，直到材料、商品入库为止所发生的各种成本，包括订购手续费、差旅费、仓库验收费等。这项成本与订货次数有关，因此，企业要想降低订货成本，需要大批量采购，减少订货次数，如果每次订货数量较少，全年订货次数较多，订货成本就比较高。订货成本是年订货次数与每次订货成本的乘积。

2. 储存成本

储存成本是指在物资储存过程中发生的仓储费、搬运费、保险费、占用资金支付的利息费等。一定时期内的储存成本是该期内平均存货量与单位储存成本的乘积。企业要想降低储存成本，则需要小批量采购，减少储存数量。

3. 缺货成本

缺货成本是指由于存货储存过少不能满足生产和销售需要而造成的损失，包括材料供应中断造成的停工损失、产成品库存缺货造成的拖欠发货损失和丧失销售机会的损失。

储存成本、订货成本和缺货成本之和为存货相关总成本。存货管理的目标是，在考虑供产销连续平稳进行的前提下，寻求最佳存货水平，使得存货相关总成本达到最小。

三、存货规划

存货管理所要解决的主要问题:企业怎样采购存货？这包括两个方面的内容:一是应当订购多少存货;二是应当在何时开始订货。进行有效的存货管理对于维持正常生产经营、合理控制资金占用水平、降低营运成本具有重要意义。

1. 存货经济批量模型

经济批量，又称经济订货量，是指一定时期使储存成本和订货成本综合最低的采购批量。

首先是最简单的经济订货量基本模型。构建经济订货量基本模型需要的假设条件有：

（1）能及时补充存货,即存货可瞬时补充;

（2）能集中到货,不是陆续入库,所订购的全部存货能够一次到位;

（3）不允许缺货,即无缺货成本;

（4）存货年需求量稳定,并能预测;

（5）存货单价不变;

（6）企业现金充足,不会因现金短缺而影响进货;

（7）所需存货市场供应充足,可以随时买到。

在以上的假设条件下,存货决策的相关成本只有订货成本和储存成本。

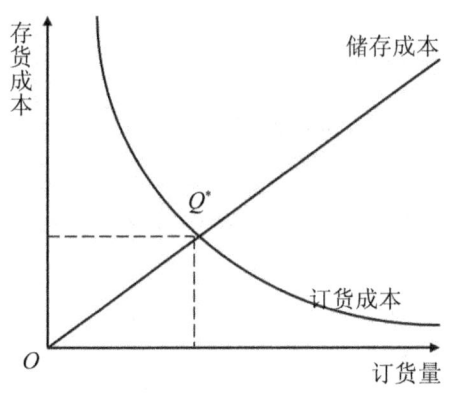

图 8-5　存货成本与订货量之间的关系

从储存成本、订货成本与订货量之间的关系图可以发现,每次订购量越多,企业储存的存货就越多,存货储存成本上升;与此同时,订货次数减少,订货成本总额降低。反之,若每次订货批量减少,虽然能够降低储存成本,但由于订货次数增加,订货成本将会上升。随着订货量的变化,储存成本和订货成本此消彼长。储存成本线和订货成本线相交的点对应着存货总成本的最低点,这个点所对应的单次订货批量即是经济订货量。

$$订货成本 = 年订货次数 \times 每次订货成本$$
$$储存成本 = 年平均库存 \times 单位储存成本$$

在模型基本假设的基础上,令 A 表示年需要量;Q 表示每批订货量;F 表示每次订货成本；C 表示单位储存成本；U 表示存货单价。

$$订购批数 = \frac{A}{Q}$$

$$平均库存量 = \frac{Q}{2}$$

$$订货成本 = \frac{A}{Q} \times F$$

$$储存成本 = \frac{Q}{2} \times C$$

$$总成本\ T = \frac{A}{Q} \times F + \frac{Q}{2} \times C$$

令总成本的一阶导数等于 0，即

$$T' = \left(\frac{A}{Q} \times F + \frac{Q}{2} \times C\right)' = \frac{C}{2} - \frac{AF}{Q^2} = 0$$

则

$$经济订货量\ Q^* = \sqrt{\frac{2AF}{C}}$$

$$每年最佳订货次数\ N^* = \frac{A}{Q} = \sqrt{\frac{AC}{2F}}$$

$$与批量有关的存货总成本\ T = \sqrt{2AFC}$$

$$最佳订货周期\ t^* = \frac{360}{N^*}$$

$$经济订货量占用资金\ I^* = \frac{Q^*}{2} \times U$$

【例 8-7】

某企业每年耗用某种材料 2 500 千克，该材料单位成本为 10 元，单位储存成本为 2 元，一次订货成本为 16 元，则：

$$Q^* = \sqrt{\frac{2AF}{C}} = \sqrt{\frac{2 \times 16 \times 2\ 500}{2}} = 200（千克）$$

$$N^* = \frac{A}{Q} = \sqrt{\frac{AC}{2F}} = \sqrt{\frac{2\ 500 \times 2}{2 \times 16}} = 12.5（次）$$

$$T = \sqrt{2AFC} = \sqrt{2 \times 2\ 500 \times 16 \times 2} = 400（元）$$

$$t^* = \frac{1}{N^*} = \frac{360}{12.5} = 28.8（天）$$

$$I^* = \frac{Q^*}{2} \times U = \frac{200}{2} \times 10 = 1\ 000（元）$$

2. 有数量折扣的经济批量模型

基本模型假设存货采购单价不随批量而变动。但事实上，许多企业在销售时都有数量折扣，即对大批量采购在价格上给予一定的优惠。在这种情况下，除考虑订货成本和存

储成本外,还应考虑购置成本。总成本的计算公式为:
$$总成本 = 年订货成本 + 年储存成本 + 年购置成本$$

具体计算步骤包括:首先,确定经济订货批量;其次,计算按经济订货批量进货时的存货相关总成本;然后,计算给予数量折扣的进货批量相关总成本;最后,比较不同进货批量相关总成本,存货相关总成本最低对应的进货批量,就是实行数量折扣的最佳经济批量。

【例 8-8】

某公司全年需要甲零件 1 000 件,每次订货的成本为 400 元,每件存货的年储存成本为 5 元。假设所需零件的每件价格为 10 元,但如果一次订购超过 500 件,可给予 2% 的批量折扣,问应以多大批量订货?

首先,计算经济批量,$Q^* = \sqrt{\dfrac{2AF}{C}} = \sqrt{\dfrac{2 \times 1\,000 \times 400}{5}} = 400(件)$;

其次,计算按经济批量采购,不取得数量折扣的总成本。
$$总成本 = 订货成本 + 储存成本 + 购置成本$$
$$T = \dfrac{1\,000}{400} \times 400 + \dfrac{400}{2} \times 5 + 1\,000 \times 10 = 12\,000(元)$$

然后,计算不按经济批量采购,取得数量折扣的总成本。
$$T = \dfrac{1\,000}{500} \times 400 + \dfrac{500}{2} \times 5 + 1\,000 \times 10 \times (1 - 2\%) = 11\,850(元)$$

从以上计算来看,相比较于按经济批量采购,按照可获得的数量折扣的批量采购,总成本更低,因此企业应当尽量取得数量折扣。

3. 再订货点

为了保证生产和销售的正常进行,工业企业必须在材料用完之前订货,商品流通企业必须在商品售完之前订货。那么,究竟在上一批购入的存货还有多少时,订购下一批货物呢?这就是再订货点的控制问题。所谓再订货点,就是订购下一批存货时本批存货的储存量,进货提前期的情形如图 8-6 所示。

要确定再订货点,必须考虑如下因素:其一,平均每天需要量,以 n 表示;其二,发出订单到货物验收完毕所用的时间,以 t 来表示。

$$再订货点\ R = 平均每日需要量 \times 平均交货时间 = n \times t$$

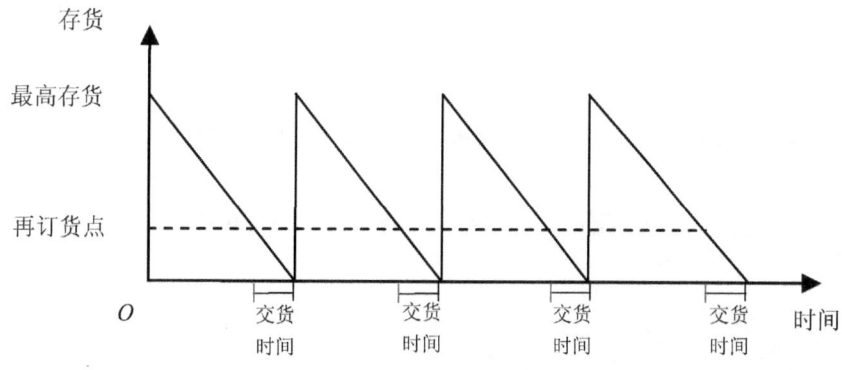

图 8-6　订货提前期

【例8-9】

某公司每天正常需要甲零件8件,订货的提前期为10天,计算其再订货点。

$$R = n \times t = 8 \times 10 = 80(件)$$

因此,在该公司的存货储备量降到80件时,应当开始进行存货采购,等到下批订货到达时,原有库存刚好用完。此时,存货提前期的情形如图8-6所示。需要注意的是,订货提前期仅对何时发出订单有影响,订货间隔时间、订货批量、订货次数不变,故订货提前期对经济订货量并无影响。

4.保险储备

按照某一订货量和再订货点发出订单后,如果需求增大或送货延迟,就会发生缺货或供货中断。为防止由此造成的损失,就需要多储备一些存货以备应急之需,称为保险储备,用S来表示。图8-7显示了在具有保险储备时的存货水平,在交货期内,如果对存货的需求量很大,或交货时间由于某种原因被延误,企业可能发生缺货。为防止存货中断,再订货点应等于交货期内的预计需求与保险储备之和。即:

再订货点=预计交货期内的需求+保险储备

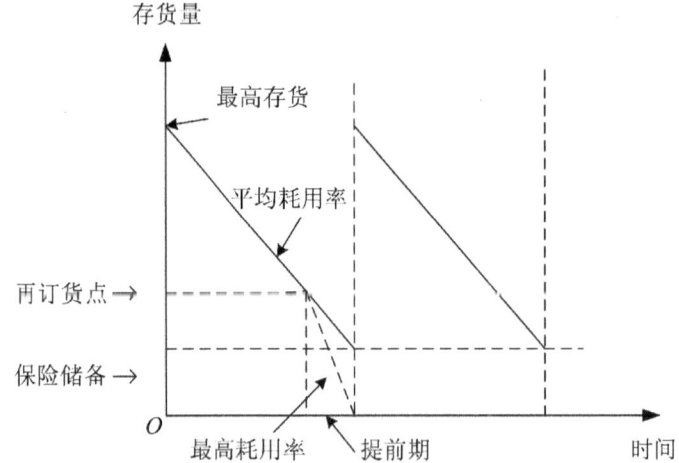

图8-7 不确定需求和保险储备下的存货水平

令n表示平均每天需要量,t表示从发出订单到货物验收完毕所用的时间,m表示预计的最大日消耗量,r表示预计的最长收货时间。

$$保险储备\ S = \frac{1}{2}(mr - nt)$$

保险储备的存在不会影响经济订货批量的计算,但会影响再订货点的确定。考虑保险储备的再订货点计算公式为:

$$\begin{aligned} R &= 平均每日需要量 \times 平均交货时间 + 保险储备 \\ &= nt + S \\ &= nt + \frac{1}{2}(mr - nt) = \frac{1}{2}(mr + nt) \end{aligned}$$

【例 8-10】
承接上面的例子,预计该公司的最大日消耗量为 10 件,预计最长收货时间为 20 天,计算该公司的保险储备和再订货点。

$$保险储备 S = \frac{1}{2}(mr - nt) = \frac{1}{2} \times (10 \times 20 - 8 \times 10) = 60(件)$$

$$再订货点 R = nt + S = 8 \times 10 + 60 = 140(件)$$

四、存货控制

存货管理不仅需要各种模型帮助确定适当的存货水平,还需要建立相应的存货控制系统。传统的存货控制系统有定量控制系统和定时控制系统两种。定量控制系统是指当存货下降到一定水平时即发出订货单,订货数量是固定的和事先决定的。定时控制系统是每隔一固定时期,无论现有存货水平多少,即发出订货申请。这两种系统都较简单和易于理解,但不够精准。现在许多大型企业都已采用了计算机存货控制系统。当存货数据输入计算机后,计算机即对这批货物开始跟踪。此后,每当有该货物被取出时,计算机就及时做出记录并修正库存余额。当存货下降到订货点时,计算机自动发出订单,并在收到订货时记下所有的库存量。

1. ABC 分类管理

存货 ABC 分类管理由意大利经济学家巴雷特于 19 世纪首创,运用数理统计的方法,按照一定目的和要求,对存货进行分类和排列,找出管理重点,从而最经济、最有效地管理存货的一种方法。经过不断发展和完善,ABC 分类管理法广泛用于存货管理、成本管理和生产管理。

ABC 分类管理就是根据一定的标准,按照重要性,将企业存货划分为 A、B、C 三类,分别实行按品种重点管理、按类别一般控制和按总额灵活掌握的方法。进行存货分类的标准主要有两个:金额标准和品种数量标准,其中金额标准是基本的,品种数量标准仅供参考。

运用 ABC 分类管理法一般有如下几个步骤:

(1) 计算每种存货在一定时期内的资金占用额。

(2) 计算每种存货资金占用额占全部资金占用额的百分比,并按大小顺序排列,编成表格。

(3) 根据事先制定好的标准,把各项存货划分成 A、B、C 三大类。一般划分标准是品种少、占用额大、对企业十分重要的存货作为 A,给予重点管理。存货种类和资金占用比重中等的存货作为 B 类,给予次重管理。品种数量多、资金占用比重小、管理价值低的存货项目作为 C 类,给予一般的管理。

完成了上述三个步骤,即可画出存货 ABC 分类管理图,以显示 ABC 存货的分类情况,如图 8-8 所示。

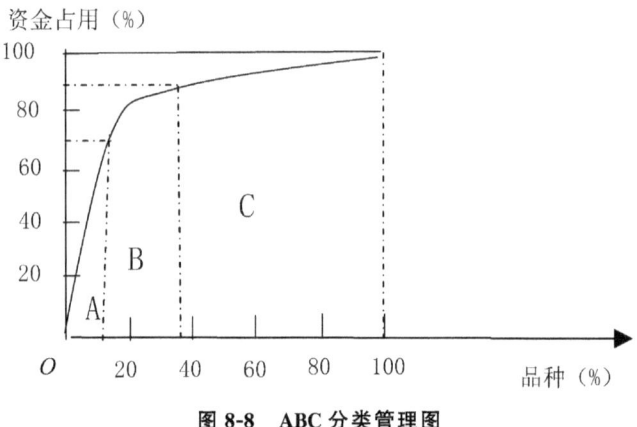

图 8-8　ABC 分类管理图

企业把存货划分为 A、B、C 三大类,A 类品种占 15%,资金却占用 75%,因此,这部分存货管理的好坏,对整个存货管理关系极大,所以企业应重点管理。企业可以采用经济批量来对存货库存进行认真规划,对存货收入和发出进行严格控制。C 类品种占 65%,而资金占用只有 10%。这类存货种类虽然繁多,但资金占用不大,故不必耗费大量人力、物力,财力去加强管理,通常可按经验确定资金占用量。B 类品种占 20%,资金占用为 15%,这类存货介于 A 类与 C 类之间,也应给予相当的重视,但不必像对 A 类存货那样进行非常严格的控制。

2.适时制库存控制系统

适时制(JIT)库存控制系统又称零库存管理、看板管理系统,起源于 20 世纪 20 年代美国福特汽车公司所推行的集成化生产装配线。后来适时制在日本制造业得到有效的使用,随后又重新在美国推广开来。

适时制的基本原理:制造企业事先与供应商和客户协调好,只有当制造企业在生产过程中需要原材料或者零件时,才要求供应商送货;每当产品生产出来就被客户拉走。这样公司的原材料供应和销售形成连续的同步运动,尽可能消除企业内部的浪费,提高公司生产效率。目前,已有越来越多的公司利用适时制库存控制系统减少甚至消除对库存的需求,即实行零库存管理,如沃尔玛、丰田、海尔等。适时制库存控制系统进一步的发展被应用于企业整个生产管理的过程中——集开发、生产、库存和分销于一体,提高了企业运营管理的效率。

第五节　流动债务管理

流动债务筹集的资金可使用时间较短,一般不超过 1 年,是需要企业以流动资产偿付的短期债务,其数额大小及与流动资产的比例直接影响到营运资本的数量和结构。

一、自然性筹资

自然性筹资是企业在生产经营或商品交易过程中自发形成的资金来源,主要包括应付费用和应付账款。

1. 应付费用

应付费用是指在生产中预先提取但尚未支付的费用,或已经形成但尚未支付的款项,如应付工资、应付税金、预提费用等。企业使用这些自然形成的资金无须支付任何代价,故企业均乐于利用它们。一般来说,影响应付费用利用程度的因素,是应付费用的发生额和应付费用支付的间隔期:企业生产和销售规模越大,应付费用发生额也就越大,可利用的自然形成的资金也就越多;应付费用从发生到支付的间隔时间越长,企业可利用的资金时间越长。应付费用筹资额可按以下公式计算:

$$应付费用筹资额 = \sum \left(应付费用日平均发生额 \times \frac{应付费用支付间隔日数}{2} \right)$$

【例 8-11】

某企业预计每月职工工资总额为 240 000 元,工资每月支付一次,则应付工资筹资额为:

$$应付工资筹资额 = \frac{240\ 000}{30} \times \frac{30}{2} = 120\ 000(元)$$

随着公司经营业务的扩展,这些应付费用也会自动增长。而且,通过应付费用所筹集的资金不用支付任何代价,因而是一项免费的短期资金来源。企业在使用应付费用作为短期筹资方式时,必须注意加强对支付期的控制,以免因拖欠给公司带来损失。

2. 应付账款

应付账款是供应商给企业提供的一种商业信用。由于购买者往往在到货一段时间后才付款,商业信用就成为企业短期资金来源。商业信用是自然性融资的主要来源,因为在规定的信用期限内,获得信用的企业不必支付利息,相当于得到一笔无息贷款。

商业信用条件通常包括以下两种:第一,有信用期,但无现金折扣。如"N/30"表示 30 天内按发票金额全数支付。第二,有信用期和有现金折扣,如"2/10,N/30"表示 10 天内付款享受现金折扣 2%,若卖方放弃折扣,30 天内必须付清款项。供应商在信用条件中规定有现金折扣,目的主要在于加速资金回收。企业在决定是否享受现金折扣时,应仔细考虑。通常,放弃现金折扣的机会成本较高。

(1) 放弃现金折扣的资本成本。

倘若买方企业购买货物后在卖方规定的折扣期内付款,可以获得免费信用,这种情况下企业没有因为取得延期付款而付出代价。如果买方不享受现金折扣,则必须在信用期内付清账款。

【例 8-12】

某企业购入商品 10 万元,卖方提出付款条件"2/10,N/30",若在折扣期内付款(即选择第10天付款),便享受了10天的免费信用期,并获得折扣0.2万元($10 \times 2\%$),免费信用额为9.8万元($10-0.2$);如果企业在10天后,30天内付款,则将承受因放弃现金折扣而造成的资本成本。具体成本率可计算如下:

$$\text{放弃现金折扣的资本成本率} = \frac{\text{资金占用费}}{\text{资金占用额}} = \frac{100\,000 \times 2\%}{100\,000 \times (1-2\%)}$$

注意,这样计算出的成本率是20天的成本率,也就是信用期内,不享受现金折扣多占用供货商20天资金的成本。我们需要将其调整为年资本成本率,调整的方法为:

$$\text{放弃现金折扣的资本成本率} = \frac{100\,000 \times 2\%}{100\,000 \times (1-2\%)} \times \frac{360}{20} = 36.73\%$$

因此,放弃折扣的机会成本 $= \dfrac{\text{折扣率}}{1-\text{折扣率}} \times \dfrac{360}{\text{信用期限}-\text{折扣期限}}$。

从公式来看,放弃现金折扣的成本与折扣百分比的大小、折扣期的长短和信用期长短有关系,与货款额和折扣额没有关系。企业在放弃折扣的情况下,推迟付款的时间越长,其成本会越小。比如上题中,企业延期至50天付款,其资本成本率为:

$$\frac{2\%}{1-2\%} \times \frac{360}{50-10} = 18.4\%$$

计算结果表明:对信用条件为"2/10,n/30"的商业信用,如果买方放弃10天内支付货款享受2%的现金折扣,相当于以承担36.73%年利息率为代价,融通可延期20天的资金使用权。假设企业赊购交易发生的应付账款为100 000元,放弃2%的现金折扣意味着该企业可向买方融通98 000元资金使用20天。是否值得这样做?企业可与其他短期融资成本相比较,如果其他融资成本低于放弃折扣的机会成本,就不应该放弃赊销方提供的折扣优惠,企业可以通过其他渠道融通资金,来提前支付这笔应付账款。

如果企业因缺乏资金而欲展期付款,则需考虑展期付款带来的损失即企业信誉恶化而丧失供应商乃至其他贷款人的损失。

如果面对两家以上提供不同信用条件的卖方,应通过衡量放弃折扣成本的大小,选择资本成本最低的供应商。

【例8-13】

某家公司购入价值10 000元的原材料,A供应商提供的信用条件为"3/10,n/30";B供应商提供的信用条件为"2/20,n/50",试确定该公司应当选择的供应商。

$$\text{A供货商放弃现金折扣资金成本率} = \frac{3\%}{1-3\%} \times \frac{360}{30-10} = 55.67\%$$

$$\text{B供货商放弃现金折扣资金成本率} = \frac{2\%}{1-2\%} \times \frac{360}{50-20} = 24.49\%$$

从计算的资金成本率来看,如果不享受现金折扣,等于是向供应商短期借款,那么从A供应商那借入短期资金$10\,000 \times (1-3\%)$,9 700元,20天,资本成本率为55.67%;从B供应商那借入短期资金$10\,000 \times (1-2\%)$,9 800元,30天,资本成本率为24.49%。因此企业应选择B供应商。

(2) 商业信用筹资的优缺点。

① 商业信用筹资的优点。作为一种比较常用的短期筹资方式,商业信用筹资的优点

主要包括以下几个方面:第一,使用方便。因为商业信用与商品买卖同时进行,属于一种自发性筹资,不用进行非常正规的安排,而且不需办理手续,一般也不附加条件,使用比较方便。第二,成本低。如果没有现金折扣,或公司不放弃现金折扣,则利用商业信用筹资没有实际成本。第三,限制少。商业信用的使用比较灵活且具有弹性。如果公司利用银行借款筹资,银行往往会对贷款的使用规定一些限制条件,商业信用筹资则限制较少。

② 商业信用筹资的缺点。当然,商业信用筹资也存在一定的不足,其主要缺点是商业信用筹资的时间一般较短,尤其是应付账款,如果拖欠,则有可能导致公司信用地位和信用等级下降。另外,如果公司享受现金折扣,则付款时间会更短;而若放弃现金折扣,则公司会付出较高的资本成本。

二、短期银行贷款

短期银行贷款是企业融通短期资金的一项重要来源。

(一) 短期借款的信用条件

银行等金融机构对企业贷款时,通常会附带一定的信用条件。短期借款所附带的信用条件主要有以下几个方面。

1. 信贷额度

信贷额度亦称为贷款限额,是借款企业与银行在协议中规定的借款最高限额,信贷额度的有效期限通常为1年。信贷限额的数量是根据银行对企业信誉的评价和企业的需要量来确定的,并可根据情况的变化在重订日及其之前进行调整。但是,银行并不承担必须支付全部信贷数额的义务。如果企业信誉恶化,即使在信贷限额内,企业也可能得不到借款。此时,银行不会承担法律责任。

2. 周转信贷协定

周转信贷协定是银行具有法律义务地承诺提供不超过某一最高限额的贷款协定。在协定的有效期内,只要企业借款总额未达到最高限额,银行必须满足企业任何时候提出的贷款要求。企业要想用周转信贷协定,通常要对贷款限额的未使用部分付给银行一笔承诺费用。

【例 8-14】

某企业与银行商定的周转信贷额度为 1 000 万元,年度内实际使用了 800 万元,承诺费率为 0.5%,企业应向银行支付的承诺费为:

$$信贷承诺费 = (1\,000 - 800) \times 0.5\% = 1(万元)$$

周转信贷协定的有效期通常超过 1 年,但实际上贷款每几个月发放一次,所以这种信贷具有短期借款和长期借款的双重特点。

3. 补偿性余额

补偿性余额是银行要求借款企业在本行账户中保持按贷款限额或实际借用额一定比例(通常为 10%~20%)计算的最低存款余额。对于银行来说,补偿性余额有助于降低贷款风险;对借款企业而言,补偿性余额则提高了借款的实际利率,加重了企业负担。

【例 8-15】

某企业向银行借款 1 000 万元,利率为 6%,银行要求保留 10% 的补偿性余额,则该企业实际可动用的贷款为 900 万元,该借款的实际利率为:

$$借款实际利率 = \frac{1\,000 \times 6\%}{1\,000 \times (1-10\%)} = 6.67\%$$

4. 借款抵押

银行向财务风险较大的企业或新设立而尚未确定信用等级的企业贷款,有时需要有抵押品担保,以减少自己蒙受损失的风险。有了抵押品,银行的贷款偿还就有两个来源:企业履行债务的现金流转能力和抵押品的附属担保价值。

短期借款的抵押品通常是企业的有价证券、应收账款、存货和不动产等。银行接受抵押品后,将根据抵押品的价值决定贷款金额,一般为抵押品价值的 30%～90%。这一比例的高低取决于抵押品的变现能力和银行的风险偏好。

抵押品短期贷款的成本高于非抵押短期贷款的成本,因为银行提供抵押贷款的利率一般要比非抵押贷款利率高,这个差率即作为放款方风险投资的报酬。此外,银行受托管理抵押品也要向贷方收取管理费用,这些都会提高融资成本。

5. 偿还条件

短期借款的偿还有到期一次偿还和贷款期内定期(每月、每季度)等额偿还两种方式。一般来说,企业不希望采用后一种偿还方式,因为这会提高借款的实际利率;而银行不希望用前一种偿还方式,因为这会加重企业的财务负担,增加企业的到期不能偿付风险,同时会降低银行的实际贷款利率。

6. 其他承诺

银行有时还会要求企业为取得贷款而做出其他承诺,如及时提供财务报表、保持适当的财务水平(如特定的流动比率)等。如企业违背所做出的承诺,银行可要求企业立即偿还全部贷款。

(二) 短期借款的成本

短期借款的成本主要包括利息、手续费等。短期借款成本的高低主要取决于贷款利率的高低和利息支付方式的不同。短期贷款利息的支付方式有收款法、贴现法和加息法三种,付息方式不同,短期借款成本计算也有所不同。

(1) 收款法。收款法是在借款到期时向银行支付利息的方法。银行向企业贷款一般都是采用这种方法收取利息。采用收款法时,短期贷款的实际利率就是名义利率。

(2) 贴现法。贴现法又称折价法,是指银行向企业发放贷款时,先从本金中扣除利息部分,到期时借款企业偿还全部贷款本金的一种利息支付方式。在这种利息支付方式下,企业可以利用的贷款只是本金减去利息部分后的差额,因此,贷款的实际利率要高于名义利率。其计算公式为:

$$贴现法的实际利率 = \frac{名义利率}{1-名义利率} \times 100\%$$

(3) 加息法。加息法是银行发放分期等额偿还贷款时采用的利息收取方法。在分期等额偿还贷款的情况下,银行要将根据名义利率计算的利息加到贷款的本金上,计算出贷款的本息和,要求企业在贷款期内分期偿还本息之和的金额。由于贷款分期均衡偿还,借款企业实际上只平均使用了半数借款本金,却支付了全部的利息。这样企业所负担的实际利率便高于名义利率大约 1 倍。

【例 8-16】

某企业借入(名义)年利率为 10% 的贷款 100 000 元,分 12 个月等额偿还本息。则:

$$该项借款的实际利率 = \frac{100\ 000 \times 10\%}{100\ 000/2} = 20\%$$

三、短期融资券

短期融资券是由企业依法发行的无担保短期本票。在我国,短期融资券是指企业依照《银行间债券市场非金融企业债务融资工具管理办法》的条件和程序,在银行间债券市场发行和交易并约定在一定期限内还本付息的有价证券,是企业筹措短期(1 年以内)资金的直接融资方式。

1. 发行短期融资券的相关规定

① 发行人为非金融企业,发行企业均应经过在中国境内工商注册且具备债券评级能力的评级机构的信用评级,并将评级结果向银行间债券市场公示。

② 发行和交易的对象是银行间债券市场的机构投资者,不向社会公众发行和交易。

③ 融资券的发行由符合条件的金融机构承销,企业不得自行销售融资券,发行融资券募集的资金用于本企业的生产经营。

④ 融资券采用实名记账方式在中央国债登记结算有限责任公司(简称中央结算公司)登记托管,中央结算公司负责提供有关服务。

⑤ 债务融资工具发行利率、发行价格和所涉费率以市场化方式确定,任何商业机构不得以欺诈、操纵市场等行为获取不正当利益。

2. 短期融资券的种类

(1) 按发行方式分类,短期融资券分为经纪人承销的融资券和直接销售的融资券。非金融企业发行融资券一般采用间接承销方式进行,金融企业发行融资券一般采用直接发行方式进行。

(2) 按发行人分类,短期融资券分为金融企业的融资券和非金融企业的融资券。金融企业的融资券主要是指由各大公司所属的财务公司、各种投资信托公司、银行控股公司等发行的融资券。这类融资券一般采用直接发行的方式。非金融企业的融资券是指那些没有设立财务公司的工商企业所发行的融资券。这类企业一般规模不大,多采用间接方式来发行。

3. 短期融资券的特点

(1) 短期融资券筹资的优点。

① 短期融资券筹资的成本低。在西方国家,短期融资券的利率加上发行成本率,通常低于银行的同期贷款利率。但目前我国的短期融资券的利率一般要比银行借款利率高,这主要是因为我国短期融资券市场刚刚建立,投资者对短期融资券缺乏了解。随着短

期融资券市场的不断完善,短期融资券的利率会逐渐接近银行贷款利率,直至略低于银行贷款利率。

② 短期融资券筹资数额比较大。银行一般不会向企业发放大额的流动资金借款,如在西方,商业银行借贷给企业的最大金额不能超过该公司资本的10%。因此,对于需要大额资金的企业,短期融资券这一方式尤为适用。

③ 短期融资券筹资能提高企业的信誉。能在货币市场上发行短期融资券的公司都是著名的大公司,一家公司如果能在货币市场上发行自己的短期融资券,就说明该公司的信誉很好。

(2) 短期融资券筹资的缺点。

① 发行短期融资券的风险比较大。短期融资券到期必须归还,一般不会有延期的可能。到期不归还,会产生严重后果。

② 发行短期融资券的弹性比较小。只有当企业的资金需求达到一定数量时才能使用短期融资券,如果数量少,则不宜采用该方式筹集资金。另外,短期融资券一般不能提前偿还,即使公司资金比较宽裕,也要到期才能还款,不利于节约资金成本。

③ 发行短期融资券的条件比较严格。并不是任何公司都能发行短期融资券,必须是信誉好、实力强、效益高的企业才能通过发行短期融资券来筹集资金。

【自我检测】

一、名词解释

营运资本机会成本　管理成本　短缺成本　信用政策　信用条件
存货经济批量　再订货点　保险储备　适时制(JIT)库存控制　自然性筹资
短期借款　短期融资券

二、问答题

1. 确定企业货币资金最佳存量的方法有哪几种？它们各适用于何种情况？
2. 什么是信用政策和信用标准？它们有哪些主要内容和评估方法？
3. 存货成本由哪几个部分构成？它们对存货管理决策有何作用？
4. 流动负债筹资有哪几种主要方式？它们各有何特点？

三、计算题

1. 某公司预计全年现金需要量为250 000元,现金与有价证券的转换成本为每次500元,有价证券年利率为10%,要求：

(1) 计算最佳现金持有量。

(2) 计算现金的持有成本、转换成本和最低总成本。

(3) 计算有价证券转换现金的次数。

2. 某公司预测的年度赊销收入为3 000万元,信用条件为"n/30",变动成本率为70%,资本成本率为12%,该公司为扩大销售,拟定了以下两个信用条件备选方案：

(1) 将信用条件放宽为"n/60",预计坏账损失率为3%,收账费用70.20万元；

(2) 将信用条件改为"2/10,1/20,n/60",估计约有60%的客户(按赊销额计算)会利用2%的现金折扣,15%的客户会利用10%的现金折扣,坏账损失率为2%,收账费用

58.78万元。

以上两方案均使销售收入增长10%。要求:根据上述资料,就选用哪种方案做出决策。

3. 某公司是一家制造类企业,全年平均开工250天。为生产产品,全年需要购买A材料250 000件,该材料单价为150元/件,每次订货成本为500元,每件材料的年储存成本为10元/件。A材料的平均交货时间为4天。该公司A材料满足经济订货基本模型的各项前提条件。要求:

(1) 计算A材料的经济批量和全年订货次数。

(2) 计算按经济批量采购A材料的年存货相关总成本。

(3) 计算A材料每日平均需用量和再订货点。

第九章　股利及其分配

【知识导图】

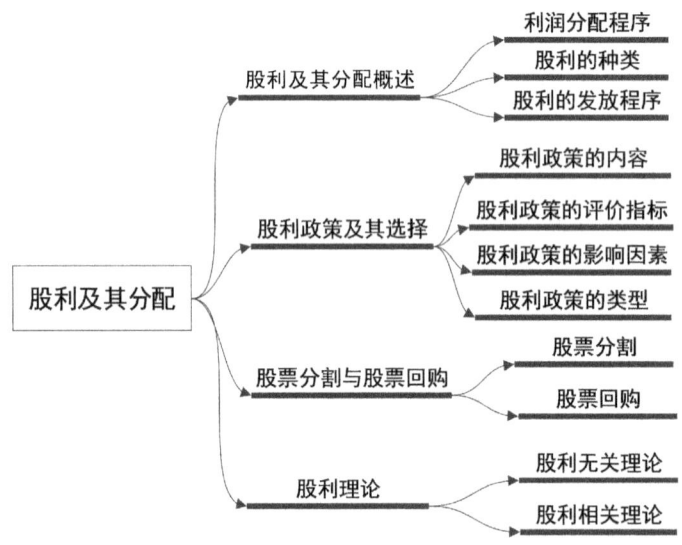

【学习目标】

1. 理解企业利润结构及利润分配的原则和程序；
2. 了解股利的种类及其支付程序；
3. 掌握股票分割的内容及其应用；
4. 理解股票回购及其对股价的影响；
5. 掌握股利分配政策；
6. 了解股利理论及其最新发展。

作为一个企业，生存发展和获利是永恒的主题，投资者之所以投资于某个企业，目的也都是获得利润，当企业获取利润后，面临的问题就是如何来进行分配。股利分配的核心问题是如何权衡公司股利支付决策与未来长期增长之间的关系，以实现公司价值最大化的财务管理目标。

【案例导入】

神火股份 2019 年 7 月 3 日公布 2018 年年度分红派息实施方案：以本公司总股本 19.0 亿股为基数，向全体股东每 10 股派发现金红利 0.15 元（含税），合计派发现金红利总额为

2 851万元。

本次权益分派股权登记日为2019年7月8日,除权除息日为2019年7月9日。

神火股份2018年年报显示,截至2018年12月31日,公司的营业收入188亿元,同比下降0.34%,净利润2.39亿,同比下降35.11%;每股收益0.13元,每股净资产3.2元,净资产收益率3.98%。

股利分配政策通常有哪几种类型?如何优化企业股利分配政策?对企业的可持续发展又具有什么重要的现实意义?

第一节 股利及其分配概述

一、利润分配程序

利润分配就是对企业所实现的经营成果进行分割与派发的活动。企业利润分配的基础是净利润,即企业缴纳所得税后的利润。利润分配既是对股东投资回报的一种形式,也是企业内部筹资的一种方式,对企业的财务状况会产生重要影响。利润分配必须依据法定程序进行,应首先依法缴纳企业所得税,税后利润应当按照下列基本程序进行分配。

(一)弥补以前年度亏损

根据现行法律规定,公司发生年度亏损的可以用下一年的税前利润弥补,下一年度税前利润不足弥补的,可在5年内延续弥补,5年内仍未弥补完的亏损,可以用税后利润弥补。

(二)提取法定公积金

公司在分配当年税后利润时,应当按照税后利润的10%提取法定公积金,但当法定公积金累计额达到公司注册资本的50%时,可以不再提取。

(三)提取任意公积金

公司从税后利润中提取法定公积金后,经股东大会决议,还可以从税后利润中提取任意公积金。

(四)向股东分配股利

公司在按照上述程序弥补亏损、提取公积金之后,所余当年利润与以前年度的未分配利润构成可供分配的利润,公司可根据股利政策向股东分配股利。

二、股利的种类

股份有限公司分派股利的形式一般有现金股利、股票股利、财产股利和负债股利。我国有关法律规定,股份有限公司只能采用现金股利和股票股利两种形式。下面主要介绍这两种股利形式。

第一,现金股利。现金股利是以现金支付的股利,它是股利支付的主要方式。公司支付现金股利除了要有累计盈余(特殊情况下可用弥补亏损后的盈余公积金支付),还要有足够的现金,因此,公司在支付现金股利前需筹备充足的现金。由于现金具有较强的流动性,且现金股利还可以向市场传递一种积极的信息,因此,现金股利的支付有利于支撑和刺激企业的股价,增强投资者的投资信心。

第二,股票股利。股票股利是公司以增发的股票作为股利的支付方式,可以用于发放股票股利的,除了当年的可供分配利润,还有企业的盈余公积金和资本公积金。股票股利并没有改变企业账面的股东权益总额,也没有改变股东的持股结构,只是公司的股东权益结构发生了变化,未分配利润转为股本,会增加公司的股本总额;同时会增加市场上流通的股票数量。因此企业发放股票股利会使股票价格相应下跌。可见,分配股票股利,一方面扩张了股本;另一方面起到股票分割的类似作用。高速成长的企业可以利用分配股票股利的方式来进行股票分割,以使股价保持在一个合理的水平上,避免因股价过高而使投资者减少。

在我国上市公司的股利分配实践中,常用的股利支付方式是现金股利、股票股利或者是两种方式兼有的组合分配方式。部分上市公司在实施现金股利和股票股利的利润分配方案时,有时也会同时实施从资本公积转增股本的方案。

此外,有些国家还允许使用财产和负债支付方式支付股利。财产股利是以现金以外的资产支付的股利,主要是以公司所拥有的其他企业的有价证券,如债券、股票,作为股利支付给股东。负债股利是公司以负债支付的股利,通常以公司的应付票据支付给股东,在不得已的情况下也有发行公司债券抵付股利的。财产股利和负债股利实际上是现金股利的替代。

三、股利的发放程序

(一) 决策程序

上市公司股利分配的基本程序是:首先由公司董事会根据公司盈利水平和股利政策,制订股利分派方案,提交股东大会审议,通过后方能生效。在经过上述决策程序之后,公司方可对外发布股利分配公告、具体实施分配方案。我国股利分配决策权属于股东大会。我国上市公司的现金分红一般是按年度进行,也可以进行中期现金分红。

(二) 分配信息披露

根据有关规定,股份有限公司利润分配方案、公积金转增股本方案须经股东大会批准,董事会应当在股东大会召开后两个月内完成股利派发或股份转增事项。在此期间,董事会必须对外发布股利分配公告,以确定分配的具体程序与时间安排。

股利分配公告一般在股权登记日前3个工作日发布。如果公司股东较少,股票交易又不活跃,公告日可以与股利支付日在同一天。公告内容包括:

(1) 利润分配方案。

(2) 股利分配对象,为股权登记日当日登记在册的全体股东。

(3) 股利发放方法。我国上市公司的股利分配程序应当按登记的证券交易所的具体规定进行。

此外,为提高上市公司现金分红的透明度,《关于修改上市公司现金分红若干规定的决定》要求上市公司在年度报告、半年度报告中分别披露利润分配预案,在报告期实施的利润分配方案执行情况的基础上,还要求在年度报告、半年度报告以及季度报告中分别披露现金分红政策在本报告期的执行情况。同时,要求上市公司以列表方式明确披露前三年现金分红的数额与净利润的比率。如果本报告期内盈利但公司年度报告中未提出现金利润分配预案,应详细说明未分红的原因、未用于分红的资金留存公司的用途。

(三) 分配程序

以深圳证券交易所的规定为例:对于流通股份,其现金股利由上市公司于股权登记日前划入深交所账户,再由深交所于登记日后第3个工作日划入各托管证券经营机构账户,托管证券经营机构于登记日后第5个工作日划入股东资金账户。股票股利则于股权登记日后第3个工作日直接划入股东的证券账户,并自即日起开始上市交易。

(四) 股利支付过程中的重要日期

(1) 股利宣告日(declaration date),即公司董事会将股东大会通过本年度利润分配方案的情况以及股利支付情况予以公告的日期。公告中将宣布每股派发股利、股权登记日、除息日、股利支付日以及派发对象等事项。

(2) 股权登记日(record date),即有权领取本期股利的股东其资格登记截止日期。只有在股权登记日这一天登记在册的股东(即在此日及之前持有或买入股票的股东)才有资格领取本期股利,而在这一天之后登记在册的股东,即使是在股利支付日之前买入的股票,也无权领取本期分配的股利。

(3) 除息日(ex-dividend date),也称除权日,是指股利所有权与股票本身分离的日期,将股票中含有的股利分配权利予以解除,即在除息日当日及以后买入的股票不再享有本次股利分配的权利。我国上市公司的除息日通常是在登记日的下一个交易日。由于在除息日之前的股票价格中包含了本次派发的股利,而自除息日起的股票价格中则不包含本次派发的股利,通常需要除权调整上市公司每股股票对应的股利价值,以便投资者对股价进行对比分析。

(4) 股利支付日(payment date),是公司确定的向股东正式发放股利的日期。公司通过资金清算系统或其他方式将股利支付给股东。

【例 9-1】

某上市公司于 20×9 年 4 月 10 日公布上一年度的最后分红方案,其公告如下:"20×9 年 4 月 9 日在北京召开的股东大会,通过了董事会关于每股分派 0.2 元的股息分配方案。股权登记日为 4 月 25 日,除息日为 4 月 26 日,股东可在 5 月 10 日至 25 日之间通过深圳交易所按交易方式领取股息。"那么,该公司的股利支付程序如图 9-1 所示。

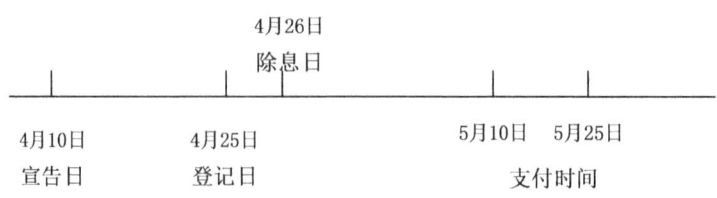

图 9-1　股利支付程序

第二节　股利政策及其选择

一、股利政策的内容

股利政策是确定公司的净利润如何分配的方针和策略。公司的净利润是公司从事生产经营活动所取得的剩余收益,是股东对公司进行投资应得的投资报酬。从权益上讲,公司实现的净利润属于全体股东的权益,无论是以现金股利的形式给股东分红,还是作为留用利润留在公司内部,都属于股东的财富。公司将净利润以现金股利的形式分配给股东,股东可以用这些现金进行其他的投资或者用于消费;公司将净利润留存在公司内部,实际上是股东对公司进行再投资。因此,无论如何分配都没有改变净利润是股东财富的性质。但是,通过前面的股利理论分析可知,公司如何分配利润对股东财富具有现实的影响。这样,股利政策就成为公司财务管理的一项重要政策。

在实践中,公司的股利政策主要包括四项内容:

(1) 股利分配的形式,即采用现金股利还是股票股利;

(2) 股利支付率的确定;

(3) 每股股利的确定;

(4) 股利分配的时间,即何时分配和多长时间分配一次。

其中,每股股利与股利支付率的确定是股利政策的核心内容,它决定了公司的净利润中有多少以现金股利的形式发放给股东,有多少以留用利润的形式对公司进行再投资。一般来说,投资者对每股股利的变动会比较敏感,如果公司各年度之间的每股股利相差较大,就给市场传递了公司经营业绩不稳定的信号,不利于公司股票价格的稳定。

二、股利政策的评价指标

投资者在购买股票进行投资时,通常会对公司的股利政策做出评价。用来评价公司股利政策的指标主要有两个:股利支付率和股利报酬率。

(一) 股利支付率

股利支付率是公司年度现金股利总额与净利润总额的比率,或者是公司年度每股股利与每股利润的比率。其计算公式表示为:

$$P_d = \frac{D}{E} \times 100\% \tag{9-1}$$

$$P_d = \frac{DPS}{EPS} \times 100\% \tag{9-2}$$

其中,P 表示股利支付率;D 表示年度现金股利总额;E 表示年度净利润总额;DPS 表示年度每股股利;EPS 表示年度每股利润。

股利支付率表示的是公司实现的净利润中有多少用于给股东分派红利。这一比率能够反映出公司所采取的股利政策是高股利政策还是低股利政策。由前面的股利理论可知,股利支付率的高低并不是区分股利政策优劣的标准。公司处于不同的发展阶段,会选择不同的股利政策。一般来说,处于快速成长阶段的公司,由于资本性支出较大,需要大量的现金,通常不支付现金股利或者采用较低的股利支付率政策。而处于成熟阶段的公司,有充足的现金流量,通常会采用较高的股利支付率政策。

与股利支付率相关的另一个指标是留存比率,用来评价公司净利润用于再投资的比例。留存比率是公司留用利润与净利润的比率,等于 1-股利支付率。

(二) 股利报酬率

股利报酬率,也称股息收益率,在香港股票市场,也称周息率,是指公司年度每股股利与每股价格的比率。其计算公式表示为:

$$K_d = \frac{DPS}{P_0} \times 100\% \tag{9-3}$$

其中,K_d 表示股利报酬率;DPS 表示年度每股股利;P_0 表示每股价格。

股利报酬率是投资者评价公司股利政策的一个重要指标,它反映了投资者进行股票投资所取得的红利收益,是投资者判断投资风险、衡量投资收益的重要标准之一。

三、股利政策的影响因素

在现实生活中,公司的股利分配是在种种制约因素下进行的,采取何种股利政策虽然是由管理层决定的,但是实际上在其决策过程中会受到诸多主观与客观因素的影响。影响股利分配政策的因素主要有以下几个方面。

(一) 法律限制

为了保护债权人和股东的利益,有关法规对公司的股利分配经常做如下限制:

(1) 资本保全的限制。规定公司不能用资本(包括股本和资本公积)发放股利。股利的支付不能减少法定资本,如果一个公司的资本已经减少或因支付股利而引起资本减少,则不能支付股利。

(2) 企业积累的限制。为了制约公司支付股利的任意性,按照法律规定,公司税后利润必须先提取法定公积金。此外还鼓励公司提取任意公积金,只有当提取的法定公积金达到注册资本的50%时,才可以不再提取。提取法定公积金后的利润净额才可以用于支付股利。

(3) 净利润的限制。规定公司年度累计净利润必须为正数时才可发放股利,以前年度亏损必须足额弥补。

(4) 超额累积利润的限制。由于股东接受股利缴纳的所得税高于其进行股票交易的资本利得税,于是许多国家规定公司不得超额累积利润,一旦公司的保留盈余超过法律认可的水平,将被加征额外税额。

(5) 无力偿付的限制。基于对债权人的利益保护,如果一个公司已经无力偿付负债,或股利支付会导致公司失去偿债能力,则不能支付股利。

(二) 股东因素

公司的股利政策最终由股东大会决定,因此,股东的要求不可忽视。股东从自身经济利益需要出发,对公司的股利分配往往产生这样一些影响。

1. 稳定的收入和避税

一些股东的主要收入来源是股利,他们往往要求公司支付稳定的股利。他们认为通过保留盈余引起股价上涨而获得资本利得是有风险的。若公司留存较多的利润,将受到这部分股东的反对。另外,一些边际税率较高的股东出于避税的考虑,往往反对公司发放较多的股利。

2. 控制权的稀释

公司支付较高的股利,就会导致留存盈余减少,这又意味着将来发行新股的可能性加大,而发行新股必然稀释公司的控制权,这是公司拥有控制权的股东们所不愿看到的局面。因此,若他们拿不出更多的资金购买新股,宁肯不分配股利。

(三) 公司因素

公司的经营情况和经营能力,影响其股利政策。

1. 盈余的稳定性

公司是否能获得长期稳定的盈余,是其股利决策的重要基础。盈余相对稳定的公司相对于盈余不稳定的公司而言具有较高的股利支付能力,因为盈余稳定的公司对保持较高股利支付率更有信心。收益稳定的公司面临的经营风险和财务风险较小,筹资能力较强,这些都是其股利支付能力的保证。

2. 资产的流动性

较多地支付现金股利会减少公司的现金持有量,使公司的流动性降低。这里公司的流动性是指及时满足财务应付义务的能力;而公司保持一定的流动性,不仅是公司经营所必需的,也是在实施股利分配方案时需要权衡的。

3. 举债能力

具有较强举债能力(与公司资产的流动性相关)的公司因为能够及时地筹措到所需的现金,有可能采取高股利政策;而举债能力弱的公司则不得不多滞留盈余,因而往往采取低股利政策。

4. 投资机会

有着良好投资机会的公司，需要有强大的资金支持，因而往往少发放股利，将大部分盈余用于投资。缺乏良好投资机会的公司，保留大量现金会造成资金的闲置，于是倾向于支付较高的股利。正因为如此，处于成长中的公司多采取低股利政策；处于经营收缩中的公司多采取高股利政策。

5. 资本成本

与发行新股相比，保留盈余不需花费筹资费用，是一种比较经济的筹资渠道。所以，从资本成本考虑，如果公司有扩大资金的需要，也应当采取低股利政策。

6. 债务需要

具有较高债务偿还需要的公司，可以通过举借新债、发行新股筹集资金偿还债务，也可直接用经营积累偿还债务。如果公司认为后者适当的话（比如，前者资本成本高或受其他限制难以进入资本市场），将会减少股利的支付。

（四）其他限制

除了上述的因素，还有其他一些因素也会影响公司的股利政策选择。

1. 债务合同约束

公司的债务合同，特别是长期债务合同，往往有限制公司现金股利支付程度的条款，致使公司只得采取低股利政策。

2. 通货膨胀

在通货膨胀的情况下，由于货币购买力下降，公司计提的折旧不能满足重置固定资产的需要，需要动用盈余补足重置固定资产的需要，因此在通货膨胀时期公司股利政策往往偏紧。

四、股利政策的类型

股利政策是确定公司的净利润如何分配的方针和策略。在实践中，公司的股利政策主要包括四项内容。一是股利分配的形式，即采用现金股利还是股票股利。二是股利支付率的确定。三是每股股利的确定。四是股利何时分配和多长时间分配一次。

在进行股利分配的实务中，公司经常采用的股利政策如下。

（一）剩余股利政策

剩余股利政策是指公司在有良好的投资机会时，根据目标资本结构测算出投资所需的权益资本额，先从盈余中留用，然后将剩余的盈余作为股利来分配。即净利润首先满足公司的权益资金需求，如果还有剩余，就派发股利；如果没有，则不派发股利。

剩余股利政策的理论依据是股利无关理论。根据股利无关理论，在完全理想的资本市场中，公司的股利政策与普通股每股市价无关，故而股利政策只需随着公司投资、融资方案的制定而自然确定。因此，采用剩余股利政策时，应遵循四个步骤：

（1）设定目标资本结构，即确定权益资本与债务资本的比率，在此资本结构下，加权平均资本成本将达到最低水平；

(2) 确定目标资本结构下投资所需的股东权益数额;
(3) 最大限度地使用保留盈余来满足投资方案所需的权益资本数额;
(4) 投资方案所需权益资本已经满足后若有剩余盈余,再将其作为股利发放给股东。

【例 9-2】

某公司 20×8 年税后净利润为 800 万元,20×9 年的投资计划需要资金 1000 万元,公司的目标资本结构为权益资本占 60%,债务资本占 40%。

按照目标资本结构的要求,公司投资方案所需的权益资本数额为:

$$1\,000 \times 60\% = 600(万元)$$

公司当年全部可用于分派的盈利为 800 万元,除了满足上述投资方案所需要的权益资本数额,还有剩余可用于发放股利。20×8 年,公司可以发放的股利额为:

$$800 - 600 = 200(万元)$$

假设该公司当年流通在外的普通股为 1000 万股,则每股股利为:

$$200 \div 1\,000 = 0.2(元/股)$$

剩余股利政策的优点:留存收益优先满足投资方案所需要的权益资金,有助于维持目标资本结构,降低企业的资本成本,实现企业价值的长期最大化。

剩余股利政策的缺点:若完全遵照执行剩余股利政策,股利发放额就会每年随着投资机会和盈利水平的波动而波动。在盈利水平不变的前提下,股利发放额将与投资机会的多少呈反方向变动;而在投资机会维持不变的情况下,股利发放额将与公司盈利呈同方向变动。剩余股利政策不利于投资者安排收入与支出,也不利于公司树立良好的形象,一般适用于公司初创阶段。

(二) 固定股利政策

固定股利政策是将每年发放的股利固定在某一相对稳定的水平上并在较长的时间内不变,只有当公司认为未来盈余会显著地、不可逆转地增长时,才提高年度的股利发放额。固定股利政策的主要目的是避免出现由于经营不善而削减股利的情况。

固定股利政策的优点:(1) 稳定的股利向市场传递着公司正常发展的信息,有利于树立公司良好的形象,增强投资者对公司的信心,稳定股票的价格。(2) 稳定的股利有利于投资者安排股利收入和支出,特别是对那些对股利有着很高依赖性的股东更是如此。而股利忽高忽低的股票,则不会受这些股东的欢迎,股票价格会因此而下降。(3) 股票市场会受到多种因素的影响,其中包括股东的心理状态和其他要求,稳定的股利可能要比降低股利或降低股利增长率对稳定股利更为有利。

固定股利政策的缺点是股利的支付与企业盈利脱节。当盈利较低时仍要支付固定的股利,这可能导致资金短缺;同时不能像剩余股利政策那样保持较低的资本成本。

因此,采用固定股利政策,要求公司对未来的盈利和支付能力做出准确的判断。一般来说,公司确定的固定股利额不宜太高,以免陷入无力支付的困境。固定股利政策通常适用于经营比较稳定或正处于成长期的企业,但很难被长期采用。

(三) 固定股利支付率政策

固定股利支付率政策,是公司确定一个股利占每股利润的比率,长期按此比例支付股利的政策。在这一股利政策下,各年的股利随公司经营的好坏而上下波动,获得较多盈余的年份股利额高,获得盈余少的年份股利额就低。

固定股利支付率政策的优点:(1)采用固定股利支付率政策,股利与公司盈余紧密地配合,体现了"多盈多分、少盈少分、无盈不分"的股利分配原则。(2)由于公司的获利能力在年度间是经常变动的,因此,每年的股利也应当随着公司收益的变动而变动。采用固定股利支付率政策,公司每年按固定的比例从税后利润中支付现金股利,从企业的支付能力的角度看,这是一种稳定的股利政策。

固定股利支付率政策的缺点:(1)大多数公司每年的收益很难保持稳定不变,导致年度间的股利额波动较大,由于股利的信号传递作用,波动的股利很容易给投资者带来经营状况不稳定、投资风险较大的不良印象,成为影响股价的不利因素。(2)容易使公司面临较大的财务压力。这是因为公司实现的盈利多,并不能代表公司有足够的现金流用来支付较多的股利额。(3)合适的固定股利支付率的确定难度比较大。

由于公司每年面临的投资机会、筹资渠道都不同,而这些都可以影响公司的股利分派,所以,一成不变地奉行固定股利支付率政策的公司在实际中并不多见,固定股利支付率适用于那些财务状况稳定且处于稳定发展阶段的公司。

(四)低正常股利加额外股利政策

低正常股利加额外股利政策,是公司一般情况下每年只支付固定的、数额较低的股利,在盈余多的年份,再根据实际情况向股东发放额外股利。但额外股利并不固定化,不意味着公司永久地提高了规定的股利率。

低正常股利加额外股利政策的优点:(1)这种股利政策使公司具有较大的灵活性。当公司盈余较少或投资需用较多资金时,可维持设定的较低但正常的股利,股东不会有股利跌落感;而当盈余有较大幅度增加时,则可适度增发股利,把经济繁荣的部分利益分配给股东,使他们增强对公司的信心,这有利于稳定股票的价格。(2)这种股利政策可使那些依靠股利度日的股东每年至少可以得到虽然较低但比较稳定的股利收入,从而吸引住这部分股东。

低正常股利加额外股利政策的缺点:(1)由于各年度之间公司盈利的波动使得额外股利不断变化,造成分派股利的变动,容易给投资者带来收益不稳定的感觉。(2)当公司在较长的时间持续发放额外股利时,可能会被投资者认为是"正常股利",一旦取消,会给投资者带来公司财务状况恶化的感觉,进而导致股价下跌。

低正常股利加额外股利政策对那些盈利随着经济周期而波动较大的公司或者盈利与现金流量很不稳定的公司而言,是一种不错的选择。

第三节　股票分割与股票回购

一、股票分割

(一) 股票分割的概念

股票分割是指将面额较高的股票交换成面额较低的股票的行为。例如,将原来的一股股票交换成两股股票。股票分割不属于股利支付方式,但其所产生的效果与发放股票股利近似。都是在不增加股东权益的情况下增加了股份的数量,所不同的是,股票股利虽然不会引起股东权益总额的变化,但股东权益的内部结构会发生变化。而股票分割之后,股东权益总额及其内部结构都不会发生变化,变化的只是股票面值。

(二) 股票分割的目的

(1) 降低股票价格,提高企业股票的市场流动性。通常认为,股票价格太高,不利于吸引投资者且股票的流动性会削减;可以通过股票分割增加股票股数,降低每股市价,从而吸引更多的投资者。

(2) 股票分割的信息效应有利于以后股价的提高。与分配股利一样,股票分割也可以向投资者传递公司未来经营业绩变化的信息。一般来说,股票分割往往是成长中公司的行为,所以宣布股票分割后很容易给投资人一种"公司正处于发展之中"的印象,这种利好往往会刺激股价的上扬。

(3) 为发行新股做准备。股票价格的高低往往是影响新股发行的重要因素。当股票市场价格太高时,会使许多潜在的投资者不敢轻易购买投资公司的新发股票,因此可以在新股发行前进行股票分割。

(三) 股票分割与股票股利的比较

对公司来说,进行股票分割与发放股票股利都属于股本扩张政策,二者都会使公司股票数量增加,降低股票价格,并且都不会使公司价值和股东财富增加。从这些方面来看,股票分割与股票股利十分相似,但二者也存在以下差异。

(1) 股票分割降低了股票面值,而发放股票股利不会改变股票面值。前者主要是股份重新拆分,将原来的股份细分为更多的股份,因而每股面值会相应成比例降低,而股票股利是公司以股票的形式向股东无偿分派股利,股票面值不会降低。

(2) 会计处理不同。股票分割不会影响资产负债表中股东权益各项目金额的变化,只是股票面值降低,股票股数增加,因而股本金额不会变化,资本公积和留用利润的金额也不会变化。发放股票股利,公司应将股东权益中留存收益的金额按照发放股票股利面值总数转为股本,因而股本金额相应增加,而留存收益相应减少。

我国股份公司发行的普通股一般面值为1元,所以通常不进行股票分割。在实践中,我国公司常采用资本公积转增股本和发放股票股利的方式进行股本扩张,基本能达到与股票分割同样的目的。

【例 9-3】

某上市公司 20×9 年年末资产负债表上股东权益情况如表 9-1 所示。已知该公司股票现行市价为 20 元/股。

表 9-1

（单位：万元）

股东权益：	
股本（面值 2 元,发行在外 20 万股）	40
资本公积	40
留存收益	90
股东权益合计	170

(1) 该公司宣布发放 10% 的股票股利,即现有股东每持有 10 股即可获赠 1 股普通股。发放股票股利后,股东权益有何变化?

(2) 该公司按照 1∶2 的比例进行股票分割。股票分割后,股东权益有何变化?

发放股票股利后的股东权益情况如表 9-2 所示。

表 9-2

（单位：万元）

股东权益：	
股本（面值 2 元,发行在外 22 万股）	44
资本公积	76
留存收益	50
股东权益合计	170

进行股票分割后的股东权益情况如表 9-3 所示。

表 9-3

（单位：万元）

股东权益：	
股本（面值 1 元,发行在外 40 万股）	40
资本公积	40
留存收益	90
股东权益合计	170

二、股票回购

(一) 股票回购的含义

股票回购是股份公司出资购回本公司发行在外的股票。公司回购的股票可以注销,以减少公司的股本总额;也可以形成库藏股,在公司需要的时候重新出售或者用于实施股权激励计划。公司持有本公司的库藏股通常不能超过一定期限,这是为了避免公司管理层利用库藏股操纵每股利润或股票价格。我国 2005 年发布的《上市公司回购社会公众股份管理办法(试行)》规定,上市公司回购股票只能是为了减少注册资本而进行注销,不允许作为库藏股由公司持有。

我国《公司法》规定,公司有下列情形之一的,可以收购本公司股份:(1)减少公司注册资本;(2)与持有本公司股份的其他公司合并;(3)将股份用于员工持股计划或者股权激励;(4)股东因对股东大会做出的公司合并、分立决议持异议,要求公司收购其股份;(5)将股份用于转换上市公司发行的可转换为股票的公司债券;(6)上市公司为维护公司价值及股东权益所必需。

(二) 股票回购的动机

(1) 传递股价被低估信号的动机。由于信息不对称,外部投资者与公司管理层之间会存在较大的预期差异,证券市场上的公司股票价格可能被低估,而过低的股价将会对公司产生负面影响。一般情况下,投资者会认为股票回购意味着公司认为其股票被低估而采取的措施。

(2) 为股东避税的动机。由于资本利得与现金股利存在税率差异,现金股利的税率通常高于资本利得的税率,公司为了减少股东缴纳的个人所得税,可以用股票回购的方式代替发放现金股利。

(3) 减少公司自有现金流量的动机。在公司有富余的自由现金流量时,公司可以通过股票回购的方式将现金分配给股东,这样,股东就可以根据自己的需要选择继续持有股票或出售以获得现金。

(4) 反收购动机。当公司股票价格过低,就有被收购的风险,为了保证控股股东的控制权不被改变,预防或抵制敌意收购,公司可以通过股票回购方式,减少流通在外的股票数量,提高股票价格。

(三) 股票回购的方式

1. 公开市场回购

公开市场回购是指上市公司在股票二级市场上按照股票市场价格回购本公司的股票。通常公司回购股票时都会有一个最高限价,对回购股票的数量也有明确的限定。通过公开市场回购的方式回购股票,很容易导致股票价格上涨,从而增加回购成本。一般来说,在公司回购股票的目标已经达到的情况下,就可以停止回购。根据我国证监会 2005 年发布的《上市公司回购社会公众股份管理办法(试行)》的规定,上市公司可以采用证券交易所集中竞价交易方式回购股票,但须履行信息披露义务。如在回购股份期间,应当在每个月的前3个交易日内公告截至上月末的回购进展情况,并且当回购股份占公司总股本的比例每增加1个百分点时,应当在两个交易日内进行公告。

2. 要约回购

要约回购是指公司通过公开向股东发出回购股票的要约来实现股票回购计划,要约回购价格一般高于市场价格。在公司公告要约回购之后的限定期限内,股东可自愿决定是否按要约价格将持有的股票出售给公司。如果股东愿意出售的股数多于公司计划回购的股数,公司可以自行决定购买部分或全部股票。通常,在公司回购股票的数量较大时,可采用要约回购方式。根据《上市公司回购社会公众股份管理办法(试行)》的规定,上市公司采用要约回购方式回购股票,其要约价格不得低于回购报告书公告前30个交易日股票每日加权平均价的算术平均值,并且要约期限不得少于30日,不得超过60日。

3. 协议回购

协议回购是指公司与特定的股东私下签订购买协议回购其持有的股票。协议回购方式通常作为公开市场回购方式的补充。采用这种方式,公司必须公开披露股票回购的目的、数量等信息,并保证回购价格公平,以避免公司向特定股东进行利益输送,侵害其他股东利益。协议回购方式回购股票的价格通常低于当前市场价格,并且一次回购股票的数量较大,通常作为大宗交易在场外进行。

4. 转换回购

转换回购是指公司用债券或者优先股代替现金回购普通股的股票回购方式。采取转换回购方式,公司不必支付大量的现金,对于现金流量并不充足的公司而言,这是一种可选的回购方式,而且采用这种回购方式还可以起到调整资本结构的作用。但是,由于债券或优先股的流动性比普通股要差,采用转换回购方式时,可能需要支付一定的溢价,因而提高了股票回购的成本。

第四节　股利理论

在股份有限公司的利润分配实践中常常会面临以下几个重要问题:(1) 公司应当支付多少股利?(2) 公司发放股利是否会影响企业价值,股东态度会怎样?长期以来,学者们对这些问题进行了大量的研究,从不同的角度提出了许多观点,从而形成了不同的股利理论。这些理论主要分为两大派别:股利无关理论和股利相关理论。

一、股利无关理论

(一) 股利无关理论的基本内容

股利无关理论认为,在一定的假设条件限制下,股利政策不会对公司的价值或股票的价格产生任何影响,投资者不关心股利的分配。这一理论是美国经济学家米勒与莫迪格莱尼于1961年首先提出的,所以也被称为MM股利无关理论。米勒和莫迪格莱尼采用数学推导的方法证明,在完美的资本市场条件下,如果公司的投资决策和资本结构保持不变,那么公司价值取决于公司投资项目的盈利能力和风险水平,而与股利政策不相关。因此,公司未来是否分配股利和如何分配股利都不会影响公司目前的价值,也不会影响股东财富总额。

(二) 股利无关理论的假设条件

MM股利无关理论是建立在严格的假设基础上的。

1. 假设存在完全有效的资本市场

完全有效的资本市场假设是股利无关理论的基本前提,只有在这样的市场环境中,公司的股利分配政策才不会影响公司价值。完全有效的资本市场须符合以下七个条件:① 没有妨碍潜在资本供应者和使用者进入市场的障碍;② 有完全的竞争,市场有足够多的参与者,并且每个参与者都没有能力影响证券价格;③ 金融资产无限可分;④ 没有交易成本和破产成本,证券发行与交易都不存在交易成本,公司也无财务危机成本和破产成本;⑤ 没有信息成本,信息是对称的,并且每个市场参与者都可自由、充分、免费地获取所有存在的信息;⑥ 没有不对称税负,股票的现金股利和资本利得没有所得税上的差异;⑦ 交易中没有政府或其他限制,证券可以自由地交易。

完全有效的资本市场假设是理解股利无关理论的出发点。在完全有效的资本市场上,资产在交易过程中不存在套利机会,也不会发生价值损耗。但是,在现实世界里,不存在这样完全有效的资本市场,主要原因有三个:① 现金股利和资本利得之间存在税率的差异;② 市场参与者之间仍存在信息的不对称;③ 不同的交易会产生不同的交易成本,影响人们的交易行为,也限制了市场的套利活动。

2. 假设公司的投资决策不受股利政策影响

根据这一假设决策,对于新投资项目所需的资金,无论采取内部筹资还是外部筹资,都不会改变公司的经营风险。由于理性投资者对公司的风险和报酬都有合理的预期,在公司经营风险不变的情况下,投资者的必要投资报酬率(即股权资本的资本成本率)也不会改变,因此,公司的风险水平以及由风险水平所决定的投资者的必要投资报酬率均不会受股利政策变化的影响,公司价值是以投资者的必要投资报酬率为折现率对公司未来收益的折现值。

在以上严格的假设条件下,通过数学推导可以得出公司价值V_0为:

$$V_0 = \sum_{t=1}^{n} \frac{X_t - I_t}{(1+r)^t} + \frac{V_{n+1}}{(1+r)^{n+1}} \tag{9-4}$$

当n趋于无穷大时,公司价值V_0为:

$$V_0 = \sum_{t=1}^{\infty} \frac{X_t - I_t}{(1+r)^t} \tag{9-5}$$

其中,V_0表示目前公司的价值;r表示折现率,即投资者的必要报酬率;X_t表示公司第t期实现的净收益总额;I_t表示公司第t期期末需要的投资总额;V_{n+1}表示第$n+1$期期末的公司价值。

二、股利相关理论

现实生活中,完全有效的资本市场的条件通常无法满足,如果我们逐步放宽这些假设条件,就会发现股利政策变得十分重要,公司价值和股票价格都会受股利政策的影响,这就形成了各种股利相关理论。股利相关理论认为,在现实的市场环境下,公司的利润分配会影响公司价值和股票价格,因此,公司价值与股利政策是相关的。其代表性观点主要有"一鸟在手"理论、税收差别理论、信号传递理论、代理理论等。

(一)"一鸟在手"理论

"一鸟在手"理论的主要代表人物是迈伦·戈登(Myron Gordon)和约翰·林特(John Linter)。1962年,戈登在传统理论的基础上提出了著名的"戈登模型",该模型建立在投资者都厌恶风险的假设基础之上,假设投资者认为当前的现金股利才是有把握的报酬,风险较小,好比在手之鸟;而未来的股利和出售股票的资本利得是不确定的报酬,风险较大,好比林中之鸟。因此,出于对风险的回避,股东更偏好确定的现金股利,即"百鸟在林,不如一鸟在手"。较高的股利支付率可以消除投资者心中对公司未来盈利风险的担忧,投资者所要求的必要投资报酬率也会降低,因而公司价值和股票价格都会上升;反之,较低的股利支付率则会使公司价值和股票价格下降。这样,公司如何分配股利就会影响股票价格和公司市场价值,即公司价值与股利政策是相关的。其公式为:

$$V_0 = \sum_{t=1}^{n} \frac{D_t}{(1+k)^t} + \frac{V_n}{(1+k)^n} \tag{9-6}$$

当 n 趋于无穷大时,公司价值 V_0 为:

$$V_0 = \sum_{t=1}^{\infty} \frac{D_t}{(1+k)^t} \tag{9-7}$$

其中,V_0 表示目前公司的价值;k 表示折现率,即投资者的必要报酬率;D_t 表示公司第 t 期支付的现金股利总额;V_n 表示第 n 期期末的公司价值。

由于戈登等学者的理论贡献,"一鸟在手"理论广为流行。但是,也有些学者对这种理论提出了批评,他们指出:"一鸟在手"理论混淆了投资决策和股利政策对公司风险的不同影响,认为资本利得的风险高于股利的风险是不符合实际情况的,并将这一理论称为"一鸟在手谬论"。这些批评者认为,用留用利润再投资形成的资本利得风险取决于公司的投资决策,与股利支付率高低无关,在投资决策一定的情况下,公司如何分配利润并不会改变公司的投资风险。股东在收到现金股利后,仍然可以根据自己的风险报酬偏好进行再投资,例如,他们可以用现金股利重新购买公司发行的新股来进行再投资。因此,投资者所承担的风险最终是由公司的投资决策决定的,而不会受股利政策影响。

(二)税收差别理论

股利无关理论的一个重要假设是现金股利和资本利得没有所得税的差异。实际上,股利收入的所得税税率通常要高于资本利得的所得税税率。

税收差别理论是研究股利收入与资本利得之间税率差异对公司价值及股利政策影响

的股利理论,其代表人物主要有利森伯格(Lizenberger)和拉马斯瓦米(Ramaswamy)。税收差别理论认为,由于股利收入的所得税税率通常都高于资本利得的所得税税率,出于避税的考虑、投资者更偏爱低股利支付率政策,有利于增加股东财富,促进股票价格上涨;相反,高股利支付率政策将导致股票价格下跌。除了税率上的差异,股利收入和资本利得的纳税时间也不同,股利收入在收到股利时纳税,而资本利得只有在出售股票获取收益时才纳税。因此资本利得的所得税是延迟到将来才缴纳,股东可以获得货币时间价值的好处。但是,股东出售股票时会发生交易成本,这会抵消其税收利益。所以,对于那些希望定期获取现金股利和享受较低税率的投资者而言,高现金股利仍然是较好的选择。

税收差别理论认为投资者可根据偏好不同被分为不同的类型,每种类型的投资者都偏好某种特定的股利政策,并喜欢购买符合其偏好的公司股票,这就是顾客效应。米勒和莫迪格莱尼在研究税收差异对股利政策的影响时就已注意到顾客效应的存在,他们发现低税率等级的投资者往往持有高股利公司的股票,因此,MM理论认为公司有动机采取适当的股利政策,以最大限度地减少股东的税收。

产生顾客效应的一个重要原因是不同的投资者具有不同的边际税率。大量经验数据证明,投资者根据各自不同的边际税率,分为偏好高股利政策的顾客和偏好低股利政策的顾客。高收入的投资者希望公司少支付现金股利或不支付现金股利,而将利润作为留存利润进行再投资,以提高股票价格,即使将来需要现金,出售股票获得的资本利得收益也比现在收到股利收入所缴的个人所得税要少;低收入的投资者以及享受免税优惠的养老金等机构投资者则喜欢公司支付较高的现金股利,一方面是可以免缴所得税或所得税税率较低,另一方面是这些投资者更希望保持较高的资本流动性。

由于顾客效应的存在,任何股利政策都不可能满足所有投资者的要求,特定的股利政策只能吸引特定类型的投资者。采用高股利支付率政策,可以吸引低边际税率等级的投资者;采用低股利支付率政策,可以吸引高边际税率等级的投资者。当公司改变股利政策时,就会吸引喜欢这一股利政策的投资者购买其股票,而另一类不喜欢这一股利政策的投资者就会出售其股票。当购买数量大于出售数量时,公司股价就会上涨,反之就会下跌,直至市场达到均衡状态。

(三) 信号传递理论

股利无关理论假设投资者可以自由、免费地获取各种信息,并且投资者和公司管理层之间是信息对称的。但在现实生活中,投资者与公司管理层之间存在信息不对称,公司管理层拥有更多的关于公司发展前景方面的内部信息,相对来说,投资者处于信息劣势,他们对公司未来发展前景、经营状况和风险情况等方面的信息知道得较少。信号传递理论认为,在投资者与管理层信息不对称的情况下,股利政策包含公司经营状况和未来发展前景的信息,投资者通过对这些信息的分析来判断公司未来盈利能力的变化趋势,以决定是否购买其股票,从而引起股票价格的变化。因此,股利政策的改变会影响股票价格变化,二者存在相关性。实证研究的结果也证实了这一结论。如果公司提高股利支付水平,等于向市场传递了利好信息,投资者会认为公司的未来盈利水平将提高,管理层对公司的未来发展前景有信心,从而购买股票,引起股票价格上涨;如果公司以往的股利支付水平一直比较稳定,现在突然降低股利支付水平、就等于向市场传递了利空信息,投资者会对公司做出悲观的判断,从而出售股票,导致股票价格下跌。根据信号传递理论,稳定的股利政策向外界传递了公司经营状况稳定的信息,有利于公司股票价格的稳定,因此,公司在制定股利政策时,应当考虑市场反应、避免传递易被投资者误解的信息。

(四) 代理理论

股利分配作为公司一种重要的财务活动,会受到各种委托-代理关系的影响。与股利政策有关的代理问题主要有以下三类:(1)股东与经理之间的代理问题;(2)股东与债权人之间的代理问题;(3)控股股东与中小股东之间的代理问题。这三类代理问题都会产生代理成本。代理理论认为,公司分派现金股利可以有效降低代理成本,提高公司价值,因此,在股利政策的选择上,主要应考虑股利政策如何降低代理成本。下面分别探讨这三类代理问题对公司股利政策的影响。

(1) 股东与经理之间的代理问题。在股份有限公司中,股东作为公司的投资者并不直接参与公司的经营管理活动,而是聘用经理从事经营管理活动,这样在股东和经理之间便形成了委托-代理关系。经理作为代理人比股东更了解公司的经营状况和发展前景,在进行经营决策时可能出于自身的利益做出有违股东利益的行为,例如将大量的现金用于追求个人奢侈的在职消费、盲目扩张企业规模、进行缺乏效率的并购等,这就增加了公司的代理成本。詹森在研究股东与经理之间的代理问题时,提出了自由现金流量假说。他将自由现金流量定义为公司所持有的超过投资所有净现值为正的项目所需资本的剩余现金,自由现金流量留在公司内部并不能为公司创造价值,也不能给股东带来收益,理所当然要以现金股利的形式支付给股东。而代理理论认为,公司经理一般不愿意将自由现金流量以股利的形式分配给股东,而是倾向于将其留在公司内部,或者用于投资一些效率低下的项目以从中获得个人利益,因此,发放现金股利有利于降低这种代理成本。通过提高现金股利,可以带来三方面的好处:① 减少公司的自由现金流量,股东获得这些股利收入后可以寻找新的投资机会,有利于增加股东的财富;② 减少经理利用公司资源牟取个人私利的机会;③ 由于留用利润减少,当公司未来有好的投资机会而需要资本时,必须从外部资本市场筹集资本,这样就加强了资本市场对经理的监督约束。

(2) 股东与债权人之间的代理问题。由于股东拥有公司控制权,而债权人一般不能干涉公司的经营活动,股东可能利用其控制权的优势影响债权人的利益,以使自身利益最大化。例如,股东可能会要求公司支付高额现金股利,从而减少公司的现金持有量,增加债权人风险。这种代理问题也会产生代理成本,通常债权人会在借款合同中规定限制性条款,或者要求公司对债务提供担保,从而增加公司的成本费用。这种代理问题也会影响公司的股利政策,股东和债权人之间会在债务合同中达成一个双方都能接受的股利支付水平。

(3) 控股股东与中小股东之间的代理问题。公司股权比较集中的情况下就存在控股股东,控股股东利用其持股比例的优势会控制公司的董事会和管理层,而中小股东在公司中的权利常常被忽视。控股股东的存在会带来两方面的影响:一方面,控股股东有强烈的动机对管理层进行监督,并对公司的经营决策施加影响,这样有利于减少经理的利益侵占;另一方面,产生了控股股东与中小股东之间的代理问题,控股股东可能利用其在公司中的控制权侵占公司的利益,例如大股东占用公司资产以牟取私利,这样就损害了中小股东的利益。针对这一问题,施莱费尔(Shleifer)等学者提出了掏空假说,将掏空定义为公司控股股东为了自己的利益将公司的资产或者利润转移出去的行为。代理理论认为,通过提高现金股利可以减少控股股东可支配的资本,降低掏空对公司利益的损害,从而保护中小股东的利益。

由此可见,代理理论主张高股利支付率政策,认为提高股利支付水平可以降低代理成本,有利于提高公司价值。但是,这种高股利支付率政策也会带来外部筹资成本增加和股东税负增加的问题。所以,在实践中,需要在降低代理成本与增加筹资成本和税负之间权衡,以制定出最符合股东利益的股利政策。

【自我检测】

一、名词解释

利润分配股利　现金股利　股票股利　除息日　股利政策　股利支付率　股利报酬率　股利政策　股票分割　股票回购

二、问答题

1. 股利支付的形式有哪些?
2. 影响股利政策的因素有哪些?
3. 简述股利政策的类型。
4. 剩余股利政策的优缺点是什么?
5. 为什么许多大公司愿意采用低正常股利加额外股利政策?
6. MM理论认为股东财富与股利政策无关;"一鸟在手"理论认为公司应提高股利支付率;税收差别理论则认为公司应降低股利支付率。三种理论提供了三种不同的建议,你同意哪一种观点?为什么?

三、计算题

1. 某公司本年实现的净利润为250万元,年初累计未分配利润为400万元。上年实现净利润200万元,分配的股利为120万元。

计算回答下列互不关联的问题:

(1) 如果预计明年需要增加投资资本200万元,公司的目标资本结构为权益资本占60%,债务资本占40%。公司采用剩余股利政策,公司本年应发放多少股利?

(2) 如果公司采用固定股利政策,公司本年应发放多少股利?

(3) 如果公司采用固定股利支付率政策,公司本年应发放多少股利?

(4) 如果公司采用正常股利加额外股利政策,规定每股正常股利为0.1元,按净利润超过正常股利部分的30%发放额外股利,该公司普通股股数为400万股,公司本年应发放多少股利?

2. 某公司2019年末进行利润分配前的股东权益情况如表9-4所示。

表 9-4　某公司 2019 年末利润分配前的股东权益

（单位：万元）

项目	金额
股本（面值 2 元，已发行 100 万股）	200
资本公积	400
未分配利润	200
股东权益合计	800

回答下列互不相关的两个问题：

(1) 如果公司宣布发放 10% 的股票股利，并按发放股票股利后的股数发放现金股利，每股 0.1 元，发放的股票股利按照面值计价，计算发放股利后的股东权益各项目的数额。

(2) 如果按照 1∶2 的比例进行股票分割，计算进行股票分割后股东权益各项目的数额。

附　　录

附表一　复利终值系数表

期数	1%	2%	3%	4%	5%	6%	7%	8%	9%	10%
1	1.0100	1.0200	1.0300	1.0400	1.0500	1.0600	1.0700	1.0800	1.0900	1.1000
2	1.0201	1.0404	1.0609	1.0816	1.1025	1.1236	1.1449	1.1664	1.1881	1.2100
3	1.0303	1.0612	1.0927	1.1249	1.1576	1.1910	1.2250	1.2597	1.2950	1.3310
4	1.0406	1.0824	1.1255	1.1699	1.2155	1.2625	1.3108	1.3605	1.4116	1.4641
5	1.0510	1.1041	1.1593	1.2167	1.2763	1.3382	1.4026	1.4693	1.5386	1.6105
6	1.0615	1.1262	1.1941	1.2653	1.3401	1.4185	1.5007	1.5869	1.6771	1.7716
7	1.0721	1.1487	1.2299	1.3159	1.4071	1.5036	1.6058	1.7138	1.8280	1.9487
8	1.0829	1.1717	1.2668	1.3686	1.4775	1.5938	1.7182	1.8509	1.9926	2.1436
9	1.0937	1.1951	1.3048	1.4233	1.5513	1.6895	1.8385	1.9990	2.1719	2.3579
10	1.1046	1.2190	1.3439	1.4802	1.6289	1.7908	1.9672	2.1589	2.3674	2.5937
11	1.1157	1.2434	1.3842	1.5395	1.7103	1.8983	2.1049	2.3316	2.5804	2.8531
12	1.1268	1.2682	1.4258	1.6010	1.7959	2.0122	2.2522	2.5182	2.8127	3.1384
13	1.1381	1.2936	1.4685	1.6651	1.8856	2.1329	2.4098	2.7196	3.0658	3.4523
14	1.1495	1.3195	1.5126	1.7317	1.9799	2.2609	2.5785	2.9372	3.3417	3.7975
15	1.1610	1.3459	1.5580	1.8009	2.0789	2.3966	2.7590	3.1722	3.6425	4.1772
16	1.1726	1.3728	1.6047	1.8730	2.1829	2.5404	2.9522	3.4259	3.9703	4.5950
17	1.1843	1.4002	1.6528	1.9479	2.2920	2.6928	3.1588	3.7000	4.3276	5.0545
18	1.1961	1.4282	1.7024	2.0258	2.4066	2.8543	3.3799	3.9960	4.7171	5.5599
19	1.2081	1.4568	1.7535	2.1068	2.5270	3.0256	3.6165	4.3157	5.1417	6.1159
20	1.2202	1.4859	1.8061	2.1911	2.6533	3.2071	3.8697	4.6610	5.6044	6.7275
21	1.2324	1.5157	1.8603	2.2788	2.7860	3.3996	4.1406	5.0338	6.1088	7.4002
22	1.2447	1.5460	1.9161	2.3699	2.9253	3.6035	4.4304	5.4365	6.6586	8.1403
23	1.2572	1.5769	1.9736	2.4647	3.0715	3.8197	4.7405	5.8715	7.2579	8.9543
24	1.2697	1.6084	2.0328	2.5633	3.2251	4.0489	5.0724	6.3412	7.9111	9.8497
25	1.2824	1.6406	2.0938	2.6658	3.3864	4.2919	5.4274	6.8485	8.6231	10.835
26	1.2953	1.6734	2.1566	2.7725	3.5557	4.5494	5.8074	7.3964	9.3992	11.918
27	1.3082	1.7069	2.2213	2.8834	3.7335	4.8223	6.2139	7.9881	10.245	13.110
28	1.3213	1.7410	2.2879	2.9987	3.9201	5.1117	6.6488	8.6271	11.167	14.421
29	1.3345	1.7758	2.3566	3.1187	4.1161	5.4184	7.1143	9.3173	12.172	15.863
30	1.3478	1.8114	2.4273	3.2434	4.3219	5.7435	7.6123	10.063	13.268	17.449
40	1.4889	2.2080	3.2620	4.8010	7.0400	10.286	14.975	21.725	31.409	45.259
50	1.6446	2.6916	4.3839	7.1067	11.467	18.420	29.457	46.902	74.358	117.39
60	1.8167	3.2810	5.8916	10.520	18.679	32.988	57.946	101.26	176.03	304.48

续表

期数	12%	14%	15%	16%	18%	20%	24%	28%	32%	36%
1	1.1200	1.1400	1.1500	1.1600	1.1800	1.2000	1.2400	1.2800	1.3200	1.3600
2	1.2544	1.2996	1.3225	1.3456	1.3924	1.4400	1.5376	1.6384	1.7424	1.8496
3	1.4049	1.4815	1.5209	1.5609	1.6430	1.7280	1.9066	2.0972	2.3000	2.5155
4	1.5735	1.6890	1.7490	1.8106	1.9388	2.0736	2.3642	2.6844	3.0360	3.4210
5	1.7623	1.9254	2.0114	2.1003	2.2878	2.4883	2.9316	3.4360	4.0075	4.6526
6	1.9738	2.1950	2.3131	2.4364	2.6996	2.9860	3.6352	4.3980	5.2899	6.3275
7	2.2107	2.5023	2.6600	2.8262	3.1855	3.5832	4.5077	5.6295	6.9826	8.6054
8	2.4760	2.8526	3.0590	3.2784	3.7589	4.2998	5.5895	7.2058	9.2170	11.703
9	2.7731	3.2519	3.5179	3.8030	4.4355	5.1598	6.9310	9.2234	12.167	15.917
10	3.1058	3.7072	4.0456	4.4114	5.2338	6.1917	8.5944	11.806	16.060	21.647
11	3.4785	4.2262	4.6524	5.1173	6.1759	7.4301	10.657	15.112	21.199	29.439
12	3.8960	4.8179	5.3503	5.9360	7.2876	8.9161	13.215	19.343	27.983	40.038
13	4.3635	5.4924	6.1528	6.8858	8.5994	10.699	16.386	24.759	36.937	54.451
14	4.8871	6.2613	7.0757	7.9875	10.147	12.839	20.319	31.691	48.757	74.053
15	5.4736	7.1379	8.1371	9.2655	11.974	15.407	25.196	40.565	64.359	100.71
16	6.1304	8.1372	9.3576	10.748	14.129	18.488	31.243	51.923	84.954	136.97
17	6.8660	9.2765	10.761	12.468	16.672	22.186	38.741	66.461	112.14	186.28
18	7.6900	10.575	12.376	14.463	19.673	26.623	48.039	85.071	148.02	253.34
19	8.6128	12.056	14.232	16.777	23.214	31.948	59.568	108.89	195.39	344.54
20	9.6463	13.744	16.367	19.461	27.393	38.338	73.864	139.38	257.92	468.57
21	10.804	15.668	18.822	22.575	32.324	46.005	91.592	178.41	340.45	637.26
22	12.100	17.861	21.645	26.186	38.142	55.206	113.57	228.36	449.39	866.67
23	13.552	20.362	24.892	30.376	45.008	66.247	140.83	292.30	593.20	1178.7
24	15.179	23.212	28.625	35.236	53.109	79.497	174.63	374.14	783.02	1603.0
25	17.000	26.462	32.919	40.874	62.669	95.396	216.54	478.90	1033.6	2180.1
26	19.040	30.167	37.857	47.414	73.949	114.48	268.51	613.00	1364.3	2964.9
27	21.325	34.390	43.535	55.000	87.260	137.37	332.96	784.64	1800.9	4032.3
28	23.884	39.205	50.066	63.800	102.97	164.84	412.86	1004.3	2377.2	5483.9
29	26.750	44.693	57.576	74.009	121.50	197.81	511.95	1285.6	3137.9	7458.1
30	29.960	50.950	66.212	85.850	143.37	237.38	634.82	1645.5	4142.1	10143
40	93.051	188.88	267.86	378.72	750.38	1469.8	5455.9	19427	66521	*
50	289.00	700.23	1083.7	1670.7	3927.4	9100.4	46890	*	*	*
60	897.60	2595.9	4384.0	7370.2	20555	56348	*	*	*	*

注：* >99 999

计算公式：复利终值系数 $=(1+i)^n$，$S=P(1+i)^n$；

P——现值或初始值；i——报酬率或利率；n——计息期数；S——终值或本利和。

附表二 复利现值系数表

期数	1%	2%	3%	4%	5%	6%	7%	8%	9%	10%
1	0.9901	0.9804	0.9709	0.9615	0.9524	0.9434	0.9346	0.9259	0.9174	0.9091
2	0.9803	0.9612	0.9426	0.9246	0.9070	0.8900	0.8734	0.8573	0.8417	0.8264
3	0.9706	0.9423	0.9151	0.8890	0.8638	0.8396	0.8163	0.7938	0.7722	0.7513
4	0.9610	0.9238	0.8885	0.8548	0.8227	0.7921	0.7629	0.7350	0.7084	0.6830
5	0.9515	0.9057	0.8626	0.8219	0.7835	0.7473	0.7130	0.6806	0.6499	0.6209
6	0.9420	0.8880	0.8375	0.7903	0.7462	0.7050	0.6663	0.6302	0.5963	0.5645
7	0.9327	0.8706	0.8131	0.7599	0.7107	0.6651	0.6227	0.5835	0.5470	0.5132
8	0.9235	0.8535	0.7894	0.7307	0.6768	0.6274	0.5820	0.5403	0.5019	0.4665
9	0.9143	0.8368	0.7664	0.7026	0.6446	0.5919	0.5439	0.5002	0.4604	0.4241
10	0.9053	0.8203	0.7441	0.6756	0.6139	0.5584	0.5083	0.4632	0.4224	0.3855
11	0.8963	0.8043	0.7224	0.6496	0.5847	0.5268	0.4751	0.4289	0.3875	0.3505
12	0.8874	0.7885	0.7014	0.6246	0.5568	0.4970	0.4440	0.3971	0.3555	0.3186
13	0.8787	0.7730	0.6810	0.6006	0.5303	0.4688	0.4150	0.3677	0.3262	0.2897
14	0.8700	0.7579	0.6611	0.5775	0.5051	0.4423	0.3878	0.3405	0.2992	0.2633
15	0.8613	0.7430	0.6419	0.5553	0.4810	0.4173	0.3624	0.3152	0.2745	0.2394
16	0.8528	0.7284	0.6232	0.5339	0.4581	0.3936	0.3387	0.2919	0.2519	0.2176
17	0.8444	0.7142	0.6050	0.5134	0.4363	0.3714	0.3166	0.2703	0.2311	0.1978
18	0.8360	0.7002	0.5874	0.4936	0.4155	0.3503	0.2959	0.2502	0.2120	0.1799
19	0.8277	0.6864	0.5703	0.4746	0.3957	0.3305	0.2765	0.2317	0.1945	0.1635
20	0.8195	0.6730	0.5537	0.4564	0.3769	0.3118	0.2584	0.2145	0.1784	0.1486
21	0.8114	0.6598	0.5375	0.4388	0.3589	0.2942	0.2415	0.1987	0.1637	0.1351
22	0.8034	0.6468	0.5219	0.4220	0.3418	0.2775	0.2257	0.1839	0.1502	0.1228
23	0.7954	0.6342	0.5067	0.4057	0.3256	0.2618	0.2109	0.1703	0.1378	0.1117
24	0.7876	0.6217	0.4919	0.3901	0.3101	0.2470	0.1971	0.1577	0.1264	0.1015
25	0.7798	0.6095	0.4776	0.3751	0.2953	0.2330	0.1842	0.1460	0.1160	0.0923
26	0.7720	0.5976	0.4637	0.3607	0.2812	0.2198	0.1722	0.1352	0.1064	0.0839
27	0.7644	0.5859	0.4502	0.3468	0.2678	0.2074	0.1609	0.1252	0.0976	0.0763
28	0.7568	0.5744	0.4371	0.3335	0.2551	0.1956	0.1504	0.1159	0.0895	0.0693
29	0.7493	0.5631	0.4243	0.3207	0.2429	0.1846	0.1406	0.1073	0.0822	0.0630
30	0.7419	0.5521	0.4120	0.3083	0.2314	0.1741	0.1314	0.0994	0.0754	0.0573
35	0.7059	0.5000	0.3554	0.2534	0.1813	0.1301	0.0937	0.0676	0.0490	0.0356
40	0.6717	0.4529	0.3066	0.2083	0.1420	0.0972	0.0668	0.0460	0.0318	0.0221
45	0.6391	0.4102	0.2644	0.1712	0.1113	0.0727	0.0476	0.0313	0.0207	0.0137
50	0.6080	0.3715	0.2281	0.1407	0.0872	0.0543	0.0339	0.0213	0.0134	0.0085
55	0.5785	0.3365	0.1968	0.1157	0.0683	0.0406	0.0242	0.0145	0.0087	0.0053

续表

期数	12%	14%	15%	16%	18%	20%	24%	28%	32%	36%
1	0.8929	0.8772	0.8696	0.8621	0.8475	0.8333	0.8065	0.7813	0.7576	0.7353
2	0.7972	0.7695	0.7561	0.7432	0.7182	0.6944	0.6504	0.6104	0.5739	0.5407
3	0.7118	0.6750	0.6575	0.6407	0.6086	0.5787	0.5245	0.4768	0.4348	0.3975
4	0.6355	0.5921	0.5718	0.5523	0.5158	0.4823	0.4230	0.3725	0.3294	0.2923
5	0.5674	0.5194	0.4972	0.4761	0.4371	0.4019	0.3411	0.2910	0.2495	0.2149
6	0.5066	0.4556	0.4323	0.4104	0.3704	0.3349	0.2751	0.2274	0.1890	0.1580
7	0.4523	0.3996	0.3759	0.3538	0.3139	0.2791	0.2218	0.1776	0.1432	0.1162
8	0.4039	0.3506	0.3269	0.3050	0.2660	0.2326	0.1789	0.1388	0.1085	0.0854
9	0.3606	0.3075	0.2843	0.2630	0.2255	0.1938	0.1443	0.1084	0.0822	0.0628
10	0.3220	0.2697	0.2472	0.2267	0.1911	0.1615	0.1164	0.0847	0.0623	0.0462
11	0.2875	0.2366	0.2149	0.1954	0.1619	0.1346	0.0938	0.0662	0.0472	0.0340
12	0.2567	0.2076	0.1869	0.1685	0.1372	0.1122	0.0757	0.0517	0.0357	0.0250
13	0.2292	0.1821	0.1625	0.1452	0.1163	0.0935	0.0610	0.0404	0.0271	0.0184
14	0.2046	0.1597	0.1413	0.1252	0.0985	0.0779	0.0492	0.0316	0.0205	0.0135
15	0.1827	0.1401	0.1229	0.1079	0.0835	0.0649	0.0397	0.0247	0.0155	0.0099
16	0.1631	0.1229	0.1069	0.0930	0.0708	0.0541	0.0320	0.0193	0.0118	0.0073
17	0.1456	0.1078	0.0929	0.0802	0.0600	0.0451	0.0258	0.0150	0.0089	0.0054
18	0.1300	0.0946	0.0808	0.0691	0.0508	0.0376	0.0208	0.0118	0.0068	0.0039
19	0.1161	0.0829	0.0703	0.0596	0.0431	0.0313	0.0168	0.0092	0.0051	0.0029
20	0.1037	0.0728	0.0611	0.0514	0.0365	0.0261	0.0135	0.0072	0.0039	0.0021
21	0.0926	0.0638	0.0531	0.0443	0.0309	0.0217	0.0109	0.0056	0.0029	0.0016
22	0.0826	0.0560	0.0462	0.0382	0.0262	0.0181	0.0088	0.0044	0.0022	0.0012
23	0.0738	0.0491	0.0402	0.0329	0.0222	0.0151	0.0071	0.0034	0.0017	0.0008
24	0.0659	0.0431	0.0349	0.0284	0.0188	0.0126	0.0057	0.0027	0.0013	0.0006
25	0.0588	0.0378	0.0304	0.0245	0.0160	0.0105	0.0046	0.0021	0.0010	0.0005
26	0.0525	0.0331	0.0264	0.0211	0.0135	0.0087	0.0037	0.0016	0.0007	0.0003
27	0.0469	0.0291	0.0230	0.0182	0.0115	0.0073	0.0030	0.0013	0.0006	0.0002
28	0.0419	0.0255	0.0200	0.0157	0.0097	0.0061	0.0024	0.0010	0.0004	0.0002
29	0.0374	0.0224	0.0174	0.0135	0.0082	0.0051	0.0020	0.0008	0.0003	0.0001
30	0.0334	0.0196	0.0151	0.0116	0.0070	0.0042	0.0016	0.0006	0.0002	0.0001
35	0.0189	0.0102	0.0075	0.0055	0.0030	0.0017	0.0005	0.0002	0.0001	*
40	0.0107	0.0053	0.0037	0.0026	0.0013	0.0007	0.0002	0.0001	*	*
45	0.0061	0.0027	0.0019	0.0013	0.0006	0.0003	0.0001	*	*	*
50	0.0035	0.0014	0.0009	0.0006	0.0003	0.0001	*	*	*	*
55	0.0020	0.0007	0.0005	0.0003	0.0001	*	*	*	*	*

注：* <0.0001

计算公式：复利现值系数 $=(1+i)^{-n}$，$P=\dfrac{S}{(1+i)^n}=S(1+i)^{-n}$；

P——现值或初始值；i——报酬率或利率；n——计息期数；S——终值或本利和。

附表三 年金终值系数表

期数	1%	2%	3%	4%	5%	6%	7%	8%	9%	10%
1	1.0000	1.0000	1.0000	1.0000	1.0000	1.0000	1.0000	1.0000	1.0000	1.0000
2	2.0100	2.0200	2.0300	2.0400	2.0500	2.0600	2.0700	2.0800	2.0900	2.1000
3	3.0301	3.0604	3.0909	3.1216	3.1525	3.1836	3.2149	3.2464	3.2781	3.3100
4	4.0604	4.1216	4.1836	4.2465	4.3101	4.3746	4.4399	4.5061	4.5731	4.6410
5	5.1010	5.2040	5.3091	5.4163	5.5256	5.6371	5.7507	5.8666	5.9847	6.1051
6	6.1520	6.3081	6.4684	6.6330	6.8019	6.9753	7.1533	7.3359	7.5233	7.7156
7	7.2135	7.4343	7.6625	7.8983	8.1420	8.3938	8.6540	8.9228	9.2004	9.4872
8	8.2857	8.5830	8.8923	9.2142	9.5491	9.8975	10.260	10.637	11.029	11.436
9	9.3685	9.7546	10.159	10.583	11.027	11.491	11.978	12.488	13.021	13.580
10	10.462	10.950	11.464	12.006	12.578	13.181	13.816	14.487	15.193	15.937
11	11.567	12.169	12.808	13.486	14.207	14.972	15.784	16.646	17.560	18.531
12	12.683	13.412	14.192	15.026	15.917	16.870	17.889	18.977	20.141	21.384
13	13.809	14.680	15.618	16.627	17.713	18.882	20.141	21.495	22.953	24.523
14	14.947	15.974	17.086	18.292	19.599	21.015	22.551	24.215	26.019	27.975
15	16.097	17.293	18.599	20.024	21.579	23.276	25.129	27.152	29.361	31.773
16	17.258	18.639	20.157	21.825	23.658	25.673	27.888	30.324	33.003	35.950
17	18.430	20.012	21.762	23.698	25.840	28.213	30.840	33.750	36.974	40.545
18	19.615	21.412	23.414	25.645	28.132	30.906	33.999	37.450	41.301	45.599
19	20.811	22.841	25.117	27.671	30.539	33.760	37.379	41.446	46.019	51.159
20	22.019	24.297	26.870	29.778	33.066	36.786	40.996	45.762	51.160	57.275
21	23.239	25.783	28.677	31.969	35.719	39.993	44.865	50.423	56.765	64.003
22	24.472	27.299	30.537	34.248	38.505	43.392	49.006	55.457	62.873	71.403
23	25.716	28.845	32.453	36.618	41.431	46.996	53.436	60.893	69.532	79.543
24	26.974	30.422	34.427	39.083	44.502	50.816	58.177	66.765	76.790	88.497
25	28.243	32.030	36.459	41.646	47.727	54.865	63.249	73.106	84.701	98.347
26	29.526	33.671	38.553	44.312	51.114	59.156	68.677	79.954	93.324	109.18
27	30.821	35.344	40.710	47.084	54.669	63.706	74.484	87.351	102.72	121.10
28	32.129	37.051	42.931	49.968	58.403	68.528	80.698	95.339	112.97	134.21
29	33.450	38.792	45.219	52.966	62.323	73.640	87.347	103.97	124.14	148.63
30	34.785	40.568	47.575	56.085	66.439	79.058	94.461	113.28	136.31	164.49
40	48.886	60.402	75.401	95.026	120.80	154.76	199.64	259.06	337.88	442.59
50	64.463	84.579	112.80	152.67	209.35	290.34	406.53	573.77	815.08	1163.9
60	81.670	114.05	163.05	237.99	353.58	533.13	813.52	1253.2	1944.8	3034.8

续表

期数	12%	14%	15%	16%	18%	20%	24%	28%	32%	36%
1	1.0000	1.0000	1.0000	1.0000	1.0000	1.0000	1.0000	1.0000	1.0000	1.0000
2	2.1200	2.1400	2.1500	2.1600	2.1800	2.2000	2.2400	2.2800	2.3200	2.3600
3	3.3744	3.4396	3.4725	3.5056	3.5724	3.6400	3.7776	3.9184	4.0624	4.2096
4	4.7793	4.9211	4.9934	5.0665	5.2154	5.3680	5.6842	6.0156	6.3624	6.7251
5	6.3528	6.6101	6.7424	6.8771	7.1542	7.4416	8.0484	8.6999	9.3983	10.146
6	8.1152	8.5355	8.7537	8.9775	9.4420	9.9299	10.980	12.136	13.406	14.799
7	10.089	10.731	11.067	11.414	12.142	12.916	14.615	16.534	18.696	21.126
8	12.300	13.233	13.727	14.240	15.327	16.499	19.123	22.163	25.678	29.732
9	14.776	16.085	16.786	17.519	19.086	20.799	24.713	29.369	34.895	41.435
10	17.549	19.337	20.304	21.322	23.521	25.959	31.643	38.593	47.062	57.352
11	20.655	23.045	24.349	25.733	28.755	32.150	40.238	50.399	63.122	78.998
12	24.133	27.271	29.002	30.850	34.931	39.581	50.895	65.510	84.320	108.44
13	28.029	32.089	34.352	36.786	42.219	48.497	64.110	84.853	112.30	148.48
14	32.393	37.581	40.505	43.672	50.818	59.196	80.496	109.61	149.24	202.93
15	37.280	43.842	47.580	51.660	60.965	72.035	100.82	141.30	198.00	276.98
16	42.753	50.980	55.718	60.925	72.939	87.442	126.01	181.87	262.36	377.69
17	48.884	59.118	65.075	71.673	87.068	105.93	157.25	233.79	347.31	514.66
18	55.750	68.394	75.836	84.141	103.74	128.12	195.99	300.25	459.45	700.94
19	63.440	78.969	88.212	98.603	123.41	154.74	244.03	385.32	607.47	954.28
20	72.052	91.025	102.44	115.38	146.63	186.69	303.60	494.21	802.86	1298.8
21	81.699	104.77	118.81	134.84	174.02	225.03	377.46	633.59	1060.8	1767.4
22	92.503	120.44	137.63	157.42	206.34	271.03	469.06	812.00	1401.2	2404.7
23	104.60	138.30	159.28	183.60	244.49	326.24	582.63	1040.4	1850.6	3271.3
24	118.16	158.66	184.17	213.98	289.49	392.48	723.46	1332.7	2443.8	4450.0
25	133.33	181.87	212.79	249.21	342.60	471.98	898.09	1706.8	3226.8	6053.0
26	150.33	208.33	245.71	290.09	405.27	567.38	1114.6	2185.7	4260.4	8233.1
27	169.37	238.50	283.57	337.50	479.22	681.85	1383.1	2798.7	5624.8	11198
28	190.70	272.89	327.10	392.50	566.48	819.22	1716.1	3583.3	7425.7	15230
29	214.58	312.09	377.17	456.30	669.45	984.07	2129.0	4587.7	9802.9	20714
30	241.33	356.79	434.75	530.31	790.95	1181.9	2640.9	5873.2	12941	28172
40	767.09	1342.0	1779.1	2360.8	4163.2	7343.9	22729	69377	207874	609890
50	2400.0	4994.5	7217.7	10436	21813	45497	195373	819103	*	*
60	7471.6	18535	29220	46058	114190	281733	*	*	*	*

注：* > 999 999.99

计算公式：年金终值系数 $= \dfrac{(1+i)^n - 1}{i}, S = A \dfrac{(1+i)^n - 1}{i}$；

A——每期等额支付（或收入）的金额；i——报酬率或利率；n——计息期数；S——年金终值或本利和。

附表四　年金现值系数表

期数	1%	2%	3%	4%	5%	6%	7%	8%	9%	10%
1	0.9901	0.9804	0.9709	0.9615	0.9524	0.9434	0.9346	0.9259	0.9174	0.9091
2	1.9704	1.9416	1.9135	1.8861	1.8594	1.8334	1.8080	1.7833	1.7591	1.7355
3	2.9410	2.8839	2.8286	2.7751	2.7232	2.6730	2.6243	2.5771	2.5313	2.4869
4	3.9020	3.8077	3.7171	3.6299	3.5460	3.4651	3.3872	3.3121	3.2397	3.1699
5	4.8534	4.7135	4.5797	4.4518	4.3295	4.2124	4.1002	3.9927	3.8897	3.7908
6	5.7955	5.6014	5.4172	5.2421	5.0757	4.9173	4.7665	4.6229	4.4859	4.3553
7	6.7282	6.4720	6.2303	6.0021	5.7864	5.5824	5.3893	5.2064	5.0330	4.8684
8	7.6517	7.3255	7.0197	6.7327	6.4632	6.2098	5.9713	5.7466	5.5348	5.3349
9	8.5660	8.1622	7.7861	7.4353	7.1078	6.8017	6.5152	6.2469	5.9952	5.7590
10	9.4713	8.9826	8.5302	8.1109	7.7217	7.3601	7.0236	6.7101	6.4177	6.1446
11	10.3676	9.7868	9.2526	8.7605	8.3064	7.8869	7.4987	7.1390	6.8052	6.4951
12	11.2551	10.5753	9.9540	9.3851	8.8633	8.3838	7.9427	7.5361	7.1607	6.8137
13	12.1337	11.3484	10.6350	9.9856	9.3936	8.8527	8.3577	7.9038	7.4869	7.1034
14	13.0037	12.1062	11.2961	10.5631	9.8986	9.2950	8.7455	8.2442	7.7862	7.3667
15	13.8651	12.8493	11.9379	11.1184	10.3797	9.7122	9.1079	8.5595	8.0607	7.6061
16	14.7179	13.5777	12.5611	11.6523	10.8378	10.1059	9.4466	8.8514	8.3126	7.8237
17	15.5623	14.2919	13.1661	12.1657	11.2741	10.4773	9.7632	9.1216	8.5436	8.0216
18	16.3983	14.9920	13.7535	12.6593	11.6896	10.8276	10.0591	9.3719	8.7556	8.2014
19	17.2260	15.6785	14.3238	13.1339	12.0853	11.1581	10.3356	9.6036	8.9501	8.3649
20	18.0456	16.3514	14.8775	13.5903	12.4622	11.4699	10.5940	9.8181	9.1285	8.5136
21	18.8570	17.0112	15.4150	14.0292	12.8212	11.7641	10.8355	10.0168	9.2922	8.6487
22	19.6604	17.6580	15.9369	14.4511	13.1630	12.0416	11.0612	10.2007	9.4424	8.7715
23	20.4558	18.2922	16.4436	14.8568	13.4886	12.3034	11.2722	10.3711	9.5802	8.8832
24	21.2434	18.9139	16.9355	15.2470	13.7986	12.5504	11.4693	10.5288	9.7066	8.9847
25	22.0232	19.5235	17.4131	15.6221	14.0939	12.7834	11.6536	10.6748	9.8226	9.0770
26	22.7952	20.1210	17.8768	15.9828	14.3752	13.0032	11.8258	10.8100	9.9290	9.1609
27	23.5596	20.7069	18.3270	16.3296	14.6430	13.2105	11.9867	10.9352	10.0266	9.2372
28	24.3164	21.2813	18.7641	16.6631	14.8981	13.4062	12.1371	11.0511	10.1161	9.3066
29	25.0658	21.8444	19.1885	16.9837	15.1411	13.5907	12.2777	11.1584	10.1983	9.3696
30	25.8077	22.3965	19.6004	17.2920	15.3725	13.7648	12.4090	11.2578	10.2737	9.4269
35	29.4086	24.9986	21.4872	18.6646	16.3742	14.4982	12.9477	11.6546	10.5668	9.6442
40	32.8347	27.3555	23.1148	19.7928	17.1591	15.0463	13.3317	11.9246	10.7574	9.7791
45	36.0945	29.4902	24.5187	20.7200	17.7741	15.4558	13.6055	12.1084	10.8812	9.8628
50	39.1961	31.4236	25.7298	21.4822	18.2559	15.7619	13.8007	12.2335	10.9617	9.9148
55	42.1472	33.1748	26.7744	22.1086	18.6335	15.9905	13.9399	12.3186	11.0140	9.9471

续表

期数	12%	14%	15%	16%	18%	20%	24%	28%	32%	36%
1	0.8929	0.8772	0.8696	0.8621	0.8475	0.8333	0.8065	0.7813	0.7576	0.7353
2	1.6901	1.6467	1.6257	1.6052	1.5656	1.5278	1.4568	1.3916	1.3315	1.2760
3	2.4018	2.3216	2.2832	2.2459	2.1743	2.1065	1.9813	1.8684	1.7663	1.6735
4	3.0373	2.9137	2.8550	2.7982	2.6901	2.5887	2.4043	2.2410	2.0957	1.9658
5	3.6048	3.4331	3.3522	3.2743	3.1272	2.9906	2.7454	2.5320	2.3452	2.1807
6	4.1114	3.8887	3.7845	3.6847	3.4976	3.3255	3.0205	2.7594	2.5342	2.3388
7	4.5638	4.2883	4.1604	4.0386	3.8115	3.6046	3.2423	2.9370	2.6775	2.4550
8	4.9676	4.6389	4.4873	4.3436	4.0776	3.8372	3.4212	3.0758	2.7860	2.5404
9	5.3282	4.9464	4.7716	4.6065	4.3030	4.0310	3.5655	3.1842	2.8681	2.6033
10	5.6502	5.2161	5.0188	4.8332	4.4941	4.1925	3.6819	3.2689	2.9304	2.6495
11	5.9377	5.4527	5.2337	5.0286	4.6560	4.3271	3.7757	3.3351	2.9776	2.6834
12	6.1944	5.6603	5.4206	5.1971	4.7932	4.4392	3.8514	3.3868	3.0133	2.7084
13	6.4235	5.8424	5.5831	5.3423	4.9095	4.5327	3.9124	3.4272	3.0404	2.7268
14	6.6282	6.0021	5.7245	5.4675	5.0081	4.6106	3.9616	3.4587	3.0609	2.7403
15	6.8109	6.1422	5.8474	5.5755	5.0916	4.6755	4.0013	3.4834	3.0764	2.7502
16	6.9740	6.2651	5.9542	5.6685	5.1624	4.7296	4.0333	3.5026	3.0882	2.7575
17	7.1196	6.3729	6.0472	5.7487	5.2223	4.7746	4.0591	3.5177	3.0971	2.7629
18	7.2497	6.4674	6.1280	5.8178	5.2732	4.8122	4.0799	3.5294	3.1039	2.7668
19	7.3658	6.5504	6.1982	5.8775	5.3162	4.8435	4.0967	3.5386	3.1090	2.7697
20	7.4694	6.6231	6.2593	5.9288	5.3527	4.8696	4.1103	3.5458	3.1129	2.7718
21	7.5620	6.6870	6.3125	5.9731	5.3837	4.8913	4.1212	3.5514	3.1158	2.7734
22	7.6446	6.7429	6.3587	6.0113	5.4099	4.9094	4.1300	3.5558	3.1180	2.7746
23	7.7184	6.7921	6.3988	6.0442	5.4321	4.9245	4.1371	3.5592	3.1197	2.7754
24	7.7843	6.8351	6.4338	6.0726	5.4509	4.9371	4.1428	3.5619	3.1210	2.7760
25	7.8431	6.8729	6.4641	6.0971	5.4669	4.9476	4.1474	3.5640	3.1220	2.7765
26	7.8957	6.9061	6.4906	6.1182	5.4804	4.9563	4.1511	3.5656	3.1227	2.7768
27	7.9426	6.9352	6.5135	6.1364	5.4919	4.9636	4.1542	3.5669	3.1233	2.7771
28	7.9844	6.9607	6.5335	6.1520	5.5016	4.9697	4.1566	3.5679	3.1237	2.7773
29	8.0218	6.9830	6.5509	6.1656	5.5098	4.9747	4.1585	3.5687	3.1240	2.7774
30	8.0552	7.0027	6.5660	6.1772	5.5168	4.9789	4.1601	3.5693	3.1242	2.7775
35	8.1755	7.0700	6.6166	6.2153	5.5386	4.9915	4.1644	3.5708	3.1248	2.7777
40	8.2438	7.1050	6.6418	6.2335	5.5482	4.9966	4.1659	3.5712	3.1250	2.7778
45	8.2825	7.1232	6.6543	6.2421	5.5523	4.9986	4.1664	3.5714	3.1250	2.7778
50	8.3045	7.1327	6.6605	6.2463	5.5541	4.9995	4.1666	3.5714	3.1250	2.7778
55	8.3170	7.1376	6.6636	6.2482	5.5549	4.9998	4.1666	3.5714	3.1250	2.7778

注：

计算公式：年金现值系数 $=\dfrac{1-(1+i)^{-n}}{i}$，$P=A\dfrac{1-(1+i)^{-n}}{i}$；

A——每期等额支付（或收入）的金额；i——报酬率或利率；n——计息期数；P——年金现值或本利和。

参 考 文 献

【1】荆新,王化成,刘俊彦.财务管理学(第8版)[M].北京:中国人民大学出版社,2018.

【2】财政部会计从业资格评价中心.财务管理[M].北京:中国财政经济出版社,2019.

【3】中国注册会计师协会.财务成本管理[M].北京:中国财政经济出版社,2019.

【4】张学英.财务管理[M].北京:人民邮电出版社,2011.

【5】莫玲娜.财务管理学[M].湖南:中南大学出版社,2011.

【6】张鸣.公司财务[M].北京:北京大学出版社,2008

【7】理查德·布雷利,斯图尔特·迈尔斯,艾伦·马库斯.财务管理基础[M].胡玉明译.北京:中国人民大学出版社,2017.

【8】斯蒂芬A.罗斯,伦道夫W.威斯特菲尔德,杰弗利F.杰富.公司理财[M].吴世农,沈艺峰,王志强等译.北京:机械工业出版社,2017.